U0602053

台湾法学研究精要丛书

商事法

（第二版）

王文宇　林国全　王志诚
许忠信　汪信君
合著

中国人民大学出版社

台湾法学研究精要丛书

总　　序

近二十年中，随着国家的进步，我国的法学研究无论在公法或私法领域均取得长足的进展，法学成果丰硕，法学英才辈出。以法律制度为研究对象的法学也就成为一个实践性和针对性极强的学科。我国要建立完善、合理的法律体系，其中的基础性工作，即理论的论证、框架的设计和实施中的纠偏等，都有赖于法学研究的进一步深入，这就对我国法学研究、法学教育机构和广大法律理论工作者提出了更高的要求。事实证明，法学研究水平的不断提高，依赖法学家、法律工作者的不断努力，而他山之石可以攻玉，学术界的交流、沟通，更成为法律人开拓视野，激发创造力所必不可少的外部条件。

台湾地区与祖国大陆同属大陆法系，法律文化渊源相同，其法制自民国时期即承袭德、日大陆法传统，发展至今，在民商法等领域已形成较为完善的法律体系；加之两岸同宗，在同为市场经济和法制社会的情况下，对两岸法治实践与法学理念的研究，无疑会促进两岸法学的繁荣发展和两岸法治实践的共同进步。如此，以学术的推广在两岸之间架起沟通的桥梁，就成为一项极富意义的长期工作。

以科学的态度吸收一切优秀成果，促进学术交流和合作是中国人民大学出版社的重要特色。中国人民大学出版社成立以来，以其雄厚的出版实力、高水平的图书质量以及推广的丰硕学术成果，在中国出版业处于领先地位。

台湾政治大学、台湾东吴大学、台湾大学等是台湾地区高等院校中的佼佼者，其法学院更因拥有众多知名法学家而享誉学界，其严谨的治学作风、纵深的研究领域也使得一大批优秀的法学著作得以诞生。

为适应法学研究的新形势和新要求，中国人民大学出版社经过与台湾地区著名法学教授协商，决定共同推出“台湾法学研究精要丛书”，准备陆续出版一大批能全面反映和代表整个台湾地区法学领域高品位、高水准的学术著作。

这套“台湾法学研究精要丛书”包括民法、商法、诉讼法和行政法等四个部分，以台湾地区一批声望卓著的资深教授和中青年法学家为主体，聘请两岸法学研究、教学及立法机构的著名法学家组成学术委员会作为严格的评审机构，挑选若干部具有较高出版价值的法学专著，由中国人民大学出版社出版，以达到促进两岸学术交流的目的。

2002年7月26日

序

商事法不论对法学院或商学院之学生而言，不仅为其所应研习之重要课程，亦为其深入研习相关财经法或商学课程之基础知识。唯商事法所包括之公司法、票据法、海商法及保险法，其法律规范体系已然繁杂庞大，经常造成学生于学习商事法时，无法洞悉商事法之全貌，而流于法律条文之背诵。此外，近年来或因法律迭有重大变迁，或因学说理论及实务判解已有长足发展，实有全面进行系统性整理之必要。在此深刻体认下，笔者幸蒙元照出版公司之邀请，共同分工完成本书，期能使学生在学习商事法之过程中，提升学习效率，掌握理论基础及实务现况。

本书主要秉持深入浅出之撰写原则，配合重要实例问题之解析，考量新的理论及实务发展，简要介绍公司法、票据法、海商法及保险法之重要内容，期能提高莘莘学子研习商事法之兴致，并能运用自如。又本书撰写过程，既承多位法学新秀鼎力搜集资料及辛勤校对，复蒙元照出版公司之协助出版，特申谢忱。

执笔者一同

2003年5月

凡　　例

一、本书引用法规略称举例如下：

票——“台湾地区票据法”
（简称“票据法”）；

票施细——“台湾地区票据法施行细则”
（简称“票据法施行细则”）；

民——“台湾地区民法”
（简称“民法”）；

民诉——“台湾地区民事诉讼法”
（简称“民事诉讼法”）；

刑——“台湾地区刑法”
（简称“刑法”）；

刑诉——“台湾地区刑事诉讼法”
（简称“刑事诉讼法”）；

二、参照之法，以简称注明。条、项、款及判解等之表示如下：

条：一、二、三、四　项：Ⅰ、Ⅱ、Ⅲ、Ⅳ

款：1、2、3　　　　但书规定：但

前段：前	后段：后
1945 院 2830	“司法院”1945 年院字第 2830 号解释
1971 台上 2883	“最高法院”1971 年台上字第 2883 号判决
1956 释 64	1956 年“司法院大法官会议”释字第 64 号解释
民刑议	“最高法院民刑庭总会决议”

台湾法学研究精要丛书
商事法

目　　录

第一编　公司法

第三编　海商法

第四编　保险法

第一编　公司法

第一章　序　论

第一节　公司组织之意义及由来

台湾地区公司法所欲规范之对象，乃“公司”型态的商业组织，至于其他型态的商业组织，如独资商号、合伙等，则由民法或其他法律予以规范。所谓“公司”型态的商业组织，依台湾地区“公司法”第一条之定义，是指以营利为目的之社团法人，由此观之，现代公司之主要特征，是具有法人地位，亦即公司本身是一独立于出资者外之实体，不论是股份有限公司、有限公司、无限公司或两合公司皆然。

进一步言之，现行公司法制既将公司定位为一独立的法人实体，则公司理应独立于投资人外进行事业活动，且其所发生之权利义务关系及损益得失，理论上，应与投资者、股东个人无涉，此即有限责任之法制设计，亦属现代公司之特征之一。唯应注意，这种有限责任之设计，原则上仅适用于股份有限公司及有限公司，并非所有的公司组织皆适用，但就现实面而言，股份有限公司确是现今最常见之公司组织型态。

上述现代公司所具有之种种特征，其实是漫长历史演进的结果。探讨公司组织之起源，我们发现早在地理大发现后，即有以“公司”（company）为名之商业组织出现。此时所谓之“公司”，仅仅是合伙之衍生，称不上是法人组织，亦无有限责任之设计。直至荷兰东印度公司始渐具现代公司之雏形。[1]

荷兰于西元1602年成立联合东印度公司（VOC）。荷兰东印度公司之下设有管理委员会及董事会，董事会握有人事任免与重大政策之决定权。在资本结构上，荷兰东印度公司于成立之初，即借由募股方式筹措资金。至17世纪末，仅负担有限责任之想法逐渐浮出台面。由此观之，荷兰东印度公司在世界经济史上之所以占有重要之一席之地，乃因其为股份有限公司之滥觞。

综上，自历史角度以观，商业活动主体已由以往的单一自然人，转变为商业组织，而商业组织又由以往的独资、合伙组织型态，发展成公司之组织型态。然而，面对此种历史演变的结果，我们应该试着以经济的观点，探讨各种商业组织，包括公司、独资、合伙等，其背后的形成原因为何。

第二节　公司组织之核心法则——资产分割

一、资产分割之内涵

所谓资产分割[2]，系指市场上交易之主体，为达成经济上特定目的，而在法律认可之前提下，将其特定资产划分出来，而使得该特定资产之权利义务关系与该主体本身之权利义务关系分离，该特定资产因分割而具有独立性。而这个核心法则，即是使商业活动主体由以往单一自然人，转变为企业组织，并使企业组织由以往之独资、合伙，而到产生公司此一组织型态之重要原因。关于此点，若能

1 详请参阅王文宇，公司法论，2003年10月初版，元照，3～6页。

2 See Henry Hansmann and Reinier Kraakman，The Essential Role of Organization Law，The Yale Law Review. 或请参阅王文宇，商业组织之核心法则——以公司、合伙、信托为例，新公司与企业法，2003年1月初版，元照，3～62页。

以宏观之视野，对于市场上各种商业组织，诸如公司、独资商号、合伙、信托等，作一综合观察检视，相信更能切中核心。

二、资产分割之实例

以信托为例，信托制度最为独特之一点，即在信托财产独立性（信托 12）。其使信托财产独立于委托人与受托人之财产之外，不允许委托人之债权人或受托人之债权人介入信托关系，如此一来，始能确保受益人之权利。信托制度乃遂行相当彻底之资产分割。再者，公司法制中，有关“有限责任”之规范，亦是资产分割之概念转换。以股份有限公司为例，“公司法”第一五四条规定，股东对于公司之责任，以缴清其股份之金额为限。于公司破产时，公司之债权人仅得就公司之资产求偿，而不得向股东个人请求。

最后说明的是不完全资产分割的例子，其一为独资商号，另一是合伙。独资商号系由所有人一人所构成，法律虽于例外情形下，将独资商号设计成独立于商号所有人之外的个体（例如于税法上），然在对外关系上，商号所有人与独资商号是单一责任体，商号所有人须对独资商号之债务负无限责任。可见独资商号资产分割之程度最为薄弱。至于合伙，依台湾地区“民法”第六八一条之规定，合伙人对于法律主体（合伙本身）之债务须负外部连带责任，其资产分割之程度是相当薄弱的。

综上所述，在企业面临究竟要选择信托、公司、独资或合伙作为其组织型态时，资产分割之有无及程度高低，绝对是影响企业选择组织型态之关键点。[3]因为商业规划者选择不同的商业组织模式，伴随着的即是不同的资产分割程度，则当事人间及其与第三人间之权利义务关系亦随之不同。

在此应厘清一点，商业规划者虽得自行选择有利的商业组织型态，然而，一旦择定后，该商业组织之资产分割程度高低，即资产分割后的法律关系，已由法律之强制规定所规范，无法透过一般契约关系自由创设出来，这个道理正如同物权对世效力无法透过一般契约关系创设出来一般，其目的乃在维持市场秩序与保护交易安全。

---

3 在法律所提供之各种商业组织型态中（如公司、合伙、信托等），企业究竟选择何者作为其组织型态？一般而言，除资产分割程度考量外，其他的考量因素包括法律限制、税捐负担、组织正式化程度与营运成本、永续经营、管理集权化等因素。详请参阅王文宇，同前揭注 1，14 页。

第三节　有关公司之经济分析理论[4]

法诠释学下之传统理论，对于公司之诠释，基本上是脱离不了法人性质之探究，众多现代公司之特质，往往与法人格密切相关。下文所介绍之经济分析理论，即跳脱法诠释学下之传统理论，而将法律上单一公司组织拆解为诸多利害关系人，如投资人、经理人、债权人等，强调每位利害关系人皆在追求自身利益之极大化，并提出如何妥善安排彼此间之法律关系与解决利益冲突的问题。

一、厂商理论

从经济学之观点，市场上为何会有公司、合伙等商业组织之出现，相当耐人寻味。厂商理论（theory of the firm）[5]之提出，即是诺贝尔经济奖得主寇斯对于这个问题所设想之答案。寇斯认为，绝大部分之商业活动皆可将之简化为生产活动，一般而言，各种生产要素皆可于市场上取得，但一旦进入市场即须受价格机制之制约；于是，为了减省价格机制所造成之成本，有人则想出了一个方法，即形成单一组织体（厂商），利用上下间之支配关系来进行生产之工作，而无须一一向外交涉以取得生产要素。

寇斯认为，厂商之核心在于资源之调配与使用取决于一个上下指挥监督之关系。其中，涉及外部交易成本与内部行政成本之拿捏。质言之，泛称为厂商之组织体之所以存在，是因为市场上之交易成本（如缔约成本）高于厂商内部之行政成本，厂商若以内部高权行为替代市场交易行为，对于减省成本将有很大助益。

二、代理理论[6]

在股权分散情形，为避免经营无效率，公司所有者（股东）通常会将经营决策权赋予少数人。而在此种所有者与经营者分离关系底下，为解释经营者行使经营权之正当性，以及经营权限之射程，学者提出了“代理理论”（agency theo-

---

4　另请参阅王文宇，进出公司法——几点跨领域的观察，月旦民商法杂志（创刊号），2003年9月，7～26页。

5　See Ronald Coase，The Nature of The Firm，4 Economica 386（1937）.

6　See Michael Jensen & William Meckling，Theory of The Frim：Managerial Behavior，Agency Costs and Ownership Structure，3J. Fin. Econ. 395（1976）.

ry)，将股东视为“本人”，而经营者即是“代理人”。

理论上，公司经营者可能为了自身利益，而为反于公司利益或股东利益之决策、行动。为避免经营者牺牲公司整体利益，身为本人之股东可能采取三种控管方法：（一）适当之股权诱因，例如赋予认股选择权，间接促成经营者与所有者结合，使双方之利益合一；（二）监督机制之强化，如独立董事之引进；（三）要求代理人提供一定之担保，如代理人之待遇取决于公司的营运表现。上述三种手段，不论是适当之股权诱因，或是监督与担保，都须付出代价，诸如监督成本（monitoring costs）、担保成本（bonding costs）与无法控制之剩余成本等。这些林林总总的成本，均属“代理成本”（agency costs）之一环，而由所有者与经营者共同承担。

然而，纵使所有者与经营者紧密结合，不代表即无代理问题，质言之，此际的代理问题是，身兼经营者之大股东，有无顾及其他小股东之利益，应以何者之利益作为公司利益，即难有定论。另外，公司组织内部亦因层级之划分，董事与经理人各有所司，一旦董事授与某些权限予经理人，无可避免地会有代理问题之产生。公司法中之董事会、股东会之权责划分以及其他限制经营者之规范，皆是因应代理问题而生。是以，欲检视这些基本议题时，不该忽略其乃由代理关系衍生而来，而局限于条文之字面解释。

三、契约说

晚近诸多经济学者相当质疑公司作为一个法人实体之说法，认为所谓之公司只不过是一种提供自然人共同经营企业，享受利益负担损失之机制，并提出公司实为诸多契约关系所结合而成之组织。此种观点乃将法律上单一人格之公司组织结构，将之视为诸多利害关系人（如投资人、经营者、债权人、员工、供应商等）之结合，而这些族群皆希望在利害关系之交涉上，能够势均力敌。在诸多探究公司组织与契约关系之理论中，著名经济学家寇斯所释出之契约连锁理论，虽然其以较广义之企业组织为讨论中心，但对于公司之本质仍有着相当精辟之阐释作用。

契约连锁理论（Nexus of Contracts）将企业视为以生产商品或提供服务为目的之各式输入活动（inputs acting）之结合体。例如，员工提供劳务、股东及债权人提供资本等，这些输入活动皆可纳入契约观点中，而企业乃将不同之输入活动，彼此间复杂之契约关系，以法律之概念呈现。易言之，企业体乃结合了与社会大众之契约，并对当事人间之权利义务关系加以规制。而公司等企业组织之存在意义，是为了减省市场交易机制（也就是个别契约之缔结）所可能产生之诸多成本。进一步言之，企业组织之特征在于“阶层化”，由上而下层层控制，一方面协调复杂之经济活动，另一方面发挥指挥监督、集中事权之经济功能。透过市场机制个别缔结契约，将会产生内容因人而异，无法统一规划等诸多不便，若将契约相对人纳入企业体系中，可减少与之个别磋商之成本；亦即企业得用“组织权威”来取代“市场价格机能”达到降低交易成本之目的。

第四节　公司法下之利益冲突

一、利益冲突之态样

于公司法相关议题中，一个相当关键却常被忽视之问题，即是于公司内部中所潜存之利益冲突。公司法中利益冲突之态样，约有两大类：其一，即是这些主要股东（也就是大股东），往往凭借着股权之优势，操弄股东会，决定公司之重大议案（如选任董监事），进一步掌握公司经营权。此外，更可能借由关系人交易，将公司资产低价处分，或将自身资产高价卖给公司，以掏空公司资产。结果，小股东之利益不但被忽略而无法满足，反而要承担大股东滥用公司资源之成本与风险。

其二，则是股东或经营阶层侵害公司之债权人，因为在公司之资本结构上，股权（equity）与债权（debt）两者间之利害关系不同，因而，股东或经营阶层可能利用增加公司之风险性投资，或者不当利用公司资产等手段，侵害债权人。

二、检视利益冲突下之现行规范

台湾地区现行“公司法”对于大股东侵害小股东之情形，并无明文之类型化规范，对小股东而言保护欠周。首先，由于公司法对于大型公司之运作，采多数决，小股东根本无法事前制止危及小股东利益之决定。再者，小股东之嗣后救济管道，似仅有诉讼一途，问题是，台湾地区目前对于股东之直接诉权并未明文承认，代表诉讼亦无济于事。[7]此外，小股东亦难以直接引用本法第二三条第一项对抗大股东，因为，依文义解释，忠实义务似乎仅存于公司负责人与“公司”之间。是以，台湾地区未来于健全改良公司法制时，应纳入保护小股东之配套措施，或是肯定直接诉权之存在。

7　请参阅本编第三章第四节三、董事之责任。

其次，当债权人之权益受到股东或是经营阶层之现实侵害时，公司法是否提供一定之保护措施或赔偿管道，皆有讨论之空间。债权人并不受到忠实义务之保护，公司法仅设有最低限度之保障（例如发行公司债之要件），债权人多半只能自力救济，自求多福。是以，虽然现行公司法对于债权人似乎没有提供实质之保护，但债权人却可透过契约约款，调整其与公司间之权利义务关系。

第五节 公司治理之发展

一、公司治理之概念

近来相当热门之话题——“公司治理”，其意义乃指透过制度之设计与执行，期能提升公司策略管理效能与监督管理者之行为，借以确保外在投资者（小股东与债权人）应得之报酬，并兼顾其他利害关系人之利益。[8]是以，影响公司治理之关键因素在于公司之组织架构与权责归属。申言之，公司之内部组织约可划分为三类——“所有者”、“经营者”（或管理者）以及“监督者”。理论上，这三个集团应各有所司，分工制衡。特别于股权分散且大众化之现在，由为数众多之全体所有者直接从事公司经营，或直接担任监督公司之工作，概属不可能，因而“经营与所有分离”、“监督与所有分离”体制，即因应而生。

二、主要国家之公司治理结构

（一）美国

美国公司治理制度系一元制之设计，即公司以董事会作为股东之代表，并监督经理人之经营活动，易言之，公司之内部治理主要由董事会为之，并无如德国监事会或日本监察人之设。以美国法下之公开发行公司为例，公司内部之经营管理原则上非由董事会全权为之，而是在公司执行长（CEO）之领导下，由公司高阶管理者负责研拟并执行决策，至于董事会并不负责公司业务之执行，而是透过决策之指示、建言与监督执行成效或限制重要交易须经批准始得执行等种种方式，来参与指挥公司之业务管理。是以，于美国法下，董事会乃一监督公司经营之机构。[9]

既然董事会是代表股东监督经营阶层之代理单位，若董事会成员又身兼经营

---

8 叶银华、李存修与柯承恩，公司治理与评等系统，2002年11月初版，商智文化，33页。

9 此种模式未必能契合所有种类之公司，例如一人公司或闭锁性公司，即非依照上述模式经营。

之职，此监督机制必然会失衡。因此，董事会应独立于经营阶层，对公司事务进行独立判断；质言之，在美国法上，系以独立董事（外部董事）作为公司治理之核心。其次，在董事会之内设置稽核或监察委员会（audit committee，台湾地区证交所“上市上柜公司治理实务守则”则称此为“审计委员会”）等委员会，执行对公司经营之内部监察，而非在董事会之外，另设独立之内部监察机关。再者，大幅承认股东、股东会之权力，以强化对董事会之监督能力。

若遵循美国制，其实较容易将所有者、经营者与监督者作一区分。质言之，股东即是所有者，董事会则是代表股东而成立之监督机关，经营阶层才是经营者。而于三者之中，就以董事会对公司治理之影响为关键。综上观之，在美国法上，董事会下所设置之不同功能的委员会，与独立董事在组织与功能上之结合，成为美国公司治理之特色。

（二）德国

德国之公司治理，尚且因公司种类之不同而异。规模较小之有限公司，仅有董事会，而规模较大之有限公司及股份有限公司，则是采二元制，即董事会与监事会并存。其中监事会系由股东及员工选出，作为监理公司之代表机关，而董事会成员由监事会选出，并向其负责。德国公司治理制度较独特之处，在于股东会、董事会与监事会三者间，原则上皆有其独立而不受其他机关干涉之权限；但由于彼此间之任免关系，如股东会对监事会、监事会对董事会，以及一些例外规定，各机关间存在着间接之影响关系。此外，德国并无独立董事之设。

（三）日本

日本商法对于公司治理之架构，与德国之二元制雷同，即董事会与监察人并存。但歧异处在于，日本商法中，董事会与监察人两者在组成上并无隶属关系，皆是由股东大会选任。唯应注意者，过去日本并无独立董事制度，虽然董事会中不执行业务董事依法有某程序之监察权，但日本公司治理之主要机关仍以监察人为重。然目前日本学界有人提出不同之想法，认为不妨采取英美制设立独立董事。在日本2002年修正通过之商法及商法特例法，已正式引进独立董事、委员会等制度，以之与监察人并存，此一立法变革值得留意。

三、台湾地区现行公司治理结构及法制改革

台湾地区现行股份有限公司机关之权责规划与设计，是设置董事会、监察人与股东会等三个机关。董事会在台湾地区公司法之定位下，乃是公司业务执行机关。若将其作一角色划分，身为所有者之股东则组成股东会，董事会是由经营者所组成，而监察人则是监督者。由此可知，台湾地区之公司内部结构，与英美有

着本质上之差异，并且产生诸多问题有待解决。

首先，台湾地区公司究竟系采取“董事长制”还是“总经理制”？在台湾地区法制与公司实务上，很难厘清孰者为英美制中之经营阶层。虽然，于公司章程有规定时，台湾地区董事会得透过决议选任经理人，但经理人并不必然就是经营阶层之一员，经理人之角色于台湾地区公司法下多被定性成辅助业务执行机关。其次，尽管具有股权分散之特质，目前台湾地区企业界却普遍存在着经营与所有不分之情况。再者，目前监察人制度在台湾地区实施之功效不彰，已非新闻。

台湾地区公司内部监督之设计颇有缺陷，更遑论公司治理之成效。从而，为提高公司治理之实效性，制度改革之方向应当是“经营职权”与“检查监督职权”之分离，并架设与其职权对应之责任追诉制度，以求权责相符。另一方面，应加速落实股东权利之保护，例如忠实义务之贯彻、追诉机制之健全等，此皆是台湾地区公司治理上悬而未决之难题。

四、小结

基本上，各国（地区）之公司治理模式皆有其特色，其中以英美制最受瞩目。英美制即系以直接金融市场作为外部控制之代表，而以独立董事和机构投资人作为内部控制之代表，二者相辅相成。质言之，英美制中公司治理之核心在董事会，特别是独立董事之建制尤为关键。反观台湾地区，公司治理之议题是近期才引起关注，其发展历史并不久。而台湾地区企业体质更是公司治理不彰之主要原因。为提高公司治理之实效性，台湾地区实务上之着力点乃在于引进英美制下之独立董事，并制定上市上柜公司治理实务守则，然效果如何，仍待时间之验证。

而与台湾地区同属大陆法系之日本，最近拟大幅改革公司治理法制，“从监察人会转向至独立董事制”，并“分离经营职能和监督职能”，其魄力与决心，足堪台湾地区借镜。质言之，欲真正达到有效率且平等对待利害关系人之公司治理，最有效之方式，并非要求各个公司自主为之，而是从法制为根本上之改革。

第二章　总　则

第一节　公司之概念

一、公司之意义及其分类

“公司法”第一条将公司定义为，以营利为目的，依照本法组织、登记、成立之社团法人。有关公司之各种分类，简述如下：

（一）法定分类

1. 股份有限公司、有限公司、无限公司、两合公司

本法所明定之公司法定种类，系就股东责任作为区分之标准。依本法第二条第一项，公司分为下列四种：

各种公司之比较

	股份有限公司	有限公司	无限公司	两合公司
性质	资合性社团	1. 内部：人合性 2. 外部：资合性	人合性社团	趋近于人合性
股东人数	二人或政府、法人股东一人以上	一人以上	二人以上	无限股东一人以上；有限股东一人以上
出资方式	1. 发起人或特定人：现金或现物（公272） 2. 一般认股人：现金、货币债权、技术、商誉（公156V）	现金、现物为限	现金、现物、信用、劳务、其他权利（公43）	有限股东仅得现金、现物出资
股东责任	仅就其所认股份负责	仅就其出资额为限负责	负连带无限清偿责任	1. 无限股东：负连带无限清偿责任 2. 有限股东：仅就其出资额为限负责
出资之转让	股份转让自由原则（公163） 例外：公163但、Ⅱ、167Ⅰ、197、267Ⅵ	1. 董事之股东：全体同意 2. 非董事之股东：其他股东过半数同意（公111）	其他全体股东同意（公55） 注意：连带责任之延长（公70Ⅱ）	无限责任股东过半数同意（公119Ⅰ）
意思机关	股东会、董事会（公202）：普通决议、特别决议	全体股东：过半数同意（增资）、全体同意（订立或变更章程、合并、解散、减资、变更组织）	全体股东：单独决定（公46Ⅱ）、过半数同意（公46Ⅰ）、全体同意（订立或变更章程、合并、解散、变更组织）	无限股东（公115准用46）：单独决定、过半数同意（有限股东之出资转让、退股）、全体同意（变更组织）
业务执行机关	董事会	董事（无董事会之设置）	原则：各股东 例外：章程另订（公45）	无限股东（公122）
监察机关	监察人、检查人，此外董事会对董事业务执行也有监督权	不执行业务之股东（公109）	不执行业务之股东	有限股东（118）

续前表

	股份有限公司	有限公司	无限公司	两合公司
对外代表机关	原则：董事长 例外：监察人	董事、董事长	原则：各股东 例外：章程另订（公56）	无限股东（公122）
变更组织	不可变更为其他型态之公司	得变更为股份有限公司（公106Ⅳ）	得变更为两合公司（公76）	得变更为无限公司（公126）

（1）无限公司：指二人以上股东所组成，股东对于公司债务，不问出资额多寡与盈亏分派比例，均负连带无限清偿责任[1]之公司（公2Ⅰ①）。

（2）有限公司：指一人以上股东所组成，就其出资额为限，对公司负其责任之公司（公2Ⅰ②）。析言之，股东仅有出资之义务，不直接对公司之债权人负责。

（3）两合公司：指一人以上之无限责任股东，与一人以上之有限责任股东所共同组成，其无限责任股东对公司债务负连带无限清偿责任，有限责任股东以出资额为限，对公司负责（公2Ⅰ③）。

（4）股份有限公司：指二人以上股东或“政府”、法人股东一人所组成，全部资本分为股份，股东就所认股份，对公司负其责任之公司（公21④）。

2. 本公司与分公司

（1）本公司：所谓本公司，亦称为总公司，系指公司依法首先设立，以管辖全部组织之总机构。

（2）分公司：分公司则为受本公司管辖之分支机构，本身不具有独立人格及独立财产，不能为权利义务主体。例如，不能登记为不动产之所有权人或抵押权人。虽为求诉讼便利，实务从宽认定分公司就其业务范围内之事项涉讼时，有当事人能力，得以自己名义起诉、应诉，唯未可据此谓分公司有权利能力。此外，本公司与分公司既为同一权利主体，故对于分公司所为之判决，效力及于本公司。

公司所属分支机构如营业所或办事处，若非事务单位而系营业机构，且其

1 所谓连带无限清偿责任，系指各股东不问其出资额与盈亏分派比例，对公司债权人各负清偿全部债务之责任；而债权人得对股东中之一人或数人或全体，同时或先后请求全部或一部之给付（民272、273Ⅰ）。

财务会计独立者，不问是否与本公司在同一县市，均须办理分公司登记，以利管理。[2]

3. “本国公司”与外国公司

(1) “本国公司”：指依台湾地区公司法组织、设立、登记，并享有台湾籍之公司。

(2) 外国公司：指以营利为目的，依照外国法律组织登记，并经台湾地区“政府”认许，于台湾地区境内营业之公司。外国公司非在其本国设立登记营业者，不得申请认许（公 371Ⅰ），而未经认许并办理分公司登记者，不得于台湾地区境内营业（公 371Ⅱ）。

4. 公营公司与民营公司

(1) 公营公司：指公司资金完全由“政府”出资，或由“政府”与人民合资，而“政府”持股超过总数 50%之公司。

(2) 民营公司：指公司业务完全由人民出资，或由“政府”与人民合资，而“政府”持股小于总数 50%之公司。

公民营公司之区别实益，在于公营公司之员工，该当刑法上所称之公务员。

（二）学说分类

公司依其信用基础为分类标准，可分为下列三种：

1. 人合公司

凡公司之经济活动，着重股东之个人条件者，为人合公司。此类公司之信用基础在于股东之资力、信用，而非公司本身之资产，以无限公司为典型。其特征在于合伙性浓厚、股东地位移转较困难、企业所有与经营合一。

2. 资合公司

凡公司之经济活动，着重公司资产多寡，而不重视股东个人条件者，为资合公司，以股份有限公司为代表。其特征为法人性浓、股东地位移转较易、企业所有与经营分离。

3. 中间公司（折衷公司）

介于人合公司与资合公司间，故谓中间公司，如两合公司与有限公司。唯两合公司，其偏重于无限责任股东个人之信用资力，故属偏向人合公司之中间公司；而有限公司，其股东责任皆为间接有限责任，经济活动之基础在于公司资产之多寡，且有关公司会计等亦多准用股份有限公司之规定，从而与两合公司相

2 “经济部”2000 年 7 月 19 日商字第 89214057 号函。若其交易系转报本公司列账，无独立账册者，则无庸办理分公司登记，“经济部”1969 年 2 月 4 日经商字第 04246 号函。

较，乃偏资合之中间公司。

（三）其他分类

1. 公开发行与非公开发行公司

“公开发行”一词散见于公司法内，总括而言，有二层意义。首先，就行为意义而言，系指以公开方式发行股份或公司债之谓。而以公开方式发行之行为，皆受证券交易法之规范并于该法内设有一系列之发行程序；是以，完成此发行程序，受证券交易法规范对象之公司，即为“公开发行公司”[3]。此外，另一意义系指公司取得公开发行公司之“地位”或“状态”，而非指公开发行股份或公司债之“行为”。例如，股份有限公司纵未有“公开发行之行为”，然拟上市或上柜，而先向主管机关申请补办证券交易法上之发行审核程序（证交 42 Ⅰ）者，即成为受证券交易法规范之“公开发行公司”。

旧法第一五六条第四项规定，资本额达一定数额者，即须办理公开发行手续，新法第一五六条第四项已修正上述规定，赋予董事会权限自由决定公开发行与否。故现行法下所言之“公开发行公司”，不再是以资本额之大小来认定，而是以有无向证管机关申请办理公开发行程序为判别标准。至于非公开发行公司，则是未经上述公开发行程序之股份有限公司，多具有人合性特征，资金不向公众招募，有称其为闭锁性公司者。

2. 一元公司与二元公司

（1）一元公司：指公司系由负相同责任之股东所组织之公司。例如无限公司、有限公司与股份有限公司。

（2）二元公司：指公司系由负不同股东责任之股东所组织之公司。例如两合公司中，既有无限责任股东，亦有有限责任股东。

二、公司之名称

（一）公司名称之意义

公司名称相当于自然人之姓名。原则上，公司名称可自由选用，但须标明公司之种类（公 2 Ⅱ）。若为外国公司，其名称应译成中文，标明种类及国籍（公 370），以维护交易安全。

（二）公司名称之限制

关于公司名称，台湾地区采事前核准制，本法第十八条第四项规定，公司之名称，于公司登记前应先申请核准，并保留一定期间；其审核准则，由“中央主

---

3 林国全，公司法上之“发行”，月旦法学教室第 5 期，2003 年 3 月，33～34 页。

管机关”定之。此即公司名称之预查。为维护交易安全，公司名称受有下列限制：

1. 禁止使用相同之名称之限制

本法第十八条第一项规定，公司名称，不得与他公司名称相同。二公司名称中标明不同业务种类或可资区别之文字者，视为不相同。简言之，2001 年修法后，有关公司名称之预查，是直接就公司名称加以审查，有别于旧法就公司名称之预查，须先检视二公司所营业务是否相同，再分别适用旧法第一或二项前段之规定。[4]

2. 废除禁止使用类似之名称之限制

旧法第十八条第一项除了禁止使用相同名称外，又禁止公司选用相类似名称，其原因是避免在客观交易时，使人产生混同误认。然就公司名称是否相类似之审查标准，并不明确，似有擅断之虞。在设立公司之际，发起人根本无法预期公司名称是否会被核准、是否与他公司类似。

较妥适之作法，应系由名称专用权受侵害之公司，以诉讼或举发之方式寻求事后救济。现在已有“商标法”[5]及“公平交易法”[6]，规范此类因公司名称类似所造成交易上混淆之问题。因此，2001 年修正公司法时，废除禁止使用类似之名称之限制，有关公司名称是否类似而有害交易秩序之问题，乃交由“公平会”或“智慧财产局”，依个案进行事后之实体审查，并规定名称受侵害者，得于事后请求撤销名称登记。

3. 禁止使用背于公序良俗之名称之限制

本法第十八条第三项规定，公司不得使用易于使人误认其与政府机关、公益团体有关或妨害公共秩序或善良风俗之名称。如公司名称冠以“国立”字样，或以“生命线”为名，或以其他有害公序良俗之名称，皆不准登记，以期公司名实相符。

---

4 2001 年修法前，本法第 18 条第 1 项原规定，同类业务之公司，不问是否同一种类，是否同在一省(市)区域以内，不得使用相同或类似名称。同条第 2 项原规定，不同类业务之公司，使用相同名称时，登记在后之公司应于名称中加记可资区别之文字；二公司名称中标明不同业务种类者，其公司名称视为不相同或不类似。

5 台湾地区“商标法”第 62 条即禁止使用相同或近似于他人注册商标之图样或其中文字。

6 台湾地区“公平交易法”第 20 条第 1 项第 1 款规定，事业不得以相关事业或消费者所普遍认知之他人姓名、商号或公司名称、商标、商品容器、包装、外观或其他显示他人商品之表征，为相同或类似之使用，致与他人商品混淆。其立法意旨在于禁止事业为使人混淆商品主体之行为。

第二节 公司之设立

一、公司设立行为之要件及性质

设立公司时，首先，须订立章程，以之为组织与活动之根本规则；其次，须确定构成员之组成，此即股东；而后须确定资本额，以之为营业之基础；再者，须设立机关，以决定并执行公司之意思；最后，尚须于“中央主管机关”处办理登记，公司始为成立。唯须注意，本法规制之设立程序亦将因公司种类之不同而异。

至于公司设立行为之法律性质，通说采共同行为说，即有二人以上于设立公司之共同目的下，为意思表示合致之行为。其乃多数相同方向之平行意思表示趋于一致而成立之法律行为。唯一人公司之设立应属单独行为。

二、公司设立之立法主义

公司设立之立法主义约有四种：一为放任主义，即公司之设立全由当事人自由为之，法律不加以干涉。二为特许主义，即公司之设立须经国家元首命令，或有立法机关制定特别法律，再经特许后，方可成立。三为核准（认可）主义，指公司设立时，除具备一般法定要件外，尚须由主管机关核准，始可成立。四为准则主义，即法律设定一定之法定要件，凡公司之设立合于要件者，即可成立。于准则主义下，公司设立程序之最后手续，须向主管机关申请设立登记，此际，若公司之设立合于法定准则，主管机关即必须无条件准其登记。

本法关于公司之设立采严格之准则主义。即须以法律严格规定有关设立公司之要件作为准则，并加重设立人之责任；公司之设立符合法定要件时，始可取得法人人格。

三、设立中公司之法律性质

设立中公司，系指自订立章程时起至设立登记完成前尚未取得法人格之公司。此项分类对于股份有限公司较具意义，因其设立要件与程序较无限、有限及两合公司复杂许多，自订立章程起至设立登记完成前，可能历时甚久，其中尤以募集设立者为最。

通说认为设立中公司与完成设立之公司本属一体，犹如胎儿与自然人之关系，不应分视，此即为“同一体说”。是以，设立中公司之法律关系即系成立后公司之法律关系。理由在于，设立中公司人与物之基础皆有初步之建立，虽然设立中公司尚未取得人格，性质上应属无权利能力社团，并以发起人为事务执行与代表机关，但其本质上仍与成立后之公司雷同，因此，设立中公司事务执行机关及代表机关所为之设立必要行为，于公司成立后，形式上当然归于成立后之公司，无须为权利义务继受之移转行为。

四、公司不能成立时之法律效果

如前述，设立中公司所生之法律关系当然归属于嗣后成立之公司，然若公司因故未能完成设立登记，对于已发生之法律关系应如何处理，本法仅就股份有限公司有所规范。

质言之，设立中公司既属无权利能力社团，若不能完成设立登记，理应经清算程序将剩余财产分派于构成员后解散之。然本法为保护股份有限公司之认股人，特令设立中公司机关之发起人对关于公司设立所为之行为及设立时所需之费用，应负连带责任（公 150 前），以代替清算与解散。是以，认股人处于与设立中公司债权人同一之地位，并得向发起人请求返还所缴之股款。

早期实务见解曾认为，公司在登记确定前所为之营业，非公司之营业，只为另一合伙营业；其对于第三人所负之债务，应由各股东依合伙法例，负连带清偿之责。现行法既已就股份有限公司，设有明文规范，自不应采上述实务见解。然而，其他种类之公司未能完成设立时，其法律效果如何，目前尚缺明文规范，是故，除有本法第十九条之适用外，“民法”合伙之规定，依“最高法院”判例意旨，仍有适用余地。

第三节 公司之章程

一、公司章程之意义及其对世效力

章程乃规定公司之基本权义关系与组织架构之根本规则，借此对于公司员工、股东、债权人甚或社会大众产生规制之作用。公司原始章程乃经设立股东或发起人之全体同意所制定，系公司依据法律赋予之自治立法权，所制定之公司内部自治法；据此章程内容，一般人得自由决定是否成为股东，唯一旦成为公司股东，即当然受章程之拘束。

公司章程之记载事项，依其效力之不同，可分为绝对必要记载事项、相对必要记载事项及任意记载事项：

（一）绝对必要记载事项

指公司章程必须记载之事项，凡不记载或记载违法，则章程无效，且公司之设立亦因未具备要件而归于无效。

（二）相对必要记载事项

其记载与否与章程本身之效力无关，唯一旦记载于章程即发生作为章程事项之效力。该事项为公司法所列举，且相对必要记载事项须记载于章程，否则不生效力（公 130）。[7]

（三）任意记载事项

此类事项记载与否，皆不影响章程之效力，唯何等事项公司法并无明文，记载后发生作为章程事项之效力，唯其记载不能违反公序良俗或该种类公司之本质。

章程依本法规定，乃公司申请设立登记事项之一，随着公司设立登记之完成，其规定之事项即得对抗第三人（公 12），具有所谓之对世效力。其之所以能对抗第三人，理由在于第三人得经由“中央主管机关（经济部）”得知章程之内容，而决定是否与之发生交易关系。

二、公司之其他规章

然而，欲将一公司之所有资讯巨细靡遗地规定在章程之中而加以登记，实有困难，因此，除公司章程外，某些公司（尤其是大型公司）将许多管理内部事务之规则，记载于公司内规（例如公司自订之保证或人事规章），而非直接记载于章程之中。此外，亦有某些公司针对其中较重要部分，在章程中提供索引，再将具体内容记载于内规。例如章程中记载得为保证人，但于公司内规中对保证之数额加以限制，而仅以索引方式于章程中记载。立法例上，有他国之公司法规定，公司得制定此种“办事细则”（bylaws），并规范其修改方式及效力；台湾地区“公司法”虽无明文规定，但实务上此种作法仍相当普遍。

7　所谓“不生效力”所指为何？按在民法体系上，法律行为之效力，可分为有效、无效及效力未定，并无不生效力之态样。若将不生效力按民法之解释，几与无效划上等号，则将使公司所为某些法律行为之生效要件，取决于相对必要记载事项是否记载于章程内，例如分公司之设立，如未经章程记载，该分公司于法律上根本未成立，其所为之任何法律行为均归无效，对交易相对人而言，即使认为有利于己，也无法主张该事项有效，其结果势必对市场造成极大的冲击。是以，本书认为，为保护第三人利益，宜将不生效力解释为“不可对抗第三人”，目的是赋予第三人有选择权，其可主张与公司间之权利义务关系就该事项仍为有效。

此种内规之效力如何？由于该等内规未经法定公示程序，原则上应无拘束第三人之效力。唯若公司在章程提供索引，或依照上市（柜）公司相关规定制定内规（如背书保证作业程序），甚至将内规登载于募集有价证券之公开说明书中。理论上，理性之交易相对人于章程查询有索引时，应可假设其会尽其可能为查询且有此能力为之，因此考量公司之登记成本及第三人之资讯搜寻成本，原则上宜使如此之记载方式亦有对世效力。唯于第三人依本法第三九三条向主管机关申请查询、抄录或向公司索取后，仍无法获知细目内容或将花费过多之资讯搜寻成本时，于此等例外之个案中，则应认为该等细目事项不具有对世效力。[8]

综上所述，资本市场中有许多的通知机制（notice regime），非必须登记于章程后，始具有通知之作用。因此，公司纵有部分细目事项未登记于章程中，但若有其他通知机制，例如透过章程之索引或是记载于公开说明书之中，使相对人有获悉资讯的可能性，即可谓已达公示之作用，该细目事项原则上就有规制相对人之效力，相对人不可再指摘其未登记于章程，而对其不生效力云云。

第四节 公司之能力

公司之能力主要可分为权利能力、行为能力、侵权行为能力、犯罪能力等。

一、公司之权利能力

公司既为法人，为一权利主体，当然有权利能力。此一权利能力始于公司设立登记，终于清算终结。且为了方便对外建立法律关系，公司应有自己之名称、住所、国籍、财产与代表机关。

然而，不同于自然人，公司之权利能力受有下列诸多限制：

（一）本质上限制

“民法”第二六条规定，法人于法令限制内，有享受权利、负担义务之能力。但专属于自然人之权利义务（如以性别、年龄、生命、身体及亲属关系等为前提之权利义务），不在此限。

（二）法令上限制

本法基于政策考量或社会利益之维护，对于公司之权利能力设有明文之限

8 王文宇，公司保证之权限与规章之对世效力，台湾本土法学第47期，145～148页，1992年6月。

制，目的在维持公司资本健全：

1. 转投资之限制

（1）有关转投资之限制[9]：①公司不得为他公司无限责任股东或合伙事业之合伙人（公13Ⅰ前）。理由在于无限责任股东或合伙人在其公司或合伙事业之资产不足清偿债务时，须负连带清偿责任，如准公司为此一转投资行为，恐有害股东及债权人之权益，为求公司股本稳固而不得不然。②公司如为他公司有限责任股东时，其所有投资总额，原则上不得超过本公司实收股本[10]40%，但因接受被投资公司以盈余或公积增资配股所得之股份，不计入投资总额。公司虽可转投资，成为其他公司的有限责任股东，唯其投资总额若无限制，亦有影响公司财务之虞。是以，本法遂规定，公司如为他公司有限责任股东时，其所有投资总额，原则上不得超过本公司实收股本40%，以此作为公司转投资之法定上限（公13Ⅰ后）。至于被投资公司以盈余或公积增资配股而发予之新股，非投资公司所能掌握，况投资公司接受此类股份，并未缴纳股款，不影响公司财务，自不应计入投资总额中（公13Ⅳ）。③公司为他公司有限责任股东时，其投资总额不受本公司实收股本40%限制之例外情形。为因应经济发展，提升投资意愿，鼓励公司拓展事业版图，使资本之运用活络，本法另设特别规定，可不受前述投资总额之限制：A. 公司以投资为专业，所谓以投资为专业，限于公司专以投资为业务且不经营他项业务者[11]，且其公司名称应标明“投资”二字。[12]但另有认为以投资为专业者，不限于以投资为“唯一”业务之公司，以投资为主要业务，经订明于章程者亦属之。[13]B. 公司章程另有规定，公司可于章程中“概括地”规定其所有投资总额不受公司实收股本40%限制。唯须于转投资行为前为之，不得于事后进行追认。[14]C. 公司经依本法第十三条第一项各款规定取得股东同意或股东会决议者。首先，无限公司、两合公司应经全体无限责任股东同意。有限公司经全体股东同意。股份有限公司经代表已发行股份总数三分之二以上股东出席，以出席股东表决权过半数同意之股东会决议，即以股东会特别决议为之；然于公开发行

---

9 应注意，公司购买股票，即使未过户，亦属转投资之行为，故应受“公司法”第13条之限制，参考“经济部”1989年11月10日商字第211081号函。

10 所谓实收股本，就股份有限公司而言，指每股金额乘以已发行股份总数之积，与公司资本之概念有别。

11 “经济部”1973年2月14日商字第03917号函及1980年5月2日商字第13951号函。

12 “经济部”1992年10月3日商字第227681号函。

13 王泰铨，公司法新论，104页，三民书局，1998年初版。

14 “经济部”1991年2月27日商字第204423号函。

股票之公司，出席股东之股份总数不足特别决议定额者，得以公开发行公司便宜决议为之，即有代表已发行股份总数过半数股东之出席，出席股东表决权三分之二以上之同意即得行之。上述针对股份有限公司所规定之出席股东股份总数及表决权数，于章程有较高之规定者，则从章程之规定（公13Ⅲ）。

是以，只要达到一定之表决成数，即可不受实收股本40%之门槛限制而为转投资。唯须注意，此处所指涉之股东同意或股东会决议，乃针对特定或个别之单独投资案而发。公司若欲概括为转投资，则须以订立章程方式为之。[15]

（2）违反转投资之效力：公司若为他公司无限责任股东或合伙事业合伙人，系违反法律之强行规定，故该行为无效。至于公司成为他公司有限责任股东之情形，多数学者认为公司之转投资是否逾越实收股本40%，系属公司内部之财务管理，非他公司所能知悉；且公司本来即得转投资，仅投资总额受限，是以，为维护交易安全，该行为对公司仍为有效。

此外，违反转投资规定之公司负责人，应赔偿公司因此所受之损害（公13Ⅴ）。

2. 借贷之限制

（1）短期举债限制之废除：旧法第十四条原规定，公司因扩充生产设备而增加固定资产，其所需资金，不得以短期债款支应。其立法目的原系为保公司财务健全，防止公司以短期资金作长期运用。因为公司扩充生产设备而增加固定资产属长期投资，短期内难以回收，若以短期债款支应，则新设备尚未有产能，则清偿期已至，易造成公司财务困难。唯公司以短期债款支应因扩充生产设备而增加固定资产所需之资金，是否易造成财务困难，实宜由公司自行妥为考量。若公司虽以短期债款作长期投资，但预期并确定短期债款清偿期届至后，会有资金进账，则并无财务危机之疑虑。是以，公司举债究以长期或短期债款支应，应为企业自治事项，不宜强制规定，俾企业弹性运作，且各国立法例亦无此设限，故2001年修法时即将条文删除。

（2）公司贷款之限制（公15）：旧法第十五条第二项原规定，公司之资金，除因公司间业务交易行为有融通资金之必要者外，不得贷与股东或任何他人。立法意旨在避免公司资金流失，维持资本充实，是以公司资金原则上不得贷与股东或任何他人，以保障股东及公司债权人之利益。唯应注意，公司员工向公司预借薪资，约定由日后之薪资扣除，虽就法律观点乃属借贷行为，但考量公司与员工

15 “经济部”1991年2月2日商字第201613号函。

间之依存关系及社会通念，应认其未违法。[16]

然2001年修法时认为，与公司间有业务往来者，实务上尚包括与行号（指独资或合伙）间之情状，故新法乃将行号纳入规范。又鉴于资本系公司存续发展之根本，唯台湾除金融机构外并无类似国外财务融资之公司，为使公司资金调度顺畅，应适度开放融资管道。是以，依2001年修法后之放宽规定，公司得贷与资金，计有下述二种：

①公司与公司间，或公司与行号间，只要有业务往来，即可借贷资金，不以交易行为为必要。②即使无业务往来，若有短期融资必要，公司资金亦可贷与其他公司或行号，但金额不得超过贷与企业净值[17]之40%。[18]

（3）公司违法贷放款之效力：①公司负责人违反时，应与借用人连带负返还责任；如公司受有损害时，亦应由其负损害赔偿责任。若公司负责人之违反行为已构成背信要件，可依刑法处断。②违法贷款行为本身之效力，修法前，关于公司违法贷款行为之效力，学说上有采有效说、无效说、无权代理说者。2000年修法后，第十五条第二项既已明确规定，公司负责人违反时，应与借用人连带负返还责任，则多数学者即认为，此乃"无效说"之明文规定，因为公司一旦违法借贷时，公司负责人即应与借用人连带负返还之责，显认借贷无效，公司得随时请求返还借款。[19]

3. 保证之限制

（1）公司原则上不得为保证人（公16Ⅰ）：为稳定公司财务，公司负责人不得擅用公司名义为票据之保证、民法之保证人、纳税之保证人，亦不可承受他人之保证契约。应注意者，签发票据、背书等票据行为，与保证行为有别，故公司所为之发票、背书行为有效，不违反本法第十六条第一项之规定。有问题者，可否将公司财产设定担保物权予他人，存有争议。否定说认为公司以财产设定担保物权予他人，影响公司财务，与为他人为保证人之情形并无不同，应同受限制；然肯定说认为，人保与物保不同，物保对公司财务影响有限，应不受限制。多数从否定说之见解。[20]

（2）例外：公司仅于依法律[21]或章程规定之情况下，始能例外为保证人。故

---

16 "经济部"1979年11月17日商字第3951号函。

17 所谓净值，指资产总额减去负债总额之余额，即股东权益。

18 40%应以融资金额累计计算之。"经济部"2002年1月7日商字第09002270580号函。

19 请参阅柯芳枝，公司法论（上），30页，三民书局，2003年增订5版。

20 请参阅柯芳枝，同前揭注19，31页及"最高法院"1985年台上字第703号判例。

21 如"银行法"第3、101条。

公司若欲对外保证，除法定情形外，应于章程中载明“得对外保证”字样，且其保证须与营业相关，始可承认之。[22]

(3) 违反保证规定之效力：公司负责人违反保证限制时，应自负保证责任，如公司受有损害时，亦应负赔偿责任（公 16Ⅱ）。质言之，公司无须负起保证责任，亦不必与负责人负起连带赔偿之责。

4. 公司目的（业务）之限制

旧“公司法”第十五条第一项规定“公司不得经营登记范围以外之业务”，台湾地区学者多认为此条为公司权利能力受目的上限制之规定，并认为本条乃外国立法例上“越权法则”（doctrine of ultra vires）之继受，即公司于目的范围外无权利能力。[23]唯此概念已渐被扬弃，2001 年修法时已删除上述规定。

案例

乙公司向银行贷款新台币一亿元，因银行要求乙公司应将其所签发票面金额一亿元之本票，先交由甲公司背书，以担保乙公司贷款之清偿，则甲公司得否应乙公司之请求，于乙公司所签发之本票上背书？

解析

本法第十六条第一项规定：“公司除依其他法律或公司章程规定得为保证者外，不得为何任何保证人。”有疑问的是，银行要求甲公司“背书”，其用意乃在于“保证”乙公司之清偿能力，如此是否有违本条规范意旨？亦即票据法上所谓之“隐存保证背书”，是否亦为本法第十六条第一项规范效力所及？

解释上应认为，票据行为强调“票据文义性”，以确保并强化票据之流通；是以，纵然甲公司系以“保证”之意思而在票据上为“背书”行为，甲公司所应负之票据责任亦仅为背书人责任，而非“保证人”责任。因此，甲公司仍得为乙公司为票据背书行为，其背书行为不违反本法第十六条第一项。

22　最高法院 1939 年上字第 1931 号判例。

23　于英美法下，对于公司违反公司权利能力以及事业目的等行为，有一套处理准则——“越权法则”(doctrine of ultra vires)。初期越权法则之严格适用，将公司众多违反权利能力及事业目的等限制之行为，均论断为无效（void），实徒增交易上困扰。近代英美公司法已倾向废除或严格限制越权法则之适用范围，盖因越权法则将一切违法背章行为皆论断为无效之后果，不利企业发展，且不分情节轻重等同视之，未免失之武断。

二、公司之行为能力

依本法规定，公司有行为能力，由其代表机关代表之。代表机关于权限范围内所为之行为，视为公司本身之行为，效力直接归属于公司。

三、公司之侵权能力

（一）公司之侵权责任定位

本法第二三条第二项规定，公司负责人对于公司业务之执行，如有违反法令致他人受有损害时，对他人应与公司负连带赔偿之责。

1. 特别侵权行为责任说

通说认此系有关公司侵权行为能力之规定。按公司代表机关之行为视同为公司之行为，则代表机关之侵权行为，自属公司之侵权行为，公司应以侵权行为人之身份对受害人负损赔责任，至于其机关担当人，原本无庸对受害人负责。然本法为防范机关担当人滥权致影响公司权益，并为使受害人有较高之获偿机会，故令机关担当人与公司连带负责。特别是本条系侵权行为人责任，非受雇人责任，故公司不得主张“民法”第一八八条第一项但书之免责事由。再者，本条属特别侵权行为责任之一种，须另具一般侵权行为之要件始得请求。

2. 法定特别责任说

此说认为，本条系法律特别规范公司及公司负责人之法定责任，故无须具备一般侵权行为之要件即能请求。否则，不足以落实保障第三人之立法意旨。是以，不须以公司负责人有故意或过失为要件，受害人即得请求之。[24]

比较上述二说，其争点在：公司负责人是否须具备故意或过失，始得课予公司侵权责任？特别侵权责任说采肯定见解，法定特别责任说反之。然观诸“民法”第二八条规定，法人对于其董事或其他有代表权之人因执行职务所加于他人之损害，与该行为人连带负赔偿之责任。此一条文，一般认为系法人侵权责任之规定，并且亦须具备一般侵权责任之要件。其与“公司法”第二三条第二项皆在规范公司（法人）对于其机关因执行业务而使他人受损害时，公司（法人）与行为人须负之损赔之责。故本条解释上应采特别侵权责任说，况且本条亦未明文公司须负起无过失责任，不应从法定特别责任说之见解。

---

24 “最高法院”1984年台上字第4345号判决及1987年台上字第2474号判决。

（二）公司侵权行为之成立要件

1. 须为公司负责人之行为

所谓公司负责人，依本法第八条认定之。有认代表公司之负责人若系根据其他执行业务股东或董事之决定或董事会决议而为侵权行为时，宜类推本法第一九三条第二项，除非表示异议而有纪录或书面声明者可免责外，令所有参与决定或决议之其他负责人，一同负起侵权损赔责任。[25]

2. 行为须因执行业务所生

所谓执行业务，一般采广义解释，故除公司负责人之行为外观足认其为执行业务之行为外，与业务执行有密切关系者亦属之。执行之业务不以因积极执行业务行为而生之损害为限，如依法律规定，负有执行之义务而怠于执行时所加于他人之损害，亦属之。

3. 行为须具备一般侵权行为要件

公司负责人须具备“民法”第一八四条一般侵权行为之要件，如公司负责人须因故意或过失，不法侵害他人之权利者；或故意以背于善良风俗之方法，加损害于他人；或违反保护他人之法律，致生损害于他人者，但于此若能证明其行为无过失者，即免责。

四、公司之犯罪能力

法人除法律明文规定外，不得为普通刑法上犯罪之主体。因此除特别刑法有明文规定外，法人并无犯罪能力。公司亦有上述原则之适用。唯应注意，本法对于公司违法行为之刑事处罚，仅以公司负责人为处罚对象，对公司无刑事处罚之规定。因此，于公司法下，不生公司有无犯罪能力之问题。

第五节　公司之负责人

一、公司负责人概说

依本法第八条之规定，公司负责人分为：

（一）当然负责人

所谓当然负责人，系指公司法定必备之业务执行机关或代表机关。在无限公

25 请参阅柯芳枝，同前揭注 19，33 页。

司、两合公司为执行业务或代表公司之股东；在有限公司、股份有限公司则为董事（公 8I）。于所有当然负责人之中，董事之地位最为关键。以下即就现行体制中，台湾地区“公司法”体制内可能出现之六种董事，予以分述：

自然人董事	“公司法”第 192 条第 1 项
“政府”或法人董事	“公司法”第 27 条第 1 项
“政府”或法人代表董事	“公司法”第 27 条第 2 项
劳工董事	“国营事业管理法”第 35 条[26]第 2 项
公益董事	“证券交易法”第 126 条[27]、“期货交易法”第 36 条[28]
外部董事或独立董事	详后述

1. 自然人董事

最典型之“董事”，规定于本法第一九二条第一项：“公司董事会……，由股东会就有行为能力之人选任之。”此乃 2001 年公司法修正之一大重点：为因应企业所有与企业经营分离之国际潮流，董事不需具有股东身份。本条之董事，相较于后述两种董事（政府或法人董事及政府或法人代表董事），其特色在于具备任期保障（公 195Ⅰ）。

2.“政府”或法人董事

“政府”或法人既为法律上之权利义务主体，自得成为公司之股东，且在合于法定要件下担任公司之董监事。本法第二七条第一项规定：“‘政府’或法人为股东时，得当选为董事或监察人。但须指定自然人代表行使职务。”因法人无行

---

26 “国营事业管理法”第 35 条：“国营事业董事、监察人或理、监事，不得兼任其他国营事业董事、监察人或理、监事。但为推动合并或成立控股公司而兼任者，仅得兼任一职，且担任董事或理事者不得兼任监察人或监事，反之亦然；并得被选任为董事长、副董事长或相当之职位。

前项董事或理事，其代表‘政府’股份者，应至少有五分之一席次，由国营事业主管机关聘请工会推派之代表担任。

前项工会推派之代表，有不适任情形者，该国营事业工会得另行推派之。”

27 “证券交易法”第 126 条：“证券商之董事、监察人、股东或受雇人不得为公司制证券交易所之经理人。

公司制证券交易所之董事、监察人至少应有三分之一，由主管机关指派非股东之有关专家任之；不适用‘公司法’第一百九十二条第一项及第二百十六条第一项之规定。

前项之非股东董事、监察人之选任标准及办法，由主管机关定之。”

28 “期货交易法”第 36 条：“公司制期货交易所之董事、监察人至少四分之一由非股东之相关专家担任之，其中半数由主管机关指派，余由董事会遴选，经主管机关核定后担任之；其遴选办法，由主管机关定之，不适用‘公司法’第一百九十二条第一项、第二百十六条第一项规定。”

为实体，故须指定自然人代表行使职务。简言之，由“政府”或法人股东当选董事在先，而后再指定自然人代表行使其职务。而关于董事职务之委任契约，乃存在于该“政府”或法人股东与其当选为董事之公司之间。因此，此类董事当然得由该“政府”或法人股东随时改派补足原任期。换言之，本条之董事并无前述之任期保障。

然行使董事职务时有故意或过失而有害公司之营运，“政府”或法人股东与其代表人间之法律责任如何厘清与追究，一直是实务界于处理上之难题。另一重大争议，在于当股东利益与公司利益有所冲突时，本条董事必然将以股东利益为优先考量，此举明显违反董事对公司应尽之忠实义务。

3. “政府”或法人代表董事

“政府”或法人为股东时，亦得由其代表人当选为董事或监察人；代表人有数人时，得分别当选。易言之，本条董事之产生，乃由“政府”或法人股东指派代表人（一人或数人）在先，而后再以个人名义当选董事。换言之，关于董事职务之委任关系，乃存在于“政府”或法人股东所指派之代表人，与其当选为董事之公司之间。

关于本条之规定，学界与实务界长久以来迭有争论，除了关于董事酬劳金之归属、董事竞业规范主体等问题外，真正之问题根源，在于本条董事自身代表其利益之矛盾。析言之，该董事与指派之公司，及当选为董监事之公司，皆存有委任关系；就法人或“政府”股东之代表人之立场言，其必须将法人或“政府”股东之利益置于第一考量；然居于公司董事之身份，法律亦要求其克尽善良管理人之注意义务与忠实义务（公 23Ⅰ）。因此，该董事究应以何者为上，实务上纷扰不断。本法第二七条第三项复规定：“第一项及第二项之代表人，得依其职务关系，随时改派补足原任期。”即“政府”或法人股东之代表，得依其本身于“政府”或法人内部之职务关系，由政府或法人随时改派或补足原任期。盖代表人行使公司职务，系代表政府或法人为之，非基于其个人股东关系。析言之，本条董事亦无任期保障。

本法第二七条第二项之规定系台湾地区所独有，为他国立法例所无，就该规定素有争议，屡有删除之议。试问：法人股东代表人可分由数人同时当选董监事，则监察人如何以超然立场为公司之内部监督者？其与公司治理之理想之间，实有扞格之处，且何以法人股东代表人得数人当选董监，有违反股东平等原则之虞。“公司法”第二七条第二项实欠缺正当性根基，实无保留之必要。

4. 劳工董事

“国营事业管理法”第三五条第二项之董事，乃相对于资方（雇主）董事之劳方代表董事。由工会推派代表在先，再由“国营事业”主管机关聘请其为“国营事业”之董事。因此该工会代表如有不适任之情形，当由工会另行推派之（本条第三项），本条董事亦不具备任期保障。

本条立法意旨，乃借由赋予员工参与公司组织经营与决策之机会，以期减少劳资争议，进而提高企业竞争力与生产力，具产业民主之政治意义[29]，乃社会福利思想之表现。

5. 公益董事

“证券交易法”第一二六条第二项及“期货交易法”第三六条之董事，有称为“公益董事”[30]或“专家董事”。由于证券交易所与期货交易所为证券、期货集中交易市场之核心，其功能为建立集中交易市场之运作及交易秩序之维护，具有公益性质，故若由社会公正专业人士参与或监督交易所业务之执行，于交易安全与秩序之维护应有所裨益。但为求公正、客观、超然，避免政治酬庸致生流弊，公益董事之选任标准，则待主管机关“财政部”订定之。质言之，此种类型之董事，多由主管机关所指派，无股权支持，欠缺股东会之民意基础。

6. 外部董事或独立董事

本法第一九二条第一项之规定，修正旧法中董事必须具备股东身份之原则，而得由不具股东资格但具专业智识之公正人士担任董事，利于独立董事或外部董事制度之推行。[31]外部董事存在之理由，在于公司之内部董事可能身兼监督者与被监督者两种角色，易发生严重之利益冲突[32]，最终甚而可能损及公司利益。是以，应由公正独立之外部人，职掌公司部分之监督事项。

一般而言，就所谓外部董事，其定义并不明确，且概念上常被混淆。外部董事虽多不具备股东身份，但真正区别其与一般董事之处，在于外部董事非公司之内部人（insiders），如此即可避免诸多利益冲突之情形，以落实公司治理之理念。虽然于概念上，外部董事可等同于独立董事，即具有专业素养之外部人；但亦有将二者作区分者，即将独立董事界定为合于一定法定要件者，始可称其为“独立董事”，余者即属“外部董事”。

例如，于现行体系中，台湾证券交易所对新上市公司乃要求独立董事不得少

---

29 “行政院劳工委员会”2000年台劳资二字第0042382号。

30 公益董事亦可指独立董事。请参阅，投资人保护法研讨会——公益（或独立）董事制度之探讨，月旦法学杂志第42期，88页以下，1998年11月。

31 余雪明，董事及董事会，新修正公司法解析，2002年3月再版，元照，262页。

32 余雪明，证券交易法，2003年4版，台湾证券暨期货市场发展基金会出版，50页。

于二席。[33]并于"上市审查准则补充规定"第十七条[34]中，对于独立董事有明确之反面定义，如持有公司已发行股份总额1%以上或与董事会成员有一定之亲属关系，皆属违反独立性，不得申请为上市公司之独立董事。因此，有人乃将此等经证管法规明文规范者，称为"独立董事"，而以"外部董事"一词指称非证管法规明文界定，不合前述法定要件，而系由公司自行聘任之公正专业人士。此外，

---

33 "台湾证券交易所股份有限公司有价证券上市审查准则"第9条第10款规定："申请股票上市之发行公司虽符合本准则规定之上市条件，但除有第八、十、十一款之任一款情事，本公司应不同意其股票上市外……

十、申请公司之董事会成员少于五人，或独立董事人数少于二人；监察人少于三人，或独立监察人人数少于一人；或其董事会、监察人有无法独立执行其职务者。另所选任独立董事及独立监察人以非为'公司法'第二十七条所定之法人或其代表人为限，且其中各至少一人须为会计或财务专业人士。"

34 "台湾证券交易所股份有限公司有价证券上市审查准则补充规定"第17条：本准则第9条第1项第10款所规定"董事会、监察人有无法独立执行其职务"，系指有下列情事之一者：

一、担任申请公司独立董事或独立监察人者最近一年内有下列各目违反独立性之情形之一：

（一）申请公司之受雇人或其关系企业之董事、监察人或受雇人。但申请公司之独立董事、独立监察人为其母公司或子公司之独立董事、独立监察人兼任者，不在此限。

（二）直接或间接持有申请公司已发行股份总额1%以上或持股前十名之自然人股东。

（三）前二目所列人员之配偶及二亲等以内直系亲属。

（四）直接持有申请公司已发行股份总额5%以上法人股东之董事、监察人、受雇人或持股前五名法人股东之董事、监察人、受雇人。

（五）与申请公司有财务业务往来之特定公司或机构之董事、监察人、经理人或持股5%以上股东。

（六）为申请公司或其关系企业提供财务、商务、法律等服务、咨询之专业人士、独资、合伙、公司或机构团体之企业主、合伙人、董事（理事）、监察人（监事）、经理人及其配偶。

（七）兼任其他公司之独立董事或独立监察人合计超过五家以上。

二、担任申请公司独立董事或独立监察人者，未具有五年以上之商务、财务、法律或公司业务所需之工作经验。

三、担任申请公司独立董事或独立监察人者，未于该公司辅导期间进修法律、财务或会计专业知识每年达三小时以上且取得'上市上柜公司董事、监察人进修推行要点'参考范例参、四（一）、（二）、（四）订定之进修体系所出具之相关证明文件。

四、申请公司有超过董事总数二分之一之董事，其彼此间具有一亲等之直系亲属关系；或申请公司有超过董事总数三分之二之董事，其彼此间具有下列各目关系之一；或其全数监察人彼此间或与董事会任一成员间，具有下列各目关系之一者：

（一）配偶。

（二）二亲等以内之直系亲属。

（三）三亲等以内之旁系亲属。

（四）同一法人之代表人。

（五）关系人。

第一项第四款之规定，对于'政府'或法人为股东，以'政府'或法人身份当选为董事、监察人，而指派代表行使职务之自然人；暨由其代表人当选为董事、监察人之代表人，亦适用之。"

于2006年1月11日公布施行的“证券交易法”[35]已正式纳入独立董事，“证交法”第十四条之二规定：“已依本法发行股票之公司，得依章程规定设置独立董事。……独立董事人数不得少于二人，且不得少于董事席次1/5。”

应注意者，外部董事与前述之公益董事虽皆强调其公正第三人之专家角色，但外部董事之选任，仍须透过一般程序，也就是由股东会选任之（公198Ⅰ参照），须得到股权之支持。

（二）职务范围内之公司负责人

公司之经理人或清算人，股份有限公司之发起人、监察人、检查人、重整人或重整监督人，在执行职务范围内，亦为公司负责人（公8Ⅱ）。

二、公司负责人之义务内涵

（一）“公司法”第二三条之内涵

于2001年“公司法”修法前，台湾地区对于公司负责人义务之界定与内涵，皆仰赖“民法”上善良管理人注意义务之解释以及“公司法”上针对具体情状所为之明文规范。2001年修法即将本法第二三条第一项改为：“公司负责人应忠实执行业务并尽善良管理人之注意义务，如有违反致公司受有损害者，负损害赔偿责任。”学者多将此项区分为注意义务与忠实义务两个层次，其内涵各不相同。所谓注意义务，乃于特定行为中，具体判断一个人如何尽心尽力；至于忠实义务，系在公司负责人之利益与公司之利益对立时，其决定之基准，也就是将公司之利益置于自己利益之上，简言之，忠实义务通常系在处理公司负责人与公司间发生利益冲突之问题。实则，本条规定乃源于英美法上公司负责人对于公司所应尽之“受托义务”（fiduciary duty），其下又分为注意义务（duty of care）以及忠实义务（duty of royalty）。

关于台湾地区法上公司负责人对公司应尽之注意义务及忠实义务，以下拟作进一步的说明：

1. 善良管理人之注意义务

本法明白揭示公司负责人与公司间之关系，属于委任契约。[36]原本依“民法”关于委任之规定，可区分为有偿及无偿：于无偿委任时，受任人仅须与处理自己事务为同一注意；若为有偿委任，则应以善良管理人之注意为之。若套用于公司

35 由于新法诸多规定对企业将造成重大影响，主管机关也须有配套措施，因此“证交法”第14－2～14－5、26－3条条文自2007年1月1日施行。

36 请参照本法第29、97、192条第4项与第216条第3项之规定。

负责人身上，则会因有偿与无偿之不同，使公司负责人有不同程度之注意义务，唯如此解释显不合理。是故，“公司法”第二三条第一项始另以明文规范公司负责人一律负善良管理人之注意义务，不因有偿或无偿而异。[37]问题是，善良管理人应尽的注意程度究竟为何，换言之，“抽象轻过失”之标准何在，现行法上尚欠缺细致化之操作标准。

反观英美法之 duty of care，虽与台湾地区善良管理人注意义务雷同，但彼此间仍有不同。例如，在美国法上，董事就公司业务之执行，实际上多交由其下之经理人负责处理，是以按权责相符原则，美国实务就董事之商业决定，在过失程度渐渐倾向达“重大过失”（gross negligence）[38]。析言之，英美法对于公司负责人应负之注意义务，系将义务与个人之地位紧密结合，并且对于不同职位之人，有其不同之期许与规制。

此外，美国实务上另以“商业判断原则（business judgement rule）”作为判断注意义务之重要标准。[39]所谓商业判断原则，指当股东质疑公司所作之决定时，此原则会假设公司受任人所作之商业决定系于充分资讯下所作独立判断，并推定其系为善意且基于公司最佳利益。[40]

2. 忠实义务

2001 年修法于第二三条第一项增列“忠实执行职务”，系为解决公司负责人与公司间所生之利益冲突而形成之法理。[41]此义务要求公司负责人于利益冲突之情形中，须以公司利益为上，并以此为行为准则，提供其最廉洁之商业判断。然本条仅有“忠实义务”之名，却未规定忠实义务之内涵与适用情况。

而英美法经由判例之累积，针对忠实义务之问题，已形成共识并逐渐具体化、类型化，故学者为填补现行法上之空白，多引用英美法之概念，将利益冲突

---

37 同样见解，请参阅柯芳枝，同前揭注 19，52 页。

38 曾宛如，董事忠实义务之内涵及适用疑义，公司管理与资本市场法制专论（一），2002 年 11 月初版，学林，21 页。

39 商业判断原则并非董事行为之准则，而是作为司法审阅（judicial review）之标准。商业判断原则乃有利于董事之推定原则，其寓含着一个道理：若董事们所为之经营决策，必须经过司法之严格审查，其实投资人（即股东）之利益会因而减少，盖因若为严格审查，将会造成寒蝉效应，使董事们行事趋于保守，其结果对于公司整体利益而言，反而走负面影响；再者，法官以一个旁观者之角色，去介入高度专业性之公司经营取向，并非妥适，意即法院以事后观察者之角度，根本不适合处理公司该种长期继续性、流动性之关系。See Frank H. Easterbrook and Daniel R. Fischel，The Fiduciary Principle，The Economic Structure of Corporate Law，at 93－94.

40 请参阅曾宛如，同前揭注 38，22 页。

41 请参阅柯芳枝，同前揭注 19，51～52 页。

之情状区分为：与公司交易、利用公司资产、资讯与机会、与公司竞争。[42]首先，与公司交易指公司负责人可能面临自己代理或双方代理之问题，本法就此虽另有规范（详后述），但却未规定公司负责人应充分提供资讯以供判断。再者，利用公司资产、资讯与机会，在于公司负责人可能利用职务之便，得知本应属于公司之讯息或机会而图利自己，此乃完全背于忠实义务本旨之作为，理应禁止之。而与公司竞争，则涉及公司负责人竞业禁止之问题（详后述）。

另一个争论不休之问题，即公司负责人究竟是仅对公司负有忠实义务？或是对股东个人亦负忠实义务？问题症结应在于，公司之存续目的，究竟是追求公司之利益，或是股东个人之利益？依现行法之规定而观，绝大部分之情形会将公司之利益视为全体（或多数）股东之利益，因此公司负责人于执行业务之际，无须考虑个别股东之感受或利益，若是因而侵害了个别股东之权益亦可因而免责。[43]

综上所述，台湾地区新法虽然移植了英美等国发展良久之受托义务，于“公司法”第二三条第一项新增公司负责人之忠实义务（公 23Ⅰ），将之与善良管理人注意义务并列，形成公司负责人之受托义务。然，未将英美法上其他的细部原则一并纳入，例如关于忠实义务及注意义务之具体判断标准为何，则仅此一条概括性之规定，将来恐生争议，势必得借助英美法之概念加以阐释。于未来修法时，应仿效其立法并将之具体类型化，以利实务操作。[44]更重要者，于确立公司负责人义务之后，应有后续配套之措施，如责任诉追机制，以落实规范之美意。

（二）“公司法”对忠实义务之具体规范

本法除了第二三条对注意义务与忠实义务为概括之规定外，尚有对公司负责人忠实义务之具体规范。基本上这些规定，均属英美忠实义务之一环，以解决公司负责人与公司可能存在之利益冲突。以下以董事为主要对象简述之：

1. 自己代理与双方代理之禁止

本法第二二三条规定董事为自己或他人与公司为买卖、借贷或其他法律行为时，由监察人为公司之代表；同时要求有利害关系之董事应回避表决（公 206Ⅱ准用 178）。如前所述，本条类似英美法上“与公司交易”之处理原则。

2. 竞业禁止

本法第二〇九条第一项规定，董事为自己或他人为属于公司营业范围内之行

---

42 请参阅曾宛如，同前揭注 38，16～17 页。

43 除此之外，公司负责人是否负有一定之社会责任，例如对于其他非股东之人，包括公司之债权人、公司所处区域等，是否亦有其忠实义务，素有争论。详请参阅，王文宇，同前揭注 1，32～35 页。

44 学者即有对此提出具体之修正建议。请参阅曾宛如，同前揭注 38，35～38 页。

为，应对股东会说明其行为之重要内容，并取得其许可。如有违反，股东会得以决议，将该行为之所得视为公司之所得。本条规定即类似于英美法上之“禁止与公司竞争”。

三、经理人

公司之经理人或清算人，股份有限公司之发起人、监察人、检查人、重整人或重整监督人，在执行职务范围内，亦为公司负责人（公 8Ⅱ）。以下仅就公司经理人析述之，其他职务范围内之负责人另有专节说明。

公司业务之执行，虽原则上均应由董事会决议行之（公 202），但大型公司在区分业务决策权与业务执行权后，董事会多仅负责重大决策之议决，而将日常业务之执行授予专业经理人（一般统称为“经理部门”或“经营阶层”）。

（一）经理人之任免与资格

1. 经理人之任免

公司得依章程规定设置经理人，其委任、解任及报酬，依左列规定定之。但公司章程有较高规定者，从其规定：(1) 无限公司、两合公司须有全体无限责任股东过半数同意。(2) 有限公司须有全体股东过半数同意。(3) 股份有限公司应由董事会以董事过半数之出席，及出席董事过半数同意之决议行之（公 29Ⅰ）。易言之，经理人之任免，属于企业自治事项，特别于股份有限公司中，由董事会以普通决议为之即可。

2. 经理人之资格

在积极资格方面，经理人应在台湾有住所或居所（公 29Ⅱ），以便于经常为事务之处理。本法对于经理人别无其他积极资格之要求，亦无国籍、股东身份之限制。

在消极资格方面，依本法第三十条之规定，有下列情事之一者，不得充任经理人，其已充任者，当然解任：

(1) 曾犯组织犯罪防制条例规定之罪，经有罪判决确定，服刑期满尚未逾五年者。

(2) 曾犯诈欺、背信、侵占罪经受有期徒刑一年以上宣告，服刑期满尚未逾二年者。

(3) 曾服公务亏空公款，经判决确定，服刑期满尚未逾二年者。

(4) 受破产之宣告，尚未复权者。

(5) 使用票据经拒绝往来尚未期满者。

(6) 无行为能力或限制行为能力者。

此外，股份有限公司之监察人亦不得兼任经理人（公 222）。

(二) 经理人之职权与义务

1. 经理人之职权

经理人之职权，依新修正“公司法”第三一条第二项之规定，在公司章程或契约规定授权范围内，有为公司管理事务及签名之权。然实务上一般公司之章程鲜少就经理人之职权、授权范围加以详加规定；此外，一般公司与经理人间订立之契约，涉及业务授权范围之细部规范者，亦属罕见。仅凭章程或契约规定，实难认定经理人之职权范围，特别对交易相对人而言，如何判断经理人之权限所在，困难重重。

又经理人职权范围之确定，事涉该交易行为之法律上效力为何，可惜新公司法就此并未加以处理。基于经理人与公司之间，系属委任关系（参公 29Ⅰ），因此，在公司法未有明文规范之处，仍应回归民法代理、委任规定，参酌法理来加以解决。[45]例如，经理人如果在授权范围外为交易行为，而且公司具有可归责的授权外观[46]，此时可能公司须负“表见代理”责任。基本上，法院应考量个案的全部事实，参酌公司之可归责程度与第三人资讯查询成本[47]等因素，再综合衡量后作一判断，而不宜一概而论。

2. 经理人之义务

(1) 忠实义务及善良管理人之注意义务（公 23Ⅰ）。

(2) 基于委任关系而生之计算义务（民 540～542）。

(3) 不为竞业之义务：本法第三二条规定，经理人不得兼任其他营利事业之经理人，并不得自营或为他人经营同类之业务。但经依第二九条第一项规定之方式同意者，不在此限。立法本旨在确保经理人能将智识与时间完全奉献予公司，及避免其利用因职务所得之公司机密，图利自己或他人，造成公司之损失。然其竞业行为经公司同意，自可为之。本法未规定经理人违反竞业禁止义务之效果，因此应适用“民法”之规定，公司得请求因其行为所得之利益作为损害赔偿（民

---

45 唯须厘清者，公司法上之代理法则不完全等同于民法上之代理。详请参阅王文宇，同前揭注 1，181～185 页。

46 在本人方面首先要看其对于表见外观有无可归责事由，例如本人在表见代理人与第三人为交易前，就该交易委托表见代理人为之，或本人曾与第三人接洽，而于表见代理人与第三人为法律行为时，不为反对意思之表示，或者本人和表见代理人有亲属关系，使第三人相信已经取得本人的同意或授权使用该文件，以上本人可能具有可归责性，似可加强本人对第三人负表见代理授权人责任之心证。

47 假设相对人有获得经理人职权范围之资讯的可能性，且不致付出过大的成本时，其就有搜寻之义务，此即交易的注意义务，不可一概令公司为经理人之越权行为负表见代理责任。请参阅王文宇，公司代理人之代理权限与表见代理，台湾本土法学杂志第 50 期，2003 年 9 月，157～166 页。

563Ⅰ)。但经理人所为之行为仍为有效。

(4) 遵守法令、章程及决议之义务:本法第三三条规定:“经理人不得变更董事或执行业务股东之决定,或股东会或董事会之决议,或逾越其规定之权限。”若经理人违反法令、章程或第三三条之规定,致公司受损害时,对于公司负赔偿之责(公34)。

(5) 指挥监督会计人员依法办理会计事务

“商业会计法”第五条第四项规定:“会计人员依法办理会计事务,应受经理人之指挥监督,……。”

(三) 经理人之登记与认定标准

按旧法第三八条规定,公司依章程之规定,得设副总经理或协理,或副经理一人或数人,以辅佐总经理或经理。然而,关于经理人之职称、权限等,应属私法自治范畴,故新法将本条规定予以删除,因此,经理人之职称不再是认定其职权范围的形式标准。

因此,于现行法下若欲自形式面来判断经理人之职权范围,势必与经理人之登记大有关联(“公司登记及认许办法”9)。按经理人登记制度之目的,本在借由事前登记手段,期使交易之相对人可认识孰为真正有公司代表或代理权之人。但由于此一制度与实务交易情况相距甚远,公司多不能也不愿就其所属之经理人一一为登记,是故实务上就与他公司之经理人为交易时,多循其他方式以确认其代表权限,而非依赖主管机关所拥有未必与事实相符之登记资料,有鉴于此,未来应废除经理人之登记制度,以免产生名实不符的现象。

第六节 公司之监督

公司监督,意指对公司之设立与业务执行加以控管、导正及追究责任之一系列活动。基本上,公司之监督可分为三大类:由国家之行政机关或司法机关所为者,为公权监督;由公司内部组织自发而为者,为自治监督;此外,尚存有市场监督。但碍于篇幅限制,本书仅介绍公权监督与自治监督。

一、公权监督

纯就公司法之规范而言,其所涉及之政府机关约有“中央主管机关(经济部)”、目的事业主管机关(视公司业务而定)以及法院。有将“政府机关”监控公司事务之权限，划分为五类：审查权、检查权、准立法权、介入权与惩罚权[48]，虽然并非所有之监督机关皆有上述五种权限，但此五种分类，将有助于厘清公司法下散见之公权监督机制其彼此间功能上之差异。

（一）行政监督

1. 监督机关

本法以“主管机关”代表监督公司之行政机关。依本法第五条第一项，在“中央”为“经济部”，在“直辖市”为“直辖市政府”。“中央主管机关”得视情况需要，委任所属机关、委托或委办其他机关办理本法所规定之事项。此外，公司之业务若须经特许，则同受目的事业主管机关之监督，例如银行为特许公司，即须受目的事业主管机关——“财政部”之监督。

2. 监督内容

行政机关对公司之监督，分为事前及事后。前者，指于公司成立前，对设立中公司所为之监督；后者，系对成立后公司之监督。

（1）关于公司设立登记之监督

①事前监督：A. 公司之设立采登记生效主义，即公司非在“中央主管机关”登记后，不得成立（公 6）。此外，2001 年修法并将“公司非在‘中央主管机关’登记并发给执照后，不得成立”之规定，删除“并发给执照”之文字。此乃基于实务上公司执照核发后，若公司解散或勒令歇业，公司或仍持有公司执照并以为交易工具，而有危害社会交易安全之虞；加上行政机关之作业，均以公司执照影本为根据，核发相关证照，致使解散或勒令停业之公司仍持公司执照影本办理相关事宜，滋生困扰。故删除“发给执照”之规定，杜绝弊端。B. 设立登记前，禁止以公司名义营业或为其他法律行为，并得禁止其使用公司名称，未经设立登记，而以公司名义营业或为其他法律行为者，除行为人处一年以下有期徒刑、拘役或科或并科新台币 15 万元以下罚金外，并自负民事责任；行为人有二人以上者，连带负民事责任，并由主管机关禁止其使用公司名称（公 19Ⅱ）。为合于该规定，设立中公司多以“筹备处”行之。C. 登记申请事项之审查与命令改正，主管机关对于公司登记之申请，认为有违反本法或不合法定程式者，应令其改正；非俟改正合法后，不予登记（公 388）。D. 资本额查核签证，本法第七条规定：“公司申请设立、变更登记之资本额，应先经会计师查核签证；其办法，由‘中央主管机关’定之。”唯登记时之资本额查核，其资金来源是否虚伪，甚难辨明；纵然登记时资本确实收足，登记后之资金自由移转，亦无从禁止，故于登记

---

48 请参阅曾宛如，公司外部监督之分析，同前揭注 38，117 页以下。

时点进行资本额查核，并无实益。是以，本条规定建议删除，同时应强化现行法第二十条之公司年终会计表册之查核。

②事后监督：A. 经法院判决后，由检察机关通知“中央主管机关”撤销或废止公司登记，公司应收之股款，股东若未实际缴纳，而以申请文件表明收足，或股东虽已缴纳而于登记后将股款发还股东，或任由股东收回者，除公司负责人被处以徒刑、罚金并与各该股东连带赔偿公司或第三人因此所受之损害者外，待裁判确定后，由检察机关通知“中央主管机关”撤销或废止其登记（公 9 Ⅰ～Ⅲ）。此外，若公司之设立或其他登记事项有伪造、变造文书，经裁判确定后，由检察机关通知“中央主管机关”撤销或废止其登记（公 9Ⅳ）。B. 经目的事业主管机关或处分机关通知“中央主管机关”撤销或废止公司登记，公司业务，依法律或基于法律授权所定之命令，须经“政府”许可者，于领得许可文件后，方得申请公司登记。系争业务许可经目的事业主管机关撤销或废止确定者，应由各该目的事业主管机关，通知“中央主管机关”，撤销或废止其公司登记或部分登记事项（公 17）。另则，公司之经营有违反法令受勒令歇业处分确定者，应由处分机关通知“中央主管机关”，废止其公司登记或部分登记事项（公 17－1）。

（2）关于公司名称之监督（公 18）。[49]

（3）关于公司营业之监督

①得随时派员检查公司业务及财务状况：主管机关得会同目的事业主管机关，随时派员检查公司业务及财务状况（公 21Ⅰ）。主管机关检查公司业务及财务状况时，并得令公司提出证明文件、单据、表册及有关资料，但除法律另有规定外，应保守秘密，并于收受后十五日内，查阅发还（公 22Ⅰ）。②由“中央主管机关”命令解散：依本法第十条之规定，主管机关得依职权或利害关系人之申请，命令公司解散。而解散命令确定后，即应进入清算程序（公 24），此系强制解散之一种。而命令解散之情形如下：

A. 公司设立登记后六个月尚未开始营业者。但已办妥延展登记者，不在此限。其立法意旨在于防止虚设公司，以维护交易安全。B. 开始营业后自行停止营业六个月以上者。但已办妥停业登记者，不在此限。

（4）关于公司财产之监督

①事前监督——资本额查核：公司申请设立、变更登记之资本额，应先经会计师查核签证；其办法，由“中央主管机关”定之（公 7）。②事后监督：公司于每届会计年度终了时，应将营业报告书、财务报表及盈余分派或亏损拨补之议

49 请参阅本编第二章第一节公司之概念。

案，提请股东同意或股东常会承认（公20Ⅰ）。此类书表，主管机关得随时派员查核或令其限期申报；其办法，由“中央主管机关”定之（公20Ⅳ）。

此外，公司资本额达“中央主管机关”所定一定数额以上者[50]，其财务报表，应先经会计师查核签证；其签证规则，由中央主管机关定之。[51]但公开发行股票之公司，证券管理机关另有规定者，不适用之。

（二）司法监督

对于公司之公权监督，除了上述之行政监督外，更有由法院主掌之司法监督。此外，本法对公司所行之司法监督多为非讼程序，因此法院于此有较一般诉讼程序较大之裁量权，于合法之前提下，可用较弹性之方式行使本法所赋予之监督权。兹将本法所规范之法院监督事项，分述如下：

1. 裁定解散

当公司之经营，有显著困难或重大损害时，法院得据股东之声请，于征询主管机关及目的事业“中央主管机关”意见，并通知公司提出答辩后，裁定解散（公11Ⅰ）。而股东之声请，在股份有限公司，应有继续六个月以上持有已发行股份总数10%以上股份之股东提出（公11Ⅱ）。

2. 允许有限责任股东查账

有限责任股东，得于每会计年度终了时，查阅公司账目、业务及财产情形；必要时，法院得因有限责任股东之声请，许其随时检查公司账目、业务及财产之情形（公118Ⅰ）。

3. 裁定股份价格

股份收买请求权系本法为保护少数股东所明文赋予之权利，然股东请求公司收买股份之际，对其价格若有争执，则股东于一定期间经过后，得声请法院为价格之裁定（公187Ⅱ、317Ⅲ准用187Ⅱ）。

4. 选任临时管理人

董事会不为或不能行使职权，致公司有受损害之虞时，法院因利害关系人或检察官之声请，得选任一人以上之临时管理人，代行董事长及董事会之职权。但不得为不利于公司之行为（公208-1）。

5. 选派检查人

继续一年以上，持有已发行股份总数3%以上之股东，得声请法院选派检查人，检查公司业务账目及财产情形（公245Ⅰ）。

---

50 此数额指新台币3 000万元以上，请参照“经济部”1981年2月14日经商字第05324号函。

51 “经济部”据此发布“会计师查核签证财务报表规则”。

6. 认可公司债债权人会议之决议

公司债债权人会议之决议，经申报公司所在地之法院认可并公告后，始对全体公司债债权人发生效力（公 264）。

7. 监督重整

公司重整乃公开发行股票或公司债之股份有限公司，因财务危机而面临营业上困境，但预料有重建更生可能者，在法院之监督下，调整所有利害关系人之利益，以企图使公司生命存续之谓（公 282）。法院于重整过程中所扮演之角色，不仅为一监督者，更系决定重整方案可行与否之判断者。甚而，于法院在裁定准驳重整之前，尚可为各种保全处分（公 287）。

8. 监督清算

公司之清算，指以了解已解散公司之一切法律关系，并分配其财产为目的之程序。清算又可分为普通清算与特别清算：前者指股份有限公司解散后，通常所为之一般清算；后者则系于普通清算之实行发生显著障碍或公司负债超过资产有不实之嫌时，依法院命令开始进行之清算。对于普通清算，法院之监督权仅及于选派清算人，并不介入清算事务之进行。但对于特别清算，法院则以公权力强制命令公司进行特别清算程序，并积极监督清算事务。

二、自治监督

关于公司内部之自治监督，最常被论及者，即股份有限公司所独有之监察人。原本应由所有者自行监控经营者，但碍于效率及实行上之问题，股东会无法时时刻刻监督经营者；是以，为解决技术上之障碍，本法遂在股份有限公司机关内另设监察人作为其监督机关，负责掌理公司业务之监督与公司会计之审核（公 218Ⅰ、219Ⅰ）。至于在其他种类公司之情形，由于其所有与经营分离之色彩淡薄，故监督事宜多委由不负责经营事项之股东为之，不若股份有限公司者明文规定其法定监督机关。

此外，检查人某程度亦扮演自治监督中之重要角色。检查人系以调查股份有限公司之设立程序或业务及财务状况等为主要目的而设置之法定、任意、临时之监督机关。之所以于监察人外另设检查人，系为了在监察人不善尽职责，甚而与董事挂勾之情况下，透过与董监事无关之外人进行调查，始足厘清事实，补监督之不足。唯应注意，由公司选任之检查人，始能归类为自治监督之一环；若系由法院所选派者，则属公权监督之范围。

第七节　公司之并购

一、企业并购之概念

企业发展模式除了借由内部自我成长外，透过并购其他公司之方式，更可以快速获得其他公司之现有客户、市场占有率、人员、技术等有形及无形资产，进而透过业务整合而降低成本、提高利润或增进效率，其对于企业追求综效（synergy）之助益不言可喻。

二、企业并购行为态样

所谓“并购”，依“企业并购法”第四条第二款之定义，包括公司之合并、收购及分割，析述如下：

（一）公司合并

公司合并，指两个或两个以上之公司依其约定，归并成为单一公司之行为。合并之结果会造成一个以上公司之消灭，该消灭公司之权利义务则由合并后存续或另立之公司概括承受。

（二）收购

所谓“收购”，指公司依“企业并购法”、“公司法”、“证券交易法”、“金融机构合并法”或金融控股公司法规定取得他公司之股份、营业或财产，并以股份、现金或其他财产作为对价之行为（企并 4 Ⅵ）。准此，收购行为可分为股权收购与资产（营业或财产）收购：

1. 股权收购（share acquisition）

指收购公司购买目标公司全部或一部之股权，于股权收购后，收购公司及目标公司仍分别具有独立之人格，仅目标公司成为收购公司所投资之公司或子公司。股权收购乃最传统且最为常见之并购型态。

2. 资产收购（asset acquisition）

指收购公司购买目标公司之全部或一部之资产。相较于上述股权收购之方式，收购公司透过资产收购方式，可依本身之需要，收购特定目标公司之资产，而将不需要之资产排除在外，且收购公司并不承受目标公司之负债，因此彼此之权利义务较为清楚简单。

依现行公司法对资产收购之相关规定，公司得让与全部或主要部分之营业或财产，且公司得受让他公司全部营业或财产（公 185 Ⅰ②、③）。从而，公司得借由让与其资产或受让他公司之资产，重新调整企业规模。

3. 公司分割[52]（corporate division）

公司分割亦为公司进行组织改造之重要模式，系指一公司将其经济上成为一整体之营业部门之财产（含资产与负债）以对既存公司或新设公司为现物出资之方式，由被分割公司或被分割公司股东取得既存公司发行新股或新设公司新设发行之股份，并由既存公司或新设公司概括承受该营业部门之资产与负债。

4. 股份转换（share exchange）

于先进国家之立法例中，企业并购行为态样应包括“股份转换”在内，台湾地区亦于“金融控股公司法”及“企业并购法”中引进股份转换制度。[53]所谓股份转换，系指公司经股东会决议，让与全部已发行股份予他公司作为对价，以缴足公司股东承购他公司所发行之新股或发起设立所需之股款之行为（企并 4）。换言之，目标公司经其股东会特别决议通过后（企并 29 Ⅰ），得以股份转换之方式，将其所有股东所持有之全部股份让与并购公司（既存或新设公司），从而目标公司之股东成为并购公司之股东，且并购公司成为目标公司 100％控股之控制公司或母公司。

应注意者，“企业并购法”“股份转换”制度，与本法第一五六条第六项“股份交换”制度亦不相同。按股份转换制度系指公司股份“强制”全部地转换，故须经股东会特别决议通过始得为之，一旦目标公司之股东会通过股份转换案后，除反对股东得行使股份收买请求权外[54]，目标公司股东有将其全部股份与收购公司进行换股之义务。反之，股份交换对于目标公司中其他股东并无强制力，目标公司之其他股东得自由决定是否接受收购公司所提出之条件，如不接受，仍得保有其对被收购公司原持有之股权。由于“企业并购法”是公司法之特别规定，股份转换既系将他公司收购为 100％持股之子公司，则公司法所规定之股份交换，宜解释为未将他公司转换为 100％持股之子公司而言。[55]

三、并购之股东权保护及股份收买请求权

由于并购活动牵涉企业组织、经营方向等变动，对于股东权益影响甚大，因

---

52 请参阅王文宇，公司分割法制之研究，月旦法学杂志第 73 期，2001 年 6 月，60～76 页。

53 根据“行政院经济建设委员会”委托财团法人万国法律基金会所完成之新“公司法”全盘修正草案，未来公司法将在股份有限公司一章中增订“组织再造及重整”专章，将股份转换制度纳入“公司法”中。

54 由于股份转换具有强制力，势必会影响少数股东及债权人之权利，故企业并购法特别赋予少数反对股东股份收买请求权，并就应通过如何多数决之门槛等，订有规定（“企并法”第 29、151⑤）。

55 陈春山，企业并购及控股公司法实务问题，2002 年 8 月初版，学林，92 页。

此在购并过程中应注意对于少数股东之保护。现行法就股东权保障之方式有：

（一）股东之表决权

原则上针对不同并购方式，“公司法”及“企业并购法”均赋予当事公司股东有表决权，例如：公司进行合并、分割（公316）、让与全部或主要部分之营业财产或受让全部营业财产（公185）、股份转换（企并29）时，均须经股东会特别决议。唯若公司进行简易合并，则仅须当事公司之董事会决议通过，公司之股东并无表决权（公316－2）。

（二）股份收买请求权

原则上对于反对并购案之股东，公司法及企业并购法均赋予该异议股东有股份收买请求权。例如：反对公司进行合并、分割（公317Ⅰ）、让与或受让营业（公186）、股份转换（企并12Ⅰ⑤）之当事公司股东，均得请求公司以公平价格收回其股份。

应留意者，于简易合并中，公司股东纵然无表决权，然而从属公司之股东仍然享有股份收买请求权，故从属公司董事会为简易合并决议后，应即通知其股东，并指定三十日以上期限，声明其股东得于期限内提出书面异议，请求从属公司按当时公平价格，收买其持有之股份（公316－2Ⅱ）。

四、公司合并

（一）公司合并之意义

公司合并，指两个或两个以上之公司，订立合并契约，遵循法定程序，归并成为单一公司之行为。按此定义可知，合并契约之当事人必须为公司本身，并非公司之股东。合并之结果会造成一个以上公司之消灭，而消灭公司之权利义务则概括由合并后存续或另立之公司承受；至于消灭公司之股东，则当然取得合并后存续或另立公司之股东资格。

台湾地区“公司法”并非将合并之规定列于总则中，而仅于无限公司一章中，将合并列入公司解散之事由，并有合并程序及其效果之规定。是故，有限公司、两合公司之合并，即准用无限公司之相关规定（公113、115）。至于股份有限公司之合并，本法虽另设条文规范（公316以下），唯股份有限公司之合并程序仍须准用无限公司之相关规定（公319）。

下文所介绍者，乃适用于各种公司之合并制度，至于股份有限公司合并之特殊规定，拟于后文股份有限公司一章中另作介绍。

（二）公司合并之态样

1. 新设合并

新设合并，又称创设合并，指两个或两个以上之公司合并后，参与合并之各公司全部消灭，另行成立一个新设公司。

2. 吸收合并

吸收合并，又称存续合并，指两个或两个以上之公司合并后，其中一公司存续（称之为存续公司），其余公司归于消灭（称之为消灭公司）。[56]

（三）公司合并种类之限制

不同种类之公司之间，是否可进行合并？又合并后存续或另立公司，是否应有种类之限制？由于旧法之规定并不明确，学说及实务各持不同见解：有主张“不限制说”者，认为不同种类之公司间得合并，且合并后存续或另立公司亦无种类上之限制；另有主张“严格限制说”者，认为同种类之公司始得合并，且合并后存续或另立之公司须为同种类。另有“适当限制说”者，认为只须限制合并之当事公司及合并后存续或另立之公司，须为同种类或“性质相近”之公司即足。而“适当限制说”之理由为公司合并无须经清算程序，倘任由本质上迥异之人合公司与资合公司相互合并，恐怕将使法律关系更形复杂，故对于合并之当事公司及合并后存续或另立之公司，宜加以适度之限制，即以同种类或“性质相近”之公司相互合并为宜。

2001年修法增订“公司法”第三一六条之一第一项规定，股份有限公司相互间合并，或股份有限公司与有限公司合并者，其存续或新设公司以股份有限公司为限。其增订理由谓，为加强公司大众化，财务之健全化，有限公司与股份有限公司合并时，其存续或另立之公司应以股份有限公司为限，即采“适当限制说”，亦解决了上述争议。

（四）公司合并之程序

1. 合并契约之作成

当事公司间缔结合并契约，就合并相关事项为约定，乃公司合并之第一步骤。虽然有关合并契约之缔结，本法仅于股份有限公司章中设有明文（公317、317－1），然而其他种类之公司亦应为相同解释。换言之，于股份有限公司系由

---

56 吸收合并之优点在于消灭公司不须进行清算，又不须设立新公司，程序较为简便；唯其缺点在于如消灭公司为历史悠久之公司，其股东较难接受公司消灭之结果。再者合并后，消灭公司原所具有商业价值之商业名称及商标等可能因此消失，甚为可惜。另外如存续公司为未上市公司而消灭公司为上市公司时，上市公司因合并而消灭，则将使原持有流通性股票之股东因合并而取得无流通性之股票，对股东之权益似有不利影响。

新设合并优点在于参与合并之公司悉归消灭而另设新公司，对股东言较不会有存续公司并吞消灭公司之印象；唯其缺点在新设公司之程序较复杂，且若参与新设合并之公司为上市公司，合并后该参与合并之上市公司即归消灭，至于新设公司是否当然承继消灭公司之上市地位而继续上市，即为可能发生之问题，故实务上新设合并之案例较为罕见。

参与合并之各公司董事会通过合并契约（公 317Ⅰ）[57]；至于其他种类之公司，则由公司代表机关作成合并契约。而合并契约须待各公司股东会决议通过或股东同意后，始生效力。

2. 合并契约经当事公司之股东同意或股东会之特别决议

（1）无限公司、有限公司及两合公司所为之合并，应经全体股东之同意（公72、113、115），合并契约始生效力。

（2）股份有限公司所为之合并，依 2001 年修正后新法规定，应经股东会之特别决议（公 316Ⅰ～Ⅲ）。

至于股东中有不同意合并者，于无限公司或两合公司其得随时退股（公 65Ⅱ、115、124），在股份有限公司其得请求收买股份（公 317Ⅰ）。从而，股东本身可获得保障，当事公司更得顺利通过合并案。唯在有限公司，本法并无设置退股制度，亦无反对股东之出资收买请求权，其结果是，除非该反对股东得依法定程序转让其出资（公 111），否则在有一股东反对合并之情况，合并案因未能获得全体股东之同意，则该公司不得与他公司合并。

3. 编造资产负债表及财产目录（公 73Ⅰ、113、115、319）

4. 践行保护公司债权人之程序

公司合并后，由于当事公司之资产将合为一体，对于原公司债权人权益影响可谓重大。因此在有关合并之外部程序上，本法规定当事公司须践行保护债权人之程序，即公司为合并之决议后，应即向各债权人分别通知及公告，并指定 30 日以上期限，声明债权人得于期限内提出异议（公 73Ⅱ、113、115、319）。

若债权人于此指定期限内提出异议，公司即应对其清偿或提供相当担保。若债权人未于此指定期限内提出异议，视为承认公司之合并，该债权人如为消灭公司之债权人，即以合并后之存续公司或新设公司为其债务人。唯应注意，此一保护债权人之程序，并非合并之效力要件，而仅属其对抗要件。亦即其所为之合并仍属有效，仅不得以其合并对抗债权人（公 74）。

5. 申请合并登记

公司为合并时，应于实行后 15 日内，向主管机关分别依下列各款声请登记：

（1）存续之公司，为变更之登记。

（2）消灭之公司，为解散之登记。

（3）另立之公司，为设立之登记（公司之登记及认许办法 5）。

---

57 至于董事会议决合并契约之门槛，本法并无明文规定，考量合并契约对于公司及股东至为重要，宜认为应经三分之二以上董事出席之董事会，以出席董事过半数之同意作成之。

（五）公司合并之效力

1. 公司之消灭

不论是吸收合并或新设合并，当事公司中必要一个或一个以上之公司归于消灭。该消灭公司之权利义务已由存续或另立公司概括承受，故该消灭公司并无清算之必要，从而无须践行清算程序（公 24），消灭公司之人格即直接消灭，但仍应为解散登记。

2. 公司之变更或设立

在吸收合并之情形，参与合并而未消灭之公司，以存续公司之地位变更其原有组织而继续存在，并应办理“变更”登记。在新设合并之情形，参与合并之公司全部消灭，新公司因而产生，此新公司应为“设立”登记（公 387Ⅵ、公司之登记及认许办法 5）。

3. 权利义务之概括承受

因合并而消灭之公司，其权利义务，应由合并后存续或新设之公司承受（公 75、113、115、319），且消灭公司之股东当然成为存续公司或新设公司之股东。合并后，存续或新设之公司在承受债权时，无须通知消灭公司之债务人，即可对之发生效力（与民 297 不同）；而当存续或新设公司在承受债务时，亦无须经消灭公司之债权人承认，即当然发生承担之效力（与民 301 不同），因此为保护当事公司之债权人，本法设有债权人之异议及保护规定（公 73、74）。

应注意者，概括承受之范围，乃消灭公司之全部权利义务，因此参与合并之公司间，不得以合并契约免除其中一部分权利或义务之承受，并且其承受原则上无须就各个权利义务为个别移转。唯如权利之移转或义务承担，依法应以登记为生效或对抗要件者（民 758、760），例如消灭公司所有之不动产，其所有权之移转以作成书面并经登记为必要，则存续或另立之公司仍应为移转登记，该移转行为始生效力。按台湾地区对不动产物权之移转，系采登记具有绝对效力之公示原则，基于维持登记制度之目的，纵使参与合并公司已完成合并登记，仍需就不动产个别地履践登记程序，该不动产之移转方有效力。

第八节 公司之解散及清算

一、公司解散与清算之概念

公司解散，指因章程或法律规定公司解散事由之发生，而导致公司之法人格消灭。但公司并非因解散事由之发生，其人格立即消灭（因合并、分割或破产而解散者除外），依公司法之规定，公司解散后尚须经清算程序（公 24）；于清算程序完结前，公司人格于清算目的范围内仍然存续，须俟清算完结后，公司之人格始为消灭（公 25）。

法律之所以规定，原则上公司解散须经清算程序，原因在于公司不同于自然人，并无所谓继承制度，因此公司纵然解散，仍有未了结之法律关系尚待处理，为维护交易安全并保障股东及债权人之权益，公司必须进行清算程序，将其对内对外既存之法律关系予以处理后，其法人格始归消灭。

至于公司系因合并、分割或破产而解散之情形，并不适用本法所规定之清算程序，换言之，一经法院宣告破产或因合并、分割而解散，其法人人格即归消灭。其理由在于，公司因破产而解散者，有破产程序足以处理其尚未了结之法律关系；而公司因合并而解散者，其权利义务由合并后存续或另立公司承受（公 75）；而公司因分割而解散者（即“消灭分割”之情形），因分割而消灭之公司，其权利义务由新设或既存之他公司承受（公 319 准用 75）。由此观之，公司因破产、合并、分割而解散时，均有其他法定程序足以处理尚未了结之法律关系，宛如自然人之继承制度，从而可例外免经清算程序，其法人格直接归于消灭。

唯公司解散后，在清算期间之公司（简称清算中公司），其法律上之性质为何？依学者通说采“同一体说”（存续说），即清算中公司与解散前之公司系同一体之关系，仅其权利能力限于清算范围而已。从而，原来公司既存之法律关系，不因解散而变更，且解散前公司之法律规定，于不违反清算目的之范围内，当然适用于清算中公司。[58]

二、公司解散之事由

公司解散之事由虽因公司种类不同而有差异，唯大致上，仍可归纳公司解散之共同原因为三类：

（一）任意解散

此指基于公司自己之意思而解散，如章程所订之解散事由（公 71 Ⅰ①、113、115、315 Ⅰ①）、经股东全体同意或股东会决议解散（公 71 Ⅰ③、315 Ⅰ③）。

（二）法定解散

此指基于法律规定而解散，如公司因所营事业已成就或不能成就（公 71 Ⅰ②、315 Ⅰ②）、股东因不足法定最低人数（公 71 Ⅰ④、315 Ⅰ④）、与其他公司

58 请参阅柯芳枝，同前揭注 19，69 页。

合并（公71Ⅰ⑤、315Ⅰ⑤）、分割（公315Ⅰ⑥）或破产（公71Ⅰ⑥、315Ⅰ⑦）而解散者。

（三）强制解散[59]

此指公司基于主管机关之解散命令、法院所为之解散裁定，或主管机关撤销或废止其登记，因而不得不解散。分述如下：

1. 命令解散

公司有下列情事之一者，主管机关得依职权或利害关系人之申请，命令解散之：(1) 公司设立登记后六个月尚未开始营业者。但已办妥延展登记者，不在此限；(2) 开始营业后自行停止营业六个月以上者。但已办妥停业登记者，不在此限（公10）。其立法目的在防止虚设公司，维护交易安全。

详言之，命令解散乃行政机关之行政处分予停止执行，该受处分之公司无须再经股东会决议解散，即径行依法清算。[60]

2. 裁定解散

公司之经营，有显著困难或重大损害时，法院得据股东之声请，于征询主管机关及目的事业“中央主管机关”意见，并通知公司提出答辩后，裁定解散（公11Ⅰ）。所谓公司经营有显著困难或重大损害，如公司股东意见不合无法继续营业，而其他股东又不同意解散时，公司之股东得依本条规定向法院声请裁定解散。[61]

应注意者，其必须以股东提出声请为要，法院尚不得依职权裁定公司解散。至于声请之股东，在无限公司、两合公司及有限公司，凡具股东资格者均得提起，不受股东人数、出资额多寡或加入公司期间长短之限制。而在股份有限公司，须由继续六个月以上持有已发行股份总数10%以上股份之股东始得提出。

又法院须先征询主管机关及目的事业“中央主管机关”意见，在受征询之机关未就该公司之经营是否有显著困难或重大损害表示意见或无法就此表示意见时，法院不能裁定公司解散。[62]此外，法院应通知公司提出答辩，防止股东滥行声请，保护公司之权益。

3. 撤销或废止登记

公司经“中央主管机关”依本法第九、十七、十七之一或三九七条规定撤销

59 请参阅本编第二章第六节公司之监督。

60 “经济部”1967年12月4日商字第34028号函。

61 “经济部”1968年4月26日商字第14942号函。

62 台湾“高等法院”暨所属法院1976年度法律座谈会，民事类第25号。

或废止其登记者，亦为强制解散之原因（公 26－1）。

三、公司解散之效力

（一）清算程序

公司解散，除系因合并、分割或破产事由外，皆应进入清算程序（公 24），盖清算之目的，在于处分财产及处理未了结之事务。至于清算程序，在立法例上可分为法定清算及任意清算两种，所谓法定清算，系指依法定程序处分公司财产所为之清算；所谓任意清算，系指依章程或全体股东同意之方法所为之清算。台湾地区现行法仅承认法定清算，尚不容许任意清算制度，理由在保护股东及公司债权人之权益。

清算程序中，公司原有之代表及执行业务机关（即执行业务股东或董事）均失其权限，改由清算人对外代表公司，对内执行清算事务，故清算人乃清算公司之法定必备机关。清算人之职务包括了结公司现务、收取债权、清偿债务、分派盈余或亏损、分派剩余财产、检查公司财产情形等（公 84、334），且于清算完结后，应请求股东或股东会承认及向法院声报（公 92、93、113、115、331），并且向法院办理清算终结之登记。此外，公司之意思机关（如股东会）与监察机关（如监察人）及不执行业务股东之监察权，仅限于清算范围内始得行使职权。

（二）清算中之营业

解散之公司，在清算时期中，除为了结现务及便利清算之目的，得暂时经营业务（公 26）外，丧失其营业活动能力，从而，本法有关营业活动之规定，如执行业务、经理人、竞业禁止、盈余分派、发行新股或公司债等规定，一概不能适用，其余非以营业活动为前提之规定，原则上仍得适用。

（三）公司人格之消灭

解散之公司，于清算范围内，视为尚未解散（公 25），换言之，清算中公司必至清算终结后，其公司人格始为消灭（除因合并、分割或破产而解散者外），前已说明。

（四）撤销或废止登记之准用

公司经“中央主管机关”依本法第九、十七、十七之一或三九七条之规定撤销或废止其登记后，既已失其存在之法律依据，2001 年修法时乃增订第二六条之一，明确规定该被撤销或废止登记之公司，亦应进行清算以了结债权债务关系。

四、公司解散之防止

按公司之存废，不但关系着股东及公司债权人之权益，又影响公司从业人员之生计问题，甚至与社会经济、交易安全息息相关。是故，公司一旦成立，本于企业维持原则，“公司法”设有如下之防止解散之规定：

（一）公司设立登记后六个月尚未开始营业者，或开始营业后自行停止营业六个月以上者，主管机关原应命令解散。但若公司已办妥延展登记或停业登记者，则可免于被强制解散（公 10）。

（二）公司因章程所定解散事由发生而须解散时，在无限公司或两合公司，得经全体或一部股东之同意继续经营，不同意之股东，视为退股（公 71Ⅰ①、Ⅱ、115），继续经营时，应经全体股东同意变更章程（公 47、71Ⅳ、115），无须解散。在有限公司，得经全体股东之同意，变更章程，继续经营，而无须解散（公 47、113），应注意的是，现行法中有限公司并无退股制度，因此，只要有一股东反对，有限公司即须解散，不得继续经营。在股份有限公司，得经股东会特别决议变更章程后，继续经营，无须解散（公 315Ⅰ①、Ⅱ前段、277Ⅱ）。

（三）公司因所营事业已成就或不能成就而解散时，在无限公司或两合公司，得经全体或一部股东之同意继续经营，不同意之股东，视为退股（公 71Ⅰ②、Ⅱ、115），继续经营时，应经全体股东同意变更章程（公 47、71Ⅳ、115），无须解散。在有限公司，得经全体股东之同意，变更章程，继续经营，而无须解散（公 113、47）。至于在股份有限公司，现行法未设类似规定（公 315Ⅱ参照），实为立法上之阙漏，宜解为得经股东会特别决议，变更章程，继续经营，而无须解散（277Ⅱ）。

（四）无限公司、两合公司或有限公司，其股东经变动而不足公司法所定之最低人数而须解散时，得加入新股东，变更章程，继续经营（公 71Ⅰ④、Ⅲ、Ⅳ、113、126Ⅰ但）。在股份有限公司，除系“政府”或法人股东一人所组织者外，若有记名股票股东不足二人而须解散时，得增加有记名股东继续经营（公 315Ⅰ④、Ⅱ后）。

（五）变更公司组织，公司因为欠缺原来之组织而须解散，但若经全体股东之同意，不中断其法人之资格，而变更其章程及股东所负之责任，成为他类法定型态公司继续存在，即可达到企业维持之目的，亦属防止解散之方法。

（六）股份有限公司之重整，公开发行股票或公司债之公司，因财务困难，暂停营业或有停业之虞，而有重建更生之可能者，法院得依公司或利害关系人之声请，裁定准予重整，避免公司解散之命运（公 282Ⅰ）。

第三章　股份有限公司

台湾法学研究精要丛书
商事法

第一节　设　立

一、股份有限公司之概念

股份有限公司，系指二人以上股东或政府、法人一人所组织，全部资本分为股份，股东就其所认股份，对公司负其责任之公司（公2Ⅰ④）。股份有限公司之组成，可划分为组织构成员、财产基础、活动基础及组织根本规范四大部分：

（一）组织构成员——股东

股份有限公司最主要之组织构成员，即是股东。而依本法第二条第一项第四款之规定，有其组成人数上之限制。若是由自然人所组成者，原则上至少应有两名自然人股东。但若系

"政府"或法人所组成者，则仅有该"政府"或法人股东一人即足。凡有权利能力者，均得为股东，并无资格上之限制。

应注意，股份有限公司之股东虽然是公司之构成员，但由于公司有其独立之法人格，加上"股东有限责任原则"之限制，即股东仅就其所认股份对公司负缴纳股款之义务（公 99、139），故公司之债务应以公司之财产清偿之，不应由股东个人资产偿还之。

（二）财产基础——公司资本

公司为从事营业而成就其目的事业，必须有财产（即资产）作为基础。由股东之投入出资所汇集而成之财产总额，于会计处理上即应算入"资本"的概念中，其乃公司资产的来源之一。[1]

由于本法无论是"资本"二字（公 156Ⅲ、211Ⅰ）或足"股本"两字（公 13Ⅰ），概念上应仍是指狭义的已发行股数与股票票面金额之乘积，而非已发行股数与股票发行价格之乘积（即广义资本）。为使读者免于混淆，本书以下所称之"资本"二字，仍将从台湾地区"公司法"之狭义概念，此点合先叙明。

公司资本之重要意义，除了是公司对外进行营业与对内管理组织之重要财产基础外，另一重要意义在于其系公司债权人之根本保障。故本法就股份有限公司之资本总额设有最低限制（公 156Ⅲ），此外，又规范了许多保障债权人之机制，如折衷式授权资本制、资本三原则、出资方式之限制等，以免公司资本不够确实，致损害公司债权人之权益。简述如下：

1. 资本三原则

资本三原则可分为资本确定原则、资本维持原则以及资本不变原则。兹析述如下：

(1) 资本确定原则

所谓资本确定原则，系指股份有限公司于设立时，须于章程中确定资本总额，并应经认募全数股份，公司始得设立及营业。此一原则旨在确保公司于成立时即有稳固之财产基础，唯其缺点是要求公司须在设立之初即认募全数股份并缴纳股款，往往拖延公司成立之时日，造成公司成立不易，且易生资金闲置之弊。是以，台湾地区"公司法"乃采取折衷式之授权资本制之设计，但并未完全抛弃

---

1 以现代会计学观点而言，资本与资本公积之区别应无太大实益，两者均属于（投入）资本的一环，唯本法仍沿用过时之观念，将资本公积与资本作严格之区分，而与现今之会计原则有所差异，更连带地影响台湾地区之票面金额制度与股利政策。详请参阅王文宇，公司法论，2003 年 10 月初版，元照，240 页以下。

资本确定原则。例如第一次发行之股份应认足（公 131 Ⅰ前）或募足（公 132 Ⅰ），上述规定皆是资本确定原则之实践。

（2）资本维持原则

此原则又称为资本充实原则，其系指公司存续中，至少须维持相当于资本之现实财产，而以该具体之现实财产充实其抽象之资本。其意旨除了保护公司债权人外，更在制止股东要求超额之盈余分派，以确保企业之健全发展。本法中落实此原则之具体规范计有：股票原则上禁止折价发行（公 140）、用以抵作股款之财产如估价过高者，主管机关或创立会得减少其所给股数或责令补足（公 147 后）、股份回笼之禁止（公 167）、分派股利前应先弥补亏损及提存法定盈余公积（公 232、237）等。

（3）资本不变原则

资本不变原则系指公司之资本总额一旦经公司章程确定后即应保持不动，若欲变动其资本则须践行严格之法定增资或减资之程序。此原则与资本维持原则相互配合，能避免公司形式资本任意变动而损及债权人之权益。本法对于公司增减资，即设有严格之繁复程序（公 278、281），然其缺点则是无法因应商业上之弹性需求，使公司资本之筹措耗时费日，缓不济急。

时至今日，资本三原则早已锋芒不再，因其不但有碍公司之筹资，甚至对债权人之保障亦不如预期，故各国（地区）法制纷纷出现对资本三原则之检讨，或予以缓和或予以修正，本法亦不例外。例如，本法对股票折价发行之允许（公 140 但）[2]以及股东出资种类之放宽（公 156Ⅴ）等皆属著例。

2. 授权资本制之沿革

授权资本制系指股份有限公司于设立时，只须于章程上载明股份总数（或一定数额之资本），此一股份总数得分次发行，为一源自于英美法之制度。公司于设立时无须就章程所定之资本全数发行，而得于公司成立后视公司实际资金需求分次发行。再者，英美法上股份发行等事项，通常属于董事会之职权，此制等同

2 旧法第 140 条原禁止股票折价发行，亦即须以等于或高于面额之价格发行，旨在确保有相当于发行股份所代表资本之具体资产进人公司，以落实资本维持原则，保障公司债权人之权益。然而，近年来景气低迷，许多上市、上柜公司股票之市场价格，纷纷跌破其票面金额（十元），于上述情况下，许多公司欲发行新股募集资金，却碍于旧法禁止折价发行，再加上金融机构对此类公司之授信亦趋于保守，使得这些股票市价低于面额之公司面临资金短绌之困境，公司则可能因而产生财务危机。故 2001 年修法时增订但书规定，使公开发行股票之公司于证券主管机关另有规定时，得以折价发行股票之方式筹资。唯折价发行结果，公司实际上并无相对应价值资产之增加，则公司股本恐有灌水之嫌。因此，为避免公司债权人或投资大众有误导之虞，则公司若有折价发行股票之情事，应将其详细资讯传达给外界，例如将之表现于资产负债表上。请参阅王文宇，同前揭注 1，247 页。

于由章程授与董事会发行股份之权限，故称之为授权资本制。

授权资本制有使公司易于成立且筹措资金之优点，且成立之后公司董事会亦可弹性地视公司资金需求于章程授权资本范围内决议发行新股，而无须经变更章程之繁复程序。唯亦有认为授权资本制使公司成立之财产基础不够确实，并且在股东仅负有限责任之情况下，恐对公司之债权人保障不周。

台湾地区“公司法”鉴于上述授权资本制之缺点，于1967年修正时仿照日本，采取“折衷式之授权资本制”，亦即公司设立时虽不须将章程所定股份全数发行，而得于公司成立后由董事会视实际需要在章程授权范围内依次发行新股；唯考量公司债权人之利益，复规定其第一次发行之股份不得少于授权股份总数之四分之一（公156Ⅱ）。

唯长久以来，企业在计算股份总数四分之一之门槛时屡生困扰（例如公司发行可转换公司债，或认股权证后所产生计算上的困难）。有鉴于此，台湾地区“公司法”在2005年修正时，将现行“折衷式授权资本制”改为“授权资本制”，授权公司自行决定设立时及增资后应发行股份之数额。新法删除“公司法”第一五六条第二项后段（第一次发行之股份，不得少于授权股份总数之四分之一），并修正同条第六项。此外，第二七八条第二项至第四项亦加以删除，第二项修正为：“增加资本后之股份总数，得分次发行。”不再要求至少应发行增加之股份总数四分之一。

公司法虽改为授权资本制，但并未完全抛弃资本确定原则，因此有些规定仍然加以适用。例如第一次发行之股份应认足（公131Ⅰ前）或募足（公132Ⅰ）。此外，公司欲分次发行股份者，应载明于章程中，章程并应载明于公司设立时之发行数额（公130Ⅰ②）以及上述得分次发行股份之规定（公156Ⅱ）。

3. 股东之出资方式

以往，股份有限公司股东出资之标的限于现金，仅在少数情形之下，本法始例外允许股东得以现物出资，其意涵不外乎落实资本充实及资本维持原则。唯2001年修法时增订了第一五六条第五项，使股东之出资方式出现了重大变革。是以，现行法中股东之出资方式可分为下列三种，兹析述如下：

（1）现金出资：发起人或一般股东均得以现金出资，且以此种方式为常态。

（2）以公司所需财产出资：此种出资方式又称为现物出资，系指以现金以外之财产，例如以不动产或机器设备抵缴股款。本法所允许之现物出资，仅有两种情形：第一种即是发起人第一次认股时，其股款得以公司事业所需之财产抵缴之（公131Ⅲ）。第二种则是于公司发行新股之情况下，若系由原有股东认购或由特定人协议认购而不公开发行者，得以公司事业所需之财产为出资（公272但）。

此处所言之财产，系指现金以外之财产，如不动产、动产等，学说上认为其并不包括后述“公司法”第一五六条第五项规定所谓之货币债权、技术、商誉在内[3]，然衡诸新法放宽出资标的之意旨，及贯彻现物出资并考量发起人、股东、特定人认购并无实质差异以有区分现物出资种类之必要，故建议必于下次修法时将所有现物出资归于一律，以免造成不必要困扰。公司发行新股而不公开发行时（公 272 但），如有现物出资者，董事会应送请监察人查核加具意见，报请主管机关核定之（公 274）。

又本法第一五六条第六项规定，公司设立后，得发行新股作为受让他公司股份之对价。由此可知，股份若属于公司所需之财产，也可成为出资标的的一种。[4]而此项规定须经董事会之特别决议。[5]

（3）其他：本法第一五六条第五项规定，股东之出资除现金外，得以对公司所有之货币债权或公司所需之技术、商誉抵充之，唯抵充之数额须经董事会通过，不受第二七二条之限制。盖股东之出资以往以现金为限（旧公 156Ⅴ），而本条修正后则放宽股东之出资方式，将出资标的之范围扩大至货币债权、技术或商誉。其立法理由谓，允许以对公司货币债权作股得改善公司财务状况，降低负债比例；而以技术或商誉出资，则可借商誉之无形资产提高营运效能，技术之输入则更能增强企业之竞争，有利公司之未来发展。唯须注意者，以上述现金以外之财产出资而不受本法第二七二条限制者，仍须经董事会普通决议通过始可。

本条文将出资之标的大量放宽，对于公司筹资俾益甚大。然而，其最具争议之处在于，让许多不确定价值或是难以确定客观价值之法律上权利或是利益均可以成为出资的标的，则可能发生灌水股之情形，某种程度上亦违反资本维持原则，而对债权人之保护不周。

此外，在以债权、技术、商誉抵充出资之情形，本法仅要求董事会以普通决议，决定是否准以抵充及其抵充数额，对于董事会为决议时所持之具体判断标准为何，以及一旦董事会认定之抵充数额远超过该无形资产之实际价额时，嗣后之责任如何追究，现行法皆付之阙如。[6]此外，若交由鉴价机构评估，则目前实务上鉴价机构之专业及公信力俱皆不足，其结果是否可采，不无疑问。

对于出资冒滥虚伪之防堵方式，并不在于限制出资之标的，而是在于董事会

---

3 柯芳枝，公司法论（上），2003 年增订 5 版，三民书局，191 页。

4 “经济部”1977 年 1 月 10 日商字第 00632 号认为，股票为有价证券属财产之一种。

5 有关本法第 156 条第 6 项之相关讨论，可参阅本编第二章第七节二、企业并购行为态样。

6 详请参阅王文宇，同前揭注 1，257 页。

是否能够严格把关以及公正的鉴价机制是否能运作良好。盖以无形资产充作资本之问题核心，应在于无形资产之鉴价与责任追究。总而言之，新法第一五六条第五项之规定太过草率，在相关配套措施完备之前，诚难达成立法者所期成之效果。

（三）活动基础——公司机关

公司虽具法律上人格，但因无实体之存在，势必得依赖自然人所组成之机关，作为活动之基础。又依性质可区分为：最高意思决定机关——股东会、执行业务（代表）机关——董事会与以监察人为代表之监察机关三种。

（四）根本规范——公司章程

章程系公司之自治法，对公司之股东及机关有拘束力；且章程为公司申请设立登记事项之一，一旦公司登记完成，章程所规定之事项亦有对抗第三人之效力。

章程之记载事项，依其效力之不同，可分为：

1. 绝对必要记载事项

发起人应以全体之同意订立章程，载明下列各款（绝对必要记载）事项，并签名或盖章（公 129）：

（1）公司名称。

（2）所营事业。所谓公司之所营事业应记载于章程者仅指许可业务而已，其余不受限制（公 18Ⅱ）。

（3）股份总数及每股金额。

（4）本公司之所在地。

（5）董事及监察人之人数及任期。

（6）订立章程之年月日。

此外，本法第二三五条第二项规定，民营公司，除经目的事业中央主管机关专案核定者外，应有员工分红制度，故公司章程应订明员工分红之成数，此亦属绝对必要记载事项之一。

2. 相对必要记载事项

下列各款事项，非经载明于章程者，不生效力（公 130）：

（1）分公司之设立。

（2）分次发行股份者，定于公司设立时之发行数额。

（3）解散之事由。

（4）特别股之种类及其权利义务。

（5）发起人所得受之特别利益及受益者之姓名。

另外，亦有散见于本法之其他章程相对必要记载事项，例如，经理人之设置及其人数与职权之订定（公 29Ⅰ、31）、特别股之种类及发行（公 156Ⅰ、157）、董事执行业务之方法（公 193）、董事或监察人之报酬（公 196、227）、董事会代理出席之订定（公 205Ⅰ）、分派股息红利之方法（公 235Ⅰ）等。

3. 任意记载事项

除了上述两种必要记载事项外，只要不违反公序良俗、强制规定及股份有限公司本旨之情事，均得任意记载于公司章程。例如，关于从属公司员工分配红利之对象（公 235Ⅳ）、股东会开会地点、表决权之行使限制、股东之种类等。

二、股份有限公司之设立

（一）发起人

1. 意义

发起人乃订立章程，筹设公司之人。而依本法之规定，凡于章程上签名或盖章之人，即为发起人（公 129）。故通说见解对于发起人系采形式认定，凡于章程上签名者皆属发起人，未于章程上签名之人，即非公司之发起人。于采发起设立时，发起人须认足第一次发行之全部股份；采募股设立时，发起人至少应认足第一次发行股份总数之四分之一以上。

2. 人数及资格

股份有限公司之发起人原则上须有二人，但政府或法人一人股东所组织之一人股份有限公司，发起人仅须一人即可（公 128、128－1Ⅰ）。[7]

"公司法"第一二八条第三项原规定："'政府'或法人均得为发起人，但法人为发起人者，以公司为限。"然此项限制颇值商榷。因为将得为发起人之法人限定为公司型态，意味着非公司者，如财团法人即无从成为发起人，影响所及，一方面它们虽不必承担创业初期之风险，但另一方面却无法享有创业成功之果实。为改进上述缺失，2005 年"公司法"修正第一二八条第三项，增订"以其自行研发之专门技术或智慧财产权作价投资之法人"及"经目的事业主管机关认属与其创设目的相关而予核准之法人"，均得担任公司之发起人。

3. 发起人在设立中公司之地位及其权限

发起人为设立中公司之事务执行机关及代表机关，公司于开始设立直至设立完成而具有法人格前之事务，皆系由发起人代表为之。唯非发起人所为之一切行为皆当然归属于设立中公司，其行为必系属于设立中公司机关之权限范围内之行

---

7 有关一人公司之深入探讨，详请参阅王文宇，同前揭注 1，201 页以下。

为始足当之。唯何谓发起人权限内之行为？依通说之见解，凡法律上、经济上属于公司设立所必要之行为均应认为属于发起人权限之行为，类如筹备处之租赁，认股书及其他必要文件之印刷费用等皆应属发起人之权限范围内。[8]

至于开业准备行为，亦即成立后公司开始营业所为之准备行为，依通说见解似不认其属发起人权限范围内之行为。是故，类如购买原料、机械或厂房所需土地此等开业准备行为，并非当然归属于成立后公司负担，因其不属于发起人权限内行为也。唯发起人所为之该些开业准备行为之法律效果如何？理论上，为使公司成立后有追认之可能，以保障交易安全及公司利益，应类推适用无权代理，较符合法理。

（二）设立方式及其程序

1. 概说

由于台湾法采取折衷式之授权资本制，故公司章程所定之股份总数无须于公司设立时全数发行而得分次发行。换言之，公司设立时所发行之股份仅须不少于章程所授权股份总数之四分之一即可。

若公司设立时第一次所发行之股份（即章程所定股份总数之四分之一）全由发起人认足，不再向外招募者，为发起设立。采用此种设立方式者多属闭锁性公司，因为其无须经过冗长之认股程序，而股东人数通常较少。若公司设立时，所发行股份非由发起人全数认足，而就发起人所认股份以外之所余股份，由发起人对外界招募者，为募股设立（亦称为募集设立）。采此种设立方式者多属大型公司，其须经复杂之认股程序，且股东人数众多，资本额较大。

2. 发起设立之程序

（1）发起人全体订立章程（公129）。

（2）发起人认足第一次应发行之股份并按所认股数缴足股款（公131Ⅰ）。发起人所缴纳之股款原则上应以现金为之。但本法另规定发起人得以公司事业所需财产抵缴之（公131Ⅲ）。

（3）发起人于缴足股款后即应选任董事及监察人（公131Ⅰ），其选任方法准用第一九八条之规定。

（4）董事长申请设立登记。

（5）主管机关之审核。主管机关对公司之申请登记除认有违反本法或不合法定程式而应令其改正者外，如认其无违反本法或不合法定程式者即应准予设立登记。又公司之设立登记有违反本法或不合法定程式者，主管机关依法于其改正前，得不予登记（公388）。

---

8 请参阅柯芳枝，同前揭注3，155页。

3. 募集设立之程序

（1）订立章程：此处之程序与发起设立同。

（2）发起人认股：募集设立与发起设立之最大不同者，乃发起人仅须就第一次所发行之股份各认一股，而各发起人所认股数，仅须达第一次所发行股份之四分之一以上即足，无须就第一次所发行之全部股份认足之（公132Ⅰ、133Ⅱ）。

（3）发起人募股：发起人于认足第一次所发行股份之四分之一后，即应就所余股份数募足之（公132Ⅰ）。发起人募股之对象为不特定之公众，而其募股之程序颇为复杂，包括：

①申请证券主管机关审核，发起人公开召募股份时，应先具备本法第一三三条第一项各款之事项，申请证券管理机关审核。

此外，证券主管机关就本法第一三三条第一项所列各款事项应逐项加以审酌，主管机关若发现有本法第一三五条第一项之情事时，得不予核准，若系核准后始发现该情事者得撤销核准。其经撤销核准者，谓招募者应停止招募；已招募者，应募人得依股份原发行金额加算法定利息，请求返还（公136）。

②发起人应备认股书供认股人认股之用（公138）。

③公告招募，发起人应于证券管理机关核准申请事项后，除承销机构约定之事项得免予公告外，将核准之各事项于其核准之通知到达之日起30日内，加记核准文号及年月日公告招募之（公133Ⅲ）。

（4）认股人认股：认股人认股时，须于发起人所备之认股书填写所认股数、金额及住所或居所签名或盖章。而认股人认股后即有依认股书缴纳股款之义务（公139）。认股人于发起人未于招募章程所定期限内将其所拟发行之股份总数募足者，认股人即得撤回所认之股份（公137④）。

（5）发起人催缴股款：第一次发行股份总数募足时，发起人应即向各认股人催缴股款，其以超过票面金额发行股票者，溢额应与股款同时缴纳（公141）。而该催收发起人应于第一次发行股份总数募足后三个月内完成，否则认股人得撤回其所认之股份（公152）。若认股人延欠其应缴之股款时，发起人应定一个月以上之期限催告认股人照缴，并声明逾期不缴失其权利，而认股人若不照缴者即失其权利，所认股份应另行募集之（公142Ⅰ、Ⅱ）。就失权认股人原所认股份，发起人若未能另行招募认股人，其应自行认购之。此外，就认股人之延欠股款致发起人须另行募股或自行认股之情形，若发起人因此而受有损害者，得向失权认股人请求赔偿（公142Ⅲ）。

（6）发起人召开创立会：创立会系募股设立时由发起人召集认股人所组成之设立中公司之意思决定机关。发起人应于认股人缴足股款后二个月内召集之（公

143)；若发起人不于前述期限内召集创立会者，认股人得撤回其所认之股份（公152)。而创立会之召集程序及决议则系准用本法关于股东会之规定（公144)。

申言之，设置创立会之目的系为保护认股人，使认股人得以对公司之设立过程有所认识，是以，创立会之权限包括：

①听取发起人有关设立事项之报告（公145Ⅰ)。②选任董事及监察人。③调查设立经过，设立中公司所选任之董事及监察人，应就发起人向创立会所为之报告事项为确实之调查，并应向创立会报告之。董事或监察人之调查结果，若发现发起人所得受之报酬及公司所负担之设立费用有冒滥者，创立会皆得裁减之；其用以抵作股款之财产，如有估价过高者，创立会并得减少其所给之股份或责令补足（公147)。④修改章程，创立会若认为原由发起人所订之公司章程有所不妥时得修改之，而其程序应准用股东关于修改章程之程序（公151)。⑤为公司不设立之决议，创立会于听取董事、监察人或检查人之报告后亦得为公司不设立之决议，其程序则准用本法第三一六条关于公司解散之程序（公151Ⅱ后)。

(7) 董事会申请设立登记。

(8) 主管机关之审核。

(三) 发起人之设立责任

发起人对于公司之设立，承担着极大的责任，兹分述如下：

1. 公司成立时之责任

(1) 对第三人之责任：发起人对于公司在设立登记前所负债务，在公司成立后亦负连带责任（公155Ⅱ)。原本，设立中公司对第三人所负之债务，若属应归公司负担之债务，依同一体说自应归成立后之公司负责，但本法于此却又特别规定发起人于公司成立后亦应与公司负连带赔偿之责，其立法意旨应系在加强保障公司债权人。若设立中公司对第三人所负之债务，不属于公司成立后应负担之债务（如前述之开业准备行为)，且公司成立后亦未为事后之追认者，应由发起人自负清偿之责。

(2) 对公司之责任：①充实资本之责任：所谓发起人之资本充实责任，乃指第一次发行之股份未经认足或已认而未缴股款者，即应由发起人负连带认缴之责任（公148)。此系源于资本维持及资本充实原则之要求。②损害赔偿责任：A. 公司于下列三种情形得向发起人请求损害赔偿，即发起人所得受之报酬或特别利益及公司所负担之设立费用有冒滥而公司受有损害者、于用以抵缴股款之财产估价过高而公司受有损害者或发起人负第一次连带认缴之义务致公司受有损害时。B. 发起人乃设立中公司之业务执行机关，而其若有怠忽任务致公司受有损害者，自应对公司负连带赔偿之责（公155Ⅰ)。

2. 公司不能成立时之责任

公司不能成立时，发起人关于公司设立所为之行为及设立所需之费用，均应负连带责任，其因冒滥经裁减者亦同（公150）。至于何谓公司不能成立之情形，乃系指公司于设立过程中因创立会为不设立之决议或因其他原因致未能完成设立登记之情形。

第二节 股 份

一、股份之意义

（一）资本之成分

股份有限公司之全部资本应分为股份（公156Ⅰ），由此可知股份乃构成资本之成分。

（二）表彰股东权利

所谓股东权，乃股东基于其股东之身份得对公司主张权利之法律地位，此一法律地位系由股份所表彰。

而股东权依不同之分类可分为下列数种：

1. 共益权与自益权

依股东行使权利之目的，股东权可分为共益权与自益权。前者乃指股东非仅为自己之利益而兼有为公司共同目的，而特别指涉参与公司之经营管理为目的可得行使之权利，如股东于股东会之表决权（公179Ⅰ）、股东会之召集请求权以及自行召集权（公173）、对董事会请求代表公司或自行代表公司起诉之权利（公214）等。而后者乃指股东为自己利益可得行使之权利，如股利分派请求权（公157①、232、235）、股份收买请求权等（公186、316－2Ⅱ、317Ⅰ）。

2. 单独股东权及少数股东权

以股东权行使之方式为基准，股东权得分为单独股东权及少数股东权。前者乃指每一股东得单独行使之权利，与股份持有之多寡无涉，如诉请撤销股东会决议之权利（公189）及董事会违法行为制止请求权等（公194）。后者乃指股东持有之股份须达本法已发行股份总数之一定数额使得行使之权利，其仅注重股份持有之比例而不注重股东之人数，其得集合数股东之股份合并计算而行使之，无须以单一股东之持股比例为行使要件，如请求监察人代表公司对董事起诉之权利（公214Ⅰ）、诉请法院裁判解任董事或监察人等（公200、227准用200）。

3. 固有权及非固有权

以其股东权得否予以剥夺而为区分可分为固有权及非固有权。前者乃指股东依法得享有而不得以公司章程或股东会决议加以限制剥夺之权利，反之，后者乃指其股东权得以章程或股东会决议加以限制剥夺之权利。至于何者始为固有权或非固有权，目前学说上大抵认为应依股份有限公司之本质以及法律之规定而定之。[9]原则上共益权多为固有权，自益权多为非固有权，然有例外。

（三）表彰股东权利之有价证券——股票

1. 股票之概念

公司所发行之股票系显示股份并表彰股东权之有价证券。一般认为，股票依其性质乃属不完全有价证券[10]、证权证券[11]、团体证券[12]，以及要式证券。[13]此外，股票亦具有投资证券性质。

股票之常见分类有：

（1）记名与无记名股票

此系以股票是否记载股东姓名为分类标准，而其分类之实益在于其股票所表彰之股东权之行使及转让之方法有所不同。首先，无记名股票股东权之行使，非于股东会开会五日前将其股票交存于公司，不得出席股东会（公 176）。而无记名股票之转让，得依交付之方式为之（公 164 后段）。

反之，就记名股票而言，其权利之行使则因有股东名簿为据，无须将股票交存（公 169Ⅰ①）。而其权利之转让则须以记名背书之方式为之（公 164 前）；且股东名簿之变更无关记名股票之转让，只是未践行该过户程序之股东，不得以其转让对抗公司（公 165Ⅰ）。

（2）票面金额与无票面金额股

此系依股票是否记载一定之金额为区别之标准，若股票载有一定之金额者为票面金额股，反之，若股票仅记载其所表彰之股份数，而表示对公司总资产之比例者，即称之为无票面金额股。本法系采所谓之票面金额制。[14]

9　请参阅柯芳枝，同前揭注 3，189 页；廖大颖，公司法原论，2002 年 2 月初版，三民书局，120 页。

10　股票依其性质应属所谓之不完全有价证券，盖股票虽系表彰股东权之证券，但其权利之发生或行使并非须以股票之占有为必要。须注意者，公开发行公司其所发行之股份得免印制股票，但其虽未印制股票，依法仍视为有价证券（证交 6）。

11　股票系证明已发生股东权之证券，故自属证权证券。

12　股票系表彰股东对公司之法律地位之有价证券，而公司系属社团，则股票应属所谓之团体证券。

13　依本法规定股票应记载一定事项（公 162），故股票系属要式证券。

14　请参阅王文宇，同前揭注 1，248～253 页。

2. 股票之发行

(1) 发行股票之时期及标准

①公司非于设立登记或发行新股变更登记后，不得发行股票。但公开发行股票之公司，证券管理机关另有规定者，不在此限（公 161 Ⅰ）。其立法意旨，在于限制公司应于股东权发生后，始得发行股票，以保障交易安全。而公开发行公司于证券主管机关另有规定时，排除上述原则之适用，立法理由在于允许公开发行公司发行可转换公司债时，公司得径行交付股票，嗣后再以补办变更登记之方式办理。[15]若违反上述规定者，其发行之股票无效，但持有人仍得向发行股票人请求损害赔偿（公 161Ⅱ）。②公司资本额若达"中央主管机关"所定一定数额以上者，公司应于设立登记或发行新股变更登记后三个月内发行股票；但若其资本额未达"中央主管机关"所定之一定数额者，除章程另有规定外，即得不发行股票（公 161－1Ⅰ）。质言之，并非所有之股份有限公司皆有发行股票之义务，仅于其资本额达"中央主管机关"所定之数额以上者始"应"发行股票。[16]反之，若公司实收资本未达主管机关所定数额者，除章程另有订定者，"得"不发行股票。[17]

(2) 发行股票之方式

①实体发行：所谓股票之实体发行，系指以印制而成之证券实体（具有一定书面），作为交易之客体。而其发行方式有二：其一，公司依本法第一六二条印制股票并将之交付予股东者，即以小面额实体股票之方式发行。其二，公开发行股票之公司将股票以该次发行之股份总数合并印制之方式发行（公 162－1），即单张大面额实体股票之发行。依此方式发行之股票，应洽证券集中保管事业机构保管，且不适用第一六二条第一项股票应编号及第一六四条背书转让之规定。析言之，该单张股票虽代表之该次发行之所有股份，但其乃系透过集保机构发给应募人有价证券存折之方式，而使股票之交易以"无实体交易"之方式为之，进而得解决股票实体交易所带来之手续繁杂及其流通之风险。但以此种方式发行股票者，限于公开发行公司。②无实体发行，公开发行股票之公司，其发行之股份得免印制股票（公 162－2Ⅰ）。其立法理由系为简化先前股票发行成本及交付作

---

15 请参照本法第 161 条 2001 年修法理由。

16 依"经济部"2001 年 11 月 23 日商字第 09002254560 号函，其实收资本额达新台币 5 亿元以上之公司有发行股票之义务。

17 按旧法规定股份有限公司不论资本额之多寡，均强制其发行股票，学者对此素有批评。请参阅刘连煜，强制公开发行股份之政策与公开发行公司之界定，公司法理论与判决研究（二），2000 年 9 月初版，自刊，81～102 页。

业，故引进所谓之"无实体发行"制度。虽然，无实体发行并未印制股票，但仍应洽证券集中保管事业机构登录，并透过集保机构发给应募人有价证券存折，目的与前述单张大面额实体股票之情形同，皆系为解决实体交易所生之风险以及繁复之手续。又透过无实体发行之股票，既是经由账簿划拨方式进行转让手续，自不适用本法有关一般股票应编号及背书转让之规定，而仅须向集保机构登录即可。而以无实体方式发行股票者，亦限于公开发行公司。

二、股份之分类

依本法之规定，股份可分为普通股以及特别股（公 156Ⅰ）[18]：

（一）普通股

普通股是代表公司分割之所有权利益之重要单位，其基本特征为：1. 持有者对公司董事之选举以及其他提交股东（会）之事项有表决权；2. 不论于公司存续期间之中或公司之解散时，持有者有权请求公司净资产之分派（于提拨清偿债务以及优位之证券之金额后），即其有盈余分派请求权及公司剩余财产分派请求权。

（二）特别股

本法所谓之特别股，系以普通股为基准，但其股份所表彰之盈余分配请求权以及剩余财产分配请求权甚或表决权等内容，异于普通股者。故公司发行特别股者，应于章程中就特定事项订定之，例如：特别股分派股息及红利之顺序、定额或定率；分派剩余财产之顺序、定额或定率；以及特别股之表决权之顺序或限制等（公 157）。且依本法第一三〇条第一项第四款之规定，公司若欲发行特别股者，非将特别股之种类以及其权利义务记载于章程不生效力。此外，本法之特别股得为偿还股，亦即公司得选择以盈余或发行新股之股款收回之（公 158）。

值得注意的是，发行特别股与变更章程之关系。公司发行特别股者，其章程之变更若有损害特别股股东之权利时，除应经股东会特别决议外仍须经特别股股东会之决议（公 159）。而公开发行公司若出席股东不足特别决议之定足数者，得以有代表已发行股份总数过半数股东之出席，出席股东表决权三分之二以上同意为之，并应经特别股股东会决议。解释上，该特别股股东会亦应以特别决议为之。且本条所谓之权利，解释上应不限于特别股股东之优先权，只要特别股股东之权利因之而受损者即得适用本条，如此始能发挥本条保障特别股股东权利之意旨。[19]

18　至于各国立法例上，有关股份之其他分类，请参阅王文宇，同前揭注 1，275 页。

19　刘连煜，特别股股东权利之保护，公司法理论与判决研究（三），2002 年 5 月初版，133 页。然另有不同意见者，参阅柯芳枝，同前揭注 3，188 页及"最高法院"1983 年台上字第 808 号判决。

三、股份之转让

（一）意义

所谓股份之转让，乃系将表彰股东权之股份移转与他人。由于股份有限公司并无所谓退股制度，是故，股份之转让亦系股份有限公司股东收回投资之主要方式。[20]

（二）股份转让自由原则

1. 意义

依本法第一六三条第一项本文之规定，公司股份之转让不得以章程禁止或限制之，此即股份转让自由原则。股份转让自由原则系因股份有限公司股东人数众多，且不注重股东之个人条件，故表彰股东权之股份亦不具个人性而得自由转让。甚者，因股份有限公司并无所谓之退股制度，股东收回其投资之方式即系透过其股份之转让，且股份有限公司之经营系由董事会为之，其股东趋向于债权人化，更有必要使股东依其判断随时收回其投资以防止损害之发生。[21]是故，若股份之转让以章程限制或禁止者，其规定应属违反强行规定，依“民法”第七一条系属无效。

2. 股份转让自由原则之例外

然针对股份转让自由原则，本法上设有数个例外，亦即以法律规定限制股份之自由转让，兹分述如下：

(1) 公司设立登记前不得转让股份（公163Ⅰ但）

立法理由在于，因公司未完成设立登记即属未成立，且其将来是否成立亦属未知，为防止投机以维护交易安全，即禁止股份于公司设立登记前转让。违反此一规定之转让行为无效。[22]

(2) 发起人股份转让之限制（公163Ⅱ）

发起人之股份非于公司设立登记一年后，不得转让；但公司因合并或分割后，其新设公司发起人之股份则得转让。立法意旨在于防止发起人以发起组织公司为手段，以获取发起人之报酬及特别利益为目的，形成所谓专业发起人之不当行为。[23]依目前实务见解认为，违反此规定者，依“民法”第七一条之规定

---

20 按股份转让系股东收回投资最简便之方式，盖股东收回其投资之方式虽尚有股份收买请求权、公司收回特别股或公司之实质减资，唯其均须具备一定之要件。而在本法揭诸之股份转让自由原则之下，上述方式自均不如股份转让简便。

21 请参阅柯芳枝，同前揭注3，213页。

22 “最高法院”1958年台上字第46号判例；柯芳枝，同前揭注3，224页。

23 “司法院秘书长”1995年9月27日秘台厅民3字第17708号函。

系属无效。[24]

(3) 公开发行股票之公司其董事及监察人任期中股份转让之限制

董事经选任后应向主管机关申报，其选任当时所持有之公司股份数额（公197Ⅰ）；而公开发行公司之董事在任期中转让超过选任当时所持有公司股份之数额之二分之一时，其董事当然解任。上述规定亦准用于监察人（公227）。此一规定仅系转让数额之限制，且其转让即便超过规定之数额仅系发生董监事当然解任之效果，而其转让行为尚非无效。

(4) 员工行使新股认购权所承购股份转让之限制（公267Ⅵ）

股份有限公司发行新股时，依法应保留予员工承购之股份（公267Ⅰ），得限制其于一定期间内不得转让，但该期间不得超过两年。

(5) 禁止公司取得自己股份（股份回笼之禁止）

①立法精神：依本法第一六七条第一项之规定，股份有限公司除法律有特别规定之情形外，原则上不得将自己之股份收回、收买或收为质物。盖股份有限公司若取得自己股份，将有害公司资本充实，而有背于资本维持原则之嫌。因公司取得自己股份而以资本或法定准备金充作财源实质上等于股东出资之返还，而买回自己股份数量庞大时亦可能造成公司流动资金之固化，同时亦有造成资本减少但却无须经过减资程序之嫌。此外，其亦将助长投机而影响公司债权人及投资大众之权益，因为若无条件容许公司买回自己股份势必难以避免发生内线交易之情事。甚者，此举亦有背于股东平等原则而侵害股东之权益。是故，本法基于上述考量，原则上禁止公司取得或将自己股份收为质物。[25]

②公司违法取得自己股份之效果：公司若违反法律规定且亦非在例外允许之情形下取得自己股份者，即属所谓违法取得。唯应注意，本法第一六七条第三项及第四项为避免控制公司利用其从属公司，将控制公司股份收买或收为质物，可能滋生弊端，本法乃明定被持有已发行有表决权之股份总数或资本总额超过半数之从属公司，不得将控制公司及其从属公司之股份收买或收为质物。甚者，为求周延，该控制公司及其从属公司再转投资之其他公司，亦受规范。[26]是故，若公司违反上述规定，虽非买回自己股份，但亦属违法取得股份。

依本法第一六七条第五项之规定，公司负责人违法将股份收买收回或收为质

24 “最高法院”1986年台上字第431号判决及1994年台上字第3022号判决。

25 林丽香，企业取回自己股份之法律问题，台北大学法学论丛第48期，2001年6月，72～76页。

26 请参照本法第167条2001年修法理由。

物者，应负赔偿责任。至于违法取得股份行为之效力，通说及实务见解均认为无效。[27]然是否宜以无效之法律效果引发后续复杂之救济程序，不无疑义。

③公司适法取得自己股份之例外情形：股份有限公司原则上禁止取得自己之股份，然于特殊情况下，法律则特别允准公司得取得自己股份，此即所谓之适法取得，兹分述如下：

A. 特别股之回收（公 167Ⅰ）。

B. 员工库藏股制度，所谓“员工库藏股”制度，乃基于现代企业（特别是高科技产业）为延揽及培植优秀人才之需求，使公司提供优秀员工根留公司与公司休戚与共之诱因，为配合员工入股政策之施行，除了增资发行新股外，势必要允许公司由市场买回股票，以作为员工持股之股票之来源。实则，库藏股制度最早之法源依据，系“证交法”第二八条之二第一项规定。2001 年修正之“公司法”第一六七条之一规定，已几乎完全移植“证券交易法”第二八条之二之规定，则实施库藏股制度有以下要件：

（A）须经董事会之特别决议。（B）买回比例及金额应不超过公司已发行股份总数 5%之范围内，及保留盈余加上已实现资本公积之金额，收买其股份以转让予员工。应注意者，“证交法”第二八条之二乃本条之特别规定，是故，本条仅适用于未公开发行股票之公司。（C）公司依该条所买回之股份，应于三年内转让于员工，届期未转让者，视为公司未发行股份，并为变更登记。

C. 公司因股东行使股份收买请求权而收买其股份（公 186、316－2、317）。

D. 于股东受清算或破产宣告时，公司得按市价收回其股份，抵偿其于清算或破产宣告前结欠公司之债务（公 167Ⅰ但）E. 无偿取得，公司因受赠与或遗赠等情形无偿受让自己之股份者，因不致违反资本维持原则，故应无不许之理。F. 概括之权利继受取得，例如合并或受让他人全部营业或财产（公 185Ⅰ③）之情形均属之。G. 公司减资时为销除股份而取得，此情形因系为减资而取得股份不致发生流弊，故应予容许之。

④公司适法取得自己股份之效力：公司适法取得自己股份后而转让前，其所持有股份之股东权虽属存续但却处于休止之状态，易言之，公司虽取得股份，但其股东权之行使受到限制，此即“休止说”。如本法第一六七条之一第三项规定，公司依该规定收买之股份，不得享有股东权利。嗣后，公司转让该股份与他人时，该股份对受让人即无上述限制可言。

公司得合法取得自己之股份本属例外，因其持有自己股份不但使公司资产不

27 请参阅柯芳枝，同前揭注 3，223 页及“最高法院”1984 年台上字第 289 号判决。

能用于公司所营事业，且亦有造成投机或滥用于控制股东会决议之虞，故本法遂禁止其长期持有自己股份。例如，依本法第一六七条第二项之规定，公司依该条第一项但书或第一八六条之规定所收买或收回之股份，应于六个月内按市价出售，其逾期未出售者，即视为公司未发行，并为变更登记。此处之变更登记，系指变更公司之实收资本额，因其回收股份而视为未发行者，公司之已发行股份自然减少，自应办理变更登记以资配合。[28]

（三）转让之方式

1. 无记名股票

依本法第一六四条后段之规定，无记名股票得仅依交付而转让之。故只须有让与之合意与交付行为即生转让之效力，且其转让得对抗公司及其他第三人。

2. 记名股票

依本法第一六四条前段之规定，记名股票应由股票持有人以背书转让之，并应将受让人之姓名或名称记载于股票。此处所言背书，解释上应可参照“票据法”第三一条第一、二项规定之方式为之；而依本条之意旨，其似应以记名背书之方式转让之。是故，转让双方若系以记名背书之方式转让者，即生股份移转之效力，而得对抗公司以外之第三人。

3. 无实体之股份

应予注意，若系上市（柜）公司之股东，其股份转让之方式应依其是否已将股票交由集保机构保管而有所不同。若其股票未交由集保机构保管者，其股票之买卖系以交割之方式，并透过证券经纪商为之；亦即出卖人若系股票名义人或已办理过户手续者，于股票背面转让人栏盖上留存于公司之印鉴后，即将股票交予证券经纪商，由证券经纪商处转手。换言之，系以空白背书之方式为之。反之，若其股票已交集保机构保管者，其买卖即得以账簿划拨之方式为之（证交 43 Ⅱ）。又若公开发行公司发行新股时，其股票以印制成单张大面额之股票而洽由集保事业机构保管者，亦不适用本法第一六四条背书转让之规定，其股份之转让亦以账户划拨之方式为之（公 162－1，证交 43Ⅱ）。

4. 未发行股票公司之股份

本法并未就未发行股票公司之股份之转让方式加以规范，一般实务上，则是由让与人与受让人以签订股份转让同意书或股份购买契约等方式，会同向公司办理过户登记。易言之，此类股份之转让多以契约为之，且于双方合意后，即生移

---

28 “经济部”1993 年 10 月 12 日商字第 223073 号函。

转之效力。[29]

（四）股份转让之效力

股份一经转让者，其属于股东之权利及义务即由受让人继受。复依“民法”第二九五条之规定，其附属于股东权之从属权利如股息和红利，除上市股票另有规定外，亦随同移转于受让人。

另应注意，依本法第一六五条第一项之规定，记名股票之转让，非将受让人之姓名或名称及住所或居所，记载于公司之股东名簿，不得以其转让对抗公司。此即一般所称之“过户”，其仅系股份转让之对抗要件，而非生效要件。换言之，记名股票仅须由股票持有人以记名背书之方式转让即生股份转让之效力，其过户之程序仅系是否得以其转让对抗公司之要件而已。

附带一提，过户手续原则上随时得为之，但于所谓停止过户期间（又称闭锁期间）之内，则不得为之。亦即于股东常会开会前三十日内，股东临时会前十五日内，或公司决定分派股息及红利或其他利益之基准日前五日内，不得要求公司为股东名簿之变更（公 165Ⅱ）。考其立意，应在便于公司确定其行使表决权或盈余分派请求权等之股东为何人。此外，本法为因应公开发行公司通常股东人数众多，且为建立委托书征求之资讯公开制度以导引委托书之正面功能，遂基于实务作业考量及管理之必要性，乃针对公开发行公司将其闭锁期间延长之（公 165Ⅲ）。[30]

案例

一、甲股份有限公司（非公开发行公司）之股东 A，得否将其持有之甲公司记名股票，让售予甲公司？理由何在？

二、股东 A 将所持有之甲公司记名股票背书转让予 B，B 却未向甲公司办理股东名簿过户手续，该转让是否有效？B 得否向甲公司主张参加股东会及分派盈余？依据何在？

解析

一、A 股东原则上不得将其持有之甲公司记名股票，让售予甲公司，否则即违反本法“股份回笼禁止”之规定（公 167Ⅰ）。例外于本法第一六七条第一项所列之情形时，A 股东得将其持有之甲公司记名股票让售予甲公司（请参阅上文内容）。

---

29 “经济部”1971 年 1 月 15 日商字第 01630 号函。

30 请参照本法第 165 条 2001 年修法理由。

二、倘A已将B之姓名或名称记载于股票上（即所谓背书转让），且交付后，则于A、B间即发生股票移转效力，并且得以对抗第三人（公164）。但因B尚未办理过户手续，故B不得以其转让对抗甲公司（公165），亦即B不得向甲公司主张参加股东会及分派盈余。

第三节 股东会

一、股东会之概念

一般认为，台湾地区之股份有限公司，由于受到三权分立之政治思想影响，而有意思机关、执行机关及监督机关之分立。其中意思决定机关系为股东会、执行机关为董事、董事长及董事会，至于，监察人则为监督机关，而兼有执行机关及监督机关功能者为董事会。

承上，股东会系指：股东就公司之业务为别之意思表示，并加以决议，从而以之形成公司之意思决定之股份有限公司之最高必要机关。[31]

为发挥股东会真正之作用，本法乃赋予股东会一定之权限，包括：听取董事会报告权（公211Ⅰ、240Ⅳ、241Ⅱ、246Ⅰ、318Ⅰ）、听取监察人报告权（公219Ⅰ、331Ⅰ、Ⅱ）、查核权（公230Ⅰ、231、184Ⅱ）、决议权（公202）。[32]

二、股东会之召开

股东会系属会议体，其须由全体股东组成会议始得行使权限。依本法，视其为股东常会或临时会而有不同之时间限制：股东常会每年至少召集一次，且应于每会计年度终结后六个月内召开之，而临时会则于必要时始召集之（公170Ⅰ、Ⅱ）。

（一）召集方式

股东常会之召集，应于二十日前通知各股东，若系无记名股东者，其因无法

31 田中诚二、堀口亘、村川正幸共著，新版会社法，平成三年（1991年）全订65版，东京都：千仓书房出版，137页。

32 事实上，本法第202条规定，公司业务之执行，除本法或章程规定应由股东会决议之事项外，均应由董事会决议之。此一规定之立法意旨系在明确划分股东会与董事会之职权。质言之，本条乃董事会权限之概括规定，因此，有关公司业务执行之决定权，除法律或章程保留予股东会者外，均专属于董事会。详请参阅王文宇，同前揭注1，298～299页。

寄发通知自应以公告以代通知，故本法规定，对持有无记名股票之股东，则应于三十日前公告之。至于股东临时会，本法则规定其召集应于十日前通知各股东，对无记名股东则应于十五日前公告之（公 172Ⅰ、Ⅱ）。

此外，鉴于公开发行股票公司其股东人数众多且涉及公开征求委托书之问题，其对股东之通知或公告自应有较长之期间，以资因应。本法乃于第一七二条第三项增订公开发行公司股东常会之召集，应于三十日前通知各股东，对于无记名股东则应于四十五日前公告之。而其临时会则应于十五日前通知各股东，三十日前对无记名股东公告之。

应注意，此之所谓通知，通说采发信主义，即仅须于上述期限内寄发通知书即可，实务亦同此见解。[33]而其期间之计算本法既未设特别规定，应回归“民法”之相关规定以适用，即应适用“民法”第一一九以及一二〇条第二项之规定，起始日不予计入。

股东会召集之通知，旧法第一七二条第四项规定：“通知及公告应载明召集事由。”2005 年修法为因应电子科技之进步，节省公司通知事务之成本，故增订第一七二条第四项后段：“其通知经相对人同意者，得以电子方式为之。”另外关于股东会议事录之制作及分发，亦增订第一八三条第二项：“前项议事录之制作及分发，得以电子方式为之。”

此修订通过后不久，各界即提出质疑，如条文所称之“电子方式”究竟系指哪一种方式？是否要经过一定凭证机构认证？此外，电子讯息的法律效力（如送达）是否均适用电子签章法？有人担心改采电子方式召集股东会，多由公司派主导，可能影响股东会的运作，要求主管机关预作解释与规范。唯“经济部”表示：公司股东会的通知等行为，属于公司“私法自治”范畴，因此行政机关不宜强制规定公司应使用何种“电子方式”的通知与公告。

（二）召集事由之记载

股东于股东会召开前，就公司提请股东会决议之某些涉及其重大权益之事项应有知悉之权利，故本法第一七二条第四以及五项规定，股东会之通知与公告应载明召集事由，其中有关选任或解任董事、监察人、变更章程、公司解散、合并、分割或第一八五条第一项各款之事项，更应在召集事由中列举，而不得以临时动议之方式提出。若有违反者，股东会决议即因召集程序或决议方法违法，而

33 “最高法院”2002 年台上字第 156 号判决、“最高法院”1995 年 1 月 17 日（二）民事庭决议、“经济部”1971 年 2 月 26 日商字第 06804 号函。

可得撤销（公 189）。[34]

"公司法"第一七二条第五项原规定："改选董事、监察人……，不得以临时动议提出。"2005 年修法将"改选"修正为"选任或解任"。此系为解决旧法中的一项争议："改选"的涵意除了"选任"之外，是否包含"解任"？

若从文义上解释，"改选"似乎只包括"选任"，但若解任董事可以用临时动议提出，会产生不合理的结果。盖"选任"董事为公司重大事项，为求慎重故不许用临时动议提出。同理，"解任"董事除了对公司有所影响，对该名可能被解任的董事更是非同小可。不过亦有人提出不同的见解，认为在旧法时代台湾地区并没有"股东提案权"，若解任董事不允许用临时动议提出，董事一旦选上就很难被解任。

为解决上述争议，2005 年修法时将第一七二条第五项之"改选"修正为"选任或解任"，使公司法的规定更加明确化。另外本次亦增订第一七二条之一"股东提案权"，企图使制度设计更加合理化。

此外，依"证交法"第二六条之一之规定，公开发行股票之公司召集股东会时，关于本法第二〇九条第一项，第二四〇条第一项及第二四一条第一项之决议事项，应在召集事由中列举并说明其主要内容，不得以临时动议提出。析言之，有关董事竞业之许可，盈余转增资或公积拨充资本之事项，公开发行股票之公司其仍须于召集股东会之通知或公告中列举，不得以临时动议为之。

又公司召开股东会时，为了加强公司的资讯揭露，新增第一七七条之三，第一项规定："公开发行股票之公司召开股东会，应编制股东会议事手册，并应于股东会开会前将议事手册及其他会议相关资料公告。"第二项规定："前项公告之时间、方式、议事手册应记载之主要事项及其他应遵行事项之办法，由证券管理机关定之。"

（三）召集权人

1. 董事会

股东会除本法另有规定外，由董事会召集之（公 171）。而董事会除有召集股东常会之义务外，于一定情形下，亦得主动或被动地召集股东临时会。例如，依本法第二〇一条之规定因补选缺额董事而主动召集股东临时会者，或如本法第一七三条应少数股东之请求而被动召集。就股东常会之召集，董事会应于本法所

34　依现行法股东就股东会之决议事项并无所谓之提案权，又许多与公司有关之重要议案因不得以临时动议提出，则除非由董事会于开会通知列入，否则股东全无置喙之于地，是否恰当，非毫无疑义。有鉴于此，"经济部"拟于本法修法草案第 172 条之 1 增设股东提案权制度。详请参阅王文宇，同前揭注 1，301 页注 10。

定之期限内为之；而股东临时会之召集，则由董事会主观认定究否必要召集。

2. 少数股东权之股东

依本法之规定，股东于特定情况下得召集股东会。分述如下：

(1) 本法第一七三条第一项之规定，继续一年以上，持有已发行股份总数3%以上股份之股东，得以书面记名提议事项及理由，请求董事会召集股东临时会。此项请求提出后十五日内，董事会不为召集之通知者，股东即得报请主观机关许可自行召集股东会。按本条之立法理由乃因股东会由董事会召集为原则，但若如董事会应召集股东会而不召集时或有部分股东认为有召集之必要者，制度上宜予股东有请求召集或自行召集之权利，唯为免过于浮滥则有其持股期间以及比例之限制。

(2) 本法第一七三条第四项规定，董事因股份转让或其他理由致董事会不为召集或不能召集股东会时，得由持有已发行股份总数 3%以上之股东，报经主管机关许可，自行召集。

3. 监察人

监察人得合法召集股东会之情形有二，分述如下：

(1) 依本法第二四五条之规定，继续一年以上，持有已发行股份总数 3%以上之股东，得声请法院选派检查人以检查公司账目以及财产情形。而法院对于检查人之报告认为必要时，即得命监察人召集股东会。

(2) 本法第二二〇条之规定，监察人除董事会不为召集或不能召集股东会外，得为公司利益，于必要时召集股东会。是以，现行法下监察人得主动召集股东会之情状，可分为二种：董事之不能或不为召集时以及监察人认为必要时。

此外，本法尚规定，在一定情况下，公司之重整人、清算人亦得为股东会之召集（公 310、326Ⅰ）。

（四）股东会之议事规则

为使股东会之议事程序进行顺利，理应订定股东会之议事规则。故 2001 年修法时，本法即增订第一八二条之一第二项，明文规范公司应订定议事规则，但就其详细内容则未为表示。然而，此项增订仍未能解决争端，倘若公司执意不订定议事规则，效力为何并不明确，似乎亦无任何不利后果。因此，此项新法是否能达到立法者所期成之效果，令人质疑。[35]

此外，为免股东会主席恣意操纵股东会之进行，尤其股东会开会时，主席违

---

35 曾宛如，股东会程序问题之探讨，公司管理与资本市场法制专论（一），2000 年 10 月初版，学林，189～214 页。

反公司所定之议事规则任意宣布散会，置大多数股东之权益而不顾，则股东会再择期开会，不但耗费诸多社会成本，亦影响经济秩序。本法遂规定主席若违反议事规则，任意宣布散会时，得以出席股东会表决权过半数之同意，推选一人担任主席继续开会，以确保股东权益（公 182－1Ⅱ后）。

三、股东之提案权

2005 年“公司法”修法的重点之一，即是赋予少数股东“股东提案权”。过去股东会的决议事项与议程均由董事会决定，因为公司业务系由董事会负责执行，故由董事会排定股东会之议程。然而若股东没有“事前的提案权”，而仅有“被动的决议权”，则股东会的功能将大幅限缩，自然无法落实“股东民主”的理念。

有鉴于此，此次修法增订了“股东提案权”。“公司法”第一七二条之一规定：持有已发行股份总数 1％以上股份之股东[36]，得向公司提出一项以三百字为限之股东常会议案，该提案股东并应亲自或委托他人出席股东常会，并参与所提议案之讨论（Ⅲ）。此外，公司应于股东会召集通知日前，将处理结果通知提案股东，并将合于规定之议案列于开会通知（Ⅴ）。总体而言，此次“股东提案权”的增订，目的在加强股东会机能以防止公司经营阶层的滥权，进而强化公司治理。

四、董监事候选人之提名权

长久以来，台湾地区许多大型公司的经营多由控制股东（包括家族事业）所掌控，每当董监事们三年任期届满而改选时，控制股东的黑箱作业与配票成为常态，股东会选举董监事仅徒具民主的形式，亟待改进。有鉴于此，2005 年“公司法”修正时引进“董监事候选人提名制度”。由于大型公司股东人数众多，为健全公司经营体制，保护投资大众权益，故新增第一九二条之一及第二一六条之一之新制，仅适用于公开发行公司。且公司采行此种候选人提名制度者，应载明于章程。

就提名程序而言，董监事提名系由持有已发行股份总数 1％以上股份之股东[37]，以书面向公司提出董监事候选人名单。提名人数不得超过董事应选名额；

36　解释上如数股东持有股份总数之和达 1％以上，亦包括在内，不以一人为限。请参考“经济部”1991 年商字第 207772 号解释。本解释系针对“公司法”第 173 条持有“3％以上”股东条文所为之解释，解释上此处应得类推适用。不过实务运作上仍应待“经济部”解释方属确定。

37　解释上如数股东持有股份总数之和达 1％以上，亦包括在内，不以一人为限。请参考“经济部”1991 年商字第 207772 号解释。本解释系针对公司法第 173 条持有“3％以上”股东条文所为之解释，解释上此处应得类推适用。不过实务运作上仍应待“经济部”解释方属确定。

董事会提名董事候选人亦同。提名股东应检附被提名人姓名、学经历等基本资料，然后由公司于收到董监候选人名单后加以审查，对于合格者应将相关资料公告，让股东就董监候选人名单进行选任。

五、股东之表决权

（一）概说

股东就股东会之议决事项为可决或否决之意思表示，借以形成公司意思之权利，谓之表决权。[38]原则上，每一股拥一表决权（公 179），是即表决权平等原则。是以，股东对公司之支配力大小，取决于其所拥有之股份比例。唯本法于一定情形下亦设有例外，例如：特别股股东行使表决权之限制、无表决权特别股（公 157③）、公司适法取得自己股份之无表决权（公 179Ⅱ）、相互投资公司行使表决权之限制等。

（二）表决权行使之限制

1. 股东对于会议之事项，有自身利害关系致有害于公司利益之虞时，不得加入表决，并不得代理他股东行使表决权（公 178）。本条立法意旨在于避免股东行使表决权时因私忘公致侵害公司或其他股东之利益。

唯本条尚非无斟酌之余地。首先，本条之构成要件“有自身利害关系”之具体认定标准不甚明确；盖理论上任何股东会之决议皆涉及股东与公司之利益。再者，股东乃公司实质上所有者，其出资之目的即系为了自身之经济利益，而股东会决议事涉股东与公司之利害关系时，限制其表决权实与股东持股之目的不合。是故，似可考虑将本条予以删除。[39]

2. 公司持有自己股份者，无表决权（公 179Ⅱ①）。公司适法取得自己股份，其股东权处于休止状态，故无表决权，已如前述。

3. 于章程限制成剥夺特别股股东之表决议（公 157③）。

4. 相互投资公司知有相互投资之事实，得行使之表决权不得超过被投资公司已发行有表决权股份总数或资本总额之三分之一（公 369－10）。

5. 被持有已发行有表决权之股份总数或资本总额超过半数之从属公司，所

---

38 外国立法例上尚有所谓之表决权契约及表决权信托制度，而本法及实务见解似不承认之。唯 2002 年公布施行之企业并购法，则有条件地承认表决权契约或表决权信托，宜一并注意之。有关此一部分之详细论述，请参阅王文宇，表决权契约与表决权信托，民商法理论与经济分析（二），2003 年 4 月初版，元照，493～519 页。

39 关于本条详尽且深入之批评，请参阅廖大颖，论股东行使表决权回避之法理——兼评台北地院 2002 年诉字第 3521 号民事判决，月旦法学杂志第 99 期，2003 年 8 月，236～253 页。

持有控制公司之股份，无表决权（公 179Ⅱ②）。

为防止公司之间交叉持股产生流弊，“公司法”于 2001 年修正第一六七条第三项时，已禁止从属公司收买控制公司之股份，或将控制公司之股份收为质物。然基于法律不溯及既往原则，修法前已存在之交叉持股情形，修法后仍续存在。有鉴于从属公司持有控制公司之股份，如在控制公司之股东会行使表决权，实际上与控制公司本身就其持有自己之股份行使表决权无异，有违公司治理之精神。故 2005 年修正“公司法”时，增订第一七九条第二项第二款，从属公司持有控制公司之股份，无表决权。

6. 控制公司及其从属公司直接或间接持有他公司已发行有表决权之股份总数或资本总额合计超过半数之他公司，所持有控制公司及其从属公司之股份，无表决权（公 179Ⅱ③）。本款亦为 2005 年“公司法”修正时所增订，即控制公司及其从属公司转投资其他公司时，该其他公司对于所持有控制公司及其从属公司之股份亦不能行使表决权。

（三）表决权之行使方式——委托书之使用

除无表决权之特别股股东外，凡享有股东权之股东，原则上均得出席股东会，亲自行使表决权。唯股份有限公司通常股东人数众多且分散各地，而一般股东对公司业务可能不甚关心，若一律要求股东亲自出席股东会，未免过于强求。故各国（地区）立法例均承认股东得委托代理人出席股东会。故本法第一七七条即规定，股东得于每次股东会，出具公司印发之委托书，载明授权范围，委托代理人，出席股东会。

股东在出具委托书后，如欲亲自出席股东会，由于“公司法”并无规定最迟应于何时撤销委托，因此股东可能于开会当日才为撤销的意思表示。但如此将造成股务作业之不便与争议，亦使得委托书征求人征得之股数具有不确定性。有鉴于此，新法增订第一七七条第四项：“委托书送达公司后，股东欲亲自出席股东会者，至迟应于股东会开会前一日，以书面向公司为撤销委托之通知；逾期撤销者，以委托代理人出席行使之表决权为准。”亦即股东至迟应于股东会开会前一日撤销委托，不得于开会当日撤销委托。

虽然，委托书制度有易流于少数居经营地位之董事滥用而支配公司之弊端，唯此制系为解决股东不克亲自出席股东会之权宜措施，有避免股东会因出席股东所持股份不及法定足数而致流会之效用，是故，一般皆认为此制无须废除而仅须加强其管理。从而，证期会于 1995 年修法“公开发行公司出席股东会使用委托书规则”，其中明文禁止收购委托书，以防止以往委托书之制遭滥用于经营权争夺之情形。[40]另外，"证券交易法"第一七八条第一项第五款规定：违反同法第二十五条之一的委托书管理规则，得处新台币 24 万元以上，240 万元以下罚锾。第二次违法得加倍并连续处罚，以匡正委托书的乱象。

在股东授权代理人出席股东会之情形，该代理人是否系股东尚非所问。[41]唯对股东会议决事项有自身利害关系致有害公司利益之虞之股东，则不得为代理人（公 178）。又一股东以出具一委托书并以委托一人为限，以免表决权之计算滋生困扰；但一人则不妨为二人以上股东之代理人。但为防止少数股东收买委托书，以操纵股东会，本法则进一步规定，除信托事业或经证券主管机关核准之股务代理机构外，一人同时受二人以上股东委托时，其代理之表决权不得超过已发行股份总数表决权之 3%，超过时其表决权则不予计算（公 177Ⅱ）。如一人仅受一股东之委托时，其代理人表决权自不受该条限制。

此外，股东授权他人代理出席时，本法虽规定应以公司印发之委托书委托代理人，唯依通说见解，即便股东自行印制委托书委托他人出席股东会者，公司应不得拒绝，且其股东会之决议亦不因此而成为有瑕疵者。[42]此外，股东出具之委托书应载明授权范围，如不记载授权事项，则应认其对授权范围无限制，故除法令另有规定外，该代理人于当次股东会似得就委托之股东依法得行使表决权之一切事项代理行使表决权。又股东应于每次股东会出具委托书，不得一次长期授权，以免发生弊端。

（四）表决权之其他行使方式

主管机关鉴于电子科技时代来临，并为鼓励股东参与股东会之议决，增加参与公司经营之机会，2005 年修法增订第一七七条之一及第一七七条之二，确立通讯投票制度。第一七七条之一第一项规定："公司召开股东会时，得采行以书面或电子方式行使其表决权。"第二项复规定："前项以书面或电子方式行使表决权之股东，视为亲自出席股东会。但就该次股东会之临时动议及原议案之修正，

---

40 事实上，关于委托书是否应绝对禁止价购，学说上见解不一。有学者认为委托书应得于市场上自由公开收购，借以使委托书所代表之表决权在市场中呈现其价值，盖在现行委托书征求规则下，有不当保障大股东及公司当权派之嫌。然本书以为，委托书之收购仍应予禁止，以防止因收购委托书而当选董监事之人，借机掏空公司资产，盖这些收购者如果真有诚意要参与经营，为何不直接收买公司股份，而仅用相对甚低之成本来买被切割后之部分股东权利？详请参阅王文宇，同前揭注 1，313 页。

41 唯依"公开发行公司出席股东会委托书管理规则"第 4 及 11 条之规定，公开发行公司不论系以书面或广告方式公开征求委托书者，公开征求者必须具备该公司股东之身份，始得为股东代理人。

42 唯应注意，依"公开发行公司出席股东会使用委托书规则"第 22 条第 1 项第 1 款规定，使用之委托书用纸非为公司印发者，其代理之表决权不予计算。是故，公开发行公司之股东委托他人代理出席之，应使用公司所印发之委托书用纸，否则，代理人虽仍得出席股东会，但无表决权。

视为弃权。”此外，第一七七条之二第三项规定：“股东以书面或电子方式行使表决权并以委托书委托代理人出席股东会者，以委托代理人出席行使之表决权为准。”

六、股东会之决议

（一）决议方法

按股东会因股东人数众多，故其决议均采多数决而不必全体一致同意。但就决议事项之轻重程度不同，本法乃设有不同之表决比例而区分为不同之决议方法。唯不论是否为公开发行公司，若章程就有关出席股东股份总数及表决权数有较高之规定者，均应从其规定。兹分述如下：

1. 普通决议与假决议

依本法第一七四条之规定，股东会之决议，除本法另有规定外，应有代表已发行股份总数过半数股东出席，以出席股东表决权过半数同意行之。此即本法关于股东会普通决议之规范。此处之出席股东之定额，系以股份数为依归，非以人数为据，即便仅有股东一人出席但其股份数超过开会所需之股数者，其一人股东所作之决定亦为有效。其次，表决系就出席股东表决权计算，不以进行表决时实际之出席股数为准，应予注意。

而无表决权之特别股股东虽仍得参与股东会，唯其股东会欲作成决议时，仍不得将无表决权之股数计入上述之已发行股份之总数内。而依本法第一七八条规定不得行使表决权之股份数则不计入已出席股东之表决权数（公 180）。

另应注意，于应以普通决议决之之议案中，若出席股东不足代表已发行股份总数过半数股东之定额，但有代表已发行股份总数三分之一以上之股东出席者，得以出席股东表决权过半数之同意行之，此即为假决议。假决议作成后，应将其通知各股东，其有发行无记名股票者亦应将该假决议公告之，并于一个月内再行召集股东会。后召集之股东会对于该假决议，如仍有已发行股份总数三分之一以上股东之出席，并经出席股东表决权过半数同意者，即视同普通决议（公 175）。假决议仅得适用于原可经普通决议之事项，若系应经特别决议者则不与焉，盖假决议仅系一暂时之权宜措施。

2. 特别决议与公开发行公司便宜决议

所谓之特别决议，系指股东会应有代表已发行股份总数三分之二以上股东出席，以出席股东过半数之同意行之。唯若系公开发行公司，其出席股东之股份总数不足上述定额者，即得以有代表已发行股份总数过半数股东之出席，出席股东表决权三分之二以上之同意行之。此即所谓之公开发行公司便宜决议，仅适用于公开发行公司。此外，上述本法第一八〇条之规定于特别决议，亦有适用。

3. 累积投票制

除了上述之普通决议及特别决议外，本法尚有另一种针对董监事选任议案之特别表决方式——累积投票制。本法第一九八条规定，股东会选任董事时，除公司章程另有规定外，每一股份有与应选出董事人数相同之选举权，得集中选举一人，或分配选举数人，由所得选票代表选举权较多者，当选为董事；第一七八条之规定，对于前述之选举权，不适用之。盖采用累积投票制，可使少数派股东所推举之人有当选董监事之可能，以达制衡大股东之目的。但其亦可能导致公司内部对立，反有害于公司业务之顺利执行。旧法原无“除公司章程另有规定外”一语，故旧法系强制规定股东会对董监事之选任应采累积投票制。然而，董监事之选任方式应属公司内部之自治事项，故 2001 年修法时，不再强制公司采行累积投票制而允许公司采取其他方式选任之。所谓除章程另有规定外，即是允许公司于章程中制定有别于累积投票制之选任方式。

（二）决议事项

1. 普通决议事项

凡非特别决议事项，亦非采累积投票制之董监事选举，均属普通决议事项（公 174）。诸如董事之报酬（公 196）、决议分派盈余及拨补亏损（公 184 Ⅰ）、对董事、监察人提起诉讼而另选任代表公司为诉讼之人（公 213、225）均属股东会普通决议之事项。

2. 特别决议事项

适用特别决议之事项计有：解除公司转投资之总额限制（公 13）、缔结、变更终止关于出租全部营业，委托经营或与他人经常共同经营之契约（公 185Ⅰ①）、让与全部或主要部分之营业或财产（公 185 Ⅰ②）[43]、受让他人全部营业或财产，对公司营运有重大影响者（公 185 Ⅰ③）、董监事之解任（公 199）董事竞业之许可（公 209）、将应分派之股息及红利之全部或一部，以发行新股之方式为之（公 240）、将法定盈余公积及特定种类之资本公积全部或一部拨充资本（公 241）、公司之变更章程（公 277）以及公司之决议解散合并或分割（公 315、316）等。

---

43 应注意，本法第 185 条第 2 款之争议，在于何谓“让与主要部分之营业或财产”。通说系以因其主要部分营业或财产之转让，足以影响公司所营事业之不能成就者为准，唯此见解过于严格以致于第 185 条本款于实务上适用几无可能。本书以为，欲判断何谓公司之主要部分财产，可参考美国法上所采之“质与量分析”之认定基准，析言之，如该交易系属非常规交易且必将影响公司存在之核心价值者，即属对公司有重大之“质”之影响，则依本款规定，须经股东会特别决议通过始得为之。详可参阅王文宇，同前揭注 1，319～320 页。

（三）股东会决议瑕疵及救济

1. 概说

按股东会之决议系公司之意思表示，而如同自然人之意思表示一般，公司之意思表示亦有可能有瑕疵。原则上，本法将股东会决议之瑕疵区分为程序违法以及内容违法而异其救济方法。前者之情形，其瑕疵较为轻微，且判定往往因时间而经过而生困难，故本法基于法确实性之要求不使之当然无效，而仅由股东于一定期间提起撤销之诉，始使归于无效。反之，若属后者，即实质上之瑕疵者，则因关系重大，故本法使此种决议归于当然无效。而欲探究股东会决议之瑕疵，理论上自须以股东会及其决议乃属存在为前提。盖若股东会或其决议尚未存在即无讨论股东会是否无效之必要。

2. 决议不成立

所谓股东会决议不成立，系指自决议之成立过程以观，其显然违反法令，而在法律上不能认为有股东会或其决议存在之情形者。例如不足开会定足数而作成之股东会决议[44]、无召集权人召集股东会所作成之决议等均属之。[45]

3. 决议之无效

依本法第一九一条之规定，股东会决议之内容违反法令或章程者，无效。所谓无效，是指自始、当然、确定之无效，而无待法院之判决也。若就其是否无效有所争议时则可依“民事诉讼法”第二四七条提起确认之诉。

4. 决议得撤销

（1）得撤销之原因

股东会之召集程序或决议方法违反法令或章程者，股东得自决议之日起三十日内，诉请法院撤销其决议（公 189）。是故，决议得撤销之原因有二：①召集程序违反法令或章程，例如，依本法应于股东会通知书或公告载明而不得以临时动议提出之事由却以临时动议提出并为决议者、召集通知或公告未遵守法定期间等。②决议方法违反法令或章程，例如，有特别利害关系之股东参与表决或代理他人行使表决权、准许未提出委托书之人参与表决等均属之。

（2）撤销之方法及效力

依本法第一八九条之规定，欲撤销股东会决议，应以诉讼为之。此乃形成之

---

44 “最高法院”1974 年台上字第 965 号判例，认为属于决议方法违法，而得撤销，唯通说以为此乃决议不成立，请参阅柯芳枝，同前揭注 3，274 页；林国全，诉请撤销股东会程序瑕疵之决议，月旦法学杂志第 79 期，21 页。

45 最高法院 1939 年台上字第 1911 号判例。

诉，可使已发生效力之决议溯及作成决议时成为无效。而本诉之原告系股东，其不但于决议时须具股东身份，其起诉时亦须具股东之身份，始足当之。唯若决议时未具股东身份，但其前手于决议时具有股东身份，且合于“民法”第五六条但书之要件者，则受让人即起诉时之股东，仍得起诉。而所谓“民法”第五六条但书之要件，系指该股东须于决议时就股东会之召集程序或决议方法违反法令或章程当场表示异议始足当之，否则若谓出席股东会而对召集程序或决议方法原无异议之股东，事后得转而主张召集程序或决议方法为违反法令或章程而诉请撤销之，不啻许股东任意翻覆，影响公司之安定甚巨。反之，若系未出席股东会之股东，因难以期待其事先预知该股东会之召集程序或决议方法为违法或违反章程，故应不受上述“民法”第五六条但书之限制。[46]近来，有实务见解甚至指出，倘已出席股东会然非可期待其事先预知股东会决议必有违反章程或法令情事而予以容许，亦无法当场表示异议者，仍可提起撤销之诉。[47]至于此诉讼之被告则为公司，而公司应诉时原则上自应以董事长为代表（公 208Ⅲ）；但若起诉之股东为董事长，则由监察人代表公司（公 213）。

（3）撤销诉讼滥用之防止

本法于 2001 年修法时，鉴于股东会召集程序或决议方法违反法令或章程之原因以及程度间有不同，且近年来职业股东干扰股东会议事甚至动辄提起撤销股东会决议之诉图谋不当利益之现象层出不穷。故参酌日本商法增订第一八九条之一，以防止股东会决议撤销之诉遭滥用。即法院得斟酌具体情事，一旦发现股东会之召集程序或决议方法违反法令或章程之事由非属重大且于决议无影响者，自得依职权裁量而将其诉予以驳回，以兼顾大多数股东之权益。

案例

甲股份有限公司（非公开发行股票公司）召开股东常会，有代表已发行有表决权股份总数 60%以上股东出席，经出席股东表决权数 60%之同意，作成同意甲公司董事会提案购买乙股份有限公司 51%之股份。此一决议效力如何？

解析

按购买股份亦属转投资行为。[48]此一转投资案是否须经股东会特别决议（公

46 “最高法院”1997 年台上字第 3604 号判决及 1999 年台上字第 1081 号判决。

47 “最高法院”2002 年台上字第 24963 号判决。

48 “经济部”1979 年 11 月 23 日商字第 40498 号函。

13)，关键在于转投资之金额是否已超过甲公司实收股本之40%：

一、未超过者，股东会以普通决议行之即可。

二、超过者，股东会应以特别决议为之。唯甲公司为非公开发行股票公司，未达法定最低出席额（代表已发行股份总数三分之二以上股东出席），该股东会决议效力如何，学说、实务迭有争议，有得撤销说、不得决议说、不成立说、区分说。本书采不成立说，因法律规定决议须有一定数额以上股份之股东出席时，此一定数额以上股份之股东出席，即为决议之成立要件，若欠缺此要件，则该决议根本不成立，自始不生效力，无须再诉请法院撤销，较可维护社会交易安全。

案例

甲公司为公开发行公司，在本年度之股东会中，以临时动议及特别决议方式通过下列议案：一、董事A兼任与甲公司营业范围相同之他公司董事之许可议案；二、以盈余转成资本之议案。试问该决议之效力如何？

解析

依“证券交易法”第二六条之一规定，公开发行有价证券之公司召集股东会时，关于“公司法”第二〇九条第一项、第二四〇条第一项及第二四一条第一项之决议事项，应在召集事由中列举并说明其主要内容，不得以临时动议提出。换言之，有关许可“董事为自己或他人为属于公司营业范围内之行为”之事项，以及有关“将应分派股息及红利之全部或一部，以发行新股方式为之”之事项，均不得以临时动议提出。

题中之两议案，均未于召集事由中加以列举并说明其主要内容，仅以临时动议方式通过，已违反上述规定，属召集程序违反法令。从而反对股东得以召集程序违反法令为由，于股东会决议之日起三十日内，诉请法院撤销该决议（公189）。

七、2005年“公司法”修正评析

本次“公司法”之修法幅度虽不算大，但其中不乏方向正确且影响深远之修订，如采行授权资本制与放宽发起人资格限制等，可资赞同。特别值得注意的是其他有关加强股东民主机制的修订条文，例如增订股东得以书面或电子方式行使表决权，以及股东提案权、董监事候选人提名权。整体而言，加强股东民主可防止公司经营阶层的滥权，进而强化公司治理，故本次修法之基本方向，值得肯定。

新制度虽为台湾地区“公司法”带来新的气象，不过未来可能产生的问题也

很多。例如：为何“股东提案权”与“书面或电子表决”得一并适用于大公司与小公司？而“董监事候选人提名权”与“股东会议事手册”却只适用于“公开发行公司”？若进一步推敲，“小公司”是否有“电子表决”的需求？又为何只有“大公司”须编制“股东会议事手册”？本次修订条文是否有部分较适合纳入“证交法”（而非“公司法”）规范？未来此等问题有赖整体与宏观思考，方能妥善解决。[49]

第四节　董事及董事会

一、董事会之构成员——董事

（一）概说

董事乃董事会之成员，且为股份有限公司之法定、必备、常设之业务执行机关。按本法虽设“董事会”为股份有限公司之法定、必备之业务执行机关，而其采所谓之集体执行制，即以董事长为公司对外之法定代表机关（公 208Ⅲ），个别之董事平时并无法代表公司。唯一般董事除以董事会成员之身份参与“董事会”之决议而为公司业务执行之决定外，更属本法所定之股份有限公司负责人（公 8Ⅰ），甚者，其亦得个别行使各种权限；例如，在公司股票或公司债券签章之权利以及召集董事会之权利。是故，董事仍不失为公司之法定、必备之业务执行机关，非仅属董事会之构成员而已。[50]又董事因得经常行使其权限，而董事缺额时更将导致公司业务之停滞，故学说上认为董事亦属公司之常设机关。

（二）董事之选任

1. 董事之资格

股份有限公司设置董事不得少于三人，由股东会自有行为能力之人选任之（公 192Ⅰ）。[51]换言之，自然人担任董事时，只须具有行为能力之积极资格，无须

49　关于新修订“公司法”的深入探讨，请参阅王文宇，评新修订“公司法”——兼论股东民主法制，台湾本土法学杂志第 73 期，2005 年 8 月，235～248 页。以及林国全，2005 年“公司法”修正条文解析，月旦法学杂志第 124 期，2005 年 9 月，264～281 页。

50　反对说，请参阅赖源河，公司法问题研究（一），1982 年初版，政大法律学系法学丛书编辑委员会出版，306 页。

51　但须注意，“政府”或法人股东所成立之一人股份有限公司，因无成立股东会之可能，本法乃规定其董事由该“政府”或法人股东指派之（公 128－1Ⅱ）。

具有股东身份。按旧法原规定董事必须是公司之股东，且须于被选任时即具有股东身份。然而，董事是否具股东身份与公司之经营成效并无必然关系，且为落实企业所有与企业经营分离原则，2001 年修法时即将董事须具股东身份之规定删除，故公司董事不再以为该公司股东为必要。[52]

此外，董事之选任，尚须留意本法有关消极资格的规定（公 192Ⅴ、30），例如曾犯组织犯罪防制条例规定之罪，经有罪判决确定，服刑期满尚未逾五年者，不得充任股份有限公司之董事。再者，监察人不得兼任公司董事（公 222）。应注意者，“证券交易法”第二六条之三[53]规定：公开发行公司董事间应有超过半数之席次，不得具有配偶或二亲等以内之亲属关系。

2. 选任方式

董事之选任方式，本法原则上系采所谓之“累积投票制”，亦即每一股份与应选出之董事人数有相同之选举权，得集中选举一人，或分配选举数人，而由所得选票代表选举权较多者当选为董事（公 198）。此制首创于美国，立法意旨乃系为强化个别股东权以防止股东会中多数派以其优势把持选举，致少数派永无当选之机会。盖透过少数派之当选董事可达到监控多数派之业务经营而有内部监察之功能；但缺点则可能导致董事会内部之对立，而增加许多困扰。又本法亦考量董事之选任方式系属公司自治事项，故另规定得以公司章程排除累积投票之适用。

此外，本法第一七八条有关表决权行使之回避于董事选任之选举不适用之，故被选举人亦得加入表决并得代理他人行使表决权（公 198Ⅱ），唯本法第一七七条第二项之代理表决权行使之限制并不排除适用之，盖本法第一九八条第二项仅明文排除第一七八条，故除信托事业或经证券主管机关核准之股务代理机构外，一人受二人以上股东委托时，表决权不待逾已发行股份总数表决权之 3%。

3. 选任之瑕疵

按董事之选任可因选任决议及委任契约之瑕疵而导致选任无效。就前者而言，一如本法第一八九及一九一条之情形有决议当然无效以及决议经撤销而归于无效二种可能；就后者而言，例如未与当选人缔结委任契约者。

若董事之选任为自始无效，则该被选人自始即非公司之董事，其代表公司所

52 “经济部”2002 年 2 月 5 日商字第 0910202290 号函认为未具有股东身份者，以自然人为限始得被选为董事或监察人。至于“政府”或法人者学者则认须系股东始得被选任或指派代表人被选任为董监事，以防止本法第 27 条之滥用或恶用，此一见解应可赞同。并请参阅林国全，股份有限公司董事之资格、选任与解任，台湾本土法学杂志第 36 期，2002 年 7 月，94 页。

53 2006 年 1 月 11 日公布的“证券交易法”第 26—3 条自 2007 年 1 月 1 日施行。

为之行为原则上对公司不生效力。但为保障交易安全，就其行为对第三人之关系，应类推适用民法表见代理之规定使之对公司生效。[54]若董事之选任决议系经法院判决撤销者（公 189），因该决议于法院撤销判决确定之前尚非无效，故应认该当选人对第三人之行为于决议经确定判决撤销前不受影响，仍对公司生效。

（三）董事之解任

按董事与公司间既属民法上委任关系，故一旦任期届满，或有委任终止之法定事由发生时（民 550），二者间之委任关系即归于消灭。此外，本法对于董事之解任，另有以下之规定：

1. 失格解任

若董事有本法第三十条所列之情形者，当然解任（公 192Ⅴ）。又依本法第二二二条之规定，监察人不得兼任公司董事、经理人或其他职员，但若监察人兼任董事者，本法却疏未规定法律效果，学者有认基于监察人之职务与董事、经理人或其他职员为监督者与被监督者之关系，其本质上无法并存两立于同一人身上，故第二二二条应解为效力规定，若有监察人身份当选为董事者其当选无效，反之，亦同。[55]此一见解应可赞同。

2. 当然解任

（1）因主管机关命令改选期限届满不改选而当然解任

按董事任期最长为三年，唯得连选连任之（公 195Ⅰ）。但若董事任期届满而不及改选者，本法原允许原董事延长其职务至改选董事就任为止。唯以往实务上每有公司当权派于公司面临经营权争夺时为保权位而迟迟不为改选者，故本法规定原董事于主管机关所订期限内不为改选者，即自上述期限届满时当然解任（公 195Ⅱ）。

（2）视为提前解任

依本法第一九九条之一规定，股东会于董事任期届满前，经决议改选全体董事者，如未决议董事应于任期届满始为解任，视为提前解任。[56]

（3）因持股转让而当然解任

董事经选任后，应向主管机关申报其选任当时所持有之公司股份数额；公开发行股票之公司董事在任期中转让超过选任当时所持有之公司股份数额之二分之

---

54 请参阅柯芳枝，同前揭注 3，294 页。

55 请参阅林国全，同前揭注 52，96～97、101 页。

56 唯第 199 条之 1 之规定有欠妥当。盖若公司以章程排除累积投票制（公 198），而采普通决议方式改选全体董事，如未决议董事应于任期届满始为解任，即视为提前解任，如此，等同于以普通决议之方式变相解任董事，与本法第 199 条解任董事须以特别决议为之之意旨不合。林国全，同前揭注 44，103～104 页。

一时，董事当然解任（公 197Ⅰ）。此一规定之立法原意与旧法规定董事应具股东资格之规定同，主要亦系在避免所谓代理成本[57]，即透过董事持有公司股份，维持对公司之向心力促其专心经营。唯代理成本只要在董事非 100％持股之情形下，即无从避免，故实际上欲借此规定避免代理成本实属缘木求鱼。甚者，本法就董事之资格已不再要求具备股东身份以贯彻经营与所有分离原则，故此一规定是否必要，不无疑义。[58]

3. 决议解任

董事得依股东会决议，随时解任（公 199Ⅰ）。按公司与董事之间系属委任关系，而委任首重当事人间之信任关系，一旦信任基础动摇时，若仍勉强当事人维持该委任关系反而将生不利，故应允许委任契约当事人之任何一方得随时终止委任契约（民 549Ⅰ）。本法第一九九条即本于此一法理而定，仅公司须以其意思机关作成意思表示而已。较特别者，本条第二项规定股东会解任董事之决议应以特别决议为之，唯公开发行股票之公司其出席股东之股份总数不足前项定额者，得以公开发行公司便宜决议行之（公 199Ⅱ、Ⅲ）；公司章程若就上述出席股东之股份总数及表决权数有较高之规定者，即应依章程之规定（公 199Ⅳ）。本法于 2001 年修法前原规定股东会之决议解任董事仅须以普通决议行之即足，为求慎重故修法为特别决议。唯如董事系于任期中无正当理由而经股东会决议解任者，董事得向公司请求其因此而受之损害（公 199Ⅰ后）。[59]

4. 裁判解任

董事执行业务，有重大损害公司之行为或违反法令或章程之重大事项，股东会不为决议将之解任时，得由持有已发行股份总数 3％以上股份之股东，于股东会后三十日内诉请法院裁判之（公 200）。按董事有重大损害公司之行为或有违反法令或章程之重大事项时本应属于股东会决议得将之解任之正当事由，唯本法

---

57 所谓代理成本，即指由代理问题所衍生之成本。代理问题之产生是由于所有与经营之分离，且代理人与本人之目的可能不一致。代理成本应包括下列三项内容：

一、本人所支出之监控成本，例如：设计防范代理人脱序行为之花费；

二、代理人所支出欲令本人相信其将忠实履行之成本；

三、因代理人所作决策并非最佳决策，致使本人受到财产上损失。

58 王泰铨，公司法争议问题，1997 年初版，五南，241～242 页，同此见解。

59 至于赔偿范围，通说及实务见解皆认应包括其未被解任所得之报酬。至于车马费，则应视其性质而定，若属交通费而为董事出席会议以及执行公司业务之用者，应不包括在内，盖该被解任之董事既未继续执行职务，自非本条所得请求损害赔偿之范围。反之，若系属按月赠送董事相当于固定之报酬者则因属报酬之性质，自得依本条请求之。请参阅刘连煜，公司法理论与判决研究（一），1995 年初版，三民书局，1～30 页，以及“最高法院”1994 年台上字第 2470 号判决。

唯恐股东会遭大股东把持，以致无法以特别决议解任该董事，故特设本条以保护公司及一般股东之利益。

应注意者，提起本条诉讼之形式要件之一乃“股东会未决议将该董事解任”，解释上应认须股东于股东会上曾提案解任该董事但却未能以股东会特别决议所通过时，符合持股比例之股东始能依本条提起诉讼，若未有解任之提议者，应无本条所谓裁判解任适用之余地。

案例

某上市公司召开股东会，出席股东（包括亲自出席及以委托书代理出席者）所持有之股份已达公司已发行股份总数之过半数，今拟议决解任董事长之董事职位，问：

一、此次股东会对本议案有无可能为有效之决议？

二、本决议得否由股东以临时动议提出？

解析

一、股东会解任董事之决议应以特别决议为之，即股东会至少须有代表已发股份总数三分之二以上股东出席。唯公开发行股票之公司其出席股东之股份总数不足前项定额者，得以公开发行公司便宜决议行之（公 199Ⅱ、Ⅲ），即仅须有代表已发行股份总数过半数股东之出席。因此，某上市公司召开股东会，出席股东所持有之股份已达公司已发行股份总数之过半数，自可能对本决议为有效之决议。

二、关于解任董事得否以临时动议于股东会提出，学说及实务见解多采肯定说。盖本法第一七二条或证交法并未明文排除，且若非如此，少数派股东因无提案权，将永无以股东会决议解任公司派董事之可能。[60]反对说则认为，解任与改选有其类似性，应类推适用本法第一七二条第四项之规定；且解任董事有导致经营权变动之效果，而不宜以临时动议提出。本书以为改选与解任究仍不同，而既然本法第一七二条未予规定，故似以实务见解为可采；但将来修法应可考量将解任董事列入本法第一七二条之规范中。

二、董事与公司间之法律关系

（一）董事之义务

由于公司与董事之间存有委任关系，故关于董事对公司应尽之义务，于本法

60 请参照“最高法院”1992 年台上字第 3013 号判决以及“经济部”1995 年 5 月 8 日商字第 207508 号函。

无特别规定时，应适用“民法”中有关受任人义务之规定（如民 541）。至于本法针对董事之义务，特别设置之规定有：忠实义务及善良管理人之注意义务（公 23）、于公司证券签章之义务（公 162Ⅰ、257Ⅰ）、申报持有股数之义务（公 197Ⅰ前、Ⅱ）、申报股份设定或解除质权之义务（公 197－1）[61]、向监察人报告之义务（公 218－1）、竞业禁止之义务（公 209）。以下拟对较重要的竞业禁止义务加以分析探讨。

董事之竞业禁止义务，系起于董事因系董事会之成员参与公司业务之执行之决定，故常得获悉公司营业上之机密，若容许董事在公司外与公司自由竞业则难免发生利害冲突而损及公司利益之情形。是故，本法于第二〇九条第一项规定，董事为自己或他人为属于公司营业范围内之行为，应对股东会说明其行为之重要内容，并取得其许可。

首先，所谓“属于公司营业范围内之行为”系指章程所载公司所营事业中公司实际上所进行之业务，包括公司业已着手准备或仅暂时中止之事业在内。[62] 是故，若系公司尚未着手准备或已完全废止之事业则不在此限。

其次，由于竞业禁止之规范系在保护公司利益，若公司自己判断认为董事与公司竞业不会损害其利益时，则不妨免除董事此一义务。是故，本法规定董事若对股东会说明其行为之重要内容，并取得股东会之许可时，即得与公司为竞业行为。而股东会之许可依同条第二项之规定，应以特别决议之方式为之。而所谓竞业行为之“重要内容”，系指其应提供股东会为许可决议所必要之判断资料，而该资料应包括能使公司预测营业将受影响之具体事实。且股东会之许可，应就个别具体行为于事前为之，盖若非如此则本条立法目的将无从达成。

再者，倘董事违反本条规定而与公司为竞业行为者，股东会得以决议，将该竞业行为所得之经济上效果归属于公司，此即是归入权。归入权属于形成权，故仅须公司一方之意思表示，董事即因此负有义务将其所得之利益移转与公司。又此处之股东会决议，由于本法并未特别规定，故以普通决议即足。问题是，于台湾地区实务上，股东会普遍由大股东操控且大股东亦多同时担任董监事之情形下，此一归入权得否顺利行使不无疑义。故学说上有认可仿照“证交法”第一五

---

61 按董事之股份设定或解除质权时应予申报，理由在于借由资讯之揭露，使一般投资人知悉股票设质情形，而达到预警之作用。唯依“经济部”见解，此一申报规定仅属训示规定，与设质之效力无关。此处涉及台湾法制上之有价证券设质甚或其他权利质权之公示方法，具有极大之缺失，早已备受批评。详细之检讨与建议请参阅拙著，建构资讯时代之担保权法制，民商法理论与经济分析（二），2003 年 4 月初版，元照，59～116 页。

62 “经济部”1990 年 12 月 17 日商字第 224690 号函，以及柯芳枝，同前揭注 3，303 页。

七条之规定，使此一归入权无须以股东会之决议行之；同时，若董事会不代表公司行使此一请求权时，股东得以三十日之期限请求董事会行使之，逾期仍不行使者，该股东即得为公司行使此一请求权，颇值参考。[63]

此外，实务上尚有认为股份有限公司之董事长欲担任另一同类业务之股份有限公司之经理时亦应受竞业禁止之规范者。[64]又法人股东指派代表人当董事时，因该法人与该代表人间系属委任关系，故该代表人依民法负有报告义务而该法人亦可能获悉该公司之营业秘密。是故，应认该法人以及其代表皆受竞业禁止规范之限制为妥。[65]

（二）董事与公司间交易行为之规范

董事会执行业务之良窳攸关公司之获利前景以及得否永续经营；倘若董事利用其职务之便滥用其权限其所造成之损害往往超过第三人所能导致公司之损害。故本法除就董事之各种义务有所规范外，复于第二二三条规定，董事为自己或他人与公司为买卖、借贷或其他法律行为时，由监察人代表公司，以避免董事为自己或他人之利益而牺牲公司之利益之道德危险。倘若董事违反此一规定而未由监察人代表公司者，则董事之行为应类推适用无权代理之规定（民170Ⅰ），非经公司承认对公司不生效力[66]、[67]。

三、董事之责任

（一）对公司之责任

董事之执行业务，有依董事会决议亦有依本法之具体规定者，故可分为下列

---

63 刘连煜，董事竞业禁止与概括许可，月旦法学杂志第1期，1995年5月，67页。

64 请参照“经济部”1977年8月29日第25392号函。

65 请参照“经济部”1991年7月25日第208356号函，以及王泰铨，公司法新论，2002年11月增订2版，三民书局，439页。

66 然而，本法第223条之缺失，包括：就自己交易之定义过狭以致规范密度不足，应放宽其定义使之包括董事与公司间之“间接交易”似更为周全；监察人功能不彰之问题；欠缺规范利害关系董事与公司交易后之揭露义务；诉讼上之举证责任由主张该交易未由监察人代表之原告所承担，而原告则往往无法掌握充分之证据亦属易造成董事对谋求不法利益有侥幸心态之诱因之一。关于董事与公司间交易之规范较深入之探讨。请参阅拙著，从“公司管控”之观点论如何加强董事权责，新公司与企业法，2003年1月初版，元照，97～136页。

67 至于外国立法例上尚有所谓之幕后董事（shadow director或称为实质董事）之概念，所谓幕后董事系指不居于董事地位而事实上却能发挥如同董事影响力之股东。而就利用人头充任董事而自己居于幕后操纵公司经营者之幕后董事，本法未有规范，势将无法杜绝有心人士借此营私舞弊而有害于公司及股东之权益。于立法论上，实应使该幕后董事，于特定情况下视为本法上之董事，进课以如同董事之责任。王文宇，前揭注1，92～93页。

各种情状认定董事之责任，兹析述如下：

1. 依照董事会决议

董事会执行业务应依照法令、章程及股东会决议（公193Ⅰ）。董事会之决议违反前项规定，致公司受损害时，参与决议之董事，对公司负损害赔偿责任；但经表示异议之董事，有纪录及书面可证者，免其责任（公193Ⅱ）。是故，若董事依照违反法令、章程或股东会之董事会决议而执行业务致公司受有损害时，该执行业务以及参与该董事会决议之董事均应对公司负责。唯对仅参与决议之董事而言，若其于决议时已表示异议并有书面或记录可资证明者，即得免除其责任。

2. 未依照董事会决议

反之，若董事会之决议系依照法令、章程或股东会决议，唯执行董事却未尽善良管理人之注意义务，未遵照董事会之决议而执行业务致公司受有损害者，应对公司负损害赔偿责任（公23Ⅰ）。

3. 就董事会未为决议之事项而执行

按公司日常业务繁多，事实上不可能均由董事会决议，故通常均交由执行董事为之。此时该执行董事自应以善良管理人之注意义务执行业务，同时对公司并应负忠实义务，否则即应负起损害赔偿之责（公23Ⅰ）。

4. 其他本法所明定之应负责事项

例如公司发行公司债，其申请事项有违法或虚伪之情事（公251）、公司违法转投资（公13Ⅴ）、公司违法借贷（公15Ⅱ）等情形，公司负责人对公司应负赔偿责任。

（二）对第三人之责任

董事对于公司业务之执行，如有违反法令致他人受有损害时，对他人应与公司负连带赔偿之责（公23Ⅱ）。

（三）与监察人之连带责任

按监察人对公司或第三人负损害赔偿责任，而董事亦负其责任时，该监察人及董事为连带债务人（公226）。本条立法意旨在加强保障公司或第三人之利益。

（四）责任之解除

各项表册经股东会决议承认后，视为公司已解除董事及监察人之责任。但董事或监察人有不法行为者，不在此限（公231）。又责任解除之范围，应限于向股东常会提出之会计表册所揭事项或自此等表册所得知悉之事项。[68]董事与监察人若有不法行为者，其责任亦不因承认而解除。

---

68 请参阅柯芳枝，同前揭注3，386页。

(五) 董事责任之追究

按董事应对公司负损害赔偿责任却不对公司赔偿时，应由公司对之加以追诉，并且由公司之最高意思机关——股东会，表示追诉之意。故本法对于董事责任之追究分为公司自行追诉以及由少数股东为公司追诉两种情形。分述如下：

1. 公司自行追诉

(1) 基于股东会决议

公司若欲对董事以诉讼方式追究责任时，必经股东会之普通决议为之。股东会决议对董事提起诉讼时，公司应自决议之日起三十日内经由诉讼追究董事责任(公212)，此际，除本法另有规定外，由监察人代表公司，股东会亦得另选任代表公司为诉讼之人(公213)。

(2) 基于少数股东之请求

继续一年以上持有已发行股份总数3%以上之股东，得以书面请求监察人为公司对董事提起诉讼(公214Ⅰ)。其立法理由系借由少数股东发动诉讼，以避免公司怠于追诉而有害于公司及股东利益之情形。监察人接到少数股东此一请求后，如认为其请求为有理由者，得于请求之日起三十日内代表公司起诉董事。反之，若监察人未于上述期限内起诉者，少数股东即取得代表诉讼权，详如下述。

2. 少数股东为公司追诉——代表诉讼(derivative suits)

(1) 概说

当董事因违法或其他情事而损及公司利益而须由公司对董事提起诉讼时，因事涉董事自身利害，实难期待董事秉公处理。故为避免公司怠于对董事提起诉讼，本法设有所谓之代表诉讼(又称传来诉讼或派生诉讼)，亦即由股东为公司对董事提起诉讼。

此外，依本法第二一三条之规定，公司与董事间之诉讼原应由监察人代表公司为之，唯监察人与董事间关系密切，欲其代表公司诉追，或碍于情面，或与董事朋比为奸，故常难期待望其迅速进行以致于有损及公司及股东利益之虞。故为期董事责任之必获追究，实有赋予股东代位公司行使诉权之必要，故设有此制。

(2) 提起代表诉讼之要件

代表诉讼之原告，必须为继续一年以上持有已发行股份总数3%以上之股东，且原告须先以书面请求监察人代表公司对董事提起诉讼而监察人自请求日起三十日内不提起诉讼者，少数股东始得起诉。此外，在股东提起代表诉讼时，法院因被告之申请，得命起诉之股东提供相当之担保，以防止股东滥诉(公214Ⅱ)。

(3) 检讨

本法第二一四条第二项乃“代表诉讼”之明文规定。依本条提起诉讼之股

东，并非基于自身之股东地位而起诉，而是代表全体股东之利益（亦是公司利益）而起诉。

然而，本法有关代表诉讼之规定，尚存有诸多缺失，包括：少数股东须有3%持股比例之起诉要件，仍属过于严格；必须先请求监察人提起未果始能行使；命原告提供担保之规定过于草率，似乎只要被告提出申请，法院即得命原告提供担保；赔偿规定之不当，代表诉讼若由原告胜诉，则其利益归属于公司，若原告败诉，则其须对董事及公司负损害赔偿责任（公 214Ⅱ、215Ⅰ），对少数股东显属不公。上述现行法上之缺失，皆在无形中吓阻了无权无势之小股东们伸张正义，维持公司利益，因而，代表诉讼之案例于台湾实务上并不多见。

除代表诉讼外，对于股东基于其个人之股东地位，所提起之直接诉讼（direct suits），台湾公司法尚缺乏类似的明文规定。未来于健全良公司法制时，应纳入保护小股东之配套措施，或是肯定直接诉权之存在。[69]

案例

甲股份有限公司拟发行新股，唯其董事会竟决议，不赋予原有股东按持股比例分认之权利。A为甲公司之股东，应如何主张其权利？

解析

A可能主张之权利有：

一、向董事会行使制止请求权。唯须于公司发行新股并收足股款前行使，始有实益（公 194）。

二、本法所赋予股东之新股认购权乃法定之权利，是故，A得向甲公司请求履行之（公 267Ⅲ）。

三、应注意者，对甲公司而言，在正常情况下，只要发行新股程序顺利并且能收足股款，即使原有股东未能按持股比例分认，公司亦未必受有损害。既然甲公司本身难谓受有损害，则A即无从提起代表诉讼（公 214）。

四、董事会

（一）概说

董事会系由全体董事所组成而为股份有限公司之必备、常设之集体执行业务机关。又董事会为会议体之机关，其权限之行使应以会议之方式行之，同时因其

69　更详尽之探讨，请参阅王文宇，同前揭注 1，197～200、350～353 页。

系意思决定机关而非代表机关，故其决议不能直接对外发生效力，而应透过代表机关之董事长基于其决议以意思表示为之。

（二）董事会之权限

1. 公司业务之执行

本法第二〇二条规定，公司业务之执行除本法或章程规定应由股东会决议之事项外，均应由董事会决议行之。除本法第二〇二条就董事会权限所作之概括性规定外，本法另有许多列举性之规定规范董事会之权限。主要有：公司资本额达“中央主管机关”所定之一定数额以上者，查核签证公司财务报表之会计师其任免以及报酬之决定（公 20 Ⅲ 准用 29 Ⅰ）、经理人之任免及报酬之决定（公 29Ⅰ③）、“政府”或法人股东一人股份有限公司，行使股东会职权（公 128－1Ⅱ后）等。此外，公司章程于不违反法律强行规定或公序良俗之情形下，得规定董事会之职权。

2. 代表公司

董事会应设置董事长，以之对外代表公司（公 208Ⅲ）。此外，代表公司之董事，关于公司营业上一切事务，有办理之权。

3. 临时管理人之代行职权

若董事会不为或不能行使职权，致公司有损害之虞时，例如董事消极不行使职权使公司业务停顿者，或者因为董事死亡、辞职或当然解任，致董事会无法召开者，法院因利害关系人或检察官之声请，得选任一人以上之临时管理人，代行董事长及董事会之职权。但不得为不利于公司之行为（公 208－1Ⅰ）。

（三）董事会之义务

董事会主要之义务包括：

1. 召集股东会之义务（公 171、201）

例如应于每会计年度终了后六个月内召集股东常会（公 170Ⅱ）；公司亏损达实收资本额二分之一时，董事会应即召集股东会报告（公 211Ⅰ）；董事缺额达三分之一时，董事会应于期限内召开股东临时会补选之（公 201）等。

2. 备置章程及历届股东会议事录、财务报表、股东名簿及公司债存根簿等各项簿册，以供查阅或抄录之义务（公 210Ⅰ、Ⅱ）

3. 向股东会报告之义务

诸如公司亏损（公 211）、发行新股（分派股利）之决议（公 240Ⅵ）、募集公司债之原因及有关事项（公 246Ⅰ）、公司合并有关事项（公 317Ⅰ）等，董事会皆有向股东会报告之义务。

4. 声请宣告公司破产之义务

公司资产显有不足抵偿其所负债务时，除得依第二八二条办理者外，董事会应即声请宣告公司破产（公 211Ⅱ）。

5. 会计上之义务

诸如编造会计表册交监察人查核（公 228）、备置会计表册以供股东查阅（公 229）、请求股东会承认会计表册及将其分发公告等义务（公 230）。

（四）董事会会议

1. 董事会之召开

按董事会为会议体之机关，其意思之决定自须召开会议始足以作成，且会议之召集须由召集权人依一定之程序为之，否则其会议不适法，而其所作成之意思决定即属有瑕疵者。按本法规定，董事会原则上系由董事长召集之（公 203）。盖董事长系股东会、董事会以及常务董事会之主席，且董事长得随时召集常务董事会，故明定董事长为董事会之召集权人自属妥当。唯本法就董事长不为召集董事会时，应如何补救未为明文，实属立法漏洞，有待将来修法时增订之。

至于董事会之召集，应载明事由，于七日前通知各董事及监察人；但有紧急情事时得随时召集之（公 204）。故召集董事会时，除应对各董事为通知外，亦应对监察人为通知，否则召集程序应不合法，此由本法于 2001 年修法时，于第二一八条之二第一项赋予监察人亦有列席董事会表示意见之权利之规定亦可得知。

而董事会开会时，董事原则上应亲自出席，且以董事长为主席（公 205Ⅰ、208Ⅲ）。而本法鉴于电传科技之发达，人与人沟通不再限于同一时间、地点，故以视讯会议方式从事会谈亦可达成相互讨论之效果，与亲自出席无异，乃参酌外国立法例增订以视讯参与会议者，视为亲自出席。

除此之外，本法为符合实际需要，复有董事代理出席之相关规定。若经公司章程订定得由其他董事代理者，董事即得不亲自出席，委托其他董事代理出席（公 205Ⅰ但）。是故，原则上除亲自出席或视为亲自出席之情形外，董事若欲委托他人代理出席者，受委托人仍以董事为限。但若董事系居住于国外者，本法则规定其得书面委托居住台湾之其他“股东”经常代理出席董事会（公 205Ⅴ），且尚应向主管机关申请登记，实务上认为该项登记为授予代理权之生效要件，与本法第十二条之情形并不相同。[70]唯应注意，若系法人董事指派之自然人代表无法出席者，该自然人得否以自己名义委托其他董事出席，不无疑义。本书以为此时具有董事资格者乃该法人而非该自然人，故该法人代表之自然人本身应无授权他人出席之权能。[71]实务上认为，法人董事委托非董事代表出席董事会于法不合，

70　“最高法院”1979 年台上字第 1749 号判例。

71　王文宇，董事会之代理出席，月旦法学教室第 4 期，2003 年 2 月，22～23 页。

因为法人董事已指派自然人充其代表，若该自然人不克出席时，得依本法第二七条第三项之规定，依其职务关系随时改派之。[72]

2. 董事会决议之方式及决议之瑕疵

董事会之决议方法原则上分为两种：一系普通决议，另一系特别决议。前者即依本法第二〇六条规定，应有过半数董事之出席，出席董事过半数同意行之；后者即系指本法第二〇六条第一项所谓之"本法另有规定"之情形，亦即，应有三分之二以上之董事之出席及出席董事过半数之同意行之。凡不属于特别决议者，均属普通决议之事项。依本法规定属于特别决议之事项者，诸如：员工库藏股（公 167－1）、员工认股权契约（公 167－2）、决议向股东会提出缔结变更或终止关于出租全部营业等契约之议案（公 185Ⅴ）等。

董事会之决议所需之定额系以出席之董事人数[73]为准，若出席者已达本法之定额即得表决，不因中途有人离席而有所不同。唯其表决是否通过则仍须以出席数为计算基准，非仅以在场数为断，应予注意。[74]表决时每一董事仅有一表决权（公 206Ⅰ、208Ⅰ），董事长亦不例外，此与股东会系以每股有一表决权之原则不同。而依本法第二〇六条第二项之规定，第一七八以及一八〇条第二项之规定，于董事会之决议准用之。

另外，董事会决议一如股东会决议，若其召集程序或决议方法甚或决议内容违反法令或章程时，其决议即属有瑕疵。依通说见解，董事会决议一旦有瑕疵，任何人均得主张其为无效，而不论其系属程序上瑕疵或决议内容上之瑕疵皆同。[75]唯此一解释方法是否妥适不无疑义，盖董事会决议攸关公司整体运作及营运方向，动辄使其无效势必引致后续复杂法律问题，是否类推适用本法第一八九、一九一及一九一之一条之规定，俾减少纷争。

（五）董事会违法行为之制止

本法第一九四条规定，董事会决议为违反法令或章程之行为时，继续一年以上持有股份之股东，得请求董事会停止其行为。此"制止请求权"，性质上属于一种单独股东权，仅其持股须一年以上而已。其亦属共益权，盖其立法目的乃在于强化股东权利，预防董事会滥用权限，以保障公司及股东之利益。

制止请求权乃于"董事会决议"为违反法令或章程之行为时始为发生，但其

---

72 "经济部"1967 年 11 月 3 日商字第 30003 号函。

73 而董事名额总数之计算，应以依法选任，并以实际在任而能应召出席者，以为认定董事会出席之人数，如有法定当然解任而发生缺额情形，应予扣除。

74 "最高法院"1988 年台上字第 400 号判决参照。

75 "经济部"1991 年 6 月 12 日商字第 214490 号函。

制止之对象仍应分别观之。若董事会已为决议但却尚未交由执行董事执行者，其制止之对象应系董事会，即应系请求董事会停止该决议之执行。反之，若已交由董事执行者，则应请求该董事停止执行。一旦该决议已执行完毕者，即非本条救济之范畴。此外，学说及实务见解似有扩张本条适用之倾向，即董事长或董事自为违反法令或章程之行为时，即便无所谓之董事会决议可言，但不应拘泥于本条文义而否定本条制止请求权之发生。[76]

所谓“违反法令或章程之行为”，不仅指如违反本法所规定之具体行为（如本法第一六七条），甚且亦包括违反诸如董事之忠实义务及善良管理人注意义务之一般规定之行为在内。又制止请求权之行使不必以诉讼为之，但若董事会或董事不理会股东之制止者，解释上仍得以诉讼之方式为之。[77]

此外，本法对董事会违法行为之制止另设有第二一八条之二第二项之规定，董事会或董事执行业务有违反法令或章程或股东会决议时，监察人应即通知董事会或董事停止其行为。本条之立法意旨在强化监察人权限，加强其职责以减轻公司之损失。监察人之制止请求权与上述股东之制止请求权两者之间并无先后顺序，故与所谓代表诉讼应先请求监察人为之者不同。

（六）董事长、副董事长、常务董事、常务董事会

1. 董事长

董事长系股份有限公司之法定、必备、常设之业务执行及代表机关。董事长之人数为一人（公 208Ⅰ），其资格理论上与董事资格相同，盖董事长亦系董事会之成员。至于法人得否任董事长一职，本法虽未明文，但学说上一般认为基于其职务之性质，实应限于自然人始可。

有关董事长之选任方式，视董事会有无设置常务董事而异其方式：若董事会未设有常务董事者，应由董事会以特别决议互选董事长一人，此时董事长即必具备董事之身份；反之，若董事会设有常务董事者，董事长由常务董事会以特别决议之方式选任之，此时董事长必系常务董事之一（公 208Ⅰ、Ⅱ）。至于董事长之解任，本法并无明文规定，故除章程另有规定外，解释上应由原选任之方式为之，则其决议解任之程序自应准用本法第二〇八条关于选任之程序为妥。另外，董事长亦得因股东会解任其董事职务而当然去职。

---

76 请参照“最高法院”1991 年台上字第 1127 号判决，以及曾宛如，董事不法行为之制止请求权及滥权行为之处理，台湾本土法学杂志第 39 期，2002 年 10 月，153～156 页。

77 此时得先以定暂时状态之假处分（“民诉”538）制止该行为，同时则应提起消极不作为给付之诉。原则上，此一诉讼应以股东个人名义为原告，至于被告究为公司或系该应为行为之董事则尚有争论。

就董事长之权限而言，本法原则上采董事长单独代表制（公 208 Ⅲ）。但如系于股票或公司债券签章等，即非由董事长单独代表。依本法第二〇八条第五项规定准用本法第五十七及五十八条之结果，董事长关于公司营业上一切事务有办理之权，且公司对董事长代表权所加之限制不得对抗善意之第三人。唯应注意，倘若董事长所代表者乃非关公司营业上之事务，例如：让与公司全部财产或营业，其本不在代表权范围之内，自无所谓代表权限制之问题存在，故不问第三人是否善意，其行为非经公司承认之前不生效力。[78]又董事长对内为股东会、董事会以及常务董事会之主席，同时亦有董事会及常务董事会之召集权（公 208Ⅲ、Ⅳ，203Ⅰ）。

在董事长职务之代理方面，董事长请假或因故不能行使职权时，由副董事长代理之。无副董事长或副董事长亦请假或因故不能行使职权时，由董事长指定常务董事一人代理之；其未设常务董事者，指定董事一人代理之，董事长未指定代理人者，由常务董事或董事互推一人代理之（公 208Ⅲ）。

2. 副董事长

依本法之规定，副董事长之设立须有章程之依据（公 208Ⅰ），而董事长请假或因故不能行使职权时，由副董事长代理之（公 208Ⅲ）。是故，副董事长乃系股份有限公司之章定、任意、常设之辅助董事长之业务执行机关。

3. 常务董事

常务董事为股份有限公司之章定、任意、常设之业务执行机关。依本法之规定，常务董事之设置须依章程有无订定而定，其属章定且任意之机关。按董事会虽为股份有限公司之业务执行机关，唯董事会之集会究非频繁，是故，为使公司在董事会休会期间之业务得以顺利推行，乃设有常务董事之规定。故常务董事属股份有限公司常设之业务执行机关。

常务董事之人数至少三人，但最多不得超过董事人数之三分之一。此外，实务上尚有认为若公司董事未超过八人者，依常务董事之立法意旨观之，该公司应不得设立常务董事。[79]毕竟，常务董事之设置主因系董事人数众多集会不易，故由常务董事会推行股东会及董事会决议之事项；倘若董事与常务董事人数相同或相差无几者，即失设常务董事之意义。

关于常务董事之选任方式，系由董事会以特别决议之方式选举之（公 208 Ⅱ）。甚者，学说上尚有认为达董事会内部监察之目的，董事会尚得依同一方式解任常务董事。

---

78 “最高法院”1975 年台上字第 2727 号判例。以及柯芳枝，同前揭注 3，342 页。

79 “经济部”1980 年 5 月 23 日商字第 16541 号函。

在常务董事之权限方面，虽然常务董事属公司之业务执行机关，但其须以集会之方式执行公司业务，而不得单独为之（公 208Ⅳ）。此外，常务董事亦可能成为董事长之职务代理人（公 208Ⅲ），已如上述。

4. 常务董事会

常务董事于董事会休会时，依法令、章程、股东会决议及董事会决议，以集会之方式经常执行董事会职权，由董事长随时召集之（公 208Ⅳ）。故常务董事会为常务董事所组成之股份有限公司之章定、任意、常设之集体业务执行机关。

有问题者，本法规定常务董事系以集会之方式经常执行董事会职权，而依经济部解释，似认为常务董事之职权乃法律授予而非董事会授权，其职权与董事会同，仅其系于董事会休会时始行使职权。[80]按此解释，则因实务上董事会并不经常开会，若皆由常务董事会决议执行，则有董事会权力被架空或常务董事会难以驾驭之虑。[81]故“经济部”又认为，凡本法明定专属于董事会决议之事项，不论为普通决议或特别决议，均不得由常务董事会决议。[82]换言之，若本法明定由董事会决议之事项，即便董事会休会时，亦不得由常务董事会决议以代之。唯此一解释亦有待商榷，盖依本法第二〇二条之规定，公司业务之执行，除应由股东会决议之事项外，均应由董事会决议行之；是故，依本法之规定究有何事项系非专属董事会决议之事项而于董事会休会期间得由常务董事会决议行之？诚难想象。就此疑问，或仅能解释为第二〇二条概括规定之董事会专属决议事项不在此限，仅于个别规定之董事会专属决议事项，不得由常务董事会决议之。另外，若常务董事会作成原专属于董事会决议事项之决议者，实务上有认为仅须事后报董事会追认即属合法者[83]，唯本法并无所谓追认制度，且若董事会不为追认者，其决议效力究为如何？甚难定论。

第五节　监察人

一、监察人

（一）概说

由于股东会人数众多，不但召集不易甚且不经常集会，势必无法随时就公司

80　“经济部”1988 年 2 月 12 日商字第 04379 号函。

81　游启璋，常务董事法制之检讨，法令月刊第 54 卷第 5 期，2003 年 5 月，27 页。

82　“经济部”1997 年 12 月 26 日商字第 86224536 号函。

83　“财政部证期会”2002 年 10 月 28 日台财证一字第 0910005444 号函。

之业务及财务加以监督，故本法乃设一常设之机关就公司之业务及财务随时进行监督以补股东会之不足。依本法，监察人系属股份有限公司之法定、必备、常设之监督机关。

（二）选任与解任

监察人之人数至少一人，由股东会就有行为能力人选任之（公216Ⅰ、Ⅳ）。唯公开发行公司之监察人至少应有二位（公216Ⅰ、Ⅱ）。按2001年修法时，将原规定监察人须自股东之中选任之条文删除，是监察人亦不以具股东资格为必要。[84]其立法意旨乃在加强监察人之专业性及独立性以发挥监察人之监督功能。唯为配合“证交法”第二六条就董监事持股比例之规定，本法复规定公开发行股票之公司其全体监察人之持股比例，应另依证券主管机关之规定而受规范（公216Ⅱ）。

其次，监察人之消极资格，有本法第三十条之情形者不得充任监察人（公216Ⅳ）。又因监察人职司公司业务之监督以及会计之审核，为避免发生利害冲突之矛盾，本法复规定监察人不得兼任公司之董事、经理人或其他职员（公222）。[85]

再者，本法就监察人之选任方式原则上亦采所谓之“累积投票制”，亦即每一股份与应选出之监察人人数有相同之选举权，得集中选举一人，或分配选举数人，而由所得选票代表选举权较多者当选为监察人（公227准用198）；唯公司得以章程排除累积投票之适用。

至于监察人之解任方式，与董事之解任情形相同（公199、199－1、200、227准用197）。应注意者，监察人之任期，最长不得逾三年，但连选得连任；若其任期届满而不及改选者，亦得延任至改选监察人就任时为止；唯主管机关得依职权令公司限期改选，届期仍不改选者，自期限届满时当然解任（公217Ⅱ）。

（三）监察人与公司间之关系

公司与监察人间之关系，依民法关于委任之规定（公216Ⅲ）。但法规适用上优先适用本法上有关监察人之特别规定。例如，监察人之报酬、解任以及监察权之行使之规定等。其次，公司与监察人之关系，应属有偿委任，故监察人之报酬，其未经章程订明者，应由股东会议定之（公227准用196）。

---

84 唯应注意，实务见解认为，不具股东身份之监察人须以自然人为限，“政府”或法人未具股东身份者不得被选认为监察人。“经济部”2002年2月5日商字第0910202290号函。

85 法文中之“公司”，究限于本公司，或应包括他公司在内？通说见解认为系指本公司而言；唯有反对说认为本条规定系监察人竞业禁止之规定，盖监察人极易知悉公司机密，并能进一步利用此为不利公司之行为，自应包括他公司在内以资限制之；梁宇贤，监察人之代表权及应否受竞业禁止之限制，月旦法学杂志第50期，1999年7月，12～13页。

（四）监察人之权限

1. 监察权之行使

监察人应监督公司业务之执行（公 218 Ⅰ前），此权限通称为监察权。又监察人监察权之行使乃采单独行使原则，即便监察人有数人者，其仍各得单独行使监察权而不受彼此拘束。唯应注意，监察人不能或不为行使职权致公司有受损害之虞时，法院因利害关系人或检察官之声请，得选任一人以上之临时管理人，代行监察人之职权，但不得为不利公司之行为（公 227 准用 208－1）。

除上述之概括规定外，本法尚设有其他关于监察人监察权之列举规定，例如调查公司之设立经过（公 146 Ⅰ）、调查公司业务及财务状况（公 218）、听取董事报告其发现公司有受重大损害之虞之情形（公 218－1）、查核公司会计表册（公 219）、列席董事会陈述意见（公 218－2 Ⅰ）[86]、通知董事会或董事停止其违法行为（公 218－2 Ⅱ）等。

2. 公司之代表权

依本法，监察人在一定情形下，有代表公司之权限，包括：代表公司与董事诉讼[87]（公 213）、代表公司委任律师、会计师（公 218 Ⅱ、219 Ⅱ）、代表公司与董事为法律行为（公 223）、应少数股东之请求为公司对董事提起诉讼（公 214）。

3. 股东会之召集权

监察人之股东会召集权可分为主动召集或被动召集。前者即本法第二二〇条规定之情形，后者则为本法第二四五条之情形。[88]

（五）监察人之义务及责任

1. 监察人之义务

监察人对公司所负之义务基本上与董事同，例如：忠实及注意义务（公 23 Ⅰ），因委任关系所生之义务，申报持股及通知股份设定或解除质权之义务（公 227 准用 197）等。此外，如前所述，监察人尚有不得兼任公司董事、经理人或其他职员之义务（公 222）。

2. 监察人之责任

---

86 监察人列席董事会陈述意见，虽系本法赋予监察人权利而非课予其义务，但如前所述，监察人有监督公司业务执行之义务且就其职务之执行亦负有忠实及注意义务（公 23 Ⅰ），故认为此一规定对监察人而言，除赋予其权限外同时亦属义务之见解尚非无据。是以，监察人若非有正当理由似不得仅以本条规定系属其权限而任意不参与董事会，否则有违背其忠实义务或注意义务之可能。黄铭杰，监察人，新修正公司法解析，2002 年 3 月再版，元照，299 页。

87 请参阅本编第三章第四节三、董事之责任。

88 请参阅本编第三章第三节二、股东会之召开。

(1) 对公司之责任

监察人执行职务违反法令、章程或怠忽监察职务，致公司受有损害者，对公司负损害赔偿责任（公 224）。此外，监察人对公司负损害赔偿责任而董事亦负其责任者，监察人及董事为连带债务人（公 226），应一并注意之。又监察人对公司之责任亦得因各项表册经股东会决议承认后，除其有不法行为外，视为解除（公 231）。

关于监察人责任之追究，本法规定，股东会决议对监察人提起诉讼时，公司应自决议之日起三十日内提起之（公 225Ⅰ）。此所谓股东会决议其表决比例如何。本法既未设明文，自以普通决议为之即足（公 174）。公司对监察人之诉讼其代表公司之人原则上系董事长，但股东曾亦得另为选任适当之人选。

此外，依本法第二二七准用二一四条之结果，少数股东亦得为公司对监察人提起所谓之代表诉讼。亦即少数股东应先以书面向董事会请求，于董事会接到该请求后三十日内未作成为公司对监察人起诉之决议者，少数股东即取得代表诉讼权。其程序基本上与公司对董事之诉讼同，仅其书面请求之对象换为董事会而已。此外关于代表诉讼其损害赔偿之规定，于公司对监察人诉讼之部分亦有准用（公 215）。

(2) 对第三人之责任

监察人亦有本法第二三条第二项规定之适用，盖其于执行职务之范围内亦属公司之负责人（公 8Ⅱ）。而同时若董事亦应负责时，监察人与董事即为连带债务人（公 226）。

二、检查人

（一）概说

检查人系股份有限公司之法定、任意、临时之监督机关。按检查人之设置乃本法考量监察人可能不善尽监督之责而与董事狼狈为奸，故特于法定、常设之监督机关外于特定情形下设有检查人以补监察人之不足。虽然本法原则上对检查人之资格并无明文限制，唯为发挥检查人之功能，似仍以具备相关智识而不具利害关系之人充任为妥。

检查人之权限多系在调查公司会计是否正确以及发起人、董事或清算人等之执行职务是否适法而不及于公司业务执行是否适当。[89] 故与监察人主在监督公司业务之执行者仍有不同。就此，学说上称检查人之权限为监督权，与监察人之监察权有所区别。此外，检查人之权限与监察人另一不同之处乃在于检查人仅在调查事实之真相，同时促请选任机关采取必要行动而已，其本身并无类如召集股东

89 例外于公司重整时，由法院所选任之检查人，则得以调查公司负责人对于执行业务有无不当（公 285Ⅰ③）。

会等之积极力量。

（二）检查人之选任

检查人之人数本法并无明文，故应依其选任机关视其职务不同而定之。其选任机关及选任方法，简述如下：

1. 创立会选任者

公司设立后，经选任之董事、监察人，应即就本法第一四五条第一项第一至七款所列及其他关于设立之必要事项，为切实之调查，并向创立会报告。唯董事、监察人如有由发起人当选且与自身有利害关系者，上述调查，创立会得另选任检查人为之（公 146Ⅰ、Ⅱ）。

2. 股东会选任者

股东会得查核董事会造具之表册（公 228Ⅰ）、监察人之报告。而为执行上述之查核时，股东会并得选任检查人（公 184Ⅰ、Ⅱ）。此外，若董事会应少数股东之请求而召集股东临时会，或少数股东报经主管机关许可，自行召集之股东临时会，为调查公司业务及财产状况，得选任检查人（公 173Ⅰ、Ⅱ、Ⅲ）。

3. 由法院选任者

检查人另一个重要之选任机关即属法院，由法院选派者，属公权监督之一环。依本法规定，法院得选任检查人之情形有三：其一，少数股东声请法院选派检查人，检查公司业务账目及财产情形（公 245Ⅰ）。其二，法院受理重整之申请后，为公司重整裁定前，得选任检查人调查特定事项（公 285Ⅰ）。其三，公司特别清算前，依公司财产之状况有必要时，法院得据声请或依职权命令检查公司之业务及财产（公 352）。

（三）检查人之义务

检查人依本法第八条第二项之规定，检查人于执行职务之范围内亦为公司负责人。是以，检查人亦有本法第二三条之适用。

第六节 会 计

一、概说

本法就公司会计部分，设有详细之规范，从会计表册之编造、备置、查阅、承认、分发、抄录，乃至于公司之盈余分配、公积之使用及股利政策等相关规范，足见会计在“公司法”中之重要。

企业会计之相关事项多如牛毛，本法宜仅就公司会计之基本原则加以规定，至于较细节会计处理之相关规定，则应置于“商业会计法”中，以补本法之不足。故2001年修法时，删除旧法第二三六[90]（固定资产、有价证券及存货之估价处理）、二三八[91]（资本公积之定义）、二四二[92]（设立相关费用之会计处理）、二四三[93]（发行新股、公司债等费用之会计处理）及二四四条[94]（折价发行公司债之摊销）等五条文，而将之回归商业会计法之规定，实属正确。从而，公司之会计事务，本法有规定者，优先适用本法之规定；唯本法中无规定者，则适用“商业会计法”以及一般公认会计原则（GAAP）。

二、会计表册

（一）会计表册之种类

依本法第二十条第一项规定，公司每届会计年度终了，应将营业报告书、财务报表及盈余分派或亏损拨补之议案，提请股东同意或股东常会承认。而第二二八条第一项亦规定，每会计年度终了，董事会应编造下列表册，于股东常会开会三十日前交监察人查核：

1. 营业报告书。
2. 财务报表。
3. 盈余分派或亏损拨补之议案。

是故，本法中所谓会计表册，应包括营业报告书、财务报表及盈余分派或亏损拨补之议案。兹分述如下：

1. 营业报告书

依“商业会计法”第六六条第二项规定，营业报告书之内容包括经营方针、实施概况、营业计划实施成果、营业收支预算执行情形、获利能力分析、研究发

---

90 旧本法第236条规定，固定资产重估价值，须依法办理之；有价证券及存货之溢价，非至实现不得入账。

91 旧本法第238条规定，左列金额，应累积为资本公积：一、超过票面金额发行股票所得之溢额。二、每一营业年度，自资产之估价增值，扣除估价减值之溢额。三、处分资产之溢价收入。四、自因合并而消灭之公司，所承受之资产价额，减除自该公司所承担之债务额及向该公司股东给付额之余额。五、受领赠与之所得。

92 旧本法第242条规定，依第419条第1项第5款所支出之费用，及为设立登记所支出之规费，得列入资产负债表之资产项下；前项金额应于开业后5年内之每一决算期，平均摊销之。

93 旧本法第243条规定，发行新股或公司债时，为发行所支出之必要费用，得列入资产负债表之资产项下；前项金额，应于新股发行后3年内或公司债之偿还期限内之每一决算期，平均摊销之。

94 旧本法第244条规定，应偿还公司债债权之总金额，超过依公司债募集所得实额之差额，得列入资产负债表之资产项下；前项金额，应于公司债偿还期限内之每一决算期，平均摊销之。

展状况等，其项目格式由商业视实际需要订定之。此乃记载公司营运状况之文字书表。

2. 财务报表

依“商业会计法”第二八条规定，财务报表分下列各种：

（1）资产负债表。

（2）损益表。

（3）现金流量表。

（4）业主权益变动表或累积盈亏变动表或盈亏拨补表。

（5）其他财务报表。

参酌本条规定及旧“公司法”第二二八条[95]，本法所谓之财务报表，主要系指资产负债表、损益表、现金流量表及股东权益变动表。

3. 盈余分派或亏损拨补之议案

所谓盈余分派之议案，系指公司有盈余时如何将盈余分派于股东之议案，如每股股息若干、有无红利、发放现金股利或股票股利等；而亏损拨补之议案，则指公司有亏损时应如何弥补之问题。

（二）造具会计表册之程序

1. 会计表册之编造

依本法第二二八条规定，每会计年度终了，董事会应编造符合“中央主管机关”规定之营业报告书、财务报表、盈余分派或亏损拨补之议案，于股东常会开会三十日前交监察人查核，监察人并得请求董事会提前交付前开表册给予查核。是故，会计表册之编造主体乃董事会。唯参酌“商业会计法”第六六条第一及三项规定，商业每届决算所编制之营业报告书及财务报表，应由代表商业之负责人、经理人及主办会计人员签名或盖章负责。由此可知，公司于编制会计表册时，并非皆直接由董事参与实际制作，而系由主办会计人员于受经理人指挥监督之下[96]，编造各项表册后，送交董事会。

此外，依本法第二十条第二项规定，公司资本额达“中央主管机关”所定一定数额以上者，其财务报表，应先经会计师查核签证；其签证规则，由“中央主

95 旧本法第228条规定，每营业年度终了，董事会应编造左列表册，于股东常会开会30日前交监察人查核：一、营业报告书。二、资产负债表。三、主要财产之财产目录。四、损益表。五、股东权益变动表。六、现金流量表。七、盈余分派或亏损拨补之议案。前项表册，应依“中央主管机关”规定之规章编造。

96 “商业会计法”第5条第4项规定，会计人员依法办理会计事务，应受经理人之指挥监督，其离职或变更职务时，应于5日内办理交代。

管机关”定之。但公开发行股票之公司，证券管理机关另有规定者，不适用之。而依“经济部”之解释[97]，公告实收资本额达新台币三千万元以上之公司，其资产负债表、损益表、股东权益变动表及现金流量表，除公营事业外，应先经会计师查核签证后，提请股东同意或股东会承认。

2. 监察人查核会计表册并报告意见于股东会

董事会编造表册完毕后，应交监察人查核。按监察人系公司之法定监督机关，其对董事会编造提出股东会之各种会计表册，自应予以查核，并报告意见于股东会，此乃其监察权之行使（公 219）。监察人查核会计表册后，应作成报告书，并应于股东常会开会十日前提交公司（公 229）。按本法要求监察人查核报告需以书面形式为之，一则为使股东或债权人之资讯请求较为便利，二则为避免日后因会计表册发生相关讼争时（如违法分派盈余、虚伪揭露公司财务资讯等），举证上及责任厘清上之困难。

3. 会计表册之备置并供股东查阅

董事会所造具之各项表册与监察人之报告书，应于股东常会开会十日前，备置于本公司，股东得随时查阅，并得偕同其所委托之律师或会计师查阅（公 229），以提供股东于股东常会为会计表册承认决议时，作为赞成与否之判断基础。

4. 会计表册之承认

董事会应将其所造具之各项表册，提出于股东常会请求承认（公 230 Ⅰ前）。而股东会于承认决议前，依本法第一八四条第一、二项规定，得查核董事会所造具之各项会计表册及监察人之报告书，并得于执行查核时选任检查人。

此外，股东会为上述承认决议时，因本法未另设表决比例，故以普通决议为之即可。唯若董事或监察人系由股东担任者，由于其对该决议有是否解除责任之自身利害关系存在（公 231），故其于股东会为承认决议时，应予回避，不得加入表决或代理他股东行使表决权，始符本法第一七八条之规定。

5. 董监责任之解除

各项表册经股东会决议承认后，视为公司已解除董事及监察人之责任（公 231），唯其责任解除之范围，应限于向股东常会提出之会计表册所揭载事项或自此等表册得知悉之事项，以保护公司及股东之权益。唯董监若有不法行为，如营私舞弊或伪造单据者，则董监之责任不因经股东会承认而解除，以免董监心存侥幸，致侵害公司或股东之权益。

至于经理人与主办会计人员之责任何时解除，本法并未设有明文。唯依商业

---

97 “经济部”1991 年 6 月 21 日商字第 215396 号函。

会计法第六八条第二项规定，商业负责人及主办会计人员，对于该年度会计上之责任，于决算报表获得承认后解除；但有不正当行为者，不在此限。而复参照商业会计法第四条及本法第八条之规定，此处所指之“商业负责人”应包括公司经理人。故经理人及主办会计人员，对于该年度会计上责任，于董事会造具之会计表册获得股东常会之承认后，除有不正当行为外，即告解除。[98]

6. 会计表册之分发

按股东会所为会计表册之承认，乃股东会之议决事项，应作成议事录，由主席签名或盖章，并于会后二十日内，将议事录分发各股东；而公开发行股票之公司对于持有记名股票未满一千股之股东，其议事录之分发得以公告方式为之（公183Ⅰ、Ⅱ，公230Ⅰ、Ⅱ）。

7. 公司债权人对会计表册之请求

董事会所造具之表册及盈余分派亏损拨补之决议，公司债权人得要求给予或抄录（公230Ⅲ），以保障公司债权人利益。

（三）股东及债权人对公司财务会计资讯得请求之权利

综上所述，对于公司财务会计资讯，股东及债权人各得请求之权利，分述如下：

1. 股东之权利

包括请求表册之备置并查阅表册（公229）、查核董事会造具之表册及监察人之报告（公184Ⅰ、Ⅱ）、会计表册承认权（公230Ⅰ前）、受会计表册分发或公告之权利（公183Ⅰ、Ⅱ，公230Ⅰ、Ⅱ）。又股东会有向经济部请求查阅、抄录公司登记文件之权利（公393Ⅰ）。

此外，依本法第二四五条规定，继续一年以上，持有已发行股份总数3%以上之股东，得声请法院选派检查人，检查公司业务账目及财产情形。法院对于检查人之报告认为必要时，得命监察人召集股东会。按关于公司财务业务状况之调查及簿册账目的查核，原则上系由监察人担任（公218Ⅰ），唯为保障股东之投资权益，免受董监事之欺瞒，自应赋予股东检查人之选任声请权。此乃本法所赋予对公司财务会计事项内部监控之少数股东权，公司之债权人并无此等权利。

2. 债权人之权利

包括请求查阅董事会依本条规定所备置于本公司或股务代理机构之章程、财务报表、历届股东会议事录等重要财务会计以及其他资讯（公210Ⅱ）、向公司请求给予或抄录相关之表册或决议（公230Ⅲ）、向“经济部”请求查阅、抄录

98　请参阅柯芳枝，前揭注3，387页。唯柯氏认为“商业会计法”所指之“不正当行为”与本法所指之“不法行为”未必全然相等，并与叙明。

公司登记文件（公 393 I）。

三、公积

（一）公积之意义

所谓公积，系指公司之纯财产额超过实收资本额之数额，而积存于公司之金额。按“公积”与“资本”性质上皆属计算上之数额，并非具体财产。此一制度，主要在维持公司资本之充实，巩固公司之财产，增加公司之债信，以保障公司债权人及交易安全。

（二）公积之分类

1. 法定公积与任意公积

公积之积存出于法律强制规定者，称为法定公积，如法定盈余公积及资本公积。若该公积之积存并非法律强制规定，而系出于章程之订定或股东会之决议而积存者，称任意公积，如特别盈余公积。

2. 盈余公积与资本公积

公积依其资金来源之不同，可分为盈余公积与资本公积。[99]盈余公积系指由股东权益中之保留盈余部分所积存之公积，其系从公司营业活动、交易（产生盈余或损失之损益交易）所获之盈余中提列者。[100]依“商业会计处理准则”第二六条规定，又可分为法定盈余公积及特别盈余公积，前者系指依本法或其他相关法令规定自盈余中提拨之公积；后者则系指依法令或盈余分派之议案，自盈余中提拨之公积，以限制股息及红利之分派者。而所谓资本公积，是从资本增减变化之交易（资本交易）之中所提列，性质属于资本性之剩余金，即除公司盈余外，非营业活动之所获，不具有盈余性质者。依“商业会计处理准则”第二五条第一项规定，资本公积包括股本溢价、资产重估增值、处分资产溢价、自行合并而消灭之公司所承受之资产价额，减除自该公司所承担之债务及向该公司股东给付额之余额、受领赠与之所得等非由营业结果所产生之权益。

（三）公积之提列

1. 法定盈余公积之提列

本法第二三七条第一项规定：“公司于完纳一切税捐后，分派盈余时，应先

---

99 资本公积（capital surplus）系台湾本法及商业会计法制所使用之名词，在会计学界虽亦使用，唯有学者认为此乃一过时之翻译名词，现多已舍其而使用“额外投入资本”（additional paid-in earnings）或“其他投入资本”（other paid-in capital）。请参阅郑丁旺，中级会计学，2001 年 8 月 7 版，自刊，277 页。

100 邱秋芳，“我国本法法定公积制度之检讨”，月旦法学杂志第 96 期，2003 年 5 月，187～188 页。

提出10%为法定盈余公积。但法定盈余公积，已达资本总额时，不在此限。”由此可知，公司提拨法定盈余公积之时点，应在完纳税捐之后，分派盈余之前。

复观本法第二三二条第一项规定，公司非弥补亏损及依本法规定提出法定盈余公积后，不得分派股息及红利。因此，法定盈余公积之提列应以完纳税捐及弥补亏损后之余额为准。

按法定盈余公积之功能，除得填补公司亏损及维持股东股利分配之权利外，主要在于透过一定比例之保留盈余之提拨，限制股利之分配，以逐年具体累积之财产充实抽象之资本，以保障债权人之权益。是故，若公司之法定盈余公积经过多年累积已达相当之金额，足以保障债权人之权益时，法律即无再强行限制公司任意处分保留盈余之必要，亦即例外地规定公司无须再强制提拨固定比例之法定盈余公积，以免过度剥削股东之股利分派请求权及侵害公司财务政策之自主运用。此即为本法第二三七条第一项但书规定之意旨。又此处之资本总额，在授权资本制下应指实收资本总额而言，但仍应修法加以厘清，较为妥当。

2. 特别盈余公积之提列

公司除须提列前述法定盈余公积外，得另以章程订定或股东会议决，另提特别盈余公积（公237Ⅱ）。其提列之时间应在公司提出法定盈余公积之后。至于其提列之额度自当依章程规定或股东会议决之数额。

唯应注意，“证券交易法”第四一条第一项规定，主管机关认为有必要时，对于已依本法发行有价证券之公司，得以命令规定其于分派盈余时，除依法提起法定盈余公积外，并应另提一定比率之特别盈余公积。此处之特别盈余公积，实有法定公积之性质，而非任意公积。其立法目的为抑制盈余分派[101]，即为保护债权人而设。

3. 资本公积之提列

旧本法第二三八条[102]曾明文规定应为资本公积之会计科目，然2001年修法之后，已将此条删除，盖资本公积之规定，乃属于商业会计处理问题，“商业会计法”等相关法令已有明文规定，故本法无庸另为规定。

（四）公积之用途

公积视其种类之不同，各有不同之用途。依本法规定，法定盈余公积可用于分派股利、填补亏损及拨充资本，特别盈余公积则视其目的而各有不同用途，至于资本公积，则可用于填补亏损及有限制之拨充资本。兹分述各项用途如后：

101　刘连煜，新证券交易法实例研习，2003年3月增订版，元照，172页。

102　条文请参前揭注91。

1. 填补亏损

按公司应先弥补亏损，始得分派盈余（公 232)。而使用法定盈余公积及资本公积弥补亏损，乃填补亏损之主要方式之一（公 239 Ⅰ)。[103]

公积填补亏损之使用顺序，则规定于本法第二三九条第二项："公司非于盈余公积填补资本亏损，仍有不足时，不得以资本公积补充之。"由此可知，公司欲动用公积弥补亏损，须先使用盈余公积，若有不足，始得动用资本公积。盖盈余公积乃由公司营业活动所生之利益所累积，其本质系属"保留盈余"（retained earnings)；而"资本公积"则系由非属营业活动之资本性交易所产生之利得，其性质系属"投入资本"（paid-in capital)，故其虽系公积，但本质属公司股本，不宜任意变动。故其使用之顺序应置于盈余公积之后。

2. 分派盈余

股东投入资本成为公司之所有者，其目的乃是借由成为该公司之股东获得利益。除转让股份之资本利得、公司解散清算时之剩余财产分派等，透过公司正常经营所得之盈余分派，亦是股东回收投资之重要方式。

盈余分派传统上可分为股息及红利。股息系指依定额或定率所分派之盈余，亦即资本上计算之利息，而股息之定额或定率可于章程中订定（公 240Ⅳ)。红利则是于股息外增加分派之盈余。红利又可分为股东红利、员工红利与董监事酬劳等。[104]唯将股东之投资收益区分为"股息"及"红利"似有不妥，因股东将资本投入公司后，基于股东权之特性，公司并无向股东支付"利息"之义务。既然股东将资金以购买股份之方式投资，即已放弃作为债权人所享有"利息"之投资报酬保障，而选择以负担亏损风险之代价，获取享受盈余分配及出售所获资本利得等利益，作为投资报酬。[105]是故，公司所分配之盈余，皆属股东之"投资报酬"，并不宜以"股息"或"红利"加以区分。

承上，盈余分派请求权实乃股东之固有权，不得加以剥夺。唯盈余分派并非绝无限制，其分派之时期、要件、方法等，因事涉公司资本之充实、财务结构之健全及债权人之保护，故本法对之设有特别规定，兹分述如下：

(1) 盈余分派之要件

①时期及顺序：依本法第二二八条第一项、第二三〇条第一项规定，盈余分

---

103 唯公司除依本条规定以公积弥补亏损外，尚得以未分派盈余填补亏损、以减资填补亏损、或以同时减资及增资为之（公 168－1)。

104 陈顾远，商事法（中)，1968 年，复兴书局，413 页。

105 请参阅郑丁旺，同前揭注 99，359 页。

派应于每会计年度终了为之，而盈余分派之议案须经股东常会决议后，始得为之。至于盈余分派顺序，公司原则上应先依本法第二三七条第一项规定完纳税捐，再依本法第二三二条第一项弥补亏损后，提列法定盈余公积及特别盈余公积，并依本法第二三五条第二项保留员工分红之成数，最后才得就余额进行分派。

②公司需有盈余产生：A. 原则——有盈余时，本法第二三二条第二项本文规定，公司无盈余时，不得分派股息及红利。反面解释，公司有盈余时始得分派股利。其立法原意，旨在遵守资本维持原则，以保障公司债权人权益。按公司该年度若无盈余，表示公司整体之营运可能发生问题，此际若仍任由公司将现实之财产以股利之方式分配予股东，除对债权人及交易安全之保障恐嫌未周，对公司自身之财务体质亦属伤害，长久而言，对股东反而弊大于利。B. 例外——无盈余时，（A）以法定盈余公积派充股利，分派股利应以公司有盈余产生为前提，已如前述。唯若本法定盈余公积之累积已达一定数额，对债权人之保障堪称周全，故在不影响公司财务与营运之情形下，将超额之法定盈余公积派充股利与股东，应属合理之股利政策运用，似无禁止之理。故依本法第二三二条第二款但书，若公司之法定盈余公积已超过实收资本额 50%，得以其超过部分派充股息及红利。（B）建业股息分派，股东所受之股利分派，以该年度公司有盈余为前提，已如前述。而公司有盈余产生，自以开始营业为必要。唯如钢铁、造船或高铁、捷运等基本交通建设，此类产业多需大量资本聚集，且创业准备期间通常较长，若严守本法资本维持原则，于未有盈余收入前下得分配股息，则势将减低大众对该等重大产业之投资意愿，对长远经济发展而言，反是弊多于利。故本法第二三四条规定，公司依其业务之性质，自设立登记后，如需二年以上之准备，始能开始营业者，经主管机关之许可，得依章程之规定，于开始营业前分派股息；前项分派股息之金额，应以预付股息列入资产负债表之股东权益项下，公司开始营业后，每届分派股息及红利超过实收资本额 6%时，应以其超过之金额扣抵冲销之。

唯应注意，旧法本条第二项原规定，上述之预付股息系列入“资产”项下，与会计原则不符。盖立法者原将“预付股息”认为系置于资产项下，或系将“预付股息”之性质认为系“预付费用”，而将之以递延资产视之。[106]按建业

106 关于建业股息之分派，其性质为何，学说向有争议：有认为系属公司之利息费用，有认为系股本之返还，亦有认为系股息之预付。请参阅林仁光，会计，新修正公司法解析，2002 年 3 月 2 版，元照，323～324 页。

股息之预付本质系属股息之预付，故应与股息为相同之会计处理，即将之以股东权益之减项视之为妥，故本次修法将条文规定加以调整，以使之符合一般公认会计原则。

(2) 盈余分派之标准

公司股息及红利之分派，除章程另有规定外，以各股东持有股份之比例为准，以维持股东平等原则（公 235Ⅰ）。唯公司若发行特别股，其盈余分派自应依章程订之。

(3) 盈余分派之方法

①现金股利：按现金股利系最普遍之盈余分派方式。由股东会以普通决议决定（公 184Ⅰ后、174）。②股票股利：依本法第二四〇条第一项前段，公司得以股东会特别决议，将应分派股息及红利之全部或一部，以发行新股方式为之，即以新股派发股利，亦是所谓之“盈余转增资”或“盈余转作资本”，乃属特殊发行新股。本条之立法意旨，乃在透过盈余转作资本，使公司实收资本增加，进而增加公司之资力，树立公司信誉。[107]至于发放股票股利之程序，依上述规定本须以股东会特别决议为之。唯公开发行股票之公司，出席股东之股份总数不足前项定额者，得以公开发行公司便宜决议行之（公 240Ⅱ）。此外，不论属公开发行公司与否，就出席股东股份总数及表决权数，章程有较高规定者，从其规定（公 240Ⅲ）。

按相较于发放现金股利仅需经股东会普通决议，发放股票股利要求以特别决议为之，系因股票股利之发放等同强制股东认股，影响股东权益至巨，故应慎重为之。而若欲分派股票股利之公司系一人公司，解释上，亦应经董事会之特别决议为妥（公 128－1）。[108]

唯鉴于公开发行公司股东会召集不易，且通常较有发放股票股利之必要，故第二四〇条第六项另设有缓和前述严格程序要件之规定；公开发行股票之公司，其股息及红利之分派，章程订明定额或比率并授权董事会决议办理者，得以董事会三分之二以上董事之出席，及出席董事过半数之决议，依第一及四项规定，将应分派股息及红利之全部或一部，以发行新股之方式为之，并报告股东会。以符合公开发行公司之实际需求。

---

107 “经济部”1989 年 1 月 6 日商字第 00280 号。

108 唯依目前实务之见解，一人公司分派股票股利之决议，仅需以董事会普通决议即可为之，与股东会之决议方法不同。参照“经济部”2002 年 5 月 24 日经商字第 09100130680 号。本书认为，该见解有欠妥当。详参王文宇，同前揭注 1，401 页。

此外，于公开发行公司之情形，虽经股东会或董事会决议，依“证券交易法”第二二条第二项[109]，其发行新股仍应经证券管理机关之核准，始生效力。

是以，因决议发放股票股利而发行之新股，依第二四〇条第五项规定，除公开发行股票之公司，应依证券管理机关之规定办理者外，于决议之股东会终结时，即生效力，董事会应即分别通知各股东，或记载于股东名簿之质权人；其发行无记名股票者，并应公告之。

（4）违法分派之效果

依本法第二三三条规定，公司违反第二三二条规定分派股息及红利时，公司之债权人，得请求退还，并得请求赔偿因此所受之损害。另者，公司负责人违反同条第一或二项规定分派股息及红利时，各处一年以下有期徒刑、拘役或科或并科新台币六万元以下罚金（公232Ⅲ）。

案例

甲股份有限公司，其董事长乙，估计公司盈余，先行发给各股东股息，拟俟营业年度终了，再行结账，是否合法？试依法论断之。

解析

董事长乙未俟会计年度终了制作会计表册（公228）、未提交监察人查核、未送交股东会议决，并且未先完纳税捐（公237Ⅰ）、未弥补亏损（公232Ⅰ）、未提列法定盈余公积即分派股息，系属违法分派，公司之债权人得请求受领人退还，并得请求公司及董事长乙赔偿因此所受之损害（公233）。且董事长乙并负有刑责。

3. 拨充资本

按公积之用途原则上仅限于弥补公司亏损（公239Ⅰ）。唯有两种例外情形：一为法律另有规定者，一为本法第二四一条规定之情形。前者即指本法第二三二条第二项以法定盈余公积派充股利之情形；后者即所谓之“公积拨充资本”或“公积转增资”之情形。依本法第二四一条规定，公司无亏损者，得依前条规定

109　“证交法”第22条第1项规定，有价证券之募集与发行，除“政府债券”或经“财政部”核定之其他有价证券外，非经主管机关核准或向主管机关申报生效后，不得为之；其处理准则，由主管机关定之。第2项规定，已依本法发行股票之公司，于依公司法之规定发行新股时，除依第43条之6第1项及第2项规定办理者外，仍应依前项之规定办理。

股东会决议之方法，将法定盈余公积及左列资本公积之全部或一部拨充资本，按股东原有股份之比例发给新股：(1) 超过票面金额发行股票所得之溢额。(2) 受领赠与之所得。所谓公积拨充资本系将公司所积存之法定盈余公积或特定种类之资本公积转作资本，发行新股给股东，此时股东无须缴纳股款及得无偿获配新股，属特殊发行新股之一种。

此外，本法所规定公积得拨充资本之情形，限于公司无亏损时始得为之。此项限制乃2001年修法后新增之要件，以符“合同法”第二三九条第一项本文所揭示法定公积用以弥补亏损之原则，对于公司财务结构之健全与债权人之保障，有正面意义。而本法允许拨充资本之公积种类有二：一为法定盈余公积，一为已实现之资本公积。就前者而言，为避免法定盈余公积遭过度拨充资本而有损公积弥补亏损之功能，或有害债权人权益之保障，第二四一条第三项特别规定：“以法定盈余公积拨充资本者，以该项公积已达实收资本50%，并以拨充其半数为限。”系限制法定盈余公积拨充资本之额数。就后者而言，第二四一条第一项第一款“超过票面金额发行股票所得之溢额”及第二款“受领赠与之所得”，皆为已实现之资本公积，故公司已实际取得该资本公积之利益，以之拨充资本，仅系股东权益中“投入资本”项目内科目的变动，对公司实际之资源与财务状况并无影响，自无问题。

至公积拨充资本之种类、程序与生效时点，皆与本法第二四〇条盈余转作资本之规定相同，兹不赘述。

4. 其他用途

除前述三大基本用途外，公积尚得基于其他特定用途而提列，如改良厂房设备、偿还公司债或特别股、特定公益用途等，此即特别盈余公积。又特别盈余公积之本质虽亦属保留盈余，唯于其提列目的未完成或提列原因未消失，且未回转并入累积未拨用之保留盈余前，不得用于分派股利[110]，自亦不得用于弥补公司亏损。唯若特别盈余公积提列之特定目的消灭时，由于其本质仍属保留盈余，故自得回转并入未分派盈余[111]后，用于分派盈余或弥补亏损。

---

110 “经济部”1991年3月5日商字第201535号。

111 “经济部”2000年6月15日商字第89207222号。

第七节　股份有限公司之资金筹措

一、总说

公司成立后，随其业务经营之发展，除公司设立时之原始股本外，往往需要更多资金之投入。其通常方法，是向金融机构借款。但向金融机构借款，性质上属于所谓“间接金融”，即资金之真正提供者（存款户），与资金之使用者（公司）之间，需透过金融机构之媒介，达成资金流动之结果。间接金融，因资金使用人尚须负担金融机关之媒介成本，故其资金取得成本较高。简单的说，就是公司需负担高于银行支付给存款户存款利息之贷款利息。且在金融机构之风险考量下，公司亦不易自金融机构取得长期而大量之资金。公司法上所架构之使股份有限公司得以直接金融方式，取得长期且大量资金之方式，即为发行公司债与发行新股。以下分述之：

二、公司债

（一）公司债之意义

公司债，谓股份有限公司以筹集长期资金之目的，就其所需资金总额分割为多数单位金额，依发行公司债券之方式，集团的、大量的负担之金钱债务。析述如下：

1. 能发行公司债者以股份有限公司为限

因公司债系规定于股份有限公司章，而于无限公司、有限公司及两合公司各章皆无准用规定，故在现行法下，能发行公司债者，以股份有限公司为限。

2. 发行公司债之目的在于筹措巨额且长期资金

短期周转性之小额资金，以向私人或金融机构借贷方式取得，更为简便。公司债制度系在增加股份有限公司筹措长期且巨额资金之目的下所形成。

3. 公司债之特性在于将股份有限公司所需资金总额划分为多数单位

公司债之特性在于将股份有限公司所需资金总额划分为多数单位，汇集来自多数投资人之个别小额资金，发挥聚沙成塔之效果，使股份有限公司得以筹措巨额资金。

4. 公司债系透过发行公司债债券之方式，提高投资人投资之意愿

收回投资方便性之高低，系投资人作成投资决定之重要考量因素。发行公司债之股份有限公司需发行公司债券表彰公司债债权之存在。公司债券为具有流通

性之有价证券，公司债债权人借由公司债券之转让可以方便地收回其投资。

5. 公司债乃金钱债务

公司债为发行公司债之股份有限公司对公司债债权人所负担之金钱债务。公司债之应募人需缴纳所认金额，始取得公司债之债权，发行公司债之公司对公司债债权人负有按期支付利息，期满偿还本金之义务。

（二）公司债之法律性质

公司债为发行公司债之股份有限公司对公司债债权人所负担之金钱债务，已如上述。相对而言，公司债亦为公司债债权人对发行公司债之股份有限公司之金钱债权。此种发行公司与公司债债权人间之债权债务关系，基本上与普通债法上之债权债务关系无异。需注意者有二：

1. 公司债之整体（集团）债务性

公司债之本质，仍为公司债之发行人即发行公司，与公司债债权人间之债权债务关系，其成立之基础为发行公司与公司债债权人间之公司债契约。唯因公司债系发行公司就其所需资金总额分割为多数单位金额，以发行公司债券之方式，向公众集团的、大量的负担之金钱债务，公司债乃有其异于一般债权债务关系之特殊性。其中最重要者应为公司债之整体债务性。具体而言，设 A 公司发行总额十亿元之公司债，每一单位为十万元，共一万个单位，分由一万个投资人认购，则就此总额十亿元之公司债，将有一万个公司债债权人。但在法律性质上，A 公司并非与此一万个公司债债权人分别成立一万个各自独立之债权债务关系，而系 A 公司对该一万个债权人负一总额为十亿元之整体性债务。在此公司债之整体债务性下，进而衍生出公司债之其他特性，例如："定型性"、"附从性"与"丧失个性性"等。简言之，即公司债债权人与发行公司间之公司债契约内容为定型化；公司债应募人仅能附从发行公司所定之发行条件而缔结契约，并无法与发行公司个别协商契约之内容；在各公司债债权人之间，即使持有之公司债数量有所不同，其地位在性质上亦无区别。

而在公司债整体债务性下，各公司债债权人间平等性之确保，即应为公司债法律关系之本质性要求。例如，公司债之发行公司纵有支付能力不足之情形，亦应对全体公司债债权人依其持有之公司债数额为比例清偿，而不得选择性地对部分债权人优先清偿。[112]

2. 特种公司债之潜在股份性

为提高投资人认购公司债之诱因，除仅具基本债权债务关系之普通公司债

---

112 并请参见林国全，公司债之整体债务性，月旦法学杂志第 74 期，2001 年 7 月，22～23 页。

外，并有在基本债权债务关系外，另赋予公司债债权人股份转换权、新股认购权等之可转换公司债、附新股认购权公司债等特种公司债。由于此等股份转换权或新股认购权行使结果，将使公司债债权人因而取得公司股份，故此等特种公司债乃具有潜在股份性。而因此等特种权利行使之结果，将导致公司股权结构之变化，可能影响股东权益，故需予以有异普通公司债之特别规范，其详后述。

（三）公司债之种类

1. 有担保公司债、无担保公司债及保证公司债

所谓"有担保公司债"，系指就公司债之发行，由发行公司或第三人提供动产或不动产作为担保品，设定抵押权或质权等担保物权，担保公司债未来所应负担本息之公司债。反之，就公司债之发行，未设定担保物权，担保公司债未来所应负担本息者，即为"无担保公司债"。"有担保公司债"与"无担保公司债"之区别基准，为"物保"之有无。若有第三人以其信用担保公司债未来所应负担本息，即提供"人保"者，称为"保证公司债"。保证公司债，在概念上，仍属于无担保公司债。唯需注意者为，"证交法"第二九条规定"公司债之发行如由金融机构担任保证人者，得视为有担保之发行。"故"金融机构保证公司债"，例外得适用有担保公司债之规范。

区别有担保公司债与无担保公司债之实益在于，有担保公司债既有担保物权可供债权之担保，对公司债债权人较有保障，故对其限制较宽。反之，无担保公司债仅以信用为担保，对公司债债权人保障相对较弱，故严其限制，以保护公司债债权人。此限制宽严之不同，见于发行总额（公 247）、禁止发行条件（公 249、250）等，详见后述。

2. 记名公司债与无记名公司债

公司债依表彰公司债债权之公司债券是否记载公司债债权人之姓名，可分为记名公司债与无记名公司债。记名公司债与无记名公司债之区别实益，在于公司债债权移转方法之不同，及出席公司债债权人会议方式之不同，详见后述。唯无记名公司债之债权人得随时请求将持有之无记名式公司债债券，改为记名式，而成为记名公司债（公 261）。

3. 普通公司债与特种公司债

公司债仅具有依发行条件支付本息之金钱债权债务关系者，为普通公司债。除金钱债权债务关系以外，并赋予公司债债权人其他特殊权利者，则为特种公司债。现行公司法明文承认之特种公司债有二：即，可转换公司债与附新股认购权公司债。区分普通公司债与特种公司债之区别实益，在于现行法对于上述具有潜在股份性质之特种公司债，定有主要目的在于保护股东权益之特别规范。

（1）可转换公司债

①可转换公司债之意义：可转换公司债，乃指赋予公司债债权人得将所持有之公司债转换为发行公司股份权利（即转换权）之公司债。可转换公司债，在行使转换权之前，公司债债权人与公司间之关系间仍为债权债务关系。唯一旦行使转换权，该公司债债权即转换股份，公司债债权人因持有该转换后之股份而成为股东，同时丧失公司债债权人之地位。[113]

发行可转换公司债，对发行公司而言，因赋予公司债债权人股份转换权，故可压低利率（实务上甚至有零利率发行者），而以较普通公司债低廉之成本取得资金。对公司债债权人而言，于发行公司之股价上扬时，得选择行使转换权取得股份而出售该股份获取资本利得，或直接出售因受发行公司股价上涨而价格随之连动上涨之可转换公司债而获利。反之，于发行公司股价低迷，可转换公司债无转换价值时，则因该未行使转换权之可转换公司债，基本上仍为对发行公司之金钱债权，而得于期满时获得本金之返还。故对投资人而言，可谓系有无限获利可能，而损失有限之投资工具。由于可转换公司债具有上述对发行公司与投资人两利之特性，故在欧美日本等资本市场发达之国家，早为企业与投资人所乐用，台湾则于近年来亦日见活络。

②股份转换权之性质：是否赋予公司债债权人股份转换权，须在公司债发行时即明确约定，此观之“公司法”第二四八条第一项第十八款将“可转换股份者，其转换办法”列为公司发行公司债时，应载明向证券管理机关办理之事项自明。而“公司法”第二六二条第一项规定：“公司债约定得转换股份者，公司有依其转换办法核给股份之义务。但公司债债权人有选择权。”故转换公司债系一种债权人有选择权之选择之债，因公司债债权人一方转换权之行使，当然发生转换之效力。其结果，公司债债权人原持有之公司债债权转换成公司股份，公司债债权人成为公司之股东，同时丧失其为公司债债权人之地位。故，转换权之法律性质系为形成权。而转换公司债债权人行使转换权时，其转换效力何时发生？公司法未明文规定。解释上，应自转换权行使之意思表示到达公司时起，发生转换之效力。

至于因可转换公司债债权人行使转换权，公司应核给股份时，其股份之来源，原则上，应由公司发行新股为之。而发行新股，将使公司已发行股份总数增

113 实务上尚有所谓“可交换公司债”。相对于可转换公司债系将公司债转换为发行公司债公司之股份，可交换公司债系赋予公司债债权人将所持有之公司债债权，转换为发行公司债公司所持有之其他公司股份之权利。

加，而可能导致超过公司章程所定发行股份总额之结果。故“公司法”第二四八条第七项规定发行可转换公司债时，“（依其转换办法之可转换股份数额）加计已发行股份总数、已发行转换公司债可转换股份总数、已发行附认股权公司债可认购股份总数、已发行附认股权特别股可认购股份总数及已发行认股权凭证可认购股份总数，如超过公司章程所定股份总数时，应先完成变更章程增加资本额后，始得为之。”

但依“证交法”第二八条之二第一项第二款规定，上市上柜之公开发行公司，亦得买回自己公司股票，配合可转换公司债之发行，作为股权转换之用。是为库藏股制度。

另需注意者为，“公司法”2001年修正时，虽删除将“公司债可转换股份数额”列为股份有限公司章程相对必要记载事项之原第一三〇条第六款规定。但现行法亦不禁止公司将“公司债可转换股份数额”记载于章程，唯若章程保留有公司债可转换股份之数额，则该额度不能流用于公司债可转换股份以外之发行新股（如现金、盈余或公积之发行新股），而章程保留有公司债可转换股份之数额，于可转换公司债转换为股份后，章程可配合修正降低保留之额度，或于可转换公司债全数转换或到期还本后再配合修正章程，删除公司债保留额度。[114]

（2）附新股认购权公司债

①附新股认购权公司债之意义：附新股认购权公司债，乃指赋予公司债债权人得依认购办法认购发行公司债公司之股份权利（即新股认购权权）之公司债。附新股认购权公司债之债权人行使认股权时，尚须就所认股份缴纳股款后，始得取得股份，但另一方面，其与公司间之公司债债权债务关系，并未因而消灭。换言之，附新股认购权公司债债权人行使认股权，并缴纳股款后，虽因而取得股东身份，但其公司债债权人之地位，并不因而丧失。此为附新股认购权公司债与可转换公司债之最重要差异。而两者在经济意义上之不同，在于可转换公司债债权人行使转换权之结果，仅使发行公司免除其后之支付本息负担，但发行公司并未因此有新的资金收入。反之，附新股认购权公司债债权人行使认股权并缴纳股款之结果，将使发行公司因而有新的资金收入，但另一方面，发行公司支付本息之负担，并不因而免除。

②附新股认购权之性质：是否赋予公司债债权人新股认购权，需在公司债发行时即明确约定，此观之“公司法”第二四八条第一项第十九款将“附认股权者，其认购办法”列为公司发行公司债时，应载明向证券管理机关办理之事项自

114 “经济部”2003年4月22日经商字第09202085940号函。

明。而"公司法"第二六二条第二项规定："公司债附认股权者，公司有依其认购办法核给股份之义务。但认股权凭证持有人有选择权。"故附新股认购权公司债系一种债权人有选择权之选择之债，因公司债债权人一方行使认股权，当然发生认股之效力。

至于因附新股认购权公司债债权人行使认购权，公司应核给股份时，其股份来源之问题，与上述可转换公司债之情形同，请参见之。

4. 次顺位公司债

"公司法"第二四六条之一规定："公司于发行公司债时，得约定其受偿顺序次于公司其他债权。"即所谓"次顺位公司债"。本条规定系于2001年增订，其立法理由如下："按以契约方式约定次顺位债务，本属私权行为，基于契约自由原则，该约定方式应属可行。又查"破产法"第一百十二条之规定，按反面推之，对破产财团之财产有次顺位之债权，其债权理应次于他债权而受清偿。故以契约约定方式发行次顺位债券尚无约定无效之虞。就涉及私权争执，可依民事诉讼处理，并使公司之筹资管道更多样化，亦可避免纠纷。"

（四）公司债之募集方式

关于公司债之发行方式，台湾地区法制以往仅规范以非特定人为招募对象之"公开募集"一种。但于2001年，为使公司在资金募集的管道上更多元化，增订"公司法"第二四八条第二、三项规定，引进以特定人为招募对象之"私募"制度。

唯现行"公司法"就公司债之私募，仅有第二四八条第二项："公司债之私募不受第二百四十九条第二款及第二百五十条第二款之限制，并于发行后十五日内检附发行相关资料，向证券管理机关报备；私募之发行公司不以上市、上柜、公开发行股票之公司为限。"及第三项："前项私募人数不得超过三十五人。但金融机构应募者，不在此限。"可谓相当简略。

（五）公司债总额之限制及禁止发行条件

为保护公司债债权人权益，公司法就公司债之发行订有发行总额限制及禁止发行条件。

1. 公司债发行总额限制

"公司法"第二四七条第一项规定："公司债之总额，不得逾公司现有全部资产减去全部负债及无形资产后之余额。"第二项规定："无担保公司债之总额，不得逾前项余额二分之一。"由第二项特别明定"无担保公司债"可知，第一项所称之"公司债"系指"有担保公司债"。唯须注意证交法第二八条之四规定："已依本法发行股票之公司，募集与发行有担保公司债、转换公司债或附认股权公司债，其发行总额，除经主管机关征询目的事业‘中央主管机关’同意者外，不得逾全部资产减去全部负债余额之200%，不受‘公司法’第二百四十七条规定之限制。”同法第四三条之六第三项规定：“普通公司债之私募，其发行总额，除经主管机关征询目的事业‘中央主管机关’同意者外，不得逾全部资产减去全部负债余额之400%，不受‘公司法’第二百四十七条规定之限制。并得于董事会决议之日起一年内分次办理。”故公开发行公司自优先适用上述证交法之规定。

此所称“总额”，不因其募集公司债款系用以偿还现有各项长短期负债而不受限制。[115]又，对公司债发行总额设限，系为保障债权人之权益，故有关该余额之计算，应考虑发行公司“发行公司债时”之偿还能力与财务状况，而以发行公司最近期之财务报表为计算依据。[116]

2. 公司债发行之禁止

(1) 无担保公司债发行之禁止

“公司法”第二四九条规定：“公司有左列情形之一者，不得发行无担保公司债：一、对于前已发行之公司债或其他债务，曾有违约或迟延支付本息之事实已了结者。二、最近三年或开业下及三年之开业年度课税后之平均净利，未达原定发行之公司债，应负担年息总额之150%者。”

无担保公司债系以公司信用为主，而第一款情形，公司债信已有不良纪录，第二款情形，系因在公司债无担保时，公司之偿付债息，悉恃公司之营利能力，倘其营利能力不充沛，将来难免有无法如期支付本息之虞。故有此二款情形，不宜允其募集无担保公司债，以为事前防范。

本条所称“公司”，包括进入重整程序后之公司，如在重整前有本条各款情形，仍有本条适用。但因合并而消灭之公司虽有本条第一款所定情形，对合并后之存续或新设公司而言，并不受本条第一款限制。[117]

第一款所称“其他债务”，并无债务种类之限制。[118]包括公司违法欠缴税款罚金罚锾及追征金，亦属之。[119]应即比照“公司法”第二四九及二五〇条第一款之规定办理。

第二款之规定，于发行公司同时办理无担保公司债及具有优先权利之特别股之发行，实务上并未就前已发行之特别股股息（或公司债利息）合并计算其获利

---

115 “经济部”1983年3月25日商字第11607号函。

116 “经济部”1994年2月28日商字第201333号函。

117 “经济部”1983年3月25日商字第11607号函。

118 同前注。

119 “经济部”1968年2月17日商字第05127号函。

能力，为便利公司筹资、节省其分次送件成本，依“公司法”第二四九及二六九条规定个别检视即可。另因公司间进行合并，其合并后之综效系陆续于嗣后年度显现，且合并之综效是否单纯为参与合并公司业务之结合及财务数字之加总，尚有待商榷。是以，无论采行新设或吸收合并之方式进行，新设或存续公司于合并基准日后发行公司债或特别股，似不宜并计合并基准日前最近三年度所有参与合并公司之课税后平均净利。[120]

又，所称“应负担年息总额”之计算，应以实质利率为计算依据。[121]实务上并认为宜包括所有已发行且流通在外之公司债，唯为免重复计算，似可同意公司于计算是否符合“公司法”第二四九及二五〇条之规定时，先将债券之利息费用自税后净利中还原，再检测平均净利是否足以负担“应负担年息总额”[122]。

（2）有担保公司债发行之禁止

“公司法”第二五〇条规定：“公司有左列情形之一者，不得发行公司债：一、对于前已发行之公司债或其他债务有违约或迟延支付本息之事实，尚在继续中者。二、最近三年或开业不及三年之开业年度课税后之平均净利，未达原定发行之公司债应负担年息总额之100%者。但经银行保证发行之公司债不受限制。”

对照前条（公249）系对“无担保公司债”之规范，本条所称“公司债”，系指“有担保公司债”，自无疑义。

有担保公司债对公司债债权人之保障虽较无担保公司债为高，但有本条第一款情形，其公司债信用业已丧失，有第二款情形，其营利能力甚为薄弱，故仍不宜允其发行公司债。

关于本条各款用语之意义，基本上与前条相同，请参见之。需特别叙述如下：

首先，第一款所称“违约或迟延支付本息之事实，尚在继续中者”之认定，考量公司前已发行之公司债或其他债务业有违约或迟延支付本息之事实，尚在继续中，虽经债权人同意展延债务，唯其公司债或其他债务违约或迟延支付本息之事实仍属继续存在，仍有本款之情事，且该公司此时如再发行公司债，其还本付息能力是否足够及财务结构是否健全，确有疑虑，为保障投资人权益，公司不得再发行公司债。[123]

---

120 “经济部”2001年8月18日商字第09002178710号函。

121 “经济部”1998年1月6日经（1998）商字第86228553号函。

122 “经济部”2000年3月31日商字第89009332号函。

123 “经济部”2003年3月18日经商字第09200042900号函。

其次，本条第二款但书系于1980年增订，其增订理由如下：“资本密集之重工业或新创之大企业，建厂期间长达数年，所需资金庞大，投资报酬率亦较低，所需资金，如以向国外发行公司债方式代替国外贷款，因公司债还款期限较贷款长，利息亦较贷款为低，可减少向国外支付巨额利息，减轻公司财务结构，降低产品成本，并撙节国家外汇支出，但因限于本条第二款之限制，常可能无法向国外发行公司债以筹措所需资金，爰于第二项增列但书规定，以资适应，盖因发行之公司债经银行担保，对债权人权益，已可获得保障无虑。”

(3) 私募公司债之例外

“公司法”第二四八条第二项前段规定：“公司债之私募不受第二百四十九条第二款及第二百五十条第二款之限制”。此系因私募公司债之应募者只限于少数之特定人，不若公开承销涉及层面之广大，应在规范上予以松绑，而公司债发行前之平均净利不能保证公司未来之获利，应依各应募人主观之认定由其自行承担投资风险，不需硬性规定平均净利百分比。[124]须注意者为，“公司法”第二四九条第一款及第二五〇条第一款之规定，于私募公司债之发行，仍有适用。

（六）发行公司债之程序

1. 公司债之公开募集

有关公司债之公开募集、发行，在“证券交易法”上另有细腻之规定，以下，仅就公司法上之规定述之。

(1) 经董事会特别决议

“公司法”第二四六条第一项规定：“公司经董事会决议后，得募集公司债。但须将募集公司债之原因及有关事项报告股东会。”第二项规定：“前项决议，应由三分之二以上董事之出席，及出席董事过半数之同意行之。”

公司发行公司债之目的在筹措资金，属业务执行范畴，故由公司之业务执行机关董事会决议行之，但须将募集公司债之原因及有关事项报告股东会。又因发行公司债筹措资金之另一面，乃是使公司负担巨额且长期之债务，对公司影响极大，故要求需以董事会特别决议行之。

(2) 缔结信托契约

公司法为保护公司债债权人，就公司债采受托人制。依“公司法”第二四八条第一项第十二款规定，公司债权债权人受托人名称及其约定事项为申请证券管理机关办理时之应载明事项。“公司法”第二四八条第六项并规定：“第一项第十二款之受托人，以金融或信托事业为限，由公司于申请发行时约定之，并负担其

---

124 参见2001年本项立法理由。

报酬。”故发行公司债之公司须于董事会决议发行公司债后，选定受托人，并缔结信托契约，方能进行申请证券管理机关办理之程序。

（3）申请证券管理机关办理

“公司法”第二四八条第一项本文规定：“公司发行公司债时，应载明左列事项，向证券管理机关办理之：……。”至证券管理机关之实际执行，系依“证交法”第二二条第一项授权订定之“发行人募集与发行有价证券处理准则”为之。

“公司法”第二四八条第一项各款所定应载明事项如下：

①公司名称。

②公司债总额及债券每张之金额。

③公司债之利率。

④公司债偿还方法及期限。

⑤偿还公司债款之筹集计划及保管方法。

⑥公司债募得价款之用途及运用计划。

就本款事项，应注意者为，“公司法”第二五九条规定：“公司募集公司债款后，未经申请核准变更，而用于规定事项以外者，处公司负责人一年以下有期徒刑、拘役或科或并科新台币六万元以下罚金，如公司因此受有损害时，对于公司并负赔偿责任。”

⑦前已募集公司债者，其未偿还之数额。

⑧公司债发行价格或最低价格。

⑨公司股份总数与已发行股份总数及其金额。

⑩公司现有全部资产，减去全部负债及无形资产后之余额。

⑪证券管理机关规定之财务报表。

⑫公司债权人之受托人名称及其约定事项。

⑬代收款项之银行或邮局名称及地址。

⑭有承销或代销机构者，其名称及约定事项。

⑮有发行担保者，其种类、名称及证明文件。

⑯有发行保证人者，其名称及证明文件。

⑰对于前已发行之公司债或其他债务，曾有违约或迟延支付本息之事实或现况。

⑱可转换股份者，其转换办法。

⑲附认股权者，其认购办法。

⑳董事会之议事录。

㉑公司债其他发行事项，或证券管理机关规定之其他事项。

并需注意，“公司法”第二四八条第五项规定：“第一项第七款、第九款至第十一款、第十七款，应由会计师查核签证；第十二款至第十六款，应由律师查核签证。”

同条第四项并规定：“公司就第一项各款事项有变更时，应即向证券管理机关申请更正；公司负责人不为申请更正时，由证券管理机关各处新台币一万元以上五万元以下罚锾。”

又，“公司法”第二五一条第一项规定：“公司发行公司债经核准后，如发现其申请事项，有违反法令或虚伪情形时，证券管理机关得撤销核准。”第二项规定：“为前项撤销核准时，未发行者，停止募集；已发行者，即时清偿。其因此所发生之损害，公司负责人对公司及应募人负连带赔偿责任。”

(4) 应募书之备就及募集之公告

“公司法”第二五二条第一项规定：“公司发行公司债之申请经核准后，董事会应于核准通知到达之日起三十日内，备就公司债应募书，附载第二百四十八条第一项各款事项，加记核准之证券管理机关与年、月、日、文号，并同时将其公告，开始募集。但第二百四十八条第一项第十一款之财务报表，第十二款及第十四款之约定事项，第十五款及第十六款之证明文件，第二十款之议事录等事项，得免予公告。”第二项规定：“超过前项期限未开始募集而仍须募集者，应重行申请。”第三项规定：“代表公司之董事，违反第一项规定，不备应募书者，由证券管理机关处新台币一万元以上五万元以下罚锾。”

(5) 应募

“公司法”第二五三条第一项规定：“应募人应在应募书上填写所认金额及其住所或居所，签名或盖章，并照所填应募书负缴款之义务。”第二项规定：“应募人以现金当场购买无记名公司债券者，免填前项应募书。”

(6) 催缴债款及应募人清册送交受托人义务

“公司法”第二五四条规定：“公司债经应募人认定后，董事会应向未交款之各应募人请求缴足其所认金额。”但第二五五条第一项规定：“董事会在实行前条请求前，应将全体记名债券应募人之姓名、住所或居所暨其所认金额，及已发行之无记名债券张数、号码暨金额，开列清册，连同第二四八条第一项各款所定之文件，送交公司债债权人之受托人。”

2. 公司债之私募

关于公司债之私募，其须经董事会特别决议、缔结信托契约、备就应募书、送交应募人清册、催缴债款等程序，皆与公司债之公开募集同。其与公司债之公开募集不同者，在于其系采“事后报备制”。即“公司法”第二四八条第二项规定："公司债之私募……，并于发行后十五日内检附发行相关资料，向证券管理机关报备；……。"

（七）公司债之流通

关于公司债之流通，在"证券交易法"上亦有细部规定，以下，仅就"公司法"上之规范述之。

1. 公司债券

（1）公司债券之意义及法律性质

公司债系一权利之该念，借由公司债券表彰其存在。故公司债券系表彰公司债债权之有价证券。在法律性质上属于证权证券、金钱债权证券、要式证券。

（2）公司债券之发行

所谓公司债券之发行，系指公司制作并交付或以账簿划拨方式交付公司债券之行为（证交 8Ⅰ）。

公司债券之发行方式可为实体发行，亦可为无实体发行。实体发行，又可区分为传统之印制公司债券方式及就该次发行总额合并印制之所谓大面额公司债券方式。有关之规范，分述如下。至于无实体公司债券与大面额公司债券制度之意义，与无实体股票大面额股票制度同，请参见本书有关股票发行部分之论述。

①传统之公司债券："公司法"第二五七条第一项规定："公司债之债券应编号载明发行之年、月、日及第二百四十八条第一项第一款至第四款、第十八款及第十九款之事项，有担保、转换或可认购股份者，载明担保、转换或可认购字样，由董事三人以上签名或盖章，并经证券管理机关或其核定之发行登记机构签证后发行之。"第二项规定："有担保之公司债除前项应记载事项外，应于公司债正面列示保证人名称，并由其签名或盖章。"

②大面额公司债券："公司法"第二五七条之一第一项规定："公司发行公司债时，其债券就该次发行总额得合并印制。"第二项规定："依前项规定发行之公司债，应洽证券集中保管事业机构保管。"第三项规定："依第一项规定发行公司债时，不适用第二百四十八条第一项第二款、第二百五十七条、第二百五十八条及第二百六十条有关债券每张金额、编号及背书转让之规定。"

③无实体公司债券："公司法"第二五七条之二规定："公司发行之公司债，得免印制债券，并应洽证券集中保管事业机构登录。"

2. 公司债存根簿

依"公司法"第二一〇条规定，董事会有将公司债存根簿备置于本公司或股务代理机构之义务。（Ⅰ）股东及公司之债权人得检具利害关系证明文件，指定范围，随时请求查阅或抄录公司债存根簿。（Ⅱ）代表公司之董事违反公司债存根簿备置义务，或

无正当理由而拒绝查阅或抄录者，处新台币一万元以上五万元以下罚锾。（Ⅲ）

而所谓公司债存根簿，依“公司法”第二五八条第一项规定：“公司债存根簿，应将所有债券依次编号，并载明左列事项：一、公司债债权人之姓名或名称及住所或居所。二、第二百四十八条第一项第二款至第四款之事项，第十二款受托人之名称，第十五款、第十六款之发行担保及保证、第十八款之转换及第十九款之可认购事项。三、公司债发行之年、月、日。四、各债券持有人取得债券之年、月、日。”第二项规定：“无记名债券，应以载明无记名字样，替代前项第一款之记载。”

3. 公司债之转让

（1）记名公司债之转让方法

“公司法”第二六〇条规定：“记名式之公司债券，得由持有人以背书转让之。但非将受让人之姓名或名称，记载于债券，并将受让人之姓名或名称及住所或居所记载于公司债存根簿，不得以其转让对抗公司。”但此系指印制传统公司债券之情形。于公司发行大面额公司债券或无实体公司债券之情形，因各公司债债权人并未持有公司债券，故其转让系以证券集中保管事业机构账簿划拨方式为之。详见本书股票转让部分之论述。

（2）无记名公司债之转让方法

公司法未明文规定无记名公司债券之转让方法。应依交付债券之方式，而生转让及对抗公司之效力。

（八）公司债债权人之保护

1. 公司债债权人会议

（1）公司债债权人会议之意义及性质

公司债债权人会议，系由同次公司债债权人所组成，就有关公司债债权人之共同利害关系事项而为决议，其决议对全体同次公司债债权人均能发生效力之法定、临时之合议团体。

公司债债权人会议之性质并非公司机关，而为存在于发行公司之外之合议团体。其存在目的非在追求公司利益，而在图同次公司债债权人之共同整体利益。故其具有同次公司债债权人团体之意思决定机关之性质。

（2）公司债债权人会议之召集及开会

①公司债债权人会议之召集

A. 召集权人：“公司法”第二六三条第一项规定：“发行公司债之公司，公司债债权人之受托人，或有同次公司债总数5%以上之公司债债权人，得为公司债债权人之共同利害关系事项，召集同次公司债债权人会议。”故公司债债权人会议之召集权人有三：（A）发行公司债之公司；（B）公司债债权人之受托人；

(C) 有同次公司债总数5%以上之公司债债权人。

B. 召集之程序：公司法未明定公司债债权人会议之召集程序。解释上应类推适用股东临时会召集程序之规定。

②公司债债权人会议之开会

A. 主席：公司法未明定公司债债权人会议之主席，解释上应类推“公司法”第一八二条之一第一项规定而决定之。

B. 出席及列席：公司债债权人会议系由同次公司债债权人所组成，故全体同次公司债债权人均有出席权。唯就无记名公司债债权人，“公司法”第二六三条第三项规定：“无记名公司债债权人，出席第一项会议者，准用股份有限公司无记名股票之股东出席股东会之规定。”故须于开会五日前，将其债券交存公司，始得出席。

(3) 公司债债权人会议之决议

①公司债债权人会议之决议方法

“公司法”第二六三条第二项规定：“前项会议之决议，应有代表公司债债权总额四分之三以上债权人之出席以出席债权人表决权三分之二以上之同意行之，并按每一公司债券最低票面金额有一表决权。”

②公司债债权人会议决议之承认与公告

“公司法”第二六四条规定：“前条债权人会议之决议，应制成议事录，由主席签名，经申报公司所在地之法院认可并公告后，对全体公司债债权人发生效力，由公司债债权人之受托人执行之。但债权人会议另有指定者，从其指定。”“公司法”第二六五条并明定法院不予认可公司债债权人会议决议之标准。即“公司债债权人会议之决议，有左列情事之一者，法院不予认可：一、召集公司债债权人会议之手续或其决议方法，违反法令或应募书之记载者。二、决议不依正当方法达成者。三、决议显失公正者。四、决议违反债权人一般利益者。”

2. 公司债债权人之受托人

(1) 受托人之意义

公司债债权人之受托人（简称受托人），系基于契约，受公司债发行公司之委托，为应募人之利益，查核及监督公司履行公司债发行事项，暨取得、实行及保管公司为发行公司债所设定担保物权之金融或信托事业。[125]

(2) 受托人之权限

①查核及监督公司履行公司债发行事项：依“公司法”第二五五条第二项规

---

125 请参阅柯芳枝，同前揭注3，453页。

定，受托人有“为应募人之利益，有查核及监督公司履行公司债发行事项之权。”

②取得及实行担保物权，暨保管担保品：“公司法”第二五六条第一项规定：“公司为发行公司债所设定之抵押权或质权，得由受托人为债权人取得，并得于公司债发行前先行设定。”第二项规定：“受托人对于前项之抵押权或质权或其担保品，应负责实行或保管之。”

③召集公司债债权人会议及执行其决议：依前述“公司法”第二六三条第一项规定，公司债债权人之受托人有召集公司债债权人会议之权限；依第二六四条本文后段及但书规定，公司债债权人会议之决议，若债权人会议未另指定执行人时：由受托人执行之。

（九）公司债之消灭

公司债之消灭，有下列情形：

1. 到期偿还

公司债于发行时即订有偿还期限（公 248 Ⅰ ④），自因到期偿还而消灭。

2. 收买消除

公司债在偿还期限前得流通买卖，故公司亦得于偿还期限前买回所发行之公司债，而销除之。此情形犹如公司之提前偿还公司债，唯在实行时，需注意有无违反公司债债权人平等之情形。

3. 可转换公司债转换权之行使

可转换公司债转换权之行使结果，原有之公司债债权消灭，而转换为公司股份。

案例

A公司发行之无担保普通公司债总额新台币十亿元，于偿还期届至时，A公司因现金不足，而于对部分债权人优先全额清偿后，对其余未受清偿之债权人，则请求同意发行公司提供担保，延后分期清偿，是否妥当?

解析

公司债，系股份有限公司以筹措长期资金之目的，就其所需资金总额分割为多数单位金额，以发行公司债券之方式，向公众集团的、大量的负担之金钱债务。

唯相较于一般债权债务关系，公司债具有“整体之债务性”。亦即，公司债为发行公司对多数公司债债权人之一整体性债务，故各公司债债权人间平等性之确保，即为公司债法律关系之本质性要求。公司债之发行公司对于各债权人在付息还本之时间与数额上，不得违反债权人之意思而有选择性之不同待遇。发行公司纵有支付能力不足之情形，亦应对全体公司债债权人依其持有之公司债数额为比例清偿。设立之A公司，对于对部分债权人优先为全额清偿后，对其余未受清偿之债权人，则请求同意发行公司提供担保，延后分期清偿，明显违反公司债债权人平等性之要求，自非妥当。

三、发行新股

（一）发行新股之意义

“公司法”第五章（股份有限公司）第八节发行新股（公266～276）之规定，系就股份有限公司成立后，在授权资本制下，发行新股之规范。此由“公司法”第二六六条第一项规定：“公司依第一百五十六条第二项分次发行新股，或依第二百七十八条第二项发行增资后之新股，均依本节之规定。”而第一五六条第二项：“前项股份总数，得分次发行。”及第二七八条第二项：“增加资本后之股份总数，得分次发行。”皆属授权资本制下之规范可知。

（二）发行新股之类别

公司成立后，发行新股之情形，可大别为以筹措资金为目的之“通常发行新股”，以及非以筹措资金为目的，而系基于股份交换（公156Ⅳ）、员工认股权之行使（公167－2）、盈余转作资本（公240Ⅰ）、员工分红入股（公240Ⅳ）、公积拨充资本（公241Ⅰ）、特种公司债之转换权或认股权之行使（公262）、以资产增值抵充核发新股予股东（公267Ⅴ）、认股权凭证或附认股权特别股上认股权之行使（公268－1）、因合并他公司、分割而增发新股（公317－1Ⅰ、317－2Ⅰ）等原因之“特殊发行新股”。此处所称之发行新股，基本上系指“通常发行新股”而言。

（三）公司发行新股时之优先认股权

1. 意义

所谓公司发行新股时之优先认股权，系指当公司为通常发行新股时，依法能优先于他人而认购新股之权利。又分为“员工优先认股权”与“股东优先认股权”。但须注意者为，所谓优先认股权，仅系在认购顺序上之优先，而非指在价格或其他方面之优惠。又，有优先认股权之员工或股东，需行使该认股权，并缴纳股款后，始能取得股份，故为有偿取得，而与股票股利、员工分红入股等无偿配股有所不同。

（1）员工优先认股权[126]

---

126 关于员工优先认股权，并请参见林国全，员工入股制度（一）～（三），月旦法学杂志，第59、64、65期，2000年4、9、10月。

①民营公司之员工优先认股权

“公司法”第二六七条第一项规定：“公司发行新股时，除经目的事业‘中央主管机关’专案核定者外，应保留发行新股总数10%至15%之股份由公司员工承购。”本项所称“公司”系指民营公司，此由第二项就公营事业另予规定可知。依本项规定，民营公司之员工，于公司为通常发行新股时，依法原则上有优先认股权，仅于该公司目的事业“中央主管机关”专案核定之情形，始例外无优先认股权。赋予员工优先认股权之理由在于促进劳资和谐。盖员工行使认股权，取得股份后，则员工亦成为公司之股东，劳资融为一体，而可加强员工对公司之向心力。于此需注意如下：

A. 员工优先认股权，为法律赋予员工之权利，而非义务。故员工是否认股，系由员工自由决定。

B. 有员工优先认股权者，为公司全体员工，公司不得咨意排除个别员工之认股权。唯个别员工所能优先认购之股份数量，自由公司依员工年资、职务等各项标准，订定办法决定之。

C. 公司应保留予员工认购之股份有“发行新股总数10%～15%”之上下限。此系一方面避免公司保留予员工认股之股数太少，致无法达到促进劳资和谐之效果，另一方面，避免公司保留予员工认股之股数太多，致侵害原有股东之权益。

D. 为确保员工优先认股权制度之实行，“公司法”第二六七条第八项规定：“公司负责人违反第一项规定者，各处新台币二万元以上十万元以下罚锾。”

②公营事业之特别规定

“公司法”第二六七条第二项规定：“公营事业经该公营事业之主管机关专案核定者，得保留发行新股由员工承购；其保留股份，不得超过发行新股总数10%。”

故公营事业与民营公司不同，原则上公营事业之员工无优先认股权，需该公营事业之主管机关专案核定，始例外得有员工优先认股权。且即使于例外有员工优先认股权之情形，其所能保留股份供员工优先认股股数，亦以发行新股总数10%为上限。所以如此，是因公营事业往往有其政策目的或公共利益目标，其经营未必全以营利为目的。若当然赋予员工认股权，有时可能发生兼具股东身份之员工，为求多获得基于公司盈余之股东利益，而对虽有益于公共利益，但无益于公司增加获利之业务，不愿积极从事之情形，而有碍公营事业之本旨。

③员工优先认股权及所取得股份之转让限制

“公司法”第二六七条第四项规定：“前三项新股认购权利，除保留由员工承购者外，得与原有股份分离而独立转让。”故员工优先认股权，不得转让。盖若允许员工不行使认股权，而转让予他人，则失其使劳资融为一体之意义。

又，员工行使优先认股权，缴纳股款，而取得股份后，若允许其立刻转让予他人，亦失其使劳资融为一体之意义。另一方面，若完全禁止员工转让其因员工优先认股权而取得之股份，亦违反股份自由转让原则。在折衷二者之下，“公司法”第二六七条第六项乃规定：“公司对员工依第一项、第二项承购之股份，得限制在一定期间内不得转让。但其期间最长不得超过二年。”

④员工优先认股权制度，不适用于无偿配发新股予股东之情形

“公司法”第二六七条第五项规定：“第一项、第二项所定保留员工承购股份之规定，于以公积或资产增值抵充，核发新股予原有股东者，不适用之。”

（2）原有股东优先认股权

“公司法”第二六七条第三项规定：“公司发行新股时，除依前二项保留者外，应公告及通知原有股东，按照原有股份比例尽先分认，并声明逾期不认购者，丧失其权利；原有股东持有股份按比例不足分认一新股者，得合并共同认购或归并一人认购；原有股东未认购者，得公开发行或洽由特定人认购。”本项所定股东优先认股权，系股东之法定固有权，除公司发行“无优先认股权特别股”之情形外，公司不得以章程或股东会决议剥夺或限制之。又，“公司法”第二六七条第四项规定：“前三项新股认购权利，除保留由员工承购者外，得与原有股份分离而独立转让。”

（四）发行新股之方式

由“公司法”第二六七条第三项后段：“原有股东未认购者，得公开发行或洽由特定人认购”之规定，可知，公司发行新股之方式有二：一为“非公开发行新股”；一为“公开发行新股”。

1. 非公开发行新股

所谓非公开发行新股，系指公司发行新股时，由原有股东及员工全部认足；或原有股东及员工并未全部认足，而就该未认足部分，洽由特定人协议认购之情形。

2. 公开发行新股

所谓公开发行新股，系指公司发行新股时，于享有优先认股权之员工及原有股东未全部认足时，就该未认足部分，以非特定人为对象，公开招募之情形。

公开发行新股，因系以非特定人，即社会大众，为招募对象，故为避免认股之社会大众因该发行公司之财务体质不佳，而遭受不测之损失，故公司法明定不得公开发行新股之情形如下：

（1）不得公开发行具有优先权利之特别股

"公司法"第二六九条规定:"公司有左列情形之一者,不得公开发行具有优先权利之特别股:一、最近三年或开业不及三年之开业年度课税后之平均净利,不足支付已发行及拟发行之特别股股息者。二、对于已发行之特别股约定股息,未能按期支付者。"

(2)不得公开发行新股

"公司法"第二七〇条规定:"公司有左列情形之一者,不得公开发行新股:一、连续二年有亏损者。但依其事业性质,须有较长准备期间或具有健全之营业计划,确能改善营利能力者,不在此限。二、资产不足抵偿债务者。"

(五)发行新股之程序

1. 须经董事会特别决议

"公司法"第二六六条第二项规定:"公司发行新股时,应由董事会以董事三分之二以上之出席,及出席董事过半数同意之决议行之。"此所谓董事会决议之内容,自应包括发行股数、发行价格等发行新股有关事项。

2. 公开发行新股之申请

此为公开发行新股特有之程序。

"公司法"第二六八条第一项规定:"公司发行新股时,除由原有股东及员工全部认足或由特定人协议认购而不公开发行者外,应将左列事项,申请证券管理机关核准,公开发行:一、公司名称。二、原定股份总数、已发行数额及金额。三、发行新股总数、每股金额及其他发行条件。四、证券管理机关规定之财务报表。五、增资计划。六、发行特别股者,其种类、股数、每股金额及第一百五十七条各款事项。七、发行认股权凭证或附认股权特别股者,其可认购股份数额及其认股办法。八、代收股款之银行或邮局名称及地址。九、有承销或代销机构者,其名称及约定事项。十、发行新股决议之议事录。十一、证券管理机关规定之其他事项。"第二项规定:"公司就前项各款事项有变更时,应即向证券管理机关申请更正;公司负责人不为申请更正者,由证券管理机关各处新台币一万元以上五万元以下罚锾。"第三项规定:"第一项第二款至第四款及第六款,由会计师查核签证;第八款、第九款,由律师查核签证。"第五项规定:"第一项、第二项规定,对于第二百六十七条第五项之发行新股,不适用之。"

需注意者为,公开发行新股,系以非特定人为对象,招募股份。此即证交法第七条所定之"发行公司于发行前,对非特定人公开招募有价证券"之"募集"行为,而依"证交法"第二条前段"有价证券之募集、发行、买卖,其管理、监督依本法之规定",故公开发行新股之程序,应优先适用证交法之规范。

又,依"证交法"第二二条第二项规定,已依证交法发行股票之公司(即所谓“公开发行公司”)，于依公司法之规定发行新股时，除依第四三条之六第一项及第二项规定办理者外，仍应依“证交法”第二二条第一项规定，适用公开发行程序。亦即，受证交法规范之公开发行公司，于发行新股时，除有“证交法”第四三条之六第一及二项为私募之情形外，纵由员工或原有股东认足该次发行之全部股份，而无向非特定人招募股份之情形，仍应适用公开发行程序。唯另需注意“证交法”第四三条之六以下，关于证交法上私募制度之规范。

3. 董事会备置认股书

(1) 公开发行新股

“公司法”第二七三条第一项规定：“公司公开发行新股时，董事会应备置认股书，载明左列事项，由认股人填写所认股数、种类、金额及其住所或居所，签名或盖章：一、第一百二十九条第一项第一款至第六款及第一百三十条之事项。二、原定股份总数，或增加资本后股份总数中已发行之数额及其金额。三、第二百六十八条第一项第三款至第十款之事项。四、股款缴纳日期。”第五项并规定：“代表公司之董事，违反第一项规定，不备置认股书者，由证券管理机关处新台币一万元以上五万元以下罚锾。”

(2) 非公开发行新股

“公司法”第二七四条第一项前段规定：“公司发行新股，而依第二百七十二条但书不公开发行时，仍应依前条第一项之规定，备置认股书；如以现金以外之财产抵缴股款者，并于认股书加载其姓名或名称及其财产之种类、数量、价格或估价之标准及公司核给之股数。”

4. 认股书内容及证券管理机关核准文号之公告

此亦为公开发行新股特有之程序。

“公司法”第二七三条第二项规定：“公司公开发行新股时，除在前项认股书加记证券管理机关核准文号及年、月、日外，并应将前项各款事项，于证券管理机关核准通知到达后三十日内，加记核准文号及年、月、日，公告并发行之。但营业报告书、财产目录、议事录、承销或代销机构约定事项，得免予公告。”

5. 认股及缴款

除于公开发行新股时，认股人以现今当场购买无记名股票，免填认股书（公273 Ⅳ）之情形外，员工、原有股东、公司所洽协议认股之特定人及公开发行新股时之非特定人，因在认股书填写所认股数、种类、金额及其住所或居所，并签名或盖章，而完成认股程序，成为认股人。认股人，即有依所认股份，缴纳股款之出资义务。

“公司法”第二六六条第三项规定：“第一百四十一条、第一百四十二条之规定，于发行新股准用之。”故公司发行新股，于认股人认足发行股份总数时，公司应即向各认股人催缴股款，以超过票面金额发行股票时，其溢额应与股款同时缴纳。认股人延欠应缴之股款时，公司人应定一个月以上之期限催告该认股人照缴，并声明逾期不缴失其权利。公司已为缴纳股款之催告，认股人不照缴者，即失其权利，所认股份另行募集。如因此造成公司受有损害，公司仍得向认股人请求赔偿。至于缴纳股款之方式，“公司法”第二七二条规定：“公司公开发行新股时，应以现金为股款。但由原有股东认购或由特定人协议认购，而不公开发行者，得以公司事业所需之财产为出资。”可知，发行新股之股款，原则上须以现金为之。得例外以公司事业所需之财产为出资者，限于原有股东认购或由特定人协议认购，而不公开发行之情形。又，“公司法”第二七四条第一项后段规定：“如以现金以外之财产抵缴股款者，并于认股书加载其姓名或名称及其财产之种类、数量、价格或估价之标准及公司核给之股数。”第二项规定：“前项财产出资实行后，董事会应送请监察人查核加具意见，报请主管机关核定之。”

6. 已缴款股东之撤回认股权

“公司法”第二七六条第一项规定：“发行新股超过股款缴纳期限，而仍有未经认购或已认购而撤回或未缴股款者，其已认购缴款之股东，得定一个月以上之期限，催告公司使认购足额并缴足股款；逾期不能完成时，得撤回认股，由公司返回其股款，并加给法定利息。”第二项规定：“有行为之董事，对于因前项情事所致公司之损害，应负连带赔偿责任。”

7. 申请发行新股变更登记

股份有限公司于每次发行新股结束后十五日内，应由代表公司之负责人向主管机关申请登记（公 387、公司之登记及认许办法 11）。

案例

A 股份有限公司董事会决议现金增资发行新股，为激励员工，拟保留该次发行新股总额 50%由公司员工承购，是否可行？

解析

“公司法”第二六七条第一项规定：“公司发行新股时，除经目的事业‘中央主管机关’专案核定者外，应保留原发行新股总额 10%～15%之股份由公司员工承购。”发行新股总额之 10%～15%，为股份有限公司现金增资发行新股时，应保留由员工承购股份数额之法定下限与上限。股份有限公司保留由员工认购之股份数额，不足或逾越此法定比例，皆非适法。盖此10%之下限，系在避免公司仅保留象征性之极其微小比例供员工承购，致员工入股制度徒具形式，无法达成其缓和劳资对立、促进劳资一体之预期功能。至于15%之上限，则系兼顾同条第三项之股东优先认股权之保障。避免董事会决议发行新股时，保留多数乃至全部股份由员工承购，相对剥夺原有股东优先认股权利。

第八节　股份有限公司之重整

一、公司重整之概念

（一）公司重整制度之意义

公司重整，乃公开发行股票或公司债之股份有限公司，因财务困难，已达暂停营业或有停业之虞之窘境，而预料其有重建更生之可能，在法院监督之下，调整其债权人、股东及其他利害关系人之利害，而图该公司企业之维持与更生为目的之制度。故公司重整制度之目的有二：一为清理债务；一为维持企业。

（二）得适用公司重整制度之公司

“公司法”第二八二条第一项本文规定：“公开发行股票或公司债之公司，因财务困难，暂停营业或有停业之虞，而有重建更生之可能者，得由公司或左列利害关系人之一向法院声请重整……”可知，得适用公司重整制度之公司，须具备下列三要件：1. 须为公开发行股票或公司债之公司。2. 公司财务困难，暂停营业或有停业之虞。3. 有重建更生可能。以下分述之。

1. 须为公开发行股票或公司债之公司

所谓公开发行股票或公司债之公司，系指依“公司法”第一五六条第四项规定，向证券管理机关申请办理公开发行程序，而受证券交易法规范之股份有限公司。即通称之“公开发行公司”，实务上包括上市公司、上柜公司及未上市未上柜之公开发行公司。公司重整制度，所以仅限于公开发行公司得以适用，系基于以下考量。盖公司因财务困难，而暂停营业或有停业之虞时，原应循破产或解散清算程序，清理其资产，偿还债务，以保护债权人权益。唯公开发行公司之规模皆大，且股票上市或上市公司因其股票在市场上自由流通，而往往多数投资大众成为其股东，若任此等公开发行公司因破产或解散清算而消灭，对整体经济及广大投资大众皆将造成极大影响。乃有必要透过公司重整制度，调和公司债权人与整体经济及投资大众之利益，使有重建更生可能之公司企业，得以维持。而其内容，实系直接暂时压抑债权人之权益，而为非常手段。故对于其存续与否不致重大影响整体经济与投资大众利益之小规模、非公开发行公司，并无必要，亦不宜使之适用此非常手段之公司重整制度。

2. 须公司因财务困难，暂停营业或有停业之虞

此所谓"因财务困难暂停营业或有停业之虞者"，学者认为系指因公司之流动资金欠缺已达极点，对于清偿期已届至之公司债务，不能支付，致已暂时停止营业，或者继续支付已到期之公司债务，有甚难维持事业之虞而言。[127]

3. 有重建更生可能

此要件系于 2001 年所增订。其增订理由为"公司重整之目的，在使濒临困境之公司免于停业或暂停营业，使其有重建之机会，现行（修正前）条文第一项序文规定'因财务困难，暂停营业或有停业之虞'即可声请重整，极易被误解公司重整为一救济措施，为期公司重整制度发挥应有之功能，自应以有重建更生之可能之公司为对象。"至于有无重建更生之可能，须由法院依据声请公司之财务、业务情形综合评估判断，就个案认定。

二、公司重整之声请

（一）公司重整之声请权人

依"公司法"第二八二条第一项"公开发行股票或公司债之公司，……，得由公司或左列利害关系人之一向法院声请重整：一、继续六个月以上持有已发行股份总数 10%以上股份之股东。二、相当于公司已发行股份总数金额 10%以上之公司债权人。"之规定，可知公司重整之声请权人，有如下三种：

1. 公司

公司有重整之必要时，得由公司自行提出声请。又，公司提出公司重整之意思决定，依"公司法"第二八二条第二项："公司为前项声请，应经董事会以董事三分之二以上之出席及出席董事过半数同意之决议行之。"之规定，需以董事会特别决议为之，以资慎重。

2. 继续六个月以上持有已发行股份总数 10%以上股份之股东

声请公司重整之股东，需具备"继续六个月以上"之持股期间要件，及"持有已发行股份总数 10%以上股份"之持股数要件，故为典型之少数股东权。借此防止有不当意图之股东滥行声请，扰乱公司正常经营。又，此之股东声请重整权，与

127　请参阅柯芳枝，同前揭注 3，501、502 页。

其他少数股东权同，得由个别持股皆未达已发行股份总数10%，但皆继续持股六个月以上，而持股合计达已发行股份总数10%以上之复数股东，共同行使。

3. 相当于公司已发行股份总数金额10%以上之公司债权人

此之债权人亦不以单独一人为限。复数之债权人对公司之债权合计达相当于公司已发行股份总数金额10%以上之数额者，亦得共同声请。又，此之债权，虽不问其有无优先权即有无担保，但须为金钱债权，或得以金钱评价而就公司流动资产取偿之财产请求权，否则无法计算其是否符合相当于公司已发行股份总数金额10%以上之数额。[128]

（二）声请公司重整之程序

"公司法"第二八三条第一项规定："公司重整之声请，应由声请人以书状连同副本5份，载明左列事项，向法院为之：一、声请人之姓名及住所或居所；声请人为法人、其他团体或机关者，其名称及公务所、事务所或营业所。二、有法定代理人、代理人者，其姓名、住所或居所，及法定代理人与声请人之关系。三、公司名称、所在地、事务所或营业所及代表公司之负责人姓名、住所或居所。四、声请之原因及事实。五、公司所营事业及业务状况。六、公司最近一年度依第二百二十八条规定所编造之表册；声请日期已逾年度开始六个月者，应另送上半年之资产负债表。七、对于公司重整之具体意见。"第二项规定："前项第五至七款之事项，得以附件补充之。"

此外，声请人为公司时，并应提出重整之具体方案（公283Ⅲ）。声请人为股东或债权人时，应检同释明其资格之文件，对本法第一项第五及六款之事项，得免予记载（公283Ⅳ）。

（三）法院对公司重整声请不合形式要件者之裁定驳回

"公司法"第二八三条之一规定："重整之声请，有左列情形之一者，法院应裁定驳回：一、声请程序不合者。但可以补正者，应限期命其补正。二、公司未依本法公开发行股票或公司债者。三、公司经宣告破产已确定者。四、公司依破产法所为之和解决议已确定者。五、公司已解散者。六、公司被勒令停业限期清理者。"故法院受理公司重整之声请后，应先审查该声请案是否符合形式要件，若有上述各款情形，即应裁定驳回，以免虚耗人力、物力于实质审查。

（四）法院对公司重整声请经实质审查后为准驳之裁定

1. 裁定前之调查

法院就声请重整案件为形式上之审查，未发现有上述"公司法"第二八三条

128 参见新修正公司法解析（梁宇贤教授执笔部分），元照，2003年3月2版，413页。

之一各款情形者，应即就声请案件进行有无重整原因及重建更生可能之实质审查。措施如下：

（1）“应”征询主管机关之意见

“公司法”第二八四条第一项规定：“法院对于重整之声请，除依前条之规定裁定驳回者外，应即将声请书状副本，检送主管机关、目的事业‘中央主管机关’、‘中央金融主管机关’及证券管理机关，并征询其关于应否重整之具体意见。”本项规定法院就声请重整为实质审查时之征询义务。法院应征询之机关包括：

①主管机关：此之主管机关系指公司法之主管机关，在“中央”为“经济部”，“直辖市”为“直辖市政府”（公5）。盖公司之主管机关平时即监督公司之运作，对于公司应否重整，应有相当之了解。

②目的事业主管机关：此系指公司所营事业之主管机关，如航运公司为交通部、制药公司为卫生署。盖公司之目的事业主管机关，不仅对于该公司营业及业务状况较为熟悉，亦能通盘认识整体业界之情况，而能提供该公司有无重建更生可能之具体意见。

③“中央金融主管机关”：具体而言，系指“行政院金融监督管理委员会”，执行单位为“银行局”。盖一般而言，公开发行公司最大之债权人为银行等金融机构，故由“中央金融主管机关”整合所有债权银行对公司重整之具体意见，提供法院参考较法院个别征询各债权银行，更有效率。

④证券管理机关：具体而言，系指行政院金融监督管理委员会，执行单位为证券期货局。盖声请重整之公司，皆为受证券交易法规范之公开发行公司，平时受证券管理机关之监督。故证券管理机关就该公司之应否重整，应能提供足资参考之具体意见。

需注意者为，上述机关应法院之征询所提出之应否重整之意见，仅为法院作成是否准予重整决定之重要参考，并无拘束法院之效力。又，为避免受征询机关，提出意见时间拖延过长，妨害重整时效，故“公司法”第二八四条第三项明定被征询意见之机关，应于30日内提出意见。

（2）“得”征询税捐稽征机关及其他有关机关、团体之意见

“公司法”第二八四条第二项规定：“法院对于重整之声请，并得征询本公司所在地之税捐稽征机关及其他有关机关、团体之意见。”

公司缴纳税捐之情形，有助于了解公司之营运情形，而为法院裁定准驳重整之重要参考因素，故有本项规定。唯是否征询税捐稽征机关或其他有关机关、团体之意见，系由法院就个案评估有无必要而决定之，并非法院之义务。若法院依

本项规定征询税捐稽征机关或其他有关机关、团体之意见时，该被征询机关或团体提出意见之期限，及所提出之意见，仅供法院参考，并无拘束法院之效力，皆与上述（1）之情形同。

（3）“应”通知被声请重整之公司

“公司法”第二八四条第四项规定：“声请人为股东或债权人时，法院应检同声请书状副本，通知该公司。”本项规定在使该公司法院有向法院提出答辩状，供法院为裁定重整准驳参考之机会。

（4）“得”选任检查人

①检查人之选任：“公司法”第二八五条第一项本文规定“法院除为前条征询外，并得就对公司业务具有专门学识、经营经验而非利害关系人者，选任为检查人，……”；检查人制度之设置，在使法院得透过检查人之协助，了解公司之状况，以为判断准驳重整声请之参考。唯选任检查人，并非重整之必要程序，选任与否，由法院就个案斟酌有无必要决定之。检查人须自对公司业务具有专门学识、经营经验而非利害关系人之人中选任之，始能期待其得为客观、公正之调查、分析、评估，对公司各种事项详加调查并提出具体建议，提供法院作为参考。至其人数应为几人，法无明文。自应由法院就个案斟酌决定。但检查人应以自然人为限。[129]②检查人之职务：依“公司法”第二八五条第一项规定，法院选任之检查人，应“就左列事项于选任后三十日内调查完毕报告法院：一、公司业务、财务状况及资产估价。二、依公司业务、财务、资产及生产设备之分析，是否尚有重建更生之可能。三、公司以往业务经营之得失及公司负责人执行业务有无怠忽或不当情形。四、声请书状所记载事项有无虚伪不实情形。五、声请人为公司者，其所提重整方案之可行性。六、其他有关重整之方案”。③检查人之检查权限：“公司法”第二八五条第二项规定：“检查人对于公司业务或财务有关之一切簿册、文件及财产，得加以检查。公司之董事、监察人、经理人或其他职员，对于检查人关于业务财务之询问，有答复之义务。”第三项规定：“公司之董事、监察人、经理人或其他职员，拒绝前项检查，或对前项询问无正当理由不为答复，或为虚伪陈述者，处新台币二万元以上十万元以下罚锾。”④检查人之注意义务、报酬与责任：“公司法”第三一三条第一项规定：“检查人、……，应以善良管理人之注意，执行其职务，其报酬由法院依其职务之繁简定之。”第二项规定：“检查人、……，执行职务违反法令，致公司受有损害时，对于公司应负赔偿责任。”第三项规定：“检查人、……，对于职务上之行为，有虚伪陈述时，

---

129 “经济部”1967年7月8日商字第23373号。

各处一年以下有期徒刑、拘役或科或并科新台币六万元以下罚金。”

(5) “得”命公司负责人造报债权人及股东名册

“公司法”第二八六条规定：“法院于裁定重整前，得命公司负责人，于七日内就公司债权人及股东，依其权利之性质，分别造报名册，并注明住所或居所及债权或股份总金额。”

2. 裁定前之处分

(1) 重整裁定前法院得为处分之意义

“公司法”第二八七条第一项本文规定：“法院为公司重整之裁定前，得因公司或利害关系人之声请或依职权，以裁定为左列各款处分：……”。

为避免于有公司重整之声请后，利害关系人在法院尚未为重整准驳之裁定前，为自己之利益，为不利公司重整之行为，“公司法”赋予法院在裁定准驳重整前，有先为各种保全处分之权限。

(2) 重整裁定前法院得为处分之内容

“公司法”第二八七条第一项各款所定重整裁定前法院得为之处分如下：①公司财产之保全处分：例如禁止公司负责人将公司财产为处分或设定负担之行为。②公司业务之限制：例如限制公司之进货数量。③公司履行债务及对公司行使债权之限制：此所谓公司履行债务及对公司行使债权之限制，皆应指公司现实给付行为而言，不包括债权人起诉请求公司履行债务在内。[130] ④公司破产、和解或强制执行等程序之停止：此乃因破产宣告之裁定或和解决议如经确定，则无从开始重整秩序，而强制执行程序如已终结，亦足影响公司之财务状况，故得命停止公司破产、和解或强制执行等程序。⑤公司记名式股票转让之禁止：此在防止股票价格因声请重整而崩落。⑥公司负责人，对于公司损害赔偿责任之查定及其财产之保全处分。

(3) 重整裁定前法院所为处分之期间

为维护利害关系人之权益，避免企业利用处分期间从事不当行为，“公司法”第二八七条第二项规定：“前项处分，除法院准予重整外，其期间不得超过九十日；必要时，法院得由公司或利害关系人之声请或依职权以裁定延长之；其延长期间不得超过九十日。”又，为避免公司利用重整作为延期偿付债务之手段，及贯彻本法立法意旨，第三项规定：“前项期间届满前，重整之声请驳回确定者，第一项之裁定失其效力。”

(4) 法院为重整裁定前处分之通知义务

130　参见 1983 年 6 月 20 日（72）厅民一字第 0394 号函复台“高院”。

“公司法”第二八七条第四项规定：“法院为第一项之裁定时，应将裁定通知证券管理机关及相关之目的事业‘中央主管机关’。”立法目的在使证券管理机关及目的事业“中央主管机关”立即获悉法院为第一项各款之处分情形，俾便停止该公司股票交易及各种处理，以保障投资大众及交易安全。

3. 法院为重整准驳裁定之期限

为避免法院为准许或驳回重整之裁定拖延过久，影响利害关系人权益，“公司法”第二八五条之一第一项规定：“法院依检查人之报告，并参考目的事业‘中央主管机关’、证券管理机关、‘中央金融主管机关’及其他有关机关、团体之意见，应于收受重整声请后一百二十日内，为准许或驳回重整之裁定，并通知各有关机关。”第二项规定：“前项一百二十日之期间，法院得以裁定延长之，每次延长不得超过三十日。但以二次为限。”

4. 法院驳回重整声请

“公司法”第二八五条之一第三项规定：“有左列情形之一者，法院应裁定驳回重整之声请：一、声请书状所记载事项有虚伪不实者。二、依公司业务及财务状况无重建更生之可能者。”第四项并规定：“法院依前项第二款于裁定驳回时，其合于破产规定者，法院得依职权宣告破产。”以节省程序。

5. 法院准许重整

(1) 法院准许重整之裁定

法院依检查人之报告，并参考其所征询之机关及团体之意见，经裁量结果，认为并无应裁定驳回重整声请之事由时，自应于前述第二八五条第一、二项所定期限内为准许重整之裁定。

(2) 法院为准许重整裁定所应履践之行为

①选任重整监督人及决定必要事项：“公司法”第二八九条第一项规定：“法院为重整裁定时，应就对公司业务，具有专门学识及经营经验者或金融机构，选任为重整监督人，并决定下列事项：一、债权及股东权之申报期间及场所，其期间应在裁定之日起十日以上，三十日以下。二、所申报之债权及股东权之审查期日及场所，其期日应在前款申报期间届满后十日以内。三、第一次关系人会议期日及场所，其期日应在第一款申报期间届满后三十日以内。”②选派重整人：公司法第二九〇条第一项规定：“公司重整人由法院就债权人、股东、董事、目的事业‘中央主管机关’或证券管理机关推荐之专家中选派之。”③公告及送达重整裁定：公司法第二九一条之一第一项规定：“法院为重整裁定后，应即公告左列事项：一、重整裁定之主文及其年、月、日。二、重整监督人、重整人之姓名或名称、住址或处所。三、第二百八十九条第一项所定期间、期日及场所。

四、公司债权人及持有无记名股票之股东怠于申报权利时，其法律效果。”第二项规定：“法院对于重整监督人、重整人、公司、已知之公司债权人及股东，仍应将前项裁定及所列各事项，以书面送达之。”第三项规定：“法院于前项裁定送达公司时，应派书记官于公司账簿，记明截止意旨，签名或盖章，并作成节略，载明账簿状况。”④通知公司主管机关为重整开始之登记：为使公司之主管机关知悉公司已开始重整。另一方面，使利害关系人查阅公司登记簿时，亦能知悉公司已开始重整之事实。“公司法”第二九二条规定“法院为重整裁定后，应检同裁定书，通知主管机关，为重整开始之登记。并由公司将裁定书影本黏贴于该公司所在地公告处。”

6. 重整裁定之效力

(1) 公司业务、财产之移交及原有公司机关职权停止

“公司法”第二九三条第一项规定：“重整裁定送达公司后，公司业务之经营及财产之管理处分权移属于重整人，由重整监督人监督交接，并声报法院，公司股东会、董事及监察人之职权，应予停止。”第二项规定：“前项交接时，公司董事及经理人，应将有关公司业务及财务之一切账册、文件与公司之一切财产，移交重整人。”第三项规定：“公司之董事、监察人、经理人或其他职员，对于重整监督人或重整人所为关于业务或财务状况之询问，有答复之义务。”第四项规定：“公司之董事、监察人、经理人或其他职员，有下列行为之一者，各处一年以下有期徒刑，拘役或科或并科新台币六万元以下罚金：一、拒绝移交。二、隐匿或毁损有关公司业务或财务状况之账册文件。三、隐匿或毁弃公司财产或为其他不利于债权人之处分。四、无故对前项询问不为答复。五、捏造债务或承认不真实之债务。”

(2) 各项程序之停止

因重整债权，应依重整程序行使权利，重整计划又应就公司全部财产统筹拟定，故“公司法”第二九四条规定：“裁定重整后，公司之破产、和解、强制执行及因财产关系所生之诉讼等程序，当然停止。”以待重整程序之进行。

(3) 法院得为各项保全处分

“公司法”第二九五条规定：“法院依第二百八十七条第一项第一、第二、第五及第六各款所为之处分，不因裁定重整失其效力，其未为各该款处分者，于裁定重整后，仍得依利害关系人或重整监督人之声请，或依职权裁定之。”

(4) 债权行使之限制

依“公司法”第二九六条第一项规定，在重整裁定前成立之对公司债权，在重整裁定后为重整债权，非依重整程序，均不得行使权利。

（五）重整债权、重整债务及股东权

1. 重整债权

（1）重整债权之意义及种类

“公司法”第二九六条第一项规定：“对公司之债权，在重整裁定前成立者，为重整债权；其依法享有优先受偿权者，为优先重整债权；其有抵押权、质权或留置权为担保者，为有担保重整债权；无此项担保者，为无担保重整债权；各该债权，非依重整程序，均不得行使权利。”第二项规定：“破产法破产债权节之规定，于前项债权准用之。但其中有关别除权及优先权之规定，不在此限。”第三项规定：“取回权、解除权或抵销权之行使，应向重整人为之。”

故所谓重整债权，以在重整裁定前以成立者为限，且在性质上须为得强制执行之对公司财产上请求权。重整债权，可分为优先重整债权、有担保重整债权及无担保重整债权，无论何者，非依重整程序，均不得行使权利。

（2）重整债权之申报

“公司法”第二九七条第一项规定：“重整债权人，应提出足资证明其权利存在之文件，向重整监督人申报，经申报者，其时效中断；未经申报者，不得依重整程序受清偿。”第三项规定：“前二项应为申报之人，因不可归责于自己之事由，致未依限申报者，得于事由终止后十五日内补报之，但重整计划已经关系人会议可决时，不得补报。”

故重整债权之申报，为重整债权人于重整程序行使其权利之要件。至于申报之期限及场所，应依法院之公告。

（3）重整债权之审查

①重整债权人之初步审查：重整监督人于受理重整债权人申报债权后，应就所申报债权可否在重整程序行使及其属于何类债权，或其债权之评价额是否相当，作初步审查。“公司法”第二九八条第一项规定：“重整监督人，于权利申报期间届满后，应依其初步审查之结果，分别制作优先重整债权人，有担保重整债权人，无担保重整债权人及股东清册，载明权利之性质、金额及表决权数额，于第二百八十九条第一项第二款期日之三日前，声报法院及备置于适当处所，并公告其开始备置日期及处所，以供重整债权人、股东及其他利害关系人查阅。”②法院之审查：重整债权尚须经法院审查，始为确定。“公司法”第二九九条第一项规定：“法院审查重整债权，及股东权之期日，重整监督人、重整人及公司负责人，应到场备询；重整债权人、股东及其他利害关系人，得到场陈述意见。”第二项规定：“有异议之债权或股东权，由法院裁定之。”第三项规定：“就债权或股东权有实体上之争执者，应由有争执之利害关系人，于前项裁定送达后二十

日内提起确认之诉，并应向法院为起诉之证明，经起诉后在判决确定前，仍依前项裁定之内容及数额行使其权利。但依重整计划受清偿时，应予提存。”第四项规定：“重整债权或股东权，在法院宣告审查终结前，未经异议者，视为确定，对公司及全体股东、债权人有确定判决同一之效力。”

2. 重整债务

重整债务，系指公司在重整程序中所发生，而其债权人依法得不依重整程序优先于一切重整债权而受清偿之债务而言。盖若不赋予此类债务之债权人优先受偿权，则在重整程序中，将无人愿意与重整公司交易，重整程序将无由进行。

“公司法”第三一二条第一项规定：“下列各款，为公司之重整债务，优先于重整债权而为清偿：一、维持公司业务继续营运所发生之债务。二、进行重整程序所发生之费用。”第二项规定：“前项优先受偿权之效力，不因裁定终止重整而受影响。”

3. 重整程序中之股东权

在重整程序中，原有股东之股东权行使亦受限制。其应申报及受审查，皆与重整债权同，请参见之。

（六）重整人、重整监督人及关系人会议

1. 重整人

（1）重整人之意义

重整人，乃在重整程序中，执行公司业务，代表公司，拟定并执行重整计划之法定必备机关。重整人之选任，原则上依“公司法”第二九〇条第一项规定“公司重整人由法院就债权人、股东、董事、‘目的事业中央主管机关’或证券管理机关推荐之专家中选派之。”依此方式选任之重整人，并准用“公司法”第三十条之经理人消极资格要件规定（同条第二项）。例外则依同条第三项规定“关系人会议，依第三百零二条分组行使表决权之结果，有二组以上主张另行选定重整人时，得提出候选人名单，声请法院选派之。”至于重整人应为几人？法无明文规定。由同条第四项“重整人有数人时，……。”规定观之，不以一人为限。故应由法院就个案斟酌决定。

重整人之解任，则依同条第五项规定：“重整人执行职务应受重整监督人之监督，其有违法或不当情事者，重整监督人得声请法院解除其职务，另行选派之。”

（2）重整人之权限、责任及报酬

①执行公司业务及重整事务：依“公司法”第二九三条第一项前段规定，重整裁定送达公司后，公司之业务及财产之管理处分权移属于重整人，故在重整程

序中，由重整人执行公司业务，并对外代表公司。重整人有数人时，关于重整事务之执行，以其过半数之同意行之（公 290Ⅳ）。重整人执行职务应受重整监督人之监督（公 290Ⅴ），“公司法”第二九〇条第六项更明定：“重整人为左列行为时，应于事前征得重整监督人之许可：一、营业行为以外之公司财产之处分。二、公司业务或经营方法之变更。三、借款。四、重要或长期性契约之订立或解除，其范围由重整监督人定之。五、诉讼或仲裁之进行。六、公司权利之抛弃或让与。七、他人行使取回权、解除权或抵销权事件之处理。八、公司重要人事之任免。九、其他经法院限制之行为。”②在法院审查重整债权与股东权之期日应到场备询（公 299Ⅰ）。③列席关系人会议备询（公 300Ⅳ）。④拟定重整计划，连同公司业务及财务报表，提请第一次关系人会议审查（公 303Ⅰ）。⑤声请法院认可重整计划（公 305Ⅰ）。⑥完成重整工作（公 301Ⅰ）。⑦声请法院就有碍重整计划实行之事项，作适当之处理（公 309）。⑧经法院裁定认可之重整计划，因情事变迁或有正当理由致不能或无须执行时，得声请法院裁定，命关系人会议重行审查（公 306Ⅲ）。⑨召集重整后之股东会（公 310Ⅰ）。⑩会同重整后公司之董事、监察人声请法院为重整完成之裁定（公 310Ⅱ）。

（3）重整人之责任与报酬

“公司法”第三一三条第一项规定：“……重整人，应以善良管理人之注意，执行其职务，其报酬由法院依其职务之繁简定之。”第二项规定：“……重整人，执行职务违反法令，致公司受有损害时，对于公司应负赔偿责任。”第三项规定：“……重整人，对于职务上之行为，有虚伪陈述时，各处一年以下有期徒刑、拘役或科或并科新台币六万元以下罚金。”

2. 重整监督人

（1）重整监督人之意义：重整监督人，系法院所选任，于重整程序中，监督重整人执行职务，并主持关系人会议之法定必备机关。

重整监督人之选任，依“公司法”第二八九条第一项本文规定，系由法院于重整裁定时，就对公司业务，具有专门学识及经营经验者或金融机构选任之。依同条第二项规定，重整监督人，应受法院监督，并得由法院随时改选。至于重整监督人应为几人？法无明文。应由法院就个案依事务简繁斟酌决定。若重整监督人有数人时，同条第三项规定“重整监督人有数人时，关于重整事务之监督执行，以其过半数之同意行之。”

（2）重整监督人之职务：重整监督人之职务如下：

①监督重整裁定送达公司后，公司业务之经营及财产之管理处分权之移转交接，并声报法院（公 293Ⅰ）。②监督重整人执行职务，并于重整人有违法或不

当情事时，声请法院解除其职务，另行选派之（公 290Ⅴ）。③对重整人为重要行为之许可（公 290Ⅵ）。④声请法院为必要之保全处分（公 295）。⑤受理重整债权及无记名股东股东权之申报（公 297Ⅰ、Ⅱ）。⑥对申报之重整债权及无记名股东股东权为初步审查，并制作清册，声报法院及备置于适当处所，公告其开始备置日期及处所（公 298Ⅰ）。⑦于法院审查重整债权及股东权之期日到场备询（公 299Ⅰ）。⑧为关系人会议主席，并召集第一次以外之关系人会议（公 300Ⅱ）。⑨重整计划未得关系人会议可决时，向法院报告（公 306Ⅰ）。⑩经法院裁定认可之重整计划，因情事变迁或有正当理由致不能或无须执行时，得声请法院裁定，命关系人会议重行审查（公 306Ⅲ）。

（3）重整监督人之责任与报酬：此与重整人同，请参见之。

3. 关系人会议

（1）关系人会议之意义：关系人会议，系重整债权人及股东所组成，在重整程序中审议及表决重整计划之法定、必备之意思机关。

（2）关系人会议之任务："公司法"第三〇一条规定："关系人会议之任务如下：一、听取关于公司业务与财务状况之报告及对于公司重整之意见。二、审议及表决重整计划。三、决议其他有关重整之事项。"

（3）关系人会议之召集与开会："公司法"第三〇〇条第一项规定："重整债权人及股东，为公司重整之关系人，出席关系人会议，因故不能出席时，得委托他人代理出席。"第二项规定："关系人会议由重整监督人为主席，并召集除第一次以外之关系人会议。"第三项规定："重整监督人，依前项规定召集会议时，于五日前订明会议事由，以通知及公告为之。一次集会未能结束，经重整监督人当场宣告连续或展期举行者，得免为通知及公告。"第四项规定："关系人会议开会时，重整人及公司负责人应列席备询。"第五项规定："公司负责人无正当理由对前项询问不为答复或为虚伪之答复者，各处一年以下有期徒刑、拘役或科或并科新台币六万元以下罚金。"

（4）关系人会议之决议："公司法"第三〇二条第一项规定："关系人会议，应分别按第二百九十八条第一项规定之权利人，分组行使其表决权，其决议以经各组表决权总额二分之一以上之同意行之。"故，关系人会议应分为优先重整债权人组、有担保重整债权人组、无担保重整债权人组及股东组四组。关系人会议之决议，原则上应经各组皆为可决，始能成立。但有例外。其一为股东组依同条第二项规定，因公司无资本净值而不得行使表决权时，自无须股东组之可决。其二为，就另行选定重整人之议案，依"公司法"第二九〇条第三项规定，只需有二组以上之可决。

至于各组关系人之表决权，依"公司法"第二九八条第二项规定："重整债权人之表决权，以其债权之金额比例定之；股东表决权，依公司章程之规定。”此所谓“其债权之金额比例”，自系指债权人所持债权在所属各该组债权总金额之比例而言。

关系人会议之决议，原则上于决议成立之同时，即发生效力，无须经法院认可。但有例外。即依“公司法”第三〇五条第一项规定，重整计划经关系人会议可决者，尚须声请法院裁定认可，始能执行。

（七）重整计划

1. 重整计划之意义

重整计划，系重整人所拟，以调整债权人与股东权益，改善公司财务、业务之方策为其内容，可谓系重整程序之核心。

“公司法”第三〇三条第一项规定：“重整人应拟订重整计划，连同公司业务及财务报表，提请第一次关系人会议审查。”第二项规定：“重整人经依第二百九十条之规定另选者，重整计划，应由新任重整人于一个月内提出之。”

2. 重整计划之内容

“公司法”第三〇四条第一项规定：“公司重整如有左列事项，应订明于重整计划：一、全部或一部重整债权人或股东权利之变更。二、全部或一部营业之变更。三、财产之处分。四、债务清偿方法及其资金来源。五、公司资产之估价标准及方法。六、章程之变更。七、员工之调整或裁减。八、新股或公司债之发行。九、其他必要事项。”若公司依重整计划发行新股时，可排除“公司法”第二六七条关于员工及原有股东的优先承购权规定之适用（公 267Ⅶ）。

3. 重整计划之审查、可决与认可

依“公司法”第三〇三条第一项规定，重整计划应提请第一次债权人会议审查。第三〇二条第一项但书原规定，对于重整计划之可决，应经各组关系人表决权总额三分之二以上之同意行之。于 2006 年修法时，为使重整计划易于通过，爰将但书删除。故重整计划只须经各组关系人表决权总额二分之一以上同意即可。再依第三〇五条第一项规定：“重整计划经关系人会议可决者，重整人应声请法院裁定认可后执行之，并报主管机关备查。”第二项规定：“前项法院认可之重整计划，对于公司及关系人均有拘束力，其所载之给付义务，适于为强制执行之标的者，并得径予强制执行。”

4. 重整计划未获关系人会议可决时之救济

“公司法”第三〇六条第一项规定：“重整计划未得关系人会议有表决权各组之可决时，重整监督人应即报告法院，法院得依公正合理之原则，指示变更方针，命关系人会议在一个月内再予审查。”第二项规定：“前项重整计划经指示变更再予审查，仍未获关系人会议可决时，应裁定终止重整。但公司确有重整之价值者，法院就其不同意之组，得以下列方法之一，修正重整计划裁定认可之：一、有担保重整债权人之担保财产，随同债权移转于重整后之公司，其权利仍存续不变。二、有担保重整债权人，对于担保之财产；无担保重整债权人，对于可充清偿其债权之财产；股东对于可充分派之剩余财产，均得分别依公正交易价额，各按应得之份，处分清偿或分派承受或提存之。三、其他有利于公司业务维持及债权人权利保障之公正合理方法。”

5. 重整计划之执行与重行审查

(1) 重整计划之执行

重整计划经法院认可后，由重整人执行之（公 305 Ⅰ）。但按重整计划之执行应有一定期限，以避免重整人借故拖延时日，影响股东及债权人权益。故“公司法”第三〇四条第二项规定：“前项重整计划之执行，除债务清偿期限外，自法院裁定认可确定之日起算不得超过一年；其有正当理由，不能于一年内完成时，得经重整监督人许可，声请法院裁定延展期限；期限届满仍未完成者，法院得依职权或依关系人之声请裁定终止重整。”

又，“公司法”第三〇九条规定：“公司重整中，左列各款规定，如与事实确有扞格时，经重整人声请法院，得裁定另作适当之处理：一、第二百七十七条变更章程之规定。二、第二百七十八条增资之规定。三、第二百七十九条及第二百八十一条减资之通知公告期间及限制之规定。四、第二百六十八条至第二百七十条及第二百七十六条发行新股之规定。五、第二百四十八条至第二百五十条，发行公司债之规定。六、第一百二十八条、第一百三十三条、第一百四十八条至第一百五十条及第一百五十五条设立公司之规定。七、第二百七十二条出资种类之规定。”其中第七款规定系于 2001 年增订，其增订理由为“重整公司所以财务上发生困难，主要原因为巨额负债与沉重之利息负担，挽救之道，自须增资，而其吸收资金确有困难，如经公司债权人及关系人同意发行新股时，出资种类不以现金为限，或可以债权抵缴股款，确能纾减财务负担，增加重整可行性。”

(2) 重整计划之重行审查

依“公司法”第三〇六条第三项规定，已经关系人会议可决，并经法院认可之重整计划，因情事变迁或有正当理由致不能或无须执行时，法院得因重整监督人、重整人或关系人之声请，以裁定命关系人会议重行审查，其显无重整之可能或必要者，得裁定终止重整。依同条第四项规定，重行审查可决之重整计划仍应请法院裁定认可。

（八）重整程序之终止

1. 法院裁定终止重整之事由

在重整程序中，如有下列情形之一，由法院已裁定终止重整程序。

（1）重整计划未能于期限内执行完成（公304Ⅱ）。

（2）重整计划未能得关系人会议可决（公306Ⅱ）。

（3）重整计划因情事变更或有正当理由致不能或无须执行，而显无重整之可能或必要（公306Ⅲ）。

（4）关系人会议，未能于重整裁定送达公司后一年内可决重整计划者，法院得依声请或依职权裁定终止重整；其经法院依第三项裁定命重行审查，而未能于裁定送达后一年内可决重整计划者，亦同（公306Ⅴ）。

（5）经关系人会议可决之重整计划，法院为不认可之裁定确定者。

2. 法院裁定终止重整时之意见征询义务及后续程序

依"公司法"第三〇七条第一项规定，法院为前揭2.、3.、4.之终止重整裁定，应征询主管机关、目的事业"中央主管机关"及证券管理机关之意见。

又依同条第二项规定，法院为终止重整之裁定，应检同裁定书通知主管机关；裁定确定时，主管机关应即为终止重整之登记；其合于破产规定者，法院得依职权宣告其破产。

（九）重整之完成

"公司法"第三一〇条第一项规定："公司重整人，应于重整计划所定期限内完成重整工作；重整完成时，应声请法院为重整完成之裁定，并于裁定确定后，召集重整后之股东会选任董事、监察人。"第二项规定："前项董事、监察人于就任后，应会同重整人向主管机关申请登记或变更登记。"

至于重整完成之效力，"公司法"第三一一条第一项规定："公司重整完成后，有下列效力：一、已申报之债权未受清偿部分，除依重整计划处理，移转重整后之公司承受者外，其请求权消灭；未申报之债权亦同。二、股东股权经重整而变更或减除之部分，其权利消灭，未申报之无记名股票之权利亦同。三、重整裁定前，公司之破产、和解、强制执行及因财产关系所生之诉讼等程序，即行失其效力。"第二项规定："公司债权人对公司债务之保证人及其他共同债务人之权利，不因公司重整而受影响。"

案例

A股份有限公司已经法院裁定进入重整程序，但其重整人未能善尽职责，有无可能更换之？

解析

依“公司法”第二九〇条第一项规定：“公司重整人由法院就债权人、股东、董事、目的事业‘中央主管机关’或证券管理机关推荐之专家中选派之。”但法院依本项规定选派重整人后，法院复另行选派重整人之情形有二：其一为，同条第三项规定：“关系人会议，依第三百零二条分组行使表决权之结果，有二组以上主张另行选定重整人时，得提出候选人名单，声请法院选派之。”关系人会议依本项规定提出之候选人，应不以具备股东、债权人或董事身份为必要。[131]盖不具备股东、债权人或董事身份之人，若能获得多数重整关系人认同，将之列入候选人名单，依此项规定由法院选派为重整人，应有利于重整程序之进行（例如所拟定之重整计划，较易获致关系人会议之可决等）。但选派权仍在法院。故法院对于关系人会议提出之候选人名单，应有就其内容筛选取舍之权限。其二为，同条第五项规定：“重整人执行职务应受重整监督人之监督，其有违法或不当情事者，重整监督人得声请法院解除其职务，另行选派之。”于此情形，法院另行选派重整人之范围，应仍受第一项规定之限制。

第九节　股份有限公司之其他规定

一、股份有限公司之变更章程

（一）通常之变更章程

1. 意义

公司章程为公司组织及活动之根本规则。所谓变更章程，即系修改公司组织及活动之基本规则。公司章程虽于公司设立时即应订定，而为设立后之公司所遵循。但在公司存续中，随公司营业状况之推移及外在环境之变化，往往有对章程内容加以增删修改，以为因应之必要。唯因章程之变更，影响公司及股东权益极大，故“公司法”股份有限公司章特设第九节“变更章程”，明定股份有限公司变更章程之要件与程序。

2. 变更章程之程序

131　在旧法下，有主张依本项规定提出之候选人名单，仍有第一项资格限制规定之适用者。见武忆舟，公司法论，520页，1991年2月，作者自版。

（1）须经股东会特别决议

“公司法”第二七七条第一项规定：“公司非经股东会决议，不得变更章程。”第二项规定：“前项股东会之决议，应有代表已发行股份总数三分之二以上之股东出席，以出席股东表决权过半数之同意行之。”第三及四项则为须经特别决议事项皆有之配套规定。

故股份有限公司变更章程为股东会专属权限，且需以特别决议为之。此所谓股东会，包括股东常会与股东临时会。而股东会系公司之最高意思机关，关于公司章程之修订，在不违背法令之范围内，一经股东会决议即生效力，其向主管机关登记，仅生对抗要件，并非生效要件。[132]

又鉴于变更章程影响公司及股东权益甚大，故“公司法”第一七二条第五项将之列为不得以临时动议提出之事项。股东会变更章程之议案，须明载于股东会召集通知及公告。而因现行法并未承认股东之股东会提案权，故变更章程之议案，需由董事会提案。实务上虽通常由董事会拟具修改条文草案，提出于股东会，便利讨论之进行，但“公司法”并无明文规定必须先由董事会讨论决定议程修改之内容，然后提出于股东会。[133]

关于股份有限公司变更章程，另需注意“公司法”第一五九条特别股股东会之规定。详请见本书特别股部分之论述。

（2）变更登记

依“公司法”第三八七条第四项授权订定之“公司之登记及认许办法”第十六条规定，股份有限公司之“修正章程”系属公司登记事项，故公司经股东会特别决议变更章程后，章程之修正内容如未涉及资本总额变动者，依该办法第十五条规定应于章程变更后十五日内办理变更登记，公司负责人逾期或不申请变更登记者，应依“公司法”第三八七条第五、六项规定处罚。[134]

（二）涉及章定资本总额变动之变更章程

1. 增资之变更章程

（1）意义

股份有限公司之股份总数及每股金额，为“公司法”第一二九条第三款所定之章程绝对必要记载事项。章程所定股份总数乘以每股金额所得数额即为章定资本总额。因现行法采授权资本制，在章定股份总数范围内发行新股，无须变更章

132 “经济部”1971年7月14日商字第27951号函；同1979年6月16日商字第17805号函。

133 “经济部”1979年7月10日商字第20956号函。

134 “经济部”2002年10月29日经商字第09102226280号函。

程。然若公司欲增加章定资本总额，自需循变更章程之程序，修改增加章程所定之股份总数。[135]

（2）增加章定资本总额之要件

"公司法"第二七八条第一项规定："公司非将已规定之股份总数，全数发行后，不得增加资本。"第二项规定："增加资本后，第一次发行之股份，不得少于增加之股份总数四分之一。"此二项所称之"增加资本"，皆指增加章定资本总额而言。

又因"公司法"为增加公司筹措资金管道，承认公司得发行可转换公司债、附新股认购权公司债、附认股权特别股及认股权凭证等有价证券，以筹措资金。而此等有价证券上之股份转换权或新股认购权，实具有潜在性股份之性质。未为使上述第二七八条第一及二项之规定趋于明确，同条第三项规定："前二项股份总数之计算，不包括公司债可转换股份及认股权凭证可认购股份之数额。"第四项规定："第一项及第二项规定，于公司债可转换或可认购股份之数额依第二百六十二条发行股份者及认股权凭证可认购股份之数额依第二百六十八条之一发行股份者，不适用之。"

2. 减资之变更章程

（1）意义

股份有限公司之股东对公司之债务仅负间接、有限责任。故股份有限公司之资产为公司信用之基础。而股份有限公司之资产，又以公司之资本为形成之基础，故股份有限公司减少资本，对其信用将有重大影响。从而，股份有限公司减少资本，需践行严格之法定程序。

理论上，股份有限公司减少资本，可以减少每股金额或减少股份总数之方法为之。但现行"公司法"所规定之减少资本方法，为第一六八条第一项所定之销除股份，及第二八〇条所定之合并股份，皆属减少股份总数之型态。

实务上，股份有限公司减少资本，大致系基于以下理由[136]：

①弥补亏损：此经常发生于公司已发生巨额亏损，唯有新经营团队愿意挹注资金，取得对公司部分营运主导权，又不愿承担旧经营团队经营公司产生亏损时，可能会要求旧股东先行减资弥补亏损，而后公司再办理现金增资，由旧股东

135　理论上，公司似亦可借由修改提高章程所定每股金额之方式，增加章定资本总额。但依现行"公司法"之立法意旨，系采取增加股份总额之方式。参见"经济部"1986年1月28日商字第04146号函。并请参阅柯芳枝，同前揭注3，487、488页。

136　参见支秉钧，企业瘦身之财务策略（上），2003年7月29日，经济日报，6版，企业要闻。

放弃优先认购权，再由新经营团队依“公司法”第二六七条规定，以特定人身份承购新股取得公司股权。

②返还股东股款：企业同时符合有以下情形时，会考虑进行减资以返还股东股款：A. 为成熟产业。B. 长期以来营业收入及获利均稳定，且现金流量表中营业活动净现金流量均为正值。C. 有足够的短期可资运用资金。短期可资运用资金，通常是指公司的现金及约当现金及短期资金运用所投资的股票或受益凭证余额。D. 企业短期内无重大资本支出计划。

（2）股份有限公司减少资本之程序

①须经股东会之特别决议，并依股东所持股份比例减少之：“公司法”第一六八条第一项前段规定：“公司非依股东会决议减少资本，不得销除其股份；减少资本，应依股东所持股份比例减少之。但本法或其他法律另有规定者，不在此限。”至于“公司法”第二八〇条所定之股份合并，解释上，亦应类推适用上述第一六八条第一项前段规定。又因减少资本涉及公司章程之变更，故此之股东会决议，应以特别决议为之。至于所谓“本法另有规定”，系指例如第一六七条第二项、第一六七条之一第二项，所谓“其他法律另有规定”，系指例如“证交法”第二八条之二第四项，皆属于法定减资，故排除本项本文规定之适用。②须履践保护公司债权人之程序：“公司法”第二八一条规定：“第七十三条及第七十四条之规定，于减少资本准用之。”故，公司决议减少资本时，应即编造资产负债表及财产目录。公司为减少资本之决议后，应即向各债权人分别通知及公告，并指定三十日以上期限，声明债权人得于期限内提出异议。公司不为上述之通知及公告，或对于在指定期限内提出异议之债权人不为清偿，或不提供相当担保者，不得以其减少资本对抗债权人。③换发新股票：“公司法”第二七九条第一项规定：“因减少资本换发新股票时，公司应于减资登记后，定六个月以上之期限，通知各股东换取，并声明逾期不换取者，丧失其股东之权利；发行无记名股票者，并应公告之。”第二项规定：“股东于前项期限内不换取者，即丧失其股东之权利，公司得将其股份拍卖，以卖得之金额，给付该股东。”第三项规定：“公司负责人违反本条通知或公告期限之规定时，各处新台币三千元以上一万五千元以下罚锾。”又，第二八〇条规定：“因减少资本而合并股份时，其不适于合并之股份之处理，准用前条第二项之规定。”

二、股份有限公司之解散、合并及分割

“公司法”股份有限公司章第十一节为“解散、合并及分割”。唯就股份有限公司之合并与分割，因 2003 年 2 月 26 日订颁“企业并购法”，“公司法”上有关

股份有限公司合并、分割之条文，已为该专法取代、架空。故以下，本书仅就股份有限公司之解散，予以论述。

关于公司解散之概念，已于本书总则部分说明，请参见之。

“公司法”第三一五条第一项规定，股份有限公司之解散事由有如下八款：

（一）章程所定解散事由

在不违反法律强制禁止规定及公序良俗之前提下，公司得于章程中任意订定解散事由。例如公司章程明定公司存续期间，则于该期间届满时，即应解散。或章程明定若台中市改制为院辖市，公司即解散。则该事实发生时，公司即应解散。

但依“公司法”第三一五条第二项前段规定，于章程解散事由发生时，得经股东会议变更章程后，继续经营。

（二）公司所营事业已成就或不能成就

盖公司所营事业如已成就，则公司之目的已达成，应无存续必要。如不能成就，则维持公司存续亦无意义。又所谓不能成就，应指客观不能，而包括法律不能、事实不能之情形。

（三）股东会为解散之决议

此之股东会决议，依“公司法”第三一六条规定，需以特别决议为之。

（四）有记名股票之股东不满二人，但政府或法人股东一人者，不在此限

股份有限公司股东人数之下限，原则上为二人，例外得为政府或法人股东一人。股份有限公司之股东虽得为无记名股东，为因应无记名股东无股东名簿之适用，而以现实占有股票为认定股东之方法，现有无记名股东几人，实无从查考。故股份有限公司股东人数是否符合法定下限之要求，乃已有记名股票之股东为标准。又，依“公司法”第三一五条第二项后段规定，有记名股票之股东不满二人时，得增加有记名股东继续经营。

（五）与他公司合并

此自系指因与他公司合并而消灭之公司。

（六）分割

此系指因公司因分割而消灭之情形而言。

（七）破产

（八）解散之命令或裁判

此所谓解散之命令，系指依“公司法”第十条规定，由“中央主管机关”命令公司解散之情形。所谓解散之裁判，则指依“公司法”第十一条规定，由法院裁定解散公司之情形。

另需注意，“公司法”第二六条之一规定，公司经“中央主管机关”撤销或废止登记者，准用第二四至二六条关于解散公司清算之规定。故应解为，股份有限公司经“中央主管机关”撤销或废止其设立登记，亦为法定解散事由。

又，“公司法”第三一六条第四项规定：“公司解散时，除破产外，董事会应即将解散之要旨，通知各股东，其有发行无记名股票者，并应公告之。”

三、股份有限公司之清算

（一）总说

公司清算，系以了结解散公司一切法律关系，使其法人格消灭之法定程序。因公司为法人，不似自然人死亡而人格消灭时，有继承制度处理其生前法律关系。故有必要明定公司清算制度，以处理公司存续时所产生之种种法律关系。关于公司之清算，“公司法”总则已规定所有公司皆适用之基本规范，包括第二四条：“解散之公司除因合并、分割或破产而解散外，应行清算。”第二五条：“解散之公司，于清算范围内，视为尚未解散。”第二六条：“前条解散之公司，在清算时期中，得为了结现务及便利清算之目的，暂时经营业务。”关于这些条文之探讨，请参见本书总则部分。以下，仅就“公司法”股份有限公司章第十二节清算，专就股份有限公司之清算程序论述之。

（二）股份有限公司之普通清算

1. 清算人之产生

清算人，乃于公司清算程序中，执行清算事务及代表公司之法定必备机关。

“公司法”第三二二条第一项规定：“公司之清算，以董事为清算人。但本法或章程另有规定或股东会另选清算人时，不在此限。”第二项规定：“不能依前项之规定定清算人时，法院得因利害关系人之声请，选派清算人。”据此可知，股份有限公司清算人之产生方式有下列几种：

（1）法定清算人：股份有限公司原则上以董事为清算人。此之董事，系指全体董事。董事既系基于法律规定成为清算人，故又称“法定清算人”。又因其系当然就任，无需清算人为就任之承诺[137]，故又称“当然清算人”。

（2）章定清算人：公司亦得以章程订定清算人之产生方式，排除以全体董事为清算人规定之适用。此时，自依公司章程所定方式产生清算人。

（3）股东会选任清算人：股东会为公司最高意思机关，故若股东会认为依法由全体董事为清算人有所不宜时，自得另行选任。唯此时需该被选任之清算人为

---

137 “经济部”1992年8月27日商字第223740号函。

愿任清算人之允诺。[138]

（4）法院选派清算人：于董事因故（例如原有董事皆已解任或无法执行职务）不能担任清算人，又无法依章程规定或股东会选任产生清算人，则法院得依股东或公司债权人等利害关系人之声请，选派清算人。此时，亦需该被选派之清算人为愿任清算人之允诺。

2. 清算人之权利义务与报酬

"公司法"第三二四条规定："清算人于执行清算事务之范围内，除本节有规定外，其权利义务与董事同。"此所谓本节有规定，例如关于清算人之报酬，第三二五条即规定："清算人之报酬，非由法院选派者，由股东会议定；其由法院选派者，由法院决定之。（Ⅰ）清算费用及清算人之报酬，由公司现存财产中尽先给付。（Ⅱ）"即与董事之规定不同，而应优先适用。

3. 清算人之就任与退任

（1）清算人之就任

以全体董事为清算人之法定清算人，因系依法当然就任，故以公司解散之日为清算人就任之日。于依章程规定、股东会选任或法院选派之方式产生之清算人，因需该清算人之愿任承诺，始与公司发生委任关系，故以该清算人实际就任之日为清算人就任之日，并为清算起算日。[139]

又依"公司法"第三三四准用八三条规定，清算人应于就任后十五日内，将其姓名、住所或居所及就任日期，向法院声报，使法院得开始为清算之监督。清算人系由法院所选派者，则应公告之。

（2）清算人之退任

清算人与公司之间既为委任关系，则"民法"第五五〇条："委任关系，因当事人一方死亡、破产或丧失行为能力而消灭。但契约另有订定，或因委任事务之性质，不能消灭者，不在此限。"之规定，于清算人自亦有适用。此外，清算人亦得依"民法"第五四九条第一项规定，随时辞任。唯若系由委任人之一方将清算人解任，则依"公司法"第三二三条规定："清算人除由法院选派者外，得由股东会决议解任。（Ⅰ）法院因监察人或继续一年以上持有已发行股份总数3%以上股份股东之声请，得将清算人解任。（Ⅱ）"故对于法定、章定及股东会选任之清算人，皆得由股东会决议解任，且因本项未明定股东会解认清算人决议之要件，故依"公司法"第一七四条规定，以普通决议为已足。但对于此等清算

---

138 "经济部"1992年8月27日商字第223740号函。

139 "经济部"1968年11月7日商字第03808号函。

人，若股东会无法作成解任决议，亦得由法院因第二项之声请，于认定该清算人有违法或不称职情事时，解任之。至于法院选派之清算人，仅法院有解任权。

又，清算人退任时，依“公司法”第三三四条准用第八三条规定，应由监察人于十五日内，向法院声报。由法院解任者，则应公告。

4. 清算人之职务

关于清算人之职务，依“公司法”第三三四条准用第八四条第一项规定，“清算人之职务如左：一、了结现务。二、收取债权、清偿债务。三、分派盈余或亏损。四、分派剩余财产。”但其中第三款之“分派盈余或亏损”于股份有限公司清算人并无准用余地。盖于股份有限公司清算结果，若公司财产不足以清偿其债务，依“公司法”第三三四条准用第八九条第一项，清算人即应声请宣告破产，而无分派亏损问题。而若公司财产清偿债务后仍有剩余，则为分派剩余财产问题，亦无所谓分派盈余可言。

除此之外，“公司法”并就股份有限公司清算人，明定如下职务：

（1）检查公司财产情形等

“公司法”第三二六条第一项规定：“清算人就任后，应即检查公司财产情形，造具财务报表及财产目录，送经监察人审查，提请股东会承认后，并即报法院。”第二项规定：“前项表册送交监察人审查，应于股东会集会十日前为之。”第三项规定：“对于第一项之检查有妨碍、拒绝或规避之行为者，各处新台币二万元以上十万元以下罚锾。”

（2）催告申报债权及清偿债务

“公司法”第三二七条规定：“清算人于就任后，应即以三次以上之公告，催告债权人于三个月内申报其债权，并应声明逾期不申报者，不列入清算之内，但为清算人所明知者，不在此限，其债权人为清算人所明知者，并应分别通知之。”若有改选清算人之情形，倘原清算人已践行前开程序，改选后新任之清算人，无庸再重新办理。[140]

“公司法”第三二八条并规定：“清算人不得于前条所定之申报期限内，对债权人为清偿。但对于有担保之债权，经法院许可者，不在此限。（Ⅰ）公司对前项未为清偿之债权，仍应负迟延给付之损害赔偿责任。（Ⅱ）公司之资产显足抵偿其负债者，对于足致前项损害赔偿责任之债权，得经法院许可后先行清偿。（Ⅲ）”

对于不列入清算内之债权人，“公司法”第三二九条规定：“不列入清算内之

140 “经济部”2003年8月11日商字第09202166470号。

债权人，就公司未分派之剩余财产，有清偿请求权。但剩余财产已依第三百三十条分派，且其中全部或一部已经领取者，不在此限。”此所谓“公司未分派之剩余财产”，系指清算人以公司之资产（包括对他人之债权），实行清偿债务后尚有剩余，未分派与各股东及领取者而言。[141]

（3）分派剩余财产

“公司法”第三三〇条规定：“清偿债务后，剩余之财产应按各股东股份比例分派；但公司发行特别股，而章程中另有订定者，从其订定。”此所谓清偿债务，自系指依前述“公司法”第三二七至三二九条规定清偿债务。所谓剩余财产，应将盈余归并在内；又该盈余应指公司历年盈余之全部而言，法定盈余公积既系在盈余中提列，自亦在分派之列。[142]

又依“公司法”第三三四准用九十条规定：“清算人非清偿公司债务后，不得将公司财产分派于各股东。（1）清算人违反前项规定，分派公司财产时，各处一年以下有期徒刑、拘役或科或并科新台币六万元以下罚金。（Ⅱ）”

另需注意，“公司法”第三三三条规定：“清算完结后，如有可以分派之财产，法院因利害关系人之声请，得选派清算人重行分派。”

（4）清算完结时为必要之行为

“公司法”第三三一条第一项规定：“清算完结时，清算人应于十五日内，造具清算期内收支表、损益表、连同各项簿册，送经监察人审查，并提请股东会承认。”第二项规定：“股东会得另选检查人，检查前项簿册是否确当。”第四项规定：“第一项清算期内之收支表及损益表，应于股东会承认后十五日内，向法院声报。”第五项规定：“清算人违反前项声报期限之规定时，各处新台币一万元以上五万元以下罚锾。”第六项规定：“对于第二项之检查有妨碍、拒绝或规避行为者，各处新台币二万元以上十万元以下罚锾。”

需注意者为，若于上述各项簿册，送经监察人审查期间发生监察人死亡之情事，清算人应召集股东会补选监察人，以完成本条所定程序。[143]

至于依第四项规定，向法院所为之声报，仅属备案性质，法院之准予备案处分，并无实质上之确定力。公司法人人格是否消灭，应视其已否完成“合法清算”，并依“非讼事件法”第三七条规定，向法院办理清算终结登记而定。[144]

---

141 “最高法院”1977年度台上字第888号。

142 “经济部”1982年9月16日商字第34031号。

143 “经济部”2000年11月29日商字第89224343号函。

144 2000台抗字第388号裁定。

此外，“公司法”第三三二条规定“公司应自清算完结声报法院之日起，将各项簿册及文件，保存十年。其保存人，由清算人及其利害关系人声请法院指定之。”此所称“簿册及文件”，系指历届股东会议事录、资产负债表、损益表、股东名簿、公司债存根簿、会计账簿及关于营业与清算事务之文件。[145]

5. 清算人之权利、义务与责任

“公司法”第三二四条规定“清算人于执行清算事务之范围内，除本节有规定外，其权利义务与董事同。”此外，依“公司法”第三三四条准用第八四条第二项规定，清算人执行清算职务，有代表公司为诉讼上或诉讼外一切行为之权。但将公司营业包括资产负债转让于他人时，应得全体股东之同意。

至于清算人之责任，除于上述有关清算人职务规定中明定者外，因清算人为“公司法”第八条第二项所定之公司职务负责人，故“公司法”第二三条之公司负责人对内、对外民事责任之规定，于清算人亦有适用。

（三）股份有限公司之特别清算

1. 特别清算之概念

股份有限公司之特别清算，谓普通清算之实行发生显著之障碍或公司负债超过资产有不实之嫌疑时，依法院之命令开始，且在法院监督下所进行之清算程序。

特别清算系介于普通清算与破产之中间制度。使资产状况不佳之公司，得免依严格而繁复之破产程序，而能在法院干预监督下，平等确保公司债权人权益，了结公司解散时之事务。

2. 特别清算之开始

“公司法”第三三五条第一项规定：“清算之实行发生显著障碍时，法院依债权人或清算人或股东之声请或依职权，得命令公司开始特别清算；公司负债超过资产有不实之嫌疑者亦同。但其声请，以清算人为限。”

所谓“清算之实行发生显著障碍”，例如公司利害关系人人数众多，或债权债务关系极为复杂，致普通清算无法顺利进行之情形。所谓“公司负债超过资产有不实之嫌疑”，系指形式上公司负债超过资产，但实质上有无超过，仍未能确定之情形。于前者情形，公司债权人、清算人或股东皆有声请权，但于后者，仅清算人有声请权。此外，无论何者，法院皆得依职权，发动本项之命令开始特别清算权限。

又，“公司法”第三三六条规定：“法院依前条声请人之声请，或依职权于命

145 “经济部”2001年9月19日商字第09002189350号。

令开始特别清算前，得提前为第三百三十九条之处分。”是为法院于特别清算开始前之保全处分。

至于法院命令开始特别清算之效果，“公司法”第三三五条第二项规定：“第二百九十四条关于破产、和解及强制执行程序当然停止之规定，于特别清算准用之。”

3. 特别清算中之机关

(1) 特别清算人

①特别清算人之任免：公司进入特别清算程序后，原则上仍由普通清算之清算人继续担任特别清算人。但“公司法”第三三七条规定：“有重要事由时，法院得解任清算人。（Ⅰ）清算人缺额或有增加人数之必要时，由法院选派之。（Ⅱ）”

②特别清算人之职务：关于特别清算人之职务，依“公司法”第三五六条规定：“特别清算事项，本目未规定者，准用普通清算之规定。”故原则上与普通清算人同。但特别清算人尚有下列有别于普通清算人之职务：A. 遵照法院之命令，为清算事务及财产状况之报告（公 338）。B. 依公司财产之状况，有必要时，声请法院命令检查公司之业务及财产（公 352）。C. 召集债权人会议（公 341Ⅰ）。D. 造具公司业务及财产状况之调查书、资产负债表及财产目录，提交债权人会议，并就清算实行之方针与预定事项，陈述其意见（公 344）。E. 向债权人会议提出协定之建议（公 347）。F. 认为作成协定有必要时，请求得行使优先受偿权及别除权之债权人参加债权人会议（公 349）。

③特别清算人之权限：关于特别清算人之权限，依“公司法”第三五六条规定：“特别清算事项，本目未规定者，准用普通清算之规定。”故原则上与普通清算人同。但“公司法”第三四六条有特别规定：“清算人为左列各款行为之一者，应得监理人之同意，不同意时，应召集债权人会议决议之。但其标的在资产总值1‰以下者，不在此限：一、公司财产之处分。二、借款。三、诉之提起。四、成立和解或仲裁契约。五、权利之抛弃。（Ⅰ）应由债权人会议决议之事项，如迫不及待时，清算人经法院之许可，得为前项所列之行为。（Ⅱ）清算人违反前两项规定时，应与公司对于善意第三人连带负其责任。（Ⅲ）第八十四条第二项但书之规定，于特别清算不适用之。（Ⅳ）”

4. 债权人会议

(1) 债权人会议之概念

债权人会议，系在特别清算程序中，由已经申报债权及为特别清算人所明知债权之普通债权人所组成之会议体，而为特别清算程序中之法定、任意、临时之公司债权人团体之最高意思决定机关。

(2) 债权人会议之召集

“公司法”第三四一条第一项规定：“清算人于清算中，认为有必要时，得召集债权人会议。”第二项规定：“占有公司明知之债权总额 10%以上之债权人，得以书面载明事由，请求清算人召集债权人会议。”依同条第三项规定，由债权人请求清算人召集债权人会议者，得准用第一七三条第二项规定，选任检查人调查公司业务及财产状况。又依同条第四项规定，第三四〇条但书所定之：“依法得行使优先受偿权或别除权之债权”，不列入第二项之债权总额。至于债权人会议之召集程序，依“公司法”第三四三条准用第一七二条第二、三及六项有关股东会召集程序之规定。

(3) 债权人会议之开会

债权人会议开会时，为其构成员之普通债权人均得出席。但持有无记名公司债券或其他无记名有价证券之债权人，依“公司法”第三四三条准用第一七六条规定，非于债权人会议开会五日前，将其债权凭证交存于清算人，不得出席。

此外，依“公司法”第三四二条规定，债权人会议之召集人对依法得行使优先受偿权或别除权之债权之债权人，得通知其列席债权人会议征询意见，但无表决权。

(4) 债权人会议之议事录

依“公司法”第三四三条规定，债权人会议并准用第一八三条有关股东会议事录之规定。

(5) 债权人会议之权限

①查阅清算人造具之书表，并听取清算人对于清算实行方针与预定事项之意见（公 344)。②任免监理人（公 345Ⅰ)。③对清算人所为应经监理人同意之行为，于监理人不同意时为决议（公 346)。④为协定之可决（公 350Ⅰ)。⑤协定变更条件时之可决（公 351)。

(6) 债权人会议之决议

关于债权人会议之表决权，依“公司法”第三四三条规定，准用第二九八条第二项关于重整债权人表决权之规定。

至于债权人会议决议之方法，原则上，依“公司法”第三四三条准用“破产法”第一二三条规定，应有出席债权人过半数，而其所代表之债权额超过总债全额之半数者同意行之。但就协定之可决，“公司法”第二五〇条第一项规定，应有得行使表决权之债权人过半数之出席，及得行使表决权之债权总额四分之三以上之同意行之。

债权人会议之决议，原则上，于决议成立之同时，即发生效力。但监理人之任免及协定之可决，尚须经法院之认可，始生效力（公345Ⅱ、350Ⅱ）。

5. 监理人

“公司法”第三四五条第一项规定：“债权人会议，得经决议选任监理人，并得随时解任之。”第三四六条第一项规定：“清算人为左列各款行为之一者，应得监理人之同意，不同意时，应召集债权人会议决议之。但其标的在资产总值1‰以下者，不在此限：一、公司财产之处分。二、借款。三、诉之提起。四、成立和解或仲裁契约。五、权利之抛弃。”故，监理人系由债权人会议所选任，代表债权人团体监督清算人执行职务之法定、任意机关。

监理人之权限，除上述“公司法”第三四六条第一项之规定外，尚得依第三五二条第一项规定，于依公司财产之状况有必要时，声请法院命令检查公司之业务及财产。

6. 检查人

“公司法”第三五二条第一项规定：“依公司财产之状况有必要时，法院得据清算人或监理人，或继续6个月以上持有已发行股份总数3%以上之股东，或曾为特别清算声请之债权人，或占有公司明知之债权总额10%以上债权人之声请，或依职权命令检查公司之业务及财产。”故，检查人乃在特别清算程序中，由法院选派之检查公司业务及财产之法定、任意、临时之机关。

依“公司法”第三五二条第二项准用第二八五条规定，法院须就对公司业务具有专门学识、经营经验而非利害关系人者，选任为检查人。

“公司法”第三五三条规定：“检查人应将左列检查结果之事项，报告于法院：一、发起人、董事、监察人、经理人或清算人依第三十四条、第一百四十八条、第一百五十五条、第一百九十三条及第二百二十四条应负责任与否之事实。二、有无为公司财产保全处分之必要。三、为行使公司之损害赔偿请求权，对于发起人、董事、监察人、经理人或清算人之财产，有无为保全处分之必要。”相对而言，检查人之检查事项，应解为获致上述检查结果所必要之一切事项。

7. 法院之特别监督

法院之积极干预清算事务为特别清算之特征。以下，胪列“公司法”上相关规定。其中，已于前述及者，仅列条号，内容则不再赘言。

（1）为特别清算开始前之保全处分（公336）。

（2）清算人之解任及增补选（公337）。

（3）随时命令清算人报告及为必要之调查。

“公司法”第三三八条规定：“法院得随时命令清算人，为清算事务及财产状况之报告，并得为其他清算监督上必要之调查。”

(4) 于特别清算期间为各种保全处分。

“公司法”第三三九条规定：“法院认为对清算监督上有必要时，得为第三百五十四条第一项第一款、第二款或第六款处分。”

(5) 特别清算人所为应经债权人会议决议事项之行为，如迫不及待时，法院得许可清算人为之（公 346）。

(6) 命令检查公司之业务及财产，选任检查人，据其报告为各种保全处分。

法院得依第三五二条规定选任检查人，命令检查公司之业务及财产。检查人应依第三五三条规定，向法院报告检查结果，已如前述。而依第三五四条规定，法院据检查人之报告，“认为必要时，得为左列之处分：一、公司财产之保全处分。二、记名式股份转让之禁止。三、发起人、董事、监察人、经理人或清算人责任解除之禁止。四、发起人、董事、监察人、经理人或清算人责任解除之撤销；但于特别清算开始起一年前已为解除，而非出于不法之目的者，不在此限。五、基于发起人、董事、监察人、经理人、或清算人责任所生之损害赔偿请求权之查定。六、因前款之损害赔偿请求权，对于发起人、董事、监察人、经理人或清算人之财产为保全处分。”

(四) 特别清算程序中之协定

1. 意义

特别清算程序中之协定，系指特别清算中公司与其债权人团体间，为完结清算，就债务处理之方法所成立之和解契约。

特别清算系对财产状况欠佳之公司所进行之清算程序，故债权人之债权往往无法获得完全清偿，故债权人如不为相当之让步，以协议之方式完成清算，势必转入费时、繁复又不经济之破产程序，对债权人反而不利。为使债权人能为相当之让步，乃在清算程序中设协定之制度。

2. 协定建议之提出

“公司法”第三四七条规定：“清算人得征询监理人之意见，对于债权人会议提出协定之建议。”故协定建议之提出权人系特别清算人。

3. 协定之条件

“公司法”第三四八条规定：“协定之条件，在各债权人间应属平等。但第三百四十条但书所定之债权，不在此限。”第三四九条规定：“清算人认为作成协定有必要时，得请求第三百四十条但书所定之债权人参加。”所谓第三四〇条但书所定之债权，系指依法得行使优先受偿权或别除权之债权。此等债权人原无须参加协定，而得依法或就供担保之担保物享有优先受偿及如数受偿之权利。不过，如此等债权人，可能愿对其具有优先受偿权或别除权之债权为部分之让步，使协定之建议，较易获得债权人会议之可决时，特别清算人即得请求此等债权人参加。

4. 协定之可决与认可

"公司法"第三五〇条第一项规定："协定之可决，应有得行使表决权之债权人过半数之出席，及得行使表决权之债权总额四分之三以上之同意行之。"第二项规定："前项决议，应得法院之认可。"

5. 决议之效力

依"公司法"第三五〇条第三项准用"破产法"第一三六条规定，协定之可决得法院认可后，对于债权人会议构成员之一切债权人，一律发生效力。协定经法院认可生效后，特别清算人自应依协定之条件履行债务。

6. 协定之变更

"公司法"第三五一条规定："协定在实行上遇有必要时，得变更其条件，其变更准用前四条之规定。"

（五）特别清算程序之终结

特别清算程序之终结，有下列二种情形：

1. 完成特别清算程序

特别清算程序，虽有可能未经协定，各债权人皆获得完全清偿而完成。但此情形应属罕见。故特别清算程序之完成，通常系因清算人依协定内容实行完毕之型态为之。

2. 转入破产程序

"公司法"第三五五条规定："法院于命令特别清算开始后，而协定不可能时，应依职权依破产法为破产之宣告，协定实行上不可能时亦同。"经法院为破产之宣告者，自应进入破产程序，特别清算程序因而终结。

第四章　有限公司、无限公司、两合公司

第一节　有限公司

一、前言

在台湾地区现有五十八万余家公司中，有限公司家数为四十二万余家，可谓系压倒性之多数。因有限公司制度设计使然，故就个别而言，率皆属中小企业，且多为家族企业。但此等为数众多之中小企业，实为整体经济之基盘，而有重大意义。

二、有限公司之定义

"公司法"第二条第一项第三款明定有限公司之定义为"由一人以上股东所组织，就其出资额为限，对公司负其责任之公司。"由此定义可知：

（一）有限公司为台湾地区"公司法"所

承认之四种公司型态之一，而为以营利为目的之社团法人（公 1）。

（二）有限公司为由一人以上股东所组织之公司。

（三）有限公司为股东就其出资额为限，对公司负其责任之公司。亦即，有限公司之股东，并不对公司之债务直接负责，而仅以其出资额为限，负间接、有限责任。

三、有限公司之资本

由于有限公司之股东，对于公司债务仅负间接、有限责任。有限公司之资产乃成为公司债权人受偿之基础。公司法为保护公司债权人之受偿机会，系透过资本之概念，以所谓“资本三原则”之规范，使公司之资产，能维持至少不低于资本额之水准，以为公司偿债能力之基础。此外，为使公司具有最起码之偿债能力，现行有限公司法制，对有限公司有最低资本额之规范。分述如下：

（一）资本三原则

1. 资本确定原则

有限公司章程应记载公司资本总额（公 101 Ⅰ④），而公司资本总额，应由各股东全部缴足，不得分期缴款或向外招募（公 100 Ⅰ）。亦即有限公司须于公司设立时即须确定其资本总额，并收足之。

2. 资本维持原则

有限公司于弥补亏损完纳一切税捐后，分派盈余时，应先提出 10%为法定盈余公积（公 112 Ⅰ本文），强制公司于分派盈余前，提拨法定盈余公积，以备公司亏损时，供弥补亏损之用。

3. 资本不变原则

有限公司减少资本须经全体股东同意（公 106Ⅳ）。

（二）资本最低额之限制

“公司法”第一〇〇条第二项规定：“有限公司之最低资本总额，由‘中央主管机关’以命令定之。”目前“中央主管机关”“经济部”（公 5）在此授权下，以经(90) 商字第〇九〇〇二二五三四九〇号令规定有限公司之最低资本总额为新台币 50 万元。须注意者为，此之最低资本总额系一般性规定，若有限公司所营事业之主管机关另订有较高之最低资本总额，经营该种事业之有限公司自应遵循之。

四、有限公司之设立

（一）设立方式

有限公司之设立，因“公司法”第一〇〇条第一项规定：“公司资本总额，应由各股东全部缴足，不得分期缴款或向外招募”，故以发起设立为限，不得采用股份有限公司所承认之募集设立，且亦不适用授权资本制。

（二）设立程序

1. 订立章程

（1）订立人与方法

“公司法”第九十八条第二项规定：“股东应以全体之同意订立章程，签名或盖章，置于本公司，每人各执一份。”

（2）章程记载事项[1]

①绝对必要记载事项：“公司法”第一〇一条第一项规定“公司章程应载明左列事项”，所列各款事项中，第一款“公司名称”；第二款“所营事业”；第三款“股东姓名或名称、住所或居所”；第四款“资本总额及各股东出资额”；第五款“盈余及亏损分派比例或标准”；第六款本文“本公司所在地”；第七款“董事人数”；第九款“订立章程之年、月、日”，皆属绝对必要记载事项。

②相对必要记载事项：分公司所在地（公 101 Ⅰ⑥）；解散事由（公 101 Ⅰ⑧）；股东按出资多寡比例分配表决权（公 102 Ⅰ但）；设董事长（公 108 Ⅰ后段）；特别盈余公积（公 112 Ⅱ）；清算人（公 113 准用公 79 但）；经理人之设置及有关事项（公 29 Ⅰ）。

③任意记载事项：得为不违反强行法规、公序良俗或有限公司本质之任何事项，例如规定“股东之同意，应以书面为之”；“董事之任期”等。

（3）章程备置义务

“公司法”第一〇一条第二项规定：“代表公司之董事不备置前项章程于本公司者，处新台币一万元以上五万元以下罚锾。连续拒不备置者，并按次连续处新台币二万元以上十万元以下罚锾。”故代表公司之董事，有备置章程于本公司之义务，违反此义务时，并有处罚规定。

2. 设立人缴足出资

（1）缴足出资期限

章程订定后，股东即应依章程所载之各股东出资额履行其出资义务。“公司法”第一〇〇条第一项规定：“公司资本总额，应由各股东全部缴足，不得分期缴款或向外招募。”至于缴足出资之期限，因主管机关依“公司法”第三八七条第四项授权颁订之“公司登记及认许办法”第三条规定有限公司应于章程订立后

1 关于章程“绝对必要记载事项”、“相对必要记载事项”及“任意记载事项”之意义，请参见本书第三章股份有限公司（60 页以下）。

15日内，向主管机关申请为设立之登记；复因“公司法”第七条前段规定：“公司申请设立、变更登记之资本额，应先经会计师查核签证”，故缴足出资之期限，应为章程订立后15日内之会计师得以完成查核签证，出具查核报告书之时期前。

（2）出资种类

现行法并未明定有限公司股东出资种类，解释上，有限公司股东除得以现金出资外，亦得以“现金以外之财产”出资，即所谓“现物出资”。但“现物出资”应以实际移转财产所有权之“移转出资”为限，而不得以不移转所有权仅提供财产供公司使用之“用益出资”方式为之。然有限公司之股东，不得以“信用、劳务或其他权利”出资。

（3）出资之查核

“公司法”第七条规定：“公司申请设立、变更登记之资本额，应先经会计师查核签证，其办法由‘中央主管机关’定之。”故公司设立时之资本确实性查核，系由代表专业、公正第三人之会计师执行。一则借由会计师之专业能力，落实资本确实性之查核，一则因由申请登记人负担会计师之查核签证费用，减轻主管机关之人力、物力负担，可谓一举两得。

3. 申请设立登记

公司非在“中央主管机关”登记后，不得成立（公6）。故有限公司之设立，应向主管机关申请设立登记。

（1）设立登记申请人

“公司法”第三八七条第一项前段规定：“公司之登记或认许，应由代表公司之负责人备具申请书，连同应备之文件一份，向‘中央主管机关’申请”，同条第二项规定：“前项代表公司之负责人有数人时，得由一人申办之。”有限公司之“代表公司之负责人”，原则上为董事，董事有数人并特定一人为董事长时，为董事长（公108Ⅰ）。此外，代表公司之负责人亦得出具委托书，由代理人代为申办，但代理人，以会计师、律师为限（同条Ⅰ后段及Ⅲ）。

（2）申请期限

“公司法”第三八七条第一项前段规定：“公司之登记或认许，应由代表公司之负责人备具申请书，连同应备之文件一份，向‘中央主管机关’申请……”关于申请之期限、申请方式、申请书表之格式、内容及其他相关事项，则规定于主管机关依“公司法”第三八七条第四项授权下订颁之“公司之登记及认许办法”。依该办法第三条第一项规定，有限公司之设立登记应于章程订立后15日内，向上管机关申请为设立之登记。“代表公司之负责人违反依第四项所定办法规定之申请期限者，处新台币一万元以上五万元以下罚锾。”（公387Ⅵ）

（3）应备文件

依“公司之登记及认许办法”第十六条表三“有限公司登记应附送书表一览表”，有限公司设立登记申请应附送书表，包括申请书、其他机关核准函[2]、公司设立（变更）登记预查名称申请表[3]、公司章程股东同意书（股东需亲自签名）、董事愿任同意书、股东资格及身份证明文件、董事资格及身份证明文件（含指派、改派代表人之指派书）、会计师资本额查核报告书暨其附件、委托会计师签证之委托书、设立登记表。

（4）主管机关之审查

“公司法”第三八八条规定：“主管机关对于公司登记之申请，认为有违反本法或不合法定程式者，应令其改正，非俟改正合法后，不予登记。”是为主管机关之审查及命令改正权。

五、有限公司之股东

（一）有限公司股东之意义、人数及资格

1. 意义

有限公司为公司之一种，而公司为社团法人，有限公司之股东即为有限公司此一社团之构成员。

2. 人数

2001 年修正之公司法，对有限公司股东人数自修正前之“5 人以上，21 人以下”，修正为“一人以上”，而承认股东仅有一人之“一人有限公司”，亦使有限公司之股东人数，在理论上得为无限多数。

3. 资格

“公司法”并未对有限公司股东之资格有所规范，故凡具有权利能力，得为法律上权利主体者，不问其为自然人或法人，有无行为能力，皆得为有限公司之股东。

（二）有限公司股东地位之得丧

1. 股东地位之取得

有限公司股东地位之取得，可分为原始取得与继受取得。原始取得，包括公司设立时，参与公司设立而出资成为股东，以及依“公司法”第一〇六条第三项规定，在公司成立后增资时，经全体股东同意，参加出资而成为新股东之情形。

---

2 此应系指“公司法”第 17 条第 1 项之许可文件。

3 “公司法”第 18 条第 5 项“公司名称及业务，于公司登记前应先申请核准，并保留一定期间；其审核准则，由‘中央主管机关’定之。”

继受取得，包括基于继承、遗赠、公司合并或出资额之受让而成为股东之情形。

2. 股东地位之丧失

关于有限公司股东地位之丧失，可分为相对丧失与绝对丧失两种情形。所谓相对丧失，如股东转让全部出资额予他人时，原股东即丧失股东地位而由受让人继受取得股东地位。所谓绝对丧失，即指该股东地位在经济社会上归于消灭之谓。例如，公司因解散清算而消灭，则其构成元素之股东地位亦归于消灭是。

（三）有限公司股东之权利义务

1. 股东权利

有限公司之股东基于股东地位得对公司主张之权利，称为“股东权”。股东权，并非单一之一种权利，而系基于股东地位得对公司主张之各种权利之总称。例如盈余分派请求权（公 112Ⅰ）、剩余财产分派请求权（公 113 准用 84Ⅰ④）、及不同意其他股东转让出资额时之优先受让权（公 111Ⅱ、Ⅳ）、表决权（公 102Ⅰ）、监察权（公 109）、声请法院选派检查（公 110Ⅲ准用 245Ⅰ）及对董事所造具会计表册之异议权（公 110Ⅱ）等。

2. 股东之义务

关于有限公司股东对公司有无义务之问题，因“公司法”第一〇〇条第一项前段规定“公司资本总额，应由各股东全部缴足”，故一般认为有限公司之股东对公司有出资义务。[4]

3. 股东平等之原则

所谓股东平等原则，系指各股东基于股东地位对公司享有之权利应受平等对待之原则。有限公司之股东平等原则有浓厚之人合色彩。以股东表决权为例，原则上系不问出资额多寡，每一股东皆有一表决权，例外得以章程订定按出资额比例分配表决权（公 102Ⅰ）。

（四）有限公司之股单

1. 股单之发给义务及应记载事项

“公司法”第一〇四条第一项规定：“公司设立登记后，应发给股单，载明左列各款事项：一、公司名称。二、设立登记之年、月、日。三、股东姓名或名称及其出资额。四、发给股单之年、月、日。”既曰“发给”，并应“载明”，故有限公司之股单应为书面。因应载明“股东姓名”（公 104Ⅰ③），故股单必为记名式。且因“公司法”第一〇四条第二项准用同法第一六二条第二项结果，股东为“政府”或

4 亦有主张出资系成为股东之前提要件，故成为股东后对公司已无任何义务者。见林国全，现行有限公司法制解析，政大法学评论第 73 期，2003 年 3 月，65～66 页。

法人者，则股单上之股东姓名应记载“政府”或法人之名称，不得另立户名或仅载代表人姓名。又，有限公司之股单，应由全体董事签名或盖章（公105）。

2. 股单之性质

实务及学说多数说则认为股单仅系有限公司股东出资之证明文书，而非有价证券。[5]盖股东出资之转让，尚须经变更公司章程等程序，与一般有价证券径依交付（无记名）或交付并背书（记名），而生转让效力者不同，是以股单之交付尚非属转让之要件。

（五）有限公司之股东名簿

“公司法”第一〇三条第一项规定：“公司应在本公司备置股东名簿，记载左列事项：一、各股东出资额及股单号数。二、各股东姓名或名称、住所或居所。三、缴纳股款之年、月、日。”第二项规定“代表公司之董事，不备置前项股东名簿于本公司者，处新台币一万元以上五万元以下罚锾。连续拒不备置者，并按次连续处新台币二万元以上十万元以下罚锾。”

股东名簿系有限公司所必须备置，用以记载有关股东及股单事宜之名册。依“公司法”第一〇四条第二项准用同法第一六五条，故有限公司股东名簿之作用，与股份有限公司股东名簿并无二致，皆仅止于使记载事项发生对抗公司之效果。

（六）有限公司股东出资之转让

1. 有限公司股东出资转让限制之意义

有限公司为维持其相对较少人数股东相互间之信赖关系，不采股份有限公司之股份自由转让原则，而要求股东之出资转让须经其他股东同意。对公司原有股东出资转让之限制，其另一面实即对原非股东之人参加成为新股东之限制。此即有限公司所以被称为系“闭锁性公司”之由来。

2. 股东出资转让之生效要件：股东之同意

(1) 非董事股东之出资转让

“公司法”第一一一条第一项规定“股东非得其他全体股东过半数之同意，不得以其出资之全部或一部，转让于他人。”此之股东，系指非董事之股东，观之本条第三项规定自明。此之转让，解释上应包括所有有偿与无偿之权利移转行为。[6]此之他人，系指该转让出资股东以外之任何人，不问该他人是否为该有限公

5 “经济部”1997年7月29日商字第8621400号函；柯芳枝，公司法论（下），2003年增订5版，三民书局，645～646页。

6 实务上，主管机关曾以“经济部”1997年5月16日商字第86205762号函、1997年7月29日商字第86214002号函分别函释“赠与”、“以出资额抵缴遗产税”之情形，皆有本条之适用。

司之其他股东。

股东转让其出资，其另一面之意义即为股东收回投资。因有限公司无退股之制度，2001 年修正后之现行公司法虽允许有限公司减资，但有限公司减资，须经全体股东同意（公 106Ⅳ），对在公司存续中有收回投资需求之个别股东，并不适用。在此情形下，若有意转让出资之股东无法依第一项规定取得其他全体股东过半数之同意，将阻绝其收回投资之机会，亦过于严苛。故“公司法”第一一一条第二项乃规定：“前项转让，不同意之股东有优先受让权；如不承受，视为同意转让，并同意修改章程有关股东及其出资额事项。”是为所谓“先买条款”。

本项后段“如不承受，视为同意转让，并同意修改章程及其出资额事项”之规定，系为解决股东出资转让之股东同意与公司变更章程时之股东同意，异其要件所可能产生之龃龉而设。[7]

（2）董事之出资转让

“公司法”第一一一条第三项规定：“公司董事非得其他全体股东同意，不得以其出资之全部或一部，转让于他人。”董事系有限公司之法定必备之业务执行机关，地位至为重要，故现行法加重其转让限制，要求其出资之转让应得其他全体股东之同意。

（3）法院依强制执行程序将股东之出资转让他人

“公司法”第一一一条第四项规定：“法院依强制执行程序，将股东之出资转让于他人时，应通知公司及其他全体股东，于二十日内，依第一项或第三项之方式，指定受让人；逾期未指定或指定之受让人不依同一条件受让时，视为同意转让，并同意修改章程有关股东及其出资额事项。”

“公司法”为保障有限公司股东（包括董事在内）之债权人之权益，容许股东之债权人对股东之出资得声请强制执行，唯顾及有限公司其有闭锁性之特质，乃赋予公司及其他全体股东有指定受让人行使优先受让权之权利。

3. 股东出资转让之对抗要件

（1）对公司之对抗要件：股东名簿之记载

依“公司法”第一〇四条第二项准用同法第一六五条第一项结果，有限公司股东出资之转让，非将受让人之姓名或名称及住所或居所，记载于公司股东名簿，不得以其转让对抗公司。

（2）对第三人之对抗要件：章程变更登记

有限公司股东出资转让之结果，将造成章程所载股东姓名、出资额等事项之

---

7 同条第 4 项后段之规定亦同此旨。

变动，从而，公司自应修正章程，并依“公司登记与认许办法”第十六条所定附表规定，检具应备文件（修正章程申请书；其他机关核准函；章程修正条文对照表；股东同意书（股东需亲自签名）），向主管机关申办章程变更登记。对此章程变更登记之效果，主管机关以“经济部”1983年8月2日商三二七八九号有如下函释：“查有限公司各股东之姓名及出资额，依‘公司法’第一〇一条之规定，必须载明于公司章程，故股东或出资额发生变动，原则上应为变更登记，唯此项变更登记依‘公司法’第十二条之规定，仅具有对抗第三人之效力，并非‘变更’之生效要件，即股东出资额之转让，合乎民法一般债权让与之规定及公司法第一一一条特别规定，即发生移转效力，至于是否变更登记，只是得否对抗第三人之效力问题，不影响转让之成立。”

4. 股东出资转让时期之限制

依“公司法”第一〇四条第二项准用同法第一六三条第一项但书结果，有限公司股东之出资，但非于公司设立登记后不得转让。是为有限公司股东出资转让时期之限制。

（七）有限公司股东出资之设质

有限公司股东之出资，其有财产价值，又可转让，故得为质权之标的物（民900），并属权利质权。依“民法”第九〇二条规定，权利质权之设定，应依关于其权利让与之规定为之。而有限公司股东出资之让与，须经股东同意已如前述。唯因有限公司股东出资虽经设质，股东仍保有股东之身份，将来质权人若行使其权利质权时，又有“公司法”第一一一条第四项可资适用，并不影响有限公司闭锁性之特质。故有限公司股东出资之设质，似只须经双方合意，实无须经其他股东之同意。唯仍须在股单上为质权人姓名之记载，并将质权人之姓名及住所或居所记载于股东名簿，始得以其设质对抗公司（公104Ⅱ、165Ⅰ）。

六、有限公司之机关

（一）有限公司之意思机关

1. 有限公司之意思机关为全体股东

有限公司并无股东会之制度，故其意思机关为全体股东。关于公司意思之形成，现行“公司法”依事项之不同，规定由全体或一定比例之股东同意为之。

2. 股东同意之方法

至于所谓股东同意之方法，“公司法”并未有明文规定。解释上，应得以任何足以表示各该股东同意意思之方式为之，而不以书面方式为限。唯在实务运作上，依“公司之登记及认许办法”第十六条所定附表之申办公司各项登记应备文件中，除极少数情形外，皆列入经股东亲自签名之股东同意书。

又，有限公司既无股东会制度，则所谓股东同意之意思形成，无须以集会（会议）方式为之。解释上，纵以个别、逐次方式征求股东同意，凡能符合公司法所定之同意数，即有效形成公司意思。

3. 股东表决权之计算

有限公司之意思形成，既须以全体或一定比例之股东同意为之，则股东表决权之计算方法即有明定之必要。"公司法"第一〇二条第一项规定："每一股东不问出资多寡，均有一表决权。但得以章程订定按出资多寡比例分配表决权。"故有限公司若未以章程订定按出资多寡比例分配表决权，即按人头计算，每一股东有一表决权。

"公司法"第一〇二条第二项并规定："'政府'或法人为股东时，准用第一百八十一条之规定。"故"政府"或法人为有限公司股东时，其代表人不限于一人。但其表决权之行使，仍以其所持有之股份综合计算（公181Ⅰ）。前项之代表人有二人以上时，其代表人行使表决权应共同为之（公181Ⅱ）。

4. 现行公司法所定应经股东同意事项及股东同意要件

现行法规定应经股东同意之事项如下：

（1）须经全体股东同意：包括订定章程（公98Ⅱ）；公司之减资、组织变更（公106Ⅳ）；董事出资之转让（公111Ⅲ）；提列特别盈余公积（公112Ⅱ）；变更章程、合并及解散（公113准用公47、72、71Ⅰ③）；清算时，将公司营业包括资产负债转让于他人（公113准用84Ⅱ但）；增资时由新股东参加（公106Ⅲ）。

（2）须经三分之二以上股东之同意：包括选任董事（公108Ⅰ）；董事竞业同意（公108Ⅲ）。

（3）须经股东过半数之同意：包括增资（公106Ⅰ）；会计师及经理人之委任、解任及报酬之决定（公29Ⅰ、20）；清算人之选任及解任（公113准用79但、82但）。

（4）须经其他股东过半数同意：包括非董事之股东出资之转让（公111Ⅰ）；竞业董事利益归入权（公108Ⅳ准用54Ⅲ）。

（二）有限公司之业务执行机关

1. 有限公司之董事

（1）董事之概念、人数与任期

"公司法"第一〇八条第一项前段规定："公司应至少置董事一人执行业务并代表公司，最多置董事三人，应经三分之二以上股东之同意，就有行为能力之股东中选任之。"据此，可知董事为有限公司之法定、必备、常设之业务执行机关。

反之，未被选任为董事之股东，自无执行公司业务及对外代表公司之权限。[8]

董事之人数至少一人，最多三人，至于实际置董事几人，则为章程之绝对必要记载事项（公 101 Ⅰ⑦）。

关于有限公司董事之任期，公司法未有明文，故若公司未以任意记载之方式在章程上规定该公司董事任期，则董事并无任期。[9]

（2）董事之资格

①积极资格要件：有限公司之董事，应"就有行为能力之股东中选任之"，故以有行为能力，及具股东身份为其积极资格要件。现行法就一人有限公司之董事资格并未有特别规定，从而，于股东仅有一人之一人有限公司，将只能，也必须，由该一人股东成为董事。

②消极资格要件："公司法"第一〇八条第四项准用同法第三十条结果，有下列情事之一者，不得充有限公司之董事，其已充任者，当然解任：一、曾犯组织犯罪防制条例规定之罪，经有罪判决确定，服刑期满尚未逾五年者。二、曾犯诈欺、背信、侵占罪经受有期徒刑一年以上宣告，服刑期满尚未逾二年者。三、曾服公务亏空公款，经判决确定，服刑期满尚未逾二年者。四、受破产之宣告，尚未复权者。五、使用票据经拒绝往来尚未期满者。

（3）董事之选任与解任

①选任：有限公司之董事应"经三分之二以上股东之同意"选任之。此所谓三分之二以上股东之同意，自系指三分之二以上股东表决权数之同意。[10] 又，公司法就有限公司未如于股份有限公司董事之选任设有排除利害相反股东回避规定适用之明文（公 198 Ⅱ、178），但基于相同法理，应认为于有限公司董事之选任，股东并不因其为候选人而须回避，仍得就自己为当事人之选任事项行使表决权。

②解任：与董事选任相对之问题为，有限公司之董事是否得以股东之意思解任之。对此，公司法未有明文。然依"公司法"第一〇八条第四项准用同法第五一条结果，"其他股东不得无故使董事退职"之反面解释，若有正当理由，股东即得使董事退职，亦即以股东意思解任董事。[11] 至于解任方法，"公司法"亦无明文。解释上，应以与选任董事之相同方法，即"经三分之二以上股东同意"解

---

8 "经济部"1999 年 7 月 2 日商字第 88213411 号函。

9 "经济部"1980 年 6 月 12 日商字第 19306 号函。

10 "经济部"2002 年 4 月 15 日经商字第 09102071740 号函。

11 同说，曾宛如教授执笔部分，新修正公司法解析，元照，2002 年 3 月再版，129 页。

任之。

(4) 董事与公司间之关系及董事之报酬

公司法并未明定有限公司董事与公司间之关系。一般认为，应属委任关系，故除公司法另有规定外，应依“民法”关于委任之规定。

又，依“公司法”第一〇八条第四项准用同法第四九条结果，董事，非有特约，不得向公司请求报酬，故有限公司董事与公司间，原则上属无偿委任。

(5) 董事之权限

依“公司法”第一〇八条第一项前段规定公司应至少置董事一人“执行业务并代表公司”，可知有限公司之董事，原则上有对内之业务执行权，与对外之公司代表权二种权限。

有限公司至少应置董事一人，最多置三人（公 108Ⅰ），于仅有董事一人时，自由该董事自为公司业务之执行。于有董事数人时，依“公司法”第一〇八条第四项准用同法第四六条规定，董事数人执行业务时，关于业务之执行，取决于（董事）过半数之同意。关于通常事务，（董事）各得单独执行。但其余董事，有一人提出异议时，应即停止执行。

又依“公司法”第一〇八条第四项准用同法第五二条规定，有限公司董事执行业务，应依照法令、章程及股东之决定。违反前项规定，致公司受有损害者，对于公司应负赔偿之责。

(6) 董事之义务

有限公司董事应尽之义务如下（于本书其他部分探讨者，仅列条号，不再赘叙。又，基于公司代表权所生之义务，于有限公司代表机关部分探讨之）：

①基于委任关系而生之义务：例如“民法”第五四一条受任人之金钱物品及孳息交付义务。故董事因执行业务，所收取之金钱、物品及孳息，应交付于公司。董事以自己之名义，为公司取得之权利，应移转于委任人。②忠实义务与善良管理人注意义务（公 8、23）。③于股单签章之义务（公 105）。④不为竞业之义务：“公司法”第一〇八条第三项规定：“董事为自己或他人为与公司同类业务之行为，应对全体股东说明其行为之重要内容，并经三分之二以上股东同意。”是为有限公司董事不为竞业义务之规定。关于有限公司董事不为竞业义务规范之意义，与股份有限公司之董事不为竞业义务规范同，请参见之。若董事未依“公司法”第一〇八条第三项规定取得股东同意，而径为竞业行为，则依“公司法”第一〇八条第四项准用同法第四五条第三项规定，其他股东得以过半数之决议，将其为自己或他人所为行为之所得，作为公司之所得。但自所得产生后逾一年者，不在此限。⑤遵守法令章程及股东决定之义务（公 108Ⅳ准用 52）。⑥代收款项

交还之义务：依“公司法”第一〇八条第四项准用同法第五三条规定，董事代收公司款项，不于相当期间照缴或挪用公司款项者，应加算利息，一并偿还；如公司受有损害，并应赔偿。⑦报告公司亏损及宣告公司破产之义务（公108Ⅳ准用211）。⑧编造财务表册送请股东承认之义务（公110）。

（7）董事之责任

“公司法”就有限公司董事责任之规定，最重要者为规定于总则编第二三条之概括性规定。第二三条第一项规定：“公司负责人应忠实执行业务并尽善良管理人之注意义务，如有违反致公司受有损害者，负损害赔偿责任。”是为有限公司董事之对内（对公司）责任。第二项规定“公司负责人对于公司业务之执行，如有违反法令致他人受有损害时，对他人应与公司负连带赔偿之责。”是为有限公司董事之对外（对第三人）责任。[12]

（8）董事之代理

2001年修正“公司法”增订第一〇八条第二项：“执行业务之董事请假或因故不能行使职权时，指定股东一人代理之；未指定代理人者，由股东间互推一人代理之。”明定有限公司董事请假或不能行使职权时之代理股东决定程序，以防免公司之经营出现真空之情形。[13]

若公司设有复数董事，却未特定一人为董事长，则因每一董事皆有执行业务及代表公司权限，故除非全体董事皆请假或因故不能行使职权，否则尚无依本项规定由股东代理之必要。

又，本项规定，于股东仅由一人之一人有限公司，并无适用之余地。盖除该董事外，已无其他股东可供指定，或互推矣。于此情形，似仅能依第一〇八条第四项准用第二〇八条之一声请法院选派临时管理人之制度解决。[14]

（9）临时管理人

依“公司法”第一〇八条第四项准用同法第二〇八条之一条规定，有限公司之董事不为或不能行使职权，致公司有受损害之虞时，法院因利害关系人或检察官之声请，得选任一人以上之临时管理人，代行董事长及董事会之职权。但不得为不利于公司之行为（准用公208、1Ⅰ）。前项临时管理人，法院应嘱托主管机关为之登记（准用公208、1Ⅱ）。临时管理人解任时，法院应嘱托主管机关注销

12 除此之外，本文前述依第108条第4项准用同法第52、53条，亦有赔偿责任之规定。

13 唯应注意于有限公司并未如股份有限公司有副董事长、常务董事会、常务董事等机关之问题。详请参见林国全，前揭注1，88～90页。

14 同说，见洪秀芬，一人公司法制之探讨，收录于公司法修正议题论文集，神州，2002年2月，38、39页。

登记（准用公 208、1Ⅰ）。

（10）董事之退任

董事之退任，即丧失董事地位之事由如下：

①委任关系消灭："民法"第五五〇条本文规定："委任关系，因当事人一方死亡、破产或丧失行为能力而消灭。"有限公司之董事与公司间既为委任关系，自有上述条文之适用。唯因"受破产之宣告，尚未复权"及"有行为能力"分别为公司法所定之有限公司董事消极与积极资格要件（公 108Ⅳ准用 30⑤、108Ⅰ），故有限公司之董事因上述"民法"第五五〇条规定丧失董事资格者，限于董事死亡之情形。

②董事辞任：依"公司法"第一〇八条第四项准用同法第五一条结果，有限公司之董事不得"无故"辞职。反之，若有正当理由，有限公司之董事仍得辞职。

③失格辞任：依"公司法"第一〇八条第四项准用同法第三十条，有第三十条所定六款消极资格者，不得充有限公司之董事，其已充任者，当然解任。

④经股东三分之二同意解任：参见前述。

⑤任期届满：若公司章程订有董事任期，自因任期届满而解任。

（三）有限公司之代表机关

1. 有限公司代表机关之决定

由"公司法"第一〇八条第一项："公司应至少置董事一人执行业务并代表公司，……。董事有数人时，得以章程特定一人为董事长，对外代表公司。"可知，有限公司之代表机关，较股份有限公司之采董事长单独代表制（公 208Ⅲ）复杂。即原则上以董事为对外代表机关，若仅有董事一人时，自由该董事单独代表公司。若有董事数人（最多三人）时，则各董事皆有代表公司权限，而为复数代表，但非共同代表。然若有董事数人，公司又以章程特定一人为董事长时，则由该董事长单独代表公司，其他非董事长之董事，即无代表公司权限。

既为"得"以章程特定一人为董事长，可知董事长为有限公司之任意机关，纵有董事数人，亦未必须特定一人为董事长。[15]反之，既以"董事有数人时"为前提，则仅有董事一人时，自不得以之为董事长。

2. 代表权之内容与行使

所谓代表公司，自指以有代表公司权限之人，以公司代表人身份为公司所为之行为，对公司生其效力。反之，如非董事，而以代表人自居，以有限公司之名

15　参见"经济部"1980 年 6 月 7 日商字第 18692 号函。

义对外为法律行为者，其行为对有限公司不发生效力。[16]

依“公司法”第一〇八条第四项准用同法第五七条结果，代表公司之董事，关于公司营业上一切事务，有办理之权。

3. 代表权之限制

原则上，代表公司之董事，关于公司营业上一切事务，有办理之权（公108Ⅳ准用公57），已如上述。但有限公司代表权人之代表权限，并非全无限制。

首先，公司得对董事或董事长之代表权限予以限制，唯依“公司法”第一〇八条第四项准用同法第五八条，公司对于董事（长）代表权所加之限制，不得对抗善意第三人。

其次，为双方代表（理）与自己代表（理）之禁止。依“公司法”第一〇八条第四项准用同法第五九条结果，代表公司之董事（长），如为自己或他人与公司为买卖、借贷或其他法律行为时，不得同时为公司之代表。但向公司清偿债务时，不在此限。公司法对双方代表（理）与自己代表之规范，实较“民法”第一〇六条之规定严格，“民法”第一〇六条所规定之例外情形有二：其一为得到本人许诺者，其二为专为履行债务者，但“公司法”第五九条规定仅容许后者。[17]实务见解认为本条属禁止规定，如有违反者，其法律行为依“民法”第七一条本文“法律行为，违反强制或禁止之规定，无效”。有限公司代表权人，纵经全体股东事前授权，仍不得为公司之代表与其本人为法律行为。[18]有限公司之代表权人就公司之交易等法律行为，既不得为双方代表（理）或自己代表（理），则有限公司代表权人为自己或他人与公司为法律行为时，究应如何定代表公司之人，法无明文。就此，主管机关曾有如下释示：(1) 仅置董事一人者，由全体股东之同意另推选有行为能力之股东代表公司；(2) 置董事二人以上，并特定一董事为董事长者，由其余之董事代表公司。[19]又，上述主管机关函释，虽未论及设董事二人以上，但并未特定一人为董事长之情形，但此时该复数董事既皆有代表公司权限，则自由当事董事以外之其他董事，代表公司与该董事为法律行为，而不待言。

须注意者为，上述有限公司代表权人双方代表（理）与自己代表（理）禁止之规范，在一人有限公司，可能造成无法解决之僵局。[20]此一问题，有赖修法

16 “最高法院”1981年台上字第2290号判决。

17 洪秀芬，同前揭注14，46页。

18 参见“经济部”1986年9月9日商字第39986号函。

19 参见“经济部”1986年10月28日商字第47488号函。

20 详请参见林国全，前揭注4，95～96页。

解决。

（四）有限公司之监督机关

有限公司未如股份有限公司有监察人之制度。“公司法”第一〇九条规定：“不执行业务之股东，均得行使监察权；其监察权之行使，准用第四十八条之规定。”故有限公司之内部监察机关，为全体不执行业务之股东，亦即“每一非董事之股东”。

至于不执行业务股东监察权之内容，准用“公司法”第四八条之结果为，得随时向董事质询公司营业情形，查阅财产文件、账簿、表册。唯于有限公司，因无如股份有限公司之监察人有“公司法”第二一八条第二项：“监察人办理前项（监督）事务，得代表公司委托律师、会计师审核之。”之明文，故有限公司不执行业务股东，行使监察权时，如委托会计师查阅公司财产文件、账簿及表册所产生之查核公费，尚不得由公司负担。[21]

关于有限公司之监督，并须注意“公司法”第一一〇条第三项准用第二四五条第一项之规定，继续一年以上，其出资额为资本总额3%以上之股东，得声请法院选派检查人，检查公司业务账目及财产情形。

又，关于一人有限公司监察机关之问题，已于董事资格部分论及，请参见之。

七、有限公司之会计

（一）会计表册之作成、承认与董事责任之解除

“公司法”第一一〇条第一项规定：“每届会计年度终了，董事应依第二二八条之规定，造具各项表册，分送各股东，请其承认。”是为有限公司董事之会计表册作成与请求股东承认义务。“公司法”第二二八条所定表册为1. 营业报告书；2. 财务报表；及3. 盈余分派或亏损拨补之议案。其中，所谓财务报表，则依“商业会计法”第二八条第一项规定，包括资产负债表、损益表、现金流量表、业主（股东）权益变动表等所谓会计四大表。且上述会计表册之编造，应依“中央主管机关”规定之规章编造（公228Ⅱ）。

既谓“各股东”，则有限公司之上述会计表册，须经全体股东承认。至于承认之方法，法无明文，解释上只要能表示股东承认意思之任何方法，不问口头、书面，皆无不可。须注意者为，“公司法”第一〇〇条第二项：“前项表册送达后逾一个月未提出异议者，视为承认。”之拟制承认规定。

有限公司之会计表册，须经全体股东承认后，始为确定。依“公司法”第一

21 “经济部”1999年10月14日商字第88221873号函。

○○条第三项准用同法第二三一条规定，上述会计表册经各股东承认后，视为公司已解除董事及监察人之责任。但董事或监察人有不法行为者，不在此限。

现行法并未明定有限公司会计表册编制及请求股东承认之期限，实为重大缺失。

（二）公积之提存

1. 法定盈余公积

“公司法”第一一二条第一项规定：“公司于弥补亏损完纳一切税捐后，分派盈余时，应先提出10%为法定盈余公积。但法定盈余公积已达资本总额时，不在此限。”是为有限公司提存法定盈余公积义务之规定。违反本项规定者，同条第三项明定：“公司负责人违反第一项规定，不提出法定盈余公积时，各科新台币六万元以下罚金。”至于有限公司法定盈余公积之用途，法无明文。因法定盈余公积之强制提拨义务为资合性公司资本维持原则之表现，故解释上，有限公司法定盈余公积之用途，应准用典型资合性公司之股份有限公司相关规定。

2. 特别盈余公积

“公司法”第一一二条第二项规定：“除前项法定盈余公积外，公司得以章程订定，或股东全体之同意，另提特别盈余公积。”特别盈余公积，为任意公积，但其提存须有公司章程之订定或股东全体之同意。解释上，章程之订定或股东全体之同意，应明定提存之目的与提存之比例或数额。

（三）盈余分派

关于有限公司之盈余分派，除章程应记载“盈余及亏损分派比例或标准”（公101Ⅰ⑤），及上述第一一二条第一、二项所定盈余公积之提拨外，依第一一○条第三项准用第二三二、二三三及二三五条规定，略述如下：

于公司有盈余时，非弥补亏损及依本法规定提出法定盈余公积后，不得分派股息及红利（公110Ⅲ准用232Ⅰ）。

于公司无盈余时，不得分派股息及红利。但法定盈余公积已超过实收资本额50%时，得以其超过部分派充股息及红利（公110Ⅲ准用232Ⅱ）。

又，关于有限公司之盈余分派，尚须注意公司法上之员工分红制度规定。[22]即除经目的事业“中央主管机关”专案核定者外，公司章程应订明员工分配红利之成数，且章程得订明员工分配股票红利之对象，包括符合一定条件之从属公司员工（公110Ⅲ准用235Ⅰ后段、Ⅲ）。

有限公司违反分派股息红利规定时，现行法有刑事及民事赔偿责任规定。即

---

22 关于“公司法”上之员工分红入股制度，并请参见拙著员工入股制度（一～三），月旦法学杂志第59期，28～29页；第64期，20～21页，第65期，20～21页；2000年4、9、10月。

公司负责人违反上述第二三二条第一、二项规定分派股息及红利时，各处一年以下有期徒刑、拘役或科或并科新台币六万元以下罚金（公 110Ⅲ准用 232Ⅲ）。公司违反第二三二条规定分派股息及红利时，公司之债权人，得请求退还，并得请求赔偿因此所受之损害（公 110Ⅲ准用 233Ⅲ）。

八、有限公司之资本增减

"公司法"第一〇六条规定有限公司之增资及减资须履践一定程序，是为资本不变原则之表现。

（一）增资

"公司法"第一〇六条第一项本文规定："公司增资，应经股东过半数之同意。"有限公司增加资本，一则增加公司营运资产，一则增加公司之偿债能力，故无必要予以过度严格之限制，仅需股东过半数之同意。唯，同意"公司增加资本"之股东，未必有意愿或能力，自己参与该次增资或按原出资比例出资，而出资与否，与出资多少，应系股东之自由，不宜强制。故本项乃以但书明定"但股东虽同意增资，仍无按原出资数比例出资之义务。"

有限公司之增资，仅需股东过半数同意，但有限公司之资本总额为章程绝对必要记载事项，增资，即资本总额增加，势须变更章程所载资本总额。然有限公司章程之变更，须经全体股东之同意（公 113 准用 47）。在此原则下，可能造成公司虽经股东过半数同意增资，但不同意增资之股东以不同意变更章程所载资本总额之方式杯葛，造成增资无法实行之困境。为解决此问题，"公司法"第一〇六条第二项乃明定："前项不同意增资之股东，对章程因增资修正部分，视为同意。"

又，在股东虽同意增资，亦无按原出资数比例出资义务之情形下，为使增资得以实行，"公司法"第一〇六条第三项规定："有第一项但书情形时，得经全体股东同意，由新股东参加。"

（二）减资

"公司法"第一〇六条第四项："公司得经全体股东同意减资或变更其组织为股份有限公司。"

有限公司减少资本，对债权人权益之保障，有相当大之影响，故"公司法"虽允许有限公司得为减资，但仍严格要求其要件为须经全体股东同意。至于有限公司减少资本究应依出资比例或不按出资比例方式减少之，"公司法"并无明文限制。[23]解释上，自以经全体股东同意之方式为之。

---

23 "经济部"2001 年 12 月 26 日经（90）商字第 09002270310 号函。

九、有限公司之变更组织

“公司法”第一〇六条第四项规定：“公司得经全体股东同意减资或变更其组织为股份有限公司。”

条文文字既明示“变更其组织为股份有限公司”，则有限公司纵经股东全体同意，亦不得变更其组织为股份有限公司以外之其他种类公司（无限公司、两合公司），亦不得变更其组织为独资或合伙组织。[24]

公司变更组织前之（有限）公司与组织变更后之（股份有限）公司，既不失其法人之同一性，并非两个不同之公司，则在公司登记之程序上系依“变更登记”手续办理，而无须就该变更后之股份有限公司办理公司设立登记。[25]且变更后之股份有限公司，既非属新设，自不发生股份有限公司设立时“发起人”之问题。[26]

另一方面，有限公司依公司法规定变更其组织为股份有限公司，其法人人格之存续既不受影响，自无须进行清算。[27]

此外，有限公司变更组织为股份有限公司，其法人格虽为连续，但变更组织为股份有限公司后，即不得再以变更前之有限公司名义对外为法律行为，应属当然。[28]

当有限公司变更组织为股份有限公司时，仍须符合股份有限公司之股东人数要件，自不待言。例如，仅有自然人股东一人之有限公司，除非其增加股东人数，否则即不得变更组织为股份有限公司。

有限公司欲变更组织为股份有限公司，自以该有限公司合法存在为前提。若该有限公司已有法定解散事由，则自应依法解散，或依法解消该法定解散事由后再行变更组织。[29]

就有限公司之变更组织，“公司法”第一〇七条并明定：“公司为变更组织之决议后，应即向各债权人分别通知及公告。（Ⅰ）”“变更组织后之公司，应承担变更组织前公司之债务。（Ⅱ）”

---

24 “经济部”1983年7月11日商字第27847号、“经济部”1981年11月3日商字第46007号函。

25 “经济部”1994年11月11日商字第221694号函。

26 “经济部”1998年5月5日商字第87209193号函。

27 “经济部”1998年4月13日商字第87207603号函。

28 “经济部”1985年5月13日商字第19365号函。

29 “经济部”1971年5月20日商字第19918号函。

十、有限公司之变更章程、合并、解散及清算

“公司法”第一一三条规定：“公司变更章程、合并、解散及清算，准用无限公司有关之规定。”

（一）变更章程

有限公司变更章程，应得全体股东之同意（准用公 47）。

（二）合并

有限公司得以全体股东之同意，与他公司合并（准用公 72）。

有限公司决议合并时，应即编造资产负债表及财产目录（准用公 73Ⅰ）。

有限公司为合并之决议后，应即向各债权人分别通知及公告，并指定三十日以上期限，声明债权人得于期限内提出异议（准用公 73Ⅱ）。

有限公司不为前条之通知及公告，或对于在指定期限内提出异议之债权人不为清偿，或不提供相当担保者，不得以其合并对抗债权人（准用公 74）。

（三）解散

有限公司有下列各款情事之一者解散：1. 章程所定解散事由。2. 公司所营事业已成就或不能成就。3. 股东全体之同意。4. 股东经变动而不足本法所定之最低人数。5. 与他公司合并。6. 破产。7. 解散之命令或裁判。前项第一款、第二款得经全体股东之同意继续经营（准用公 71Ⅱ）。因前项情形而继续经营时，应变更章程（准用公 71Ⅳ）。

（四）清算

有限公司之清算，以全体股东为清算人。但本法或章程另有规定或经股东决议，另选清算人者，不在此限（准用公 79）。

由股东全体清算时，股东中有死亡者，清算事务由其继承人行之；继承人有数人时，应由继承人互推一人行之（准用公 80）。

不能依第七九条规定定其清算人时，法院得因利害关系人之声请，选派清算人（准用公 81）。

法院因利害关系人之声请，认为必要时，得将清算人解任。但股东选任之清算人，亦得由股东过半数之同意，将其解任（准用公 82）。

清算人应于就任后十五日内，将其姓名、住所或居所及就任日期，向法院声报（准用公 83Ⅰ）。

清算人之解任，应由股东于十五日内，向法院声报（准用公 83Ⅱ）。

清算人由法院选派时，应公告之；解任时亦同（准用公 83Ⅲ）。

违反第一或二项声报期限之规定者，各处新台币三千元以上一万五千元以下罚锾（准用公 83Ⅳ）。

清算人之职务如下：1. 了结现务。2. 收取债权、清偿债务。3. 分派盈余或亏损。4. 分派剩余财产（准用公 84Ⅰ）。

清算人执行前项职务，有代表公司为诉讼上或诉讼外一切行为之权。但将公司营业包括资产负债转让于他人时，应得全体股东之同意（准用公 84Ⅱ）。

清算人有数人时，得推定一人或数人代表公司，如未推定时，各有对于第三人代表公司之权。关于清算事务之执行，取决于过半数之同意（准用公 85Ⅰ）。

推定代表公司之清算人，应准用第八三条第一项之规定向法院声报（准用公 85Ⅱ）。

对于清算人代表权所加之限制，不得对抗善意第三人（准用公 86）。

清算人就任后，应即检查公司财产情形，造具资产负债表及财产目录，送交各股东查阅（准用公 87Ⅰ）。

对前项所为检查有妨碍、拒绝或规避行为者，各处新台币二万元以上十万元以下罚锾（准用公 87Ⅱ）。

清算人应于六个月内完结清算；不能于六个月内完结清算时，清算人得申叙理由，向法院声请展期（准用公 86Ⅲ）。

清算人不于前项规定期限内清算完结者，各处新台币一万元以上五万元以下罚锾（准用公 87Ⅳ）。

清算人遇有股东询问时，应将清算情形随时答复（准用公 87Ⅴ）。

清算人违反前项规定者，各处新台币一万元以上五万元以下罚锾（准用公 87Ⅵ）。

清算人就任后，应以公告方法，催告债权人报明债权，对于明知之债权人，并应分别通知（准用公 88）。

公司财产不足清偿其债务时，清算人应即声请宣告破产（准用公 89Ⅰ）。

清算人移交其事务于破产管理人时，职务即为终了（准用公 89Ⅱ）。

清算人违反第一项规定，不即声请宣告破产者，各处新台币二万元以上十万元以下罚锾（准用公 89Ⅲ）。

清算人非清偿公司债务后，不得将公司财产分派于各股东（准用公 90Ⅰ）。

清算人违反前项规定，分派公司财产时，各处一年以下有期徒刑、拘役或科或并科新台币六万元以下罚金（准用公 90Ⅱ）。

剩余财产之分派，除章程另有订定外，依各股东分派盈余或亏损后净余出资之比例定之（准用公 91）。

清算人应于清算完结后十五日内，造具结算表册，送交各股东，请求其承认，如股东不于一个月内提出异议，即视为承认。但清算人有不法行为时，不在此限（准用公92）。

清算人应于清算完结，经送请股东承认后十五日内，向法院声报（准用公93Ⅰ）。

清算人违反前项声报期限之规定时，各处新台币三千元以上一万五千元以下罚锾（准用公93Ⅱ）。

公司之账簿、表册及关于营业与清算事务之文件，应自清算完结向法院声报之日起，保存十年，其保存人，以股东过半数之同意定之（准用公9）。

清算人应以善良管理人之注意处理职务，倘有怠忽而致公司发生损害时，应对公司负连带赔偿之责任；其有故意或重大过失时，并应对第三人负连带赔偿责任（准用公95）。

清算人与公司之关系，除本法规定外，依民法关于委任之规定（准用公97）。

十一、有限公司之登记

"公司法"第三八七条第一项规定："公司之登记或认许，应由代表公司之负责人备具申请书，连同应备之文件一份，向'中央主管机关'申请；由代理人申请时，应加具委托书。"此所谓代表公司之负责人，于有限公司自指董事；董事有数人时，为各董事；特定有董事长时，为该董事长。同条第二项规定："前项代表公司之负责人有数人时，得由一人申办之。"故有限公司有二人以上董事，而未特定董事长时，得由该复数董事中之一人申办即可。又，同条第三项规定："第一项代理人，以会计师、律师为限。"依同条第四项："公司之登记或认许事项及其变更，其办法，由'中央主管机关'定之。"及第五项："前项办法，包括申请人、申请书表、申请方式、申请期限及其他相关事项。"之规定，主管机关"经济部"订颁"公司之登记及认许办法"（"经济部"2001年12月12日经（90）商字第〇九〇〇二二五六八三〇号令）。在此办法中，与有限公司有关者如下：

"公司依本法规定所送之申请书件，得以电子签章作成与正本内容相符且可验证真伪之电子文件替代之。"（"公司之登记及认许办法"2Ⅰ）

"无限、两合及有限公司应于章程订立后十五日内，向主管机关申请为设立之登记。"（"公司之登记及认许办法"3Ⅰ）

"公司之解散，除破产外，命令解散或裁定解散应于处分或裁定后十五日内，其他情形之解散应于开始后十五日内，叙明解散事由，向主管机关申请为解散之登记。"（"公司之登记及认许办法"4）

"公司为合并时，应于实行后十五日内，向主管机关分别依下列各款申请登记：一、存续之公司为变更之登记。二、消灭之公司为解散之登记。三、另立之公司为设立之登记。"（"公司之登记及认许办法"5）

“公司设立分公司，应于设立后十五日内，将下列事项，向主管机关申请登记：一、分公司名称。二、分公司所在地。三、分公司经理人姓名、住所或居所、身份证统一编号或其他经‘政府’核发之身份证明文件字号。”（“公司之登记及认许办法”7）

“分公司之迁移或撤销，应于迁移或撤销后十五日内，向主管机关申请登记。”（“公司之登记及认许办法”8）

“公司经理人之委任或解任，应于到职或离职后十五日内，将下列事项，向主管机关申请登记：一、经理人之姓名、住所或居所、身份证统一编号或其他经‘政府’核发之身份证明文件字号。二、经理人到职或离职年、月、日。”（“公司之登记及认许办法”9）

“公司暂停营业一个月以上者，应于停业前申请为停业之登记，并于复业前为复业之登记。但已依营业税法规定申报核备者，不在此限。”（“公司之登记及认许办法”10Ⅰ）

“公司设立登记后如未于六个月内开始营业者，应于上开期限内向主管机关申请延展开业登记。”（“公司之登记及认许办法”10Ⅱ）

“公司及外国公司登记事项如有变更者，应于变更后十五日内，向主管机关申请为变更之登记。”（“公司之登记及认许办法”15）

“本法所规定之各类登记事项，其应检附之文件、书表，详如表一至表五。”（“公司之登记及认许办法”16）关于有限公司办理各类登记事项，所应检附之文件，请参见本文附件。

违反公司登记义务之罚则，规定于“公司法”第三八七条第六、七项。即“代表公司之负责人违反依第四项所定办法规定之申请期限者，处新台币一万元以上五万元以下罚锾。”“代表公司之负责人不依第四项所定办法规定之申请期限办理登记者，除由主管机关责令限期改正外，处新台币一万元以上五万元以下罚锾；期满未改正者，继续责令限期改正，并按次连续处新台币二万元以上十万元以下罚锾，至改正为止。”

又，“公司法”第三八八条规定：“主管机关对于公司登记之申请，认为有违反本法或不合法定程式者，应令其改正，非俟改正合法后，不予登记。”赋予主管机关就公司登记事项之审查及命令改正权。

案例

一甲为A有限公司之董事，因A公司业务所需，甲拟以市价将自己所有之房屋，出租予A公司，是否可行?

解析

依“公司法”第一〇八条第一项规定，有限公司原则上以董事为对外代表机关。若仅有董事一人时，自由该董事单独代表公司。若有董事数人（最多三人）时，则各董事皆有代表公司权限，而为复数代表，但非共同代表。然若有董事数人，公司又以章程特定一人为董事长时，则由该董事长单独代表公司，其他非董事长之董事，即无代表公司权限。复依同条第四项准用同法第五九条结果，有限公司之董事（长），如为自己或他人与公司为买卖、借贷或其他法律行为时，不得同时为公司之代表。有限公司之董事（长）为自己或他人与公司为法律行为时，究应如何定代表公司之人，主管机关有如下函释：一、仅置董事一人者，由全体股东之同意另推选有行为能力之股东代表公司；二、置董事二人以上，并特定一董事为董事长者，由其余之董事代表公司。[30]但此问题在一人有限公司之情形，可能出现无法解决之僵局。[31]

第二节　无限公司

一、前言

在台湾地区现有五十八万余家公司中，无限公司家数仅有数十家。显见无限公司制度，在现代经济社会并非一般人所乐于采用之公司型态，在实务上并不具重要地位。故以下本书就无限公司将仅作简单论述。

二、无限公司之概念

“公司法”第二条第一项第三款明定无限公司之定义为“指二人以上之股东所组织，对公司债务负连带无限清偿责任之公司”。析述如次：

（一）无限公司系由二人以上之股东所组织之公司

就无限公司之股东，“公司法”第四十条第一项，进一步明定“无限公司之股东，应有二人以上”，第七一条第一项第四款并将“股东经变动而不足本法所定之最低人数”列为无限公司法定解散事由。故二人以上之股东，为无限公

30　“经济部”1986年10月28日商字第47488号。

31　详请参见林国全，有限公司与其董事间之交易，月旦法学教室第2期，2002年12月，16、17页。

司之成立及存续要件。

至于无限公司股东之资格，除上述“其中半数，应在国内有住所”及“公司法”第十三条第一项前段明定公司不得为无限公司之股东外，并无其他明文限制。但解释上，无限公司之股东以由自然人担任为宜。

（二）无限公司之股东须对公司债务负连带无限清偿责任

无限公司之股东须对公司债务负连带无限清偿责任，亦即，无限公司之债权人得请求无限公司之股东清偿公司之债务，且各股东所负之责任为连带清偿责任。“公司法”第六十条并再明定“公司资产不足清偿其债务时，由股东负连带清偿之责。”故对公司之交易相对人而言，于评估与无限公司交易之安全性时，无限公司股东为何人？其资力、信用如何？较公司本身之资产如何，更为重要。

（三）无限公司已不合现代经济社会需求

由于无限公司股东，需对公司债务负连带无限清偿责任，其责任极重，风险极高。在现代经济社会实难有愿意承担如此之责任与风险，而以有限公司型态经营事业之人。故台湾地区目前将近六十万家之公司中，无限公司之家数仅有数十家。无限公司制度，在现实经济社会中，实不具重要意义。

三、无限公司之设立

（一）订立章程

1. 订立章程之人

“公司法”第四十条第二项规定，无限公司之“股东应以全体之同意，订立章程，签名或盖章，置于本公司，并每人各执一份。”故无限公司章程之订立人为全体股东。此所谓“置于本公司”，系指在公司成立后，代表公司之股东，应将章程置于本公司。代表公司之股东若违反此义务，处新台币一万元以上五万元以下罚锾。连续拒不备置者，并按次连续处新台币二万元以上十万元以下罚锾（公 41Ⅱ）。

2. 章程之记载事项

无限公司之章程记载事项，亦可区分为绝对必要记载事项、相对必要记载事项及任意记载事项，关于此等分类之意义，请参见本书第一编第三章有关股份有限公司章程记载事项之部分。有关无限公司章程之记载事项，除公司法第四一条第一项外，并散见总则章及无限公司章之其他条文。整理如下：

（1）绝对必要记载事项

①公司名称（公 41Ⅰ①）；②所营事业（公 41Ⅰ②）；③股东姓名、住所或居所（公 41Ⅰ③）；④资本总额及各股东出资额（公 41Ⅰ④）；⑤盈余及亏损分

派比例或标准（公 41Ⅰ⑥）；⑥本公司所在地（公 41Ⅰ⑦前段）；⑦订立章程之年、月、日。

（2）相对必要记载事项

①总则章之规定：A. 超过法定上限之转投资（公 13Ⅰ）；B. 得为保证（公 16Ⅰ）；C. 许可业务（公 18Ⅱ）；D. 经理人之设置（公 29Ⅰ）。

②无限公司章之规定：A. 各股东有以现金以外财产为出资者，其种类、数量、价格或估价之标准（公 41Ⅰ⑤）；B. 设有分公司者，其所在地（公 41Ⅰ⑦后段）；C. 定有代表公司之股东者，其姓名（公 41Ⅰ⑧）；D. 定有执行业务之股东者，其姓名（公 41Ⅰ⑨）；E. 定有解散事由者，其事由（公 41Ⅰ⑩）；F. 定有退股事由者，其事由（公 66Ⅰ①）；G. 清算人之选任（公 79 但）；H. 剩余财产分派之比例（公 9）。

（3）任意记载事项

"公司法"第四二条"公司之内部关系，除法律有规定者外，得以章程定之"。是为无限公司章程得为任意记载之法律依据。故无限公司之内部关系，只要不违反强行法、公序良俗与无限公司之本质者，均可订入章程。

（二）申请设立登记

1. 设立登记之申请权人及申请期限

依"公司之登记及认许办法"第三条规定，无限公司应于章程订立后十五日内，向主管机关申请为设立之登记。

2. 主管机关之审核

"公司法"第三八八条规定："主管机关对于公司登记之申请，认为有违反本法或不合法定程式者，应令其改正，非俟改正合法后，不予登记。"如主管机关审查结果，如认为并无违反法令或不合法定程式之情事（包括公司已遵令改正合法之情形）时，即应准予设立登记。

四、无限公司之法律关系

无限公司章第二节及第三节分别规定无限公司之内部关系与外部关系。所谓内部关系，系指公司与股东间之关系及股东相互间之关系。所谓外部关系，系指公司与第三人及股东与第三人间之关系。以下分述之。

（一）无限公司之内部关系

1. 原则

无限公司之内部关系，除法律有规定者外，得以章程定之（公 42）。

2. 股东之出资

（1）出资之标的

无限公司之股东，除得以现金出资外，并得以信用、劳务或其他权利为出资。但以现金以外之财产出资者，需将其种类、数量、价格或估价之标准，记载于公司章程（公 43、41Ⅰ⑤）。所谓“信用出资”，此指股东让公司利用其信用为出资之标的，如充当公司债务之保证人或对公司签发之票据为承兑、背书或保证之类。所谓“劳务出资”，指股东以对公司服一定之劳务为出资之标的，如有特殊技术之人提供其技术为出资之类。至于“其他权利”，系指债权、商标权或专利权等，以此等权利出资，性质上与现金出资，同为“财产出资”。

（2）出资义务之履行

出资义务何时履行？如何履行？公司法并未明定。此系因无限公司之股东对公司债务负连带无限清偿责任，故无须如有限公司、股份有限公司等资合性公司之重视资本充实原则。解释上，如章程有规定者，依章程之规定，否则由股东协议定之。唯如股东以债权抵作股本（即以债权出资），而其债权到期不得受清偿者，应由该股东补缴；如公司因之受有损害，并应负赔偿之责（公 44）。又，如股东应出之资本不能照缴或屡催不缴者，得经其他股东全体之同意议决除名。（公 67①）。

3. 股东之执行业务

（1）无限公司之执行业务机关

无限公司之各股东均有执行业务之权利，而负其义务。但章程中订定由股东中之一人或数人执行业务者，从其订定（公 45Ⅰ）。亦即，在无限公司，原则上各股东皆为公司之业务执行机关，但例外得以章程订定由股东中之一人或数人执行业务者。章程有此订定时，其他股东之业务执行权即遭剥夺。

章程订明专由股东中之一人或数人执行业务时，该股东不得无故辞职，他股东亦不得无故使其退职（公 51）。又，执行业务之股东须半数以上在台湾地区有住所（公 45Ⅱ）。

章程定有执行业务之股东者，应将其姓名载明于章程（公 41Ⅰ⑨）。

（2）执行业务之方法

无限公司以章程特定股东一人执行业务者，自由该股东单独执行业务。然由股东之数人（以章程订明由股东中之数人执行业务之情形）或全体（指未以章程订定执行业务股东之情形）执行业务时，关于业务之执行，取决于过半数之或全体同意（公 46Ⅰ）。唯关于通常事务，执行业务之股东，各得单独执行；但其余执行业务之股东，有一人提出异议时，应即停止执行（公 46Ⅱ）。

（3）执行业务股东与公司间之关系

"公司法"并未明定无限公司执行业务股东与公司间之法律关系为何。一般解为系属委任关系，故除"公司法"有特别规定外，应适用"民法"有关委任之规定。

(4) 执行业务股东之义务与责任

①执行业务应遵循法令、章程及股东决定之义务：无限公司执行业务之股东执行业务时，应依照法令、章程及股东之决定。违反此遵循义务，致公司受有损害者，对于公司应负赔偿之责（公52）。

需注意者为，无限公司执行业务之股东，非有特约，不得向公司请求报酬（公49）。故无限公司执行业务股东与公司间原则上为无偿委任，于有得向公司请求报酬之特约时，则例外为有偿委任。而于"民法"上无偿委任与有偿委任之最重要区别实益在于无偿委任之受任人处理委任事务，应依委任人之指示，并与处理自己事务为同一之注意；有偿委任则应以善良管理人之注意为之（民535）。但因无限公司之执行业务股东，为"公司法"第八条第一项之公司负责人。复依"公司法"第二三条第一项之公司负责人应尽善良管理人注意义务，故无限公司执行业务之股东，纵未领有报酬而为无偿委任，执行业务仍应尽善良管理人注意义务。

②不竞业义务：无限公司执行业务之股东，不得为自己或他人为与公司同类营业之行为。执行业务之股东违反前项规定时，其他股东得以过半数之决议，将其为自己或他人所为行为之所得，作为公司之所得；但自所得产生后逾一年者，不在此限（公54Ⅱ、Ⅲ）。

③基于委任关系之义务

因无限公司执行业务股东与公司间为委任关系，故亦适用民法上委任关系受任人之义务规定。执行业务之股东，因执行业务所收取之金钱、物品及孳息，应交付于公司；以自己之名义为公司取得之权利，应移转于公司（民541）。

(5) 执行业务股东之权利

①垫款及损害赔偿请求权：股东因执行业务所代垫之款项，得向公司请求偿还，并支付垫款之利息；如系负担债务，而其债务尚未到期者，得请求提供相当之担保（公50Ⅰ）。股东因执行业务，受有损害，而自己无过失者，得向公司请求赔偿（公50Ⅱ）。如股东代收公司款项，不于相当期间照缴，或挪用公司款项者，应加算利息，一并偿还。如公司受有损害，并应赔偿（公53）。②基于委任关系之权利：因无限公司执行业务股东与公司间为委任关系，故亦适用"民法"上委任关系受任人之权利规定。即执行业务股东，得请求公司预付执行业务之必要费用（民545）。

4. 不执行业务股东之监察权

不执行业务之股东，得随时向执行业务之股东质询公司营业情形，查阅财产文件、账簿、表册（公 48）。

5. 股东共通之权利义务

（1）公司款项偿还义务

无限公司之股东代收公司款项，不于相当期间照缴或挪用公司款项者，应加算利息，一并偿还；如公司受有损害，并应赔偿（公 53）。

（2）为他公司无限责任股东或合伙事业合伙人之限制

无限公司之股东非经其他股东全体之同意，不得为他公司之无限责任股东或合伙事业之合伙人（公 54Ⅰ）。此为无限公司股东权利能力之限制。盖无限公司之股东，对公司债务负连带无限清偿责任，故无限公司股东之偿债能力自为公司信用之基础。然若无限公司之股东再为他公司之无限责任股东或合伙事业之合伙人，而负双重连带无限清偿责任，一旦就该他公司或合伙事业发生清偿责任，则该股东之偿债能力自将因而减损，从而减损公司之信用，并非所宜。

股东若违反本项规定，未经其他股东全体之同意，而为他公司之无限责任股东或合伙事业之合伙人，依“公司法”第六七条第二款规定，得经其他股东全体之同意，将该股东议决除名（公 67②）。

6. 变更章程

无限公司变更章程，应得全体股东之同意（公 47）。变更章程，对公司而言，乃重大事项，故应经全体股东之同意。

章程为公司之登记事项，故公司应于变更章程后十五日内，向主管机关申请为变更之登记（“公司之登记及认许办法”15）。

7. 股东之盈亏分派

无限公司每届会计年度终了，应将营业报告书、财务报表及盈余分派或亏损拨补之议案，提请股东同意（公 20Ⅰ）。故无限公司应依上会计年度之盈亏状况，经股东同意后，为盈余之分派或亏损之拨补。而盈余及亏损分派比例或标准为章程绝对必要记载事项（公 41Ⅰ⑥）。需注意者为，无限公司非弥补亏损后，不得分派盈余（公 63Ⅰ）；公司负责人违反前项规定时，各处一年以下有期徒刑、拘役或科或并科新台币六万元以下罚金。（公 63Ⅱ）。

（二）无限公司之对外关系

1. 原则

无限公司之对外关系攸关第三人之权益，故未如对内关系允许公司得以章程定之，原则上悉属强行规定，不得以章程或全体股东之同意变更之。

2. 股东之代表公司

(1) 无限公司之代表机关

无限公司得以章程特定代表公司之股东；其未经特定者，各股东均得代表公司（公 56Ⅰ）。代表公司之股东须半数以上在台湾地区有住所（公 56Ⅱ准用 45Ⅱ）。章程定有代表公司之股东时，应将其姓名载明于章程（公 41Ⅰ⑧）。

(2) 代表公司股东之权限

无限公司代表公司之股东，关于公司营业上一切事务有办理之权（公 57）。但公司对于股东代表权所加之限制，不得对抗善意第三人（公 58）。又，代表公司之股东，如为自己或他人与公司为买卖、借贷或其他法律行为时，不得同时为公司之代表。但向公司清偿债务时，不在此限（公 59）。

(3) 无限公司股东共通之责任

无限公司之特质，为其股东须对公司债务负连带无限清偿责任，已如前述。对此，除"公司法"第六十条并明定"公司资产不足清偿其债务时，由股东负连带清偿之责。"外，第六一条并规定"加入公司为股东者，对于未加入前公司已发生之债务，亦应负责。"此外，为维护交易安全，第六一条规定拟制股东之责任，即"非股东而有可以令人信其为股东之行为者，对于善意第三人，应负与股东同一之责任。"进而，为保护公司债权人之权益，公司法并明定因退股或转让出资而已不具股东身份之人，于退股登记或转让出资登记后二年内，仍对登记前公司之债务，负连带无限责任（公 70）。至于退股或转让出资登记后公司所负之债务，此等已丧失股东身份之人，自不须负责。

股东之连带无限责任，自无限公司解散登记后满五年而消灭。

(4) 债务之抵销

公司与其股东为不同人格，故公司之债务人，不得以其债务与其对于股东之债权抵销（公 64）。

五、无限公司之股东

(一) 无限公司之股东及其股东权

1. 股东及其股东权之概念

基于股东之地位得对公司主张之权利，即为股东权。无限公司因采企业所有与企业经营合一原则，各股东原则上均有执行业务之权利，而负其义务。故无限公司股东之股东权，其内容较股份有限公司或有限公司股东之股东权为广。

2. 无限公司股东权之内容

(1) 股东之权利

股东权并非单一之权利，而系多种权利之总称。无限公司股东之股东权，可大别为共益权及自益权两者。前者，系指为谋求公司经营与管理之妥适而赋予股东之权利，如公司业务执行权及异议权（公 45、46）、公司代表权（公 56）、对公司重大事项之决议权（公 47、54Ⅰ、55、67、71Ⅰ③、Ⅱ、Ⅲ、72、76、79但、82但、84Ⅱ但）、结算表册之承认权或异议权（公 92）、不执行业务股东之监察权（公 48）等属之。后者系为股东自己之利益而赋予之权利，如盈余分派请求权（公 41Ⅰ⑥）、执行业务股东之报酬请求权（公 49）、出资让与权（公 55）、退股权（公 65）、退股股东请求公司在公司名称中停止使用其姓或姓名之权利、出资返还请求权（公 68、69）及剩余财产分派请求权（公 91）等是。

（2）股东之义务

无限公司之股东义务，主要者有执行业务之义务（公 45）、出资义务（公 41Ⅰ④）及亏损分派之义务（公 41Ⅰ⑥）等。

3. 无限公司股东地位之得丧

（1）股东地位之取得

无限公司股东地位之取得，又可分为原始取得与继受取得二种情形。原始取得，包括参与公司设立而成为公司设立时之原始股东，与公司成立后入股成为股东之二种情形。继受取得，则如因受让原股东出资而成为股东之情形。

其中，于公司成立后增加新股东之“入股”情形，公司法并未直接正面订其要件。但由于无限公司注重股东之姓名及住所为章程之绝对必要记载事项（公 41Ⅰ③），故有新股东入股加入公司，势必变更章程。而无限公司变更章程，应得全体股东之同意（公 47）。由此可知，新股东之入股，须经全体股东之同意。

（2）股东地位之丧失

无限公司股东地位之丧失，可分为绝对丧失与相对丧失二种情形。绝对丧失，包括公司人格消灭与股东退股二种情形。相对丧失则如股东转让其全部出资等情形。其中，无限公司因解散而终至法人格消灭，公司既已不存，为公司构成员之股东地位亦因而不复存续，自不待言。以下，仅就股东退股及转让全部出资之情形论述之。

①退股

A. 退股制度之意义：谓退股，系指于无限公司存续中，特定股东绝对丧失其股东地位而言。于无限公司则因公司资本并非唯一之偿债基础，无须如有限公司与股份有限公司等资合性公司强调重视资本充实原则，故有承认股东退股制度之空间。另一方面，于无限公司有承认股东退股之必要。其一为，由于无限公司之股东须对公司债务负直接无限之股东责任，风险极大，故宜允许其在公司存续

中，于一定条件下，得有机会退出公司，以脱卸其所负之风险。其二为，因无限公司注重股东个人条件，发生某些特定情事之股东，未必适合继续担任股东，而有必要允许公司得将此特定股东，以维护公司利益。

B. 退股事由：(A) 声明退股："公司法"第六五条规定："章程未定公司存续期限者，除关于退股另有订定外，股东得于每会计年度终了退股。但应于六个月前，以书面向公司声明。(Ⅰ) 股东有非可归责于自己之重大事由时，不问公司定有存续期限与否，均得随时退股。(Ⅱ)"股东依本条规定声明退股，系基于股东之任意决定，只要股东向公司为本条所定之声明，即生退股之效果。(B) 法定退股："公司法"第六六条第一项规定："除前条规定外，股东有左列各款情事之一者退股：一、章程所定退股事由。二、死亡。三、破产。四、受禁治产之宣告。五、除名。六、股东之出资，经法院强制执行者。"第二项规定："依前项第六款规定退股时，执行法院应于两个月前通知公司及其他股东。"于股东发生上列六款情事之一时，则不问股东是否有退股之意思，皆生退股之效果，故为法定退股事由。其中，"除名"，系对于有破坏公司信用或影响公司利益等行为之特定股东，依公司之意思，强制剥夺其股东地位，以维护公司利益之制度。"公司法"第六七条规定："股东有左列各款情事之一者，得经其他股东全体之同意议决除名。但非通知后不得对抗该股东：一、应出之资本不能照缴或屡催不缴者。二、违反第五十四条第一项之规定者（即未经其他股东全体之同意，而为他公司之无限责任股东或合伙事业之合伙人)。三、有不正当行为妨害公司之利益者。四、对于公司不尽重要之义务者。"（例如执行业务股东违反第五一条规定无故辞职）(B) 视为退股：公司因章程所定解散事由之发生或公司所营事业已成就或不能成就而解散时，依"公司法"第七一条第二项规定，得经全体或一部股东之同意继续经营，其不同意者，视为退股。

C. 退股之效果：退股股东与公司间之关系

(A) 退股股东请求停止使用其姓名之权利："公司法"第六八条规定："公司名称中列有股东之姓或姓名者，该股东退股时，得请求停止使用。"本条规定赋予退股股东请求使用其姓名权，系在使该股东免于负"公司法"第六二条所定类似股东责任之危险。(B) 股东出资之结算：退股股东与公司间须为股东出资之结算。"公司法"第六九条规定"退股之股东与公司之结算，应以退股时公司财产之状况为准。(Ⅰ)""退股股东之出资，不问其种类，均得以现金抵还。(Ⅱ)""股东退股时，公司事务有未了结者，于了结后计算其损益，分派其盈亏。(Ⅲ)"(C) 退股股东退股后之责任："公司法"第七十条第一项规定："退股股东应向主管机关申请登记，对于登记前公司之债务，于登记后二年内，仍负连带无限责任。"

②出资之转让

A. 出资转让之类型与要件

“公司法”第五五条规定：“股东非经其他股东全体之同意，不得以自己出资之全部或一部，转让于他人。”

出资之转让分为全部转让与一部转让两种，无论何者，皆须经其他股东全体之同意。股东转让其全部出资，该股东即因而退出公司，对该股东而言，即为股东地位之丧失，但为相对丧失，因基于该出资之股东地位，系由受让人承继，并未绝对丧失。若股东仅转让其出资之一部分，则该股东并未丧失股东地位，仅其出资额减少而已。需注意者为，无论股东转让出资之全部或一部，若受让人并非原有之其他股东，则公司将因而有新股东之加入。

B. 转让全部出资股东之责任

依“公司法”第七十条第二项，股东转让其出资者，准用同条第一项：“退股股东应向主管机关申请登记，对于登记前公司之债务，于登记后二年内，仍负连带无限责任。”之规定。因于股东仅转让其部分出资时，其股东地位并未丧失，原即应对公司债务负连带无限责任，故本项规定系就股东转让全部出资之情形而定。

六、无限公司之解散、合并、变更组织及与清算

“公司法”第二章无限公司章第五节（公 71～78）为有关无限公司解散、合并及变更组织之规定，第六节（公 79～97）为有关无限公司清算之规定。此皆于本书公司法总则部分或有限公司部分论及，故不再赘叙，请自行参见该相关部分。

第三节　两合公司

一、前言

在台湾地区现有五十八万余家公司中，两合公司家数仅有数十家，家数甚至较无限公司为少。可见两合公司制度，在现代经济社会并非一般人所乐于采用之公司型态，在实务上并不具重要地位。故以下本书就无限公司将仅作简单论述。

二、两合公司之概念

“公司法”第二条第一项第三款明定两合公司之定义为“指一人以上无限责

任股东，与一人以上有限责任股东所组织，其无限责任股东对公司债务负连带无限清偿责任；有限责任股东就其出资额为限，对公司负其责任之公司”。第一一四条并再明定“两合公司以无限责任股东与有限责任股东组织之（Ⅰ）”。“无限责任股东，对公司债务负连带无限清偿责任；有限责任股东，以出资额为限，对于公司负其责任（Ⅱ）”。

故两合公司系公司之一种，由负不同股东责任之两种股东所组成。其无限责任股东对公司债务负连带无限清偿责任，与无限公司股东之股东责任相同；其有限责任股东就其出资额为限，对于公司负其责任，与有限公司股东之股东责任相同。

两合公司，除“公司法”第四章两合公司（公 114～127）有特别规定者外，准用第二章无限公司章之规定（公 115）。故以下仅就两合公司章之特别规定论述之。其余请参见本书本章前节无限公司之部分。

三、两合公司之设立

（一）订立章程

“公司法”第一一六条规定：“两合公司之章程，除记载第四十一条所列各款事项（无限公司之章程必要记载事项）外，并应记明各股东之责任为无限或有限。”

（二）有限责任股东之出资

“公司法”第一一七条规定：“有限责任股东，不得以信用或劳务为出资。”换言之，两合公司之有限责任股东只能以财产（包括现金及现金以外之其他财产）为出资。反之，两合公司之无限责任股东则如无限公司之股东，得以信用或劳务为出资。

（三）申请设立登记

依公司之登记及认许办法第三条规定，两合公司应于章程订立后十五日内，向主管机关申请为设立之登记。

四、两合公司之法律关系

（一）两合公司之内部关系

1. 业务执行

“公司法”第一二二条规定：“有限责任股东，不得执行公司业务及对外代表公司。”换言之，于两合公司，仅无限责任股东始有执行公司业务及对外代表公司权限。

2. 有限责任股东之监察权

“公司法”第一一八条第一项规定：“有限责任股东，得于每会计年度终了时，查阅公司账目、业务及财产情形；必要时，法院得因有限责任股东之声请，许其随时检查公司账目、业务及财产之情形。”第二项规定：“对于前项之检查，有妨碍、拒绝或规避行为者，各处新台币二万元以上十万元以下罚锾。连续妨碍、拒绝或规避者，并按次连续各处新台币四万元以上二十万元以下罚锾。”对于无执行业务权限之有限责任股东，赋予其监察权，而为两合公司之内部监控机制。

3. 有限责任股东不负竞业禁止义务并不受投资限制

“公司法”第一二〇条规定：“有限责任股东，得为自己或他人，为与本公司同类营业之行为；亦得为他公司之无限责任股东，或合伙事业之合伙人。”盖两合公司之有限责任股东，既无执行公司业务权限，自无课予竞业禁止义务之必要。又，两合公司之有限责任股东，既对公司债务不负连带无限责任，则其资力如何，不影响两合公司之偿债能力，故无必要禁止其为他公司之无限责任股东，或合伙事业之合伙人。反之，两合公司之无限责任股东则准用“公司法”第五四条之规定，非经其他全体股东同意，不得为他公司之无限责任股东，或合伙事业之合伙人。并不得为自己或他人为与公司同类营业之行为。

（二）两合公司之对外关系

1. 公司代表机关

由“公司法”第一二二条后段有限责任股东，不得对外代表公司之规定反面可知，两合公司系由无限责任股东代表公司。

2. 有限责任股东之表见无限责任

两合公司之无限责任股东，对公司债务负连带无限清偿责任；有限责任股东，以出资额为限，对于公司负其责任（公 114Ⅱ①），已如前述。唯两合公司之有限责任股东，如有可以令人信其为无限责任股东之行为者（如执行公司业务），对于善意第三人，负无限责任股东之责任（公 121），以维护交易之安全。

五、有限责任股东出资之转让

“公司法”第一一九条第一项规定：“有限责任股东，非得无限责任股东过半数之同意，不得以其出资全部或一部，转让于他人。”第二项规定“第一百十一条第二项及第四项之规定，于前项准用之。”故不同意有限责任股东转让出资之无限责任股东，有优先受让权；如不承受，视为同意转让，并同意修改章程有关股东及其出资额之事项（公 111Ⅱ）。法院依强制执行程序，将股东之出资转让于他人时，应通知公司及其他全体股东，于二十日内，依第一项或第三项之方式，指定受让人；逾期未指定或指定之受让人不依同一条件受让时，视为同意转让，并同意修改章程有关股东及其出资额事项（公 111Ⅳ）。

六、有限责任股东之退股及除名

（一）有限责任股东之之退股

“公司法”第一二四条规定：“有限责任股东遇有非可归责于自己之重大事由时，经无限责任股东过半数之同意退股，或声请法院准其退股。”另一方面，“公司法”第一二三条规定“有限责任股东，不因受禁治产之宣告而退股。(1)”“有限责任股东死亡时，其出资归其继承人。（Ⅱ）”

（二）有限责任股东之除名

“公司法”第一二五条规定：“有限责任股东有左列各款情事之一者，得经全体无限责任股东之同意，将其除名：一、不履行出资义务者。二、有不正当行为，妨害公司利益者。(1)”“前项除名，非通知该股东后，不得对抗之。（Ⅱ）”

七、两合公司之解散与清算

（一）两合公司之解散

两合公司之解散，原则上，准用无限公司之规定（公 115）。但“公司法”第一二六条有特别规定：“公司因无限责任股东或有限责任股东全体之退股而解散。但其余股东得以一致之同意，加入无限责任股东或有限责任股东，继续经营（Ⅰ）”。“前项有限责任股东全体退股时，无限责任股东在二人以上者，得以一致之同意变更其组织为无限公司（Ⅱ）”。“无限责任股东与有限责任股东，以全体之同意，变更其组织为无限公司时，依前项规定行之（Ⅲ）”。

（二）两合公司之清算

两合公司之清算，原则上亦准用无限公司之规定（公 115）。但“公司法”第一二七条有特别规定：“清算由全体无限责任股东任之。但无限责任股东得以过半数之同意另行选任清算人；其解任时亦同。”

第五章　关系企业

第一节　总　说

“公司法”第六章之一关系企业章，系于1997年所增订。增订本章之意义如下：“关系企业是经济发展的产物，公司如因业务需要及获利要求，转投资于其他公司，不但可以稳定原物料的来源，而且可以分担企业风险，原是值得鼓励之事。唯以控制公司与从属公司之间有控制因素的存在，从属公司在经营上部分或全部丧失其自主性，往往为控制公司的利益而经营，导致从属公司及其少数股东、债权人之权益受到损害，甚而由控制公司控制交易条件，调整损益，进行不合营业常规之交易，以达到逃税之目的，影响公司之正常发展甚巨。又鉴于关系企业在台湾地区经济发展上已具有举足轻重的地位，而在企业经营方式上，亦已取代单一企业成为企业经营的主流。而台湾地区“公司法”自 1929 年制定公布以来，一贯以单一企业作为规范对象，对关系企业之运作尚乏规定。兹为维护大众交易之安全，保障从属公司少数股东及其债权人之权益，促进关系企业健全营运，以配合经济发展，达成商业现代化之目标，爰参考外国立法例，并衡酌台湾地区情况，订定关系企业专章。”（立法总说明）

第二节　关系企业之定义

“公司法”第三六九条规定“本法所称关系企业，指独立存在而相互间具有下列关系之企业：一、有控制与从属关系之公司。二、相互投资之公司。”依此定义，可知：

一、关系企业，系指相互间具有本条第一款或第二款所定关系，而各自独立存在之二企业而言

既谓“相互间”，故公司法所称“关系企业”系一相对之概念。即，单独一企业，并无界定其是否为关系企业之可言。必须有二各自独立存在之企业，始有就其“相互间”是否有本条第一款或第二款所定关系，而界定该二企业是否为关系企业之必要。

所谓“独立存在”，系指在法律上具有独立人格而言。所谓“企业”，广义而言，原应涵盖所有营利组织，包括独资、合伙及公司。但依本条第一款、第二款之文字观之，台湾地区现行法系将之局限于公司组织型态之企业。[1]所以如此，系为免关系企业立法初创阶段规定过于复杂。

二、该二各自独立之企业，相互间需具有本条第一款或第二款之关系

本条第一款所定者为“控制与从属关系”，第二款所定者为“相互投资”关系。其详如后述：

1　此之公司，原则上系指台湾地区公司。至于外国公司有无本章规定之适用，“经济部”1998 年 2 月 2 日商字第 87200740 号函为如下函释：“二、按‘公司法’关系企业专章立法初创，本部原拟条文均系针对‘本国’公司为规定，例如第 369－8 条投资状况公开化之规定与第 369－12 条关系报告书、合并财务报表之规定等均属之；至于第 369－4 条系属民事赔偿责任范围，如遇有具体案件时，外国公司是否类推适用，仍应由法官本其确信之见解，妥为处理。”

第三节 关系企业之分类

"公司法"第三六九条之一就关系企业，系采限定列举之立法方式。故台湾地区现行法规范对象之关系企业限于"控制与从属公司"及"相互投资公司"二类型。分述如下：

一、控制与从属公司

依"公司法"第三六九条之二规定，控制与从属公司之认定，有二认定基准：一为第一项所定依投资关系认定之形式基准；一为依直接、间接控制力认定之实质基准。分述如下：

（一）依投资关系认定之形式基准

"公司法"第三六九条之一第一项规定"公司持有他公司有表决权之股份或出资额，超过他公司已发行有表决权之股份总数或资本总额半数者为控制公司，该他公司为从属公司。"本项所定者为，一公司因转投资成为他公司股东而形成之控制从属关系。

所称"公司"，包括"公司法"第二条第一项各款所定之无限公司、两合公司、有限公司及股份有限公司四种公司。"他公司"，则限于有限公司、两合公司及股份有限公司。因"公司法"第十三条第一项前段明定"公司不得为他公司无限责任股东"，故任何公司皆不可能为无限公司之股东，更遑论持有超过无限公司资本总额半数之出资额。

于被投资之公司为股份有限公司时，系以投资公司持有被投资公司有表决权之股份，是否超过该被投资公司已发行有表决权之股份总数半数为基准，决定是否构成本项之控制从属关系。至于投资公司对被投资之股份有限公司之出资，是否超过被投资股份有限公司资本额之半数，并非所问。

于被投资之公司为两合公司或有限公司时，系以投资公司持有被投资公司出资额是否超过该被投资公司资本额半数为基准。至于投资公司在被投资公司所占表决权之比例如何，并非所问。

至于公司所持有他公司之股份或出资额之计算，"公司法"第三六九条之十一规定："计算本章公司所持有他公司之股份或出资额，应连同左列各款之股份或出资额一并计入：一、公司之从属公司所持有他公司之股份或出资额。二、第三人为该公司而持有之股份或出资额。三、第三人为该公司之从属公司而持有之股份或出资额。”

（二）依直接、间接控制力认定之实质基准

“公司法”第三六九条之二第二项规定：“除前项外，公司直接或间接控制他公司之人事、财务或业务经营者亦为控制公司，该他公司为从属公司。”本项所定者为，依有无直接、间接实际控制力认定之实质基准。

所谓“控制”，现行“公司法”并未予以定义。主管机关亦未有明确之函释。解释上，应系指足以达到指挥、支配效果之影响力而言。只要有此影响力即为已足，至于是否实际实行控制行为，应非所问。且此之“控制”，包括直接控制与间接控制。所谓间接控制，例如甲公司得直接控制乙公司，而乙公司得直接控制丙公司，则甲公司得间接控制丙公司之情形。至于控制之内容，则为他公司之人事（例如董监事、经理人之选任、解任等）、财务或业务经营。

二公司间是否有本项所定控制从属关系，自应就实际案例为实质认定。但其认定，并非容易。故“公司法”第三六九条之三，特设推定基准“有左列情形之一者，推定为有控制与从属关系”。既谓“推定”，则符合所定基准之二公司，自得举证证明该二公司间，并无一公司得控制另一公司人事、财务或业务经营之情事，而免除关系企业规范之适用。亦即，就二公司间若具有容易形成控制从属关系之外观，免除实质认定二公司间控制从属关系之举证义务，而以法律拟制之推定，达到举证责任转换之效果。需注意者为，本条所定之推定控制从属关系，仍属于第三六九条之二第二项所定之实质控制从属关系，而非独立之控制从属关系类型。

“公司法”第三六九条之三所定之推定基准如下：

第一款“公司与他公司之执行业务股东或董事有半数以上相同者”。执行业务股东，系指无限公司及两合公司之情形。董事，系指有限公司及股份有限公司之情形。所谓“有半数以上相同者”应以较高席次之半数为计算基准。又倘董事系以法人代表人身份当选者，所谓“相同董事”，系以代表人之个人身份为认定标准。[2]具体而言，例如甲股份有限公司有七席董事，乙股份有限公司有九席董事，则需甲、乙二公司有五席董事相同，始符合本款推定基准。又，若自然人A以B公司代表人身份，依“公司法”第二七条第二项规定当选为甲公司董事，复以C公司代表人之身份当选为乙公司董事，则甲、乙二公司有一相同之董事A。反之，若B公司指派自然人D、E为其代表人，而由D当选为甲公司董事，由E

---

2 “经济部”1999年9月8日商字第88219627号函。

当选为乙公司董事，此时不得谓D与E为甲乙二公司之相同董事。

第二款“公司与他公司之已发行有表决权之股份总数或资本总额有半数以上为相同之股东持有或出资者”。此所谓“有半数以上为相同之股东持有或出资者”，亦以较高股份总数或资本总额之半数为计算基准。[3]具体而言，设甲公司已发行有表决权之股份总数为二十万股，乙公司已发行有表决权之股份总数为三十万股，则需有十五万股为相同之股东持有，始符合本款之推定基准。

二、相互投资公司

（一）规范意义

1. 相互投资之经济上效益

所谓“相互投资”，在实务有称为“交叉持股”者。[4]企业借由相互投资，可获致下列利益[5]：

（1）维持或强化企业间之交易或合作

企业间借由相互投资或交叉持股的策略联盟，得以维持企业间较长期、且持续的买卖关系、或技术、研究发展、或行销通路等合作关系，以达到提升企业优势的目的。

（2）确保企业经营者的支配权

在资本自由化的风潮下，为防止他公司以收购股份的方式取得自身公司的支配权，企业经营者经常借由相互投资的机制，相互以较少资金取得相对多数的股份表决权，以稳定经营权，并具有避免市场派介入的安定作用。

（3）维持或稳定股价

企业间借相互投资或交叉持股，得于适当时机介入股市，因而提高企业的股票价格，以维持股价安定。

（4）便于企业之筹措资金

借由公司间的交叉持股关系，于公司增资时，他公司可收受其未售罄的股票，以顺利公司筹措资金。

2. 相互投资之弊病

相互投资固有上述经济上效益，唯亦可能带来下列弊病：

---

3 同前揭注。

4 “交叉持股”在字义上，仅局限于二股份有限公司互相持有对方股份之情形。“相互投资”则可涵盖所有种类公司间之投资关系。

5 陈玲玉、洪志菁，公司间之相互投资或交叉持股，2003年5月22日，经济日报6版，国际通商专栏。

(1) 违反资本充实原则之虚增资本或实质减资等经济假象：例如甲、乙二公司实收资本额各为新台币一千万元，而甲、乙二公司复各增资新台币五百万元，由对方出资取得。此时，甲、乙二公司实收资本额各增为新台币一千五百万元，合计新台币三千万元，但此实系假象。甲、乙二公司资本并无任何未实质之增加。

(2) 经营者永保职位，逸失股东会之监控机能：如上例，甲、乙二公司所持有之对方公司股份上表决权行使，自由各该公司之现任经营者决定。二公司之经营者自可协议互以该持股支持对方，而各自永保董监职位。借由董监事任期制之定期改选所期待发挥之股东会监控机能，将因而逸失。进而，在经营者永保职位，欠缺监控之情形下，更容易导致经营者不以公司整体利益为考量，而专视利己之经营态度，更甚者，则为不当利益输送，掏空公司资产等之恶行。

(3) 其他如借由相互持股，进行炒作股价、从事内线交易及操纵财务报表等行为，进而进行不当之企业信用扩张、乃至利益输送等行为，亦为相互投资所可能导致之负面效果。

（二）相互投资公司之定义

“公司法”第三六九条之九第一项规定：“公司与他公司相互投资各达对方有表决权之股份总数或资本总额三分之一以上者，为相互投资公司。”

此所谓达对方有表决权之股份总数达三分之一以上者，自指对方公司为股份有限公司之情形，所谓对方资本总额三分之一者，系指对方公司为有限公司或两合公司之情形。至于因依“公司法”第十三条第一项前段规定，任何公司皆不得为他无限公司之股东，故此之对方公司不可能为无限公司，已如前述。亦即，无限公司不可能与其他公司成立相互投资公司关系。

另，“公司法”第三六九条之九第二项规定：“相互投资公司各持有对方已发行有表决权之股份总数或资本总额超过半数者，或互可直接或间接控制对方之人事、财务或业务经营者，互为控制公司与从属公司。”此互为控制与从属公司之相互投资公司间，除受后述表决权行使限制规范外，亦有控制与从属公司间补偿义务与损害赔偿责任规范之适用。唯需注意者为，2001 年修正“公司法”第一六七条增订第三项“被持有已发行有表决权之股份总数或资本总额超过半数之从属公司，不得将控制公司之股份收买或收为质物。”及第四项“前项控制公司及其从属公司直接或间接持有他公司已发行有表决权之股份总数或资本总额合计超过半数者，他公司亦不得将控制公司及其从属公司之股份收买或收为质物。”后，除在 2001 年“公司法”修正前已形成者外，在现行法下，相互投资公司已不致再有本项所称“互为控制与从属公司”之情形。

第四节　关系企业之规范内容

一、投资资讯之揭露义务

（一）持股或出资超过三分之一之通知义务

“公司法”第三六九条之八第一项规定：“公司持有他公司有表决权之股份或出资额，超过他公司已发行有表决权之股份总数或资本总额三分之一者，应于事实发生之日起一个月内以书面通知该他公司。”盖一公司持有他公司有表决权之股份或出资额超过该他公司已发行有表决权之股份总数或资本总额三分之一时，虽尚不构成第三六九条之二第二项之控制与从属公司关系，但已对他公司有相当之影响力，且其再增加投资，而形成控制从属公司关系相对容易。另一方面，该二公司间成立相互投资公司关系之可能性亦高。故有必要课予通知义务，将此投资资讯揭露，促使相关利害关系人注意。

此所谓“公司”原则上系指“本国公司”而言。[6]所谓“事实发生日”，于被投资公司为有限公司或两合公司时，自为所持有之他公司资本额实际超过该他公司资本总额三分之一之日。然于被投资公司为股份有限公司时，因“公司法”第一五六条第一项“股份之转让，非将受让人之姓名或名称及住所或居所，记载于公司股东名簿，不得以其转让对抗公司”之规定，此所谓“事实发生日”究指“实际转让日”或“办理过户日”乃有疑义。就此，经济部实务见解，似系采“办理过户日”[7]。

（二）持股或出资变动通知义务

“公司法”第三六九条之八第二项规定：“公司为前项通知后，有左列变动之一者，应于事实发生之日起五日内以书面再为通知：一、有表决权之股份或出资额低于他公司已发行有表决权之股份总数或资本总额三分之一时。二、有表决权之股份或出资额超过他公司已发行有表决权之股份总数或资本总额二分之一时。三、前款之有表决权之股份或出资额再低于他公司已发行有表决权之股份总数或资本总额二分之一时。”盖公司为第一项之通知后，如持有表决权之股份或出资额低于他公司已发行有表决权之股份总数或资本额三分之一时，已不受本章之规

---

6 “经济部”1997 年 9 月 4 日商字第 86214513 号函。

7 “经济部”1998 年 2 月 2 日商字第 87200740 号函。

范；如超过二分之一时，依第三六九条之二第二项规定，该公司间为有控制与从属之关系；如超过二分之一后再低于二分之一时，其间之控制与从属之关系不复存在，如有上述变动情形之一，因效果影响颇大，应有再为通知之必要。[8]

（三）受通知公司之公告义务

“公司法”第三六九条之八第三项规定：“受通知之公司，应于收到前二项通知五日内公告之，公告中应载明通知公司名称及其持有股份或出资额之额度。”本项课予受通知公司之公告义务，目的在贯彻公开原则以保护公司小股东及债权人。[9]

本项所定受通知公司之公告义务，虽系以公司收到同条第一、二项之通知为义务发生之要件。但受通知之公司于为确认该通知公司符合同系第一、二项规定要件之目的范围内，要求通知公司提出股票或先依相关规定办理股东名簿变更登记（记名股票），再行受理其通知，乃为当然之作法，与法自无不合。[10]至于公告之方法，自应依“公司法”第二八条规定为之。

（四）违反通知及公告义务之罚则

“公司法”第三六九条之八第四项规定：“公司负责人违反前三项通知或公告之规定者，各处新台币六千元以上三万元以下罚锾。主管机关并应责令限期办理；期满仍为办理者，得责令限期办理，并按次连续各处新台币九千元以上六万元以下罚锾至办理为止。”

二、控制从属公司之规范

（一）控制公司之补偿义务与赔偿责任

1. 规范意义

“公司法”第三六九条之四第一项规定：“控制公司直接或间接使从属公司为不合营业常规或其他不利益之经营，而未于会计年度终了时为适当补偿，致从属公司受有损害者，应负赔偿责任。”

一般认为，“公司法”第三六九条之四系关系企业专章之核心条文，对台湾地区关系企业规范态度，具指标性之象征意义。[11]盖由上述规定可知，“公司法”

8 参见1997年本条立法理由。

9 同前揭注。

10 “经济部”1998年2月2日商字第87200740号函。

11 刘连煜，关系企业专章之立法及其实务运用，公司法理论与判决研究（三），2002年5月，37页；姚志明，控制公司与其负责人之责任——公司法第三百六十九条之四之诠释，月旦法学杂志第46期，1999年3月，82页。

并未禁止控制公司直接或间接使从属公司为不合营业常规或其他不利益之经营，而仅系要求控制公司使从属公司为不合营业常规或其他不利益之经营者，应于会计年度终了后应为适当补偿。若从属公司未尽此补偿义务，致从属公司受有损害者，始应负赔偿责任。此系因关系企业所形成之企业集团，在经营实务上，于必要时，借由牺牲集团中部分企业之利益，以谋求企业集团之整体利益，有时系属合理之经营策略。此亦系企业集团之经营模式所能获致之重大经济上效益之一。故只要该被暂时牺牲之公司，能在事后获得适当之补偿，使其股东及债权人之权益不致因此受损，即无予以否定之必要。亦即，“公司法”对关系企业之规范，可谓系兼顾关系企业经营模式之实际需求与股东及债权人权益之保障。此种规范态度，应予肯定。

2. 控制公司对从属公司赔偿责任之成立要件

“公司法”第三六九条第一项规定所定之控制公司对从属公司赔偿责任之要件如下：

(1) 二公司间有控制从属关系：控制从属关系之有无，自依第三六九条之二及之三规定认定之。

(2) 控制公司对从属公司实行其控制力：此由条文中“控制公司‘直接或间接使’从属公司为……”文字可知。

(3) 从属公司因而为不合营业常规或其他不利益之经营：此所谓“不合营业常规”应为“不利益之经营”之例示。[12]盖控制公司对从属公司之补偿义务应以从属公司受有不利益为前提，故所谓不合营业常规，仅系不利益之经营之型态之一。唯因企业经营本质上即具有一定之冒险性格，伴随亏损之风险。故除例如从属公司以远低于市价之价格将公司之资产让售于控制公司等明显之不利益经营外，从属公司所为之经营行为究竟是否为不利益之经营，在认定上往往并非容易。故于是否为不合营业常规或其他不利益经营之认定，需就个案，基于各该营业之常规，加以商业上专业知识及经验为判断。需注意者，其认定之时间基准，应以从属公司为该行为时为准，而不应仅以行为后之成败结果论断。例如，控制公司使从属公司以市价买进控制公司之产品后，该产品之市场价格大幅滑落，致从属公司蒙受极大损害，应不构成此所谓使从属公司为不利益之经营。

(4) 控制公司未于会计年度终了时对从属公司为适当之补偿：有补偿义务者为使从属公司为不合营业常规或其他不利益经营之控制公司。补偿之对象自为该从属公司。所谓会计年度，应依“商业会计法”第六条“商业以每年1月1日起

12　同说见姚志明，同前揭注11，88页。

至12月31日止为会计年度。但法律另有规定，或因营业上有特殊需要者，不在此限”定之。唯若控制公司与从属公司所采会计年度不同，解释上，应以从属公司为准。补偿之方式，应不限于金钱给付，而包括其他经济上利益之给付。至于是否适当，自应就个案具体判断。

(5) 从属公司因而受有损害：控制公司对从属公司之赔偿义务以从属公司因控制公司未履行适当补偿义务而受有损害为必要。亦即从属公司所受之损害，与控制公司之未履行适当补偿义务间，需有因果关系。此之损害，应不以积极损害为限。减少原可获得利益之消极损害，亦包含在内。

3. 损害赔偿责任之主体

(1) 未尽补偿义务之控制公司：“公司法”第三六九条之四第一项所定损害赔偿责任之主体，为使从属公司为不合营业常规或其他不利益之经营，而未于会计年度终了时予以适当补偿，致该从属公司受有损害之控制公司。需注意者为，于多重控制关系下，例如A公司控制B公司，B公司控制C公司，当A公司透过B公司使C公司为不利益经营时，应认为A公司（间接）与B公司（直接）皆为C公司之控制公司，从而A公司与B公司对C公司皆有适当补偿义务，若未尽此义务，致C公司受有损害，则A公司与B公司应连带对C公司负损害赔偿责任。[13]

(2) 未尽补偿义务之控制公司之负责人：“公司法”第三六九条之四第二项规定：“控制公司负责人使从属公司为前项之经营者，应与控制公司就前项损害负连带赔偿责任。”依本项规定应与控制公司负连带赔偿责任之负责人，包括依“公司法”第八条第一项之当然负责人与第二项之职务负责人。但以有对从属公司实行控制力之行为，使从属公司为不合营业常规或其他不利益经营者为限。本项规范目的自在加强对从属公司股东及债权人权益之保护。

(3) 因从属公司之不利益经营而受有利益之他从属公司：“公司法”第三六九条之五规定：“控制公司使从属公司为前条第一项之经营，致他从属公司受有利益，受有利益之该他从属公司于其所受利益限度内，就控制公司依前条规定应负之赔偿，负连带责任。”盖控制公司可能借由牺牲集团企业内某一公司之利益，造就集团内另一公司之利益。此时，控制公司虽应对该被牺牲之公司，负适当补偿义务，若未尽此义务，对该从属公司因而所受之损害，应负赔偿责任。但若控制公司本身若无足够或无资产可供清偿，将使受损害之从属公司之股东及债权人徒然蒙受损害，而该受利益之他从属公司将平白获利。故规定受有利益之该他从

13　请参阅姚志明，同前揭注11，92页。

属公司应就控制公司依前条规定所应负之赔偿，负连带责任。唯为顾及受有利益之从属公司股东及债权人之利益，该从属公司赔偿范围仅限于所受利益。

4. 损害赔偿请求权人

(1) 未获适当补偿致受有损害之从属公司：对控制公司之损害赔偿请求权人，为控制公司使其为不利益经营，却未于会计年度终了时适当补偿，致受有损害之从属公司。

(2) 从属公司之债权人或股东之代位权：上述从属公司虽对控制公司有损害赔偿请求权，但从属公司既受控制公司控制，欲期待该从属公司以自己名义对控制公司请求损害赔偿，实有困难。故“公司法”第三六九条之四第三项：“控制公司未为第一项之赔偿，从属公司之债权人或继续一年以上持有从属公司已发行有表决权股份总数或资本总额1%以上之股东，得以自己名义行使前二项从属公司之权利，请求对从属公司为给付。”明定从属公司之债权人或股东之代位权。需注意者为，本项对于行使代位权之债权人并未设资格限制，凡为从属公司之债权人，不问其债权额多寡及清偿期长短，每一债权人均得单独行使。但为避免滥诉，对于行使本项代位权之股东，则设有继续一年以上持有从属公司已发行有表决权股份总数或资本总额1%以上之资格限制。又，解释上，本项所定代位权之行使对象主体，应包括第三六九条之五所定之受利益之他从属公司。[14]

此外，因从属公司债权人或股东之代位权，系以从属公司对控制公司损害赔偿请求权之存在为前提。为避免控制公司借由其控制力使从属公司丧失或抛弃对控制公司之损害赔偿请求权，使从属公司债权人或股东之代位权亦随之消灭，进而损及从属公司债权人或股东之权益，故“公司法”第三六九条之四第四项明定“前项权利之行使，不因从属公司就该请求赔偿权利所为之和解或抛弃而受影响。”

5. 损害赔偿请求权之消灭时效

为避免控制公司及其负责人暨受有利益之他从属公司之责任久悬未决，“公司法”第三六九条之六特别规定：“前二条所规定之损害赔偿请求权，自请求权人知控制公司有赔偿责任及知有赔偿义务人时起，二年间不行使而消灭。自控制公司赔偿责任发生时起，逾五年者亦同。”

6. 深石原则

控制公司直接或间接使从属公司为不合营业常规或不利益经营者，在会计年度终了未为补偿时，应负损害赔偿责任。但为避免控制公司运用其控制力制造债权主张抵销，使从属公司对控制公司之损害赔偿请求落空，“公司法”第三六九

---

14 请参阅刘连煜，同前揭注11，41页。

条之七第一项规定："控制公司直接或间接使从属公司为不合营业常规或其他不利益之经营者，如控制公司对从属公司有债权，在控制公司对从属公司应负之损害赔偿限度内，不得主张抵销。"又因从属公司之财产为全体债权人之总担保，为避免控制公司利用其债权参与从属公司破产财团之分配或于设立从属公司时滥用股东有限责任之原则，尽量压低从属公司资本，增加负债而规避责任，损及其他债权人之利益，特参考美国判例，于第二项规定："前项债权无论有无别除权或优先权，于从属公司依破产法之规定为破产或和解，或依本法之规定为重整或特别清算时，应次于从属公司之其他债权受清偿。"本条系脱胎于美国判例法上之"深石原则"。深石原则之控制公司为本案之被告，深石公司为其从属公司，法院认为深石公司为其从属公司，法院认为深石公司在成立之初，即资本不足，且其业务经营完全受被告公司所控制，经营方法主要为被告公司之利益，因此判决被告公司对深石公司之债权应次于深石公司之其他债权受清偿。[15]

（二）关系企业三书表之编制义务

为明了控制公司与从属公司间之法律行为（如业务交易行为或不动产买卖等行为）及其他关系，以确定控制公司对从属公司之责任，且为便于主管机关管理及保护少数股东与债权人，特参考德国立法例，于"公司法"第三六九条之十二第一项规定："公开发行股票公司之从属公司应于每会计年度终了，造具其与控制公司间之关系报告书，载明相互间之法律行为、资金往来及损益情形。"第二项规定："公开发行股票公司之控制公司应于每会计年度终了，编制关系企业合并营业报告书，及合并财务报表。"并于第三项授权证券管理机关订定上述书表之编制准则[16]，要求公开发行股票之关系企业编制合称为关系企业三书表之"关系报告书"、"关系企业合并营业报告书"及"关系企业合并财务报表"，揭露关系企业往来关系及财务状况。[17]

需注意者为，现行法仅就公开发行股票之控制公司或从属公司，课予上述关系企业三书表之编制义务。[18]此虽系立法当时为降低企业成本之考量所致，但关

15　参见 1997 年本条立法理由。

16　在此授权下，证券管理机关，即"财政部证券暨期货管理委员会"订颁"关系企业合并营业报告书关系企业合并财务报表及关系报告书编制准则"共 19 条（2000 年 10 月 17 日修正）。

17　参见 1997 年本条立法理由。

18　并应注意"经济部"1997 年 10 月 1 日商字第 86215470 号解释函令："'公司法'第 369－12 条第 1 项系指公开发行股票之从属公司编制关系报告书之义务，同条第 2 项则系指公开发行股票之控制公司编制关系企业合并营业报告书及合并财务报表之义务，易言之，条文中所称"公开发行股票'公司'之从属公司"及，公开发行股票'公司'之从属公司"公司二字系属赘文。"

系企业之分子公司并不限于公开发行股票公司，非公开发行公司亦可能为集团企业之分子公司，因此现行法之规定方式并未能充分掌握关系企业真正运作情形，本条原来所欲达成之功能，实已大大减损。[19]

三、相互投资公司之规范

"公司法"第三六九条之十第一项规定："相互投资公司知有相互投资之事实者，其得行使之表决权，不得超过被投资公司已发行有表决权股份总数或资本总额之三分之一。但以盈余或公积增资配股所得之股份，仍得行使表决权。"第二项规定："公司依第三六九条之八通知他公司后，于未获他公司相同之通知，亦未知有相互投资之事实者，其股权之行使不受前项限制。"是为对相互投资公司所得行使表决权之限制。

案例

甲股份有限公司之董事为A、B、C、D、E、F、G七人，乙股份有限公司之董事为A、B、C、D、H、I、J、K、L九人，是否得推定甲、乙二公司为控制从属公司？又，若A公司指派自然人B为其代表人，由B当选为甲公司董事，A公司另指派自然人B为其代表人，由B当选为乙公司董事，此时甲、乙二公司是否有之相同董事？

解析

"公司法"第三六九条之三第一款所谓"有半数以上相同者"，应以较高席次之半数为计算基准。又倘董事系以法人代表人身份当选者，所谓"相同董事"，系以代表人之个人身份为认定标准。故于案例甲公司有七席董事、乙公司有九席董事时，需有五席董事相同，始符合本款推定基准。案例中之甲、乙二公司仅有A、B、C、D四席董事相同，不符合本款推定基准。又，案例中，甲公司董事B、与乙公司董事，虽皆系依"公司法"第二七条第二项规定以A公司代表人之身份当选，但B、C既非同一人，即不得谓甲、乙二公司有相同之董事。反之，若自然人B以A公司代表人身份，依"公司法"第二七条第二项规定当选为甲公司董事，复以C公司代表人之身份当选为乙公司董事，则甲、乙二公司有一相同之董事B。

本条仅限制相互投资公司所持有对方公司股份之表决权，该等股份上之其他股东权，例如盈余分派请求权等，并不受影响。

---

19 请参阅刘连煜，同前揭注11，51页。

第六章　外国公司、公司之登记及认许、附则

第一节　外国公司

一、外国公司之概念

（一）外国公司之意义

“公司法”第四条规定：本法所称外国公司，谓以营利为目的，依照外国法律组织登记，并经台湾当局认许，在台湾地区境内营业之公司。”但此系指狭义之外国公司。广义之外国公司，则泛指以营利为目的，依照外国法律组织登记之公司，而不问其是否经台湾当局之认许，在台湾地区境内营业。“公司法”第七章外国公司章各条文中所称“外国公司”，基本上系指狭义之外国公司，但亦有若干条文

（如公373、386等），应解为系指广义之外国公司。[1]将公司区分为本国公司与外国公司之实益，在于外国公司有“公司法”第七章外国公司章（公370～386）之适用，本地公司则无。

（二）外国公司之要件

1. 狭义与广义之外国公司共通之要件

（1）以营利为目的：外国法制虽有承认非营利性公司者，但台湾地区仅承认以营利为目的之公司（公1），故对外国公司，亦仅就以营利为目的者承认之。

（2）依照外国法律组织登记：于本地公司与外国公司之区分，台湾地区采设立准据法主义。亦即，依“公司法”组织登记成立者，即为本地公司，依照外国法律组织登记者，即为外国公司。至于公司之资本来源、股东国籍、主要营业地域如何，皆与一公司究为本地公司或外国公司无涉。

2. 狭义外国公司之特别要件

狭义之外国公司，除上述以营利为目的及依照外国法律组织登记外，尚以经台湾当局认许，“在台湾地区境内营业”为要件。所谓“在台湾地区境内营业”，系指在台湾地区境内为经常性之营业。外国公司如不在台湾地区境内营业，自无申请认许成为狭义外国公司之必要。

（三）外国公司之名称

“公司法”第三七〇条规定：“外国公司之名称，应译成中文，除标明其种类外，并应标明其国籍。”所谓标明国籍，如瑞士商××有限公司、日商××股份有限公司。所谓标明种类，不以“公司法”第二条第一项各款所列举之无限公司、有限公司、两合公司及股份有限公司为限，而应依其本国法律所定种类标明，例如英美法例即有所谓“保证有限公司”，应予标明。所谓译成中文，采音译或意译，皆无不可。但其中文名称，仍与本地公司同受“公司法”第十八条有关公司名称使用之规范。

二、外国公司之认许

（一）外国公司认许之概念

所谓外国公司之认许，传统见解认为“系承认依外国法已成立之外国公司，在内国法律上亦为权利主体之谓”[2]，或“系国家基于主权之行使，依行政程序法

---

1 请参阅林国全，月旦法学教室第14期，2003年11月，26～27页。

2 柯芳枝，公司法论（下），2003年1月，三民书局，698～699页。

承认依外国法律成立之公司享有法人人格之行政行为"[3]。换言之，"未经认许之外国法人，在台湾境内并无权利能力"[4]。

（二）外国公司认许之要件

1. 积极要件

（1）需在其本国已设立登记，并已营业："公司法"第三七一条第一项规定："外国公司非在其本国设立登记营业者，不得申请认许。"故外国公司需在其本国已设立登记，并已营业，始得向台湾当局申请认许。

（2）应专拨其在台湾地区境内营业所用之资金："公司法"第三七二条第一项规定：外国公司应专拨其在台湾地区境内营业所用之资金，并应受主管机关对其所营事业最低资本额规定之限制。外国公司申请认许之目的既在取得在台湾地区营业之资格，故在申请认许时，即需汇入在台湾地区营业所需之足够资金，并依其所营事业，符合该事业主管机关所定经营该事业之最低资本额，主管机关始得据以评估决定是否予以认许。

（3）指定在台湾地区境内之代理人："公司法"第三七二条第二项规定：外国公司应在台湾地区境内指定其诉讼及非诉讼之代理人，并以之为在台湾地区境内之公司负责人。外国公司申请认许，系由以其在台湾地区境内之诉讼及非诉讼之代理人为申请人，故自应先行指定之。

2. 消极要件

"公司法"第三七三条规定：外国公司有下列情事之一者，不予认许：一、其目的或业务，违反台湾地区法律、公共秩序或善良风俗者。二、公司之认许事项或文件，有虚伪情事者。"例如外国有承认经营武器买卖、赌博或色情营业之公司者，自不宜认许此等公司得在台湾地区境内营业。

（三）外国公司申请认许之程序、应备文件及主管机关之审查事项

对此，见"经济部"订颁之"外国公司认许、设立在台分公司及投资许可与审定之申请作业程序"（表1），及"外国公司认许、设立在台分公司及投资许可与审定应附文件及注意事项"（表2）。

---

3 詹庭祯，远来的外商须认许，实用税务1990年7月号，27页。

4 "法务部"1997年8月9日法（86）律决字第030762号函。

表 1　　外国公司认许设立在台分公司及投资许可与审定，其申请作业程序

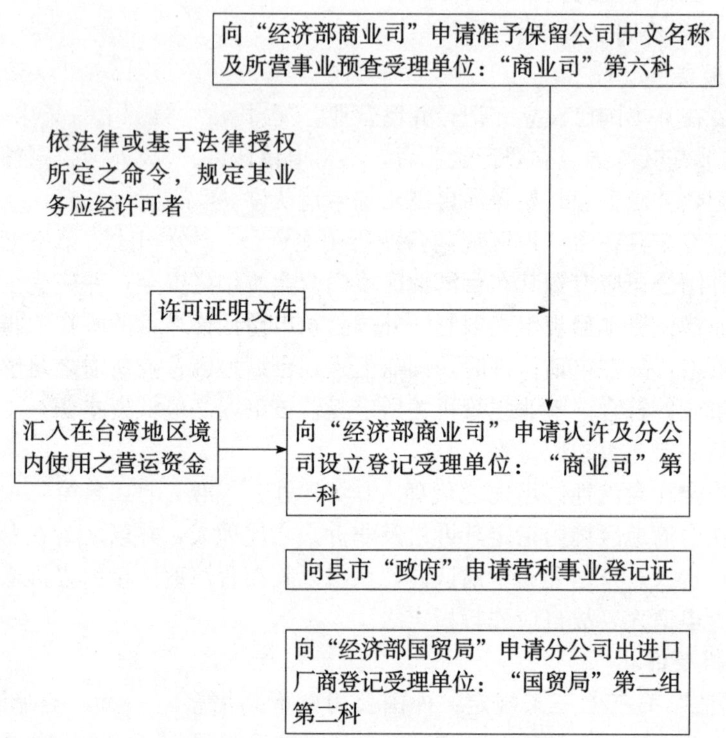

表 2　　外国公司认许、设立在台分公司及投资许可与审查应附文件及注意事项

应附文件	注意事项
申请书	（一）申请书是否由在台分公司及在台湾地区境内之诉讼及非诉讼代表人具名盖章申请并加注公司地址、联络电话；由会计师或律师代理申请时，是否于申请书加列代理人姓名、地址、联络电话并盖章及加附委托书。 （二）是否检附营运资金 1/4 000 之认许费、分公司登记费 600 元。
其他机关核准函	在台湾地区境内之所营事业依法需经许可者，是否检附许可文件。
公司设立登记预查名称申请表	（一）预查表之申请人是否为在台湾地区境内负责人或分公司经理。 （二）在台湾地区境内之所营业事是否为侨外投资负面表列规范之范围。 （三）保留期限是否在六个月内。

续前表

应附文件	注意事项
法人资格证明文件（含中文译本）	（一）法人资格证明文件是否由其本公司登记主管机关签署核发。 （二）是否经 1. 台湾地区驻外使领馆或 2. 其本国驻台湾地区使领馆或 3. 邻近国之台湾地区驻外使领馆或 4. 其本国法院或政府机关出具之证明（无台湾地区之驻外使领馆时适用）等之签证。（签证有效期限为一年） （三）签证文件是否加盖骑缝章。 （四）是否附中文译本。
公司章程（含中文译本）	（一）公司名称是否与法人资格证明文件所载者相符。 （二）是否经 1. 台湾地区驻外使领馆或 2. 其本国驻台湾地区使领馆或 3. 邻近国之台湾地区驻外使领馆或 4. 其本国法院或政府机关出具之证明（无台湾地区之驻外使领馆时适用）等之签证。（签证有效期限为一年）
股东会或董事会请求认许之议事录（含中文译本）	（一）决议内容是否明确叙明向台湾地区请求认许，并在台湾地区境内设立分公司。 （二）是否经 1. 台湾地区驻外使领馆或 2. 其本国驻台湾地区使领馆或 3. 邻近国之台湾地区驻外使领馆或 4. 其本国法院或政府机关出具之证明（无台湾地区之驻外使领馆时适用）等之签证。（签证有效期限为一年） （三）签证文件是否加盖骑缝章。 （四）是否附中文译本。
在台湾地区境内营运资金之汇入汇款通知书、买汇水单	（一）专拨在台湾地区境内营业所用之营运资金，是否符合“公司法”第三七二条应受主管机关对其所营事业最低资本限制。 （二）受款人是否为外国公司在台分公司或筹备处。 （三）结汇之营运资金是否足够。 （四）本项文件于首次送件时免附，唯应俟本部发送补正函或公司送件时于商业司收件柜台填写外国公司认许送件申请单并检送银行办理汇款事宜后，再行补正即可。

续前表

应附文件	注意事项
在台湾地区境内指定之诉讼及非诉讼代理人授权书（含中文译本）	（一）授权书内容是否明确授权系代表其本公司在台湾地区境内之负责人。 （二）是否经 1. 台湾地区驻外使领馆或 2. 其本国驻台湾地区使领馆或 3. 邻近国之台湾地区驻外使领馆或 4. 其本国法院或政府机关出具之证明（无台湾地区之驻外使领馆时适用）等之签证。（签证有效期限为一年） （三）签证文件是否加盖骑缝章。 （四）是否附中文译本。
分公司经理人授权书（含中文译本）	（一）是否经 1. 台湾地区驻外使领馆或 2. 其本国驻台湾地区使领馆或 3. 邻近国之台湾地区驻外使领馆或 4. 其本国法院或政府机关出具之证明（无台湾地区之驻外使领馆时适用）等之签证。（签证有效期限为一年） （二）签证文件是否加盖骑缝章。 （三）是否附中文译本。
在台湾地区境内指定之诉讼及非诉讼代理人身份证明文件	（一）为台湾地区国籍者是否检附身份证影本或户口名簿影本。 （二）为侨外人士时是否检附： 1. 居留证影本或 2. 护照影本（应加注地址及签名、加盖代表人印章）或 3. 本国政府机关出具之文件影本（无需签证）或 4. 本人出具声明书（应叙明姓名、国籍、地址），经台湾地区驻外单位签证或 5. 本人出具声明书（应叙明姓名、国籍、地址），经其本国驻台湾地区境内官方单位签证或 6. 本人出具声明书（应叙明姓名、国籍、地址），经台湾地区法院认证。
分公司经理人身份证明文件	（一）分公司经理人在台是否有住居所。 （二）为台湾地区国籍者是否检附身份证影本或户口名簿影本。 （三）为侨外人士时是否检附： 1. 居留证影本或 2. 本人出具声明书（应叙明姓名、国籍、地址），经台湾地区驻外单位签证或 3. 本人出具声明书（应叙明姓名、国籍、地址），经其本国驻台湾地区境内官方单位签证或 4. 本人出具声明书（应叙明姓名、国籍、地址），经台湾地区外交部签证。 5. 本人出具声明书（应叙明姓名、国籍、地址），经台湾地区法院认证。 6. 护照影本（应加驻在台地址、签名及分公司经理印章）

续前表

应附文件	注意事项
认许事项表	（一）是否检附二份，所载内容与申请文件完全一致。 （二）是否加盖在台湾地区境内诉讼及非诉讼代理人印章。
外国公司分公司设立登记事项表	是否检附二份，所载内容与申请文件完全一致。

（四）外国公司认许之效力

1. 外国公司经认许后，其法律上权利义务原则上与本国公司同

“公司法”第三七五条规定：外国公司经认许后，其法律上权利义务及主管机关之管辖，除法律另有规定外，与台湾地区公司同。此所谓“与台湾地区公司同”，系指与同种类之台湾地区公司有相同之权利义务。倘经认许之外国公司种类为台湾地区所无者，如保证有限公司，则类推适用种类相近之台湾地区公司之规定。所谓“法律另有规定”，例如“土地法”第十八条第一项规定林地、渔地、狩猎地、盐地、矿地、水源地、要塞军备区域及领域边境之土地，不得移转、设定负担或租赁于外国人。此之外国人，自包括为外国法人之外国公司。

需注意者为，经认许之外国公司，因其性质与本国公司并不尽相同，故仍应就个别事项判断有无台湾地区法律之适用。例如，“‘公司法’第三七七条就外国公司专拨在中国境内之资金，系指营运所用之资金并非实收资本额，是以外国公司在台分公司之亏损达其专拨在中国境内营运资金二分之一时，并不准用‘公司法’第二一一条之规定。”[5]又如“按本国公司与外国公司系分别依本国及外国法律设立之营利性法人组织，两者所依据之法律不同，自无‘台湾地区’公司法合并规定之适用。”[6]

2. 经认许之外国公司，于办理分公司登记后，得在台湾地区境内营业

“公司法”第三七一条第二项规定非经认许，并办理分公司登记者，不得在台湾地区境内营业。故外国公司除经认许外，尚须办理分公司登记后，始得在台湾地区境内营业。且“外国公司基于业务需要，得比照公司法关于台湾地区公司设立分公司之规定在台湾地区境内设立二个以上分公司经营事业”[7]。

3. 未经认许之外国公司在台湾地区之法律上地位

未经认许之外国公司，实务见解谓：“未经认许之外国法人，虽不能认其为法人，

5 “经济部”1991 年 12 月 20 日商字第 23370 号函。

6 “经济部”1995 年 9 月 11 日商字第 84220963 号函。

7 “经济部”1977 年 9 月 21 日商字第 27942 号函。

然仍不失为非法人团体设有代表人或管理人者，依‘民事诉讼法’第四十条第三项之规定，自有当事人能力，至其在台湾是否设有事务所或营业所，则非所问。”[8]

（五）外国公司经认许后之义务

外国公司经认许后，除依“公司法”第三七五条规定其法律上权利义务原则上与台湾地区公司同外，“公司法”第三七四条并特别规定外国公司应于认许后，将章程备置于台湾地区境内指定之诉讼及非诉讼代理人处所，或其分公司，如有无限责任股东者，并备置其名册。（Ⅰ）“公司负责人违反前项规定，不备置章程或无限责任股东名册者，各处新台币一万元以上五万元以下罚锾。连续拒不备置者，并按次连续各处新台币二万元以上十万元以下罚锾。（Ⅱ）”

三、外国公司之监督

为维护本国交易安全，对于在台湾地区境内营业之外国公司，自应由台湾地区“政府公权力”予以必要之监督。

（一）监督机关

依“公司法”第三七五条规定，外国公司经认许后，其主管机关之管辖，除法律另有规定外，与台湾地区公司同。故外国公司之主管机关，亦与台湾地区公司同，依“公司法”第五条之规定定之。

（二）监督内容

首先，“公司法”第三八四条规定：“外国公司经认许后，主管机关于必要时，得查阅其有关营业之簿册文件。”是为主管机关对外国公司分公司之有关簿册文件查阅权。

其次，“公司法”第三七七条规定：“（公司法）第九条、第十条、第十二条至第二十五条，于外国公司准用之。”其中第九、十、十七、十七之一、十九、二十至二十二条均系有关公司监督之规定，请参见本书第一编总则章，于此不另赘叙。

四、外国公司之负责人及其责任

（一）外国公司之负责人

在台湾地区境内指定其诉讼及非诉讼之代理人，“公司法”第三七二条第二项规定：外国公司应在台湾地区境内指定其诉讼及非诉讼之代理人，并以之为在台湾地区境内之公司负责人。故外国公司系以其指定之在台湾地区境内诉讼及非诉讼之代理人，为其在台湾地区境内之公司负责人。另，“公司法”第三八五条

8 “最高法院”1961年台上字第1898号判例。

规定“第三百七十二条第二项规定之代理人，在更换或离境前，外国公司应另指定代理人，并将其姓名、国籍、住所或居所申请主管机关登记。”

（二）分公司经理人

经认许之外国公司，其权利义务原则上既与台湾地区公司同，则外国公司分公司亦得依“公司法”第二九条规定设置分公司经理人，且得设二人以上之经理人。而公司经理人依“公司法”第八条第二项规定，在其执行职务范围内，亦为公司负责人。[9]

（三）外国公司负责人之责任

上述外国公司公司负责人，除第三七四条第二项所定违反备置章程及无限责任股东名册义务之责任，以及第三八二条所定违反有关清算规定之责任外，公司法上所定公司负责人之责任规定，于外国公司负责人亦准用之。

五、外国公司认许之撤回、撤销或废止

（一）外国公司认许之撤回

“公司法”第三七八条本文规定：外国公司经认许后，无意在台湾地区境内继续营业者，应向主管机关申请撤回认许。本条所定撤回认许之申请，系依公司自己之意愿所为，而非因法律之强制。经撤回认许之外国公司，自不得继续在台湾地区境内营业。“但不得免除申请撤回以前所负之责任或债务”（公 378 但），以维护交易安全。

唯如经认许在台湾地区设立分公司营业之外国公司依外国法律因合并消灭而其存续公司拟在台湾地区继续营业时，此与本条所定情形尚有不同，爰依公司合并之法理，得由存续公司径行办理变更认许及在台分公司名称变更登记，俾外商公司在台湾地区之营运得持续进行。[10]

（二）外国公司认许之撤销或废止

“公司法”第三七九条第一项本文规定：“外国公司有左列情事之一者，主管机关应撤销或废止其认许：……”本条所定认许之撤销或废止，系因法定事由之发生，由台湾地区主管机关以行政处分，强制剥夺该外国公司在台湾地区继续营业之资格。

本项所定主管机关应撤销或废止外国公司认许之事由如下：

第一款“申请认许时所报事项或所缴文件，经查明有虚伪情事者”。有本款所

---

9 “经济部”2003 年 10 月 28 日商字第 09202223880 号函。

10 “经济部”1997 年 3 月 22 日商字第 86204287 号函。

定事由，原为“公司法”第三七三条第二款所定之不予认许事由，但若于申请认许时未能发现，而予以认许，其后始发现查明，则该认许即为违法行政处分，应予撤销。

第二款“公司已解散者”。此系指该外国公司在其本国已解散，则其在台湾地区所设之分公司，自无单独存在之理。于此情形，因原认许并非违法行政处分，故应废止该认许，剥夺该外国公司在台湾地区继续营业之资格。此之解散，包括外国公司与他公司进行并购，致其法人人格已消灭之情形。[11]但若经认许在台湾地区设立分公司营业之外国公司依外国法律因合并消灭而其存续公司拟在台湾地区继续营业时，得由存续公司径行办理变更认许及在台分公司名称变更登记，俾外商公司在台湾地区之营运得持续进行，已如前述。

第三款“公司已受破产之宣告者”。外国公司既受破产之宣告，即已丧失继续营业之能力，若该外国公司未主动申请撤回认许，自应由主管机关废止其认许。

“公司法”第三七九条第二项规定：“前项撤销或废止认许，不得影响债权人之权利及公司之义务。”意在维护交易安全。

（三）撤回、撤销及废止外国公司认许之效果

外国公司之认许经撤回、撤销或废止，除该外国公司丧失在台湾地区继续营业之资格外，并应清算了结该外国公司分公司在台湾地区营业期间所生之债权债务关系。“公司法”第三八〇条第一项规定：撤回、撤销或废止认许之外国公司，应就其在台湾地区境内营业，或分公司所生之债权债务清算了结，所有清算未了之债务，仍由该外国公司清偿之。第二项规定：前项清算，以外国公司在台湾地区境内之负责人或分公司经理人为清算人，并依外国公司性质，准用本法有关各种公司之清算程序。故外国公司之清算，系以其在台湾地区境内之负责人或分公司经理人为法定清算人。若法定清算人，因辞职或其他事故不能担任清算人时，自得准用同法第八一、一一三、一一五或三二二条第二项之规定，由利害关系人声请法院选派清算人，进行清算程序，以应事实需要，至外国公司股东决议或经股东会选任之人得否为清算人，前述第三八〇条第二项前段既仅规定：外国公司在台湾地区境内之负责人或分公司经理人为其法定清算人，并未如同法第七十九、一一三条（准用公79）、第一二七及三二二条第一项但书另设有“股东决议”或“股东会”选任之规定，则各该规定于外国公司之清算自不在准用之列。[12]

关于外国公司之清算，“公司法”第三八一条并特别规定：外国公司在台湾地区境内之财产，在清算时期中，不得移出台湾地区边境，除清算人为执行清算

11 “经济部”2000年12月22日商字第89231450号函。

12 “经济部”1994年1月28日商字第201259号函。

外，并不得处分。”

“公司法”第三八二条并规定：外国公司在台湾地区境内之负责人或分公司经理人，违反前二条规定时，对于外国公司在台湾地区境内营业，或分公司所生之债务，应与该外国公司负连带责任。

六、外国公司之备案

“公司法”第三八六条第一项规定：外国公司因无意在台湾地区境内设立分公司营业，未经申请认许而派其代表人在台湾地区境内为业务上之法律行为时，应报明左列各款事项，申请主管机关备案：一、公司名称、种类、国籍及所在地。二、公司股本总额及在本国设立登记之年、月、日。三、公司所营之事业及其代表人在台湾地区境内所为业务上之法律行为。四、在台湾地区境内指定之诉讼及非诉讼代理人之姓名、国籍、住所或居所。第二项规定：前项代表人须经常留驻台湾地区境内者，应设置代表人办事处，并报明办事处所在地，依前项规定办理。第三项规定：前二项申请备案文件，应由其本国主管机关或其代表人业务上法律行为行为地或其代表人办事处所在地之台湾地区使领馆、代表处、办事处或其他外交部授权机构验证。第四项规定：外国公司非经申请指派代表人报备者，不得在台湾地区境内设立代表人办事处。

第一项所称之代表人，不必为对外代表公司之“法定代理人”[13]。且无指派代表二人以上之必要，以免权责不清。[14]外国公司已依第一项第四款规定，在台湾地区境内指定诉讼及非诉讼代理人者，该外国公司在台湾地区境内为诉讼行为，即应以该被指定人为其法定代理人。[15]

外国公司依本条规定申请备案，其前提为无意在台湾地区设立分公司营业，且其既未申请认许，不得在台湾地区境内营业，自无庸申办营利事业登记。[16]又，外国公司请准指派代表人报备后，因所指派之代表人须经常留驻台湾地区境内，而依第二项规定应设置代表人办事处之情形，参照外国公司经认许后得在台湾地区境内设立二个以上分公司之精神，主管机关同意可在台湾地区境内设置二个以上之代表人办事处，唯应分别指派与办事处相同数目之代表人，各别负责各该办事处之事务。[17]

---

13 “经济部”1968 年 2 月 21 日商字第 05563 号函第 4 点。

14 “经济部”1981 年 12 月 19 日商字第 52970 号函。

15 “最高法院”1988 年台上字第 863 号函。

16 “经济部”1966 年 6 月 6 日商字第 12989 号函。

17 “经济部”1981 年 6 月 15 日商字第 23580 号函。

第二节　公司之登记及认许

一、概说

“公司法”第八章“公司之登记及认许”，规定有关公司登记及外国公司认许登记之程序。于2001年“公司法”修正时，为配合行政革新政策，简化工商登记，将本章原有之四十九条条文（公387～438），除第三九一条未修正外，删除四二条条文，修正六条条文。其中最重要者为，于第三八七条增订第四项就公司之登记或认许事项及其变更，授权主管机关以办法定之，第五项并明定前项办法，包括申请人、申请书表、申请方式、申请期限及其他相关事项。主管机关在此授权下，订颁“公司之登记及认许办法”（以下于本节简称“办法”）共十六条。以下，即就公司法与办法之规定，论述有关公司登记及认许之程序。至于公司登记及认许之效力，请分别参见本书总则章及本章第一节外国公司之部分。

二、公司登记及认许之申请人

（一）原则

关于公司登记及认许之申请人，公司法有明文规定。非公司法所定之申请权人，纵或其为利害关系人或权利受损害人，亦不得为公司公司登记及认许之申请。[18]

依“公司法”第三八七条第一项规定，公司登记及认许之申请人为“代表公司之负责人”。故于股份有限公司，为董事长（公208Ⅲ）。若董事长请假或因故不能行使职权，自依“公司法”第二〇八条第三项规定，足其代理人。若董事长缺位，依“司法院秘书长”1990年8月27日秘台厅一字第〇一九七八号函释类推适用“公司法”第二〇八条第三项规定暂时执行董事长职务。于有限公司，为董事，唯若该有限公司设有董事长时，则为董事长（公108ⅠⅡ）。于无限公司，为章程特定代表公司之股东，若章程未特定，则为各股东（公56Ⅰ）。于两合公司，则为无限责任股东（公122）。于外国公司，外国公司所指定之在台湾地区境内诉讼及非诉讼之代理人。唯除股份有限公司系采单独代表制之外，于其他种类之公司，代表公司之负责人皆有可能为复数。依“公司法”第三八七条第二项规定，代表公司之负责人有数人时，得由一人申办之。

---

18 “经济部”2003年1月14日商字第09102306270号函。

（二）申请公司登记及认许之代理人

依“公司法”第三八七条第一项后段规定，公司之登记或认许，亦得由代理人申请，唯应加具委托书。又依第三项规定，申请公司登记及认许之代理人，以会计师、律师为限。

三、申请公司登记及认许应备之文件

申请公司登记及认许，应备申请书，连同应备之文件一份，向“中央主管机关”申请。至于各类登记事项应检附之文件、书表，则依“办法”第十六条规定，以附表详列。又依“办法”第二条规定：“公司依本法（公司法）规定所送之申请书件，得以电子签章作成与正本内容相符且可验证真伪之电子文件替代之。（Ⅰ）”“前项电子文件格式及申请作业方式由‘中央主管机关’定之。（Ⅱ）”

四、主管机关之审查

“公司法”第三八八条规定：“主管机关对于公司登记之申请，认为有违反法令或不合法定程式者，应令其改正，非俟改正合法后，不予登记。”是为主管机关对公司登记申请之审查权及命令改正权。主管机关之审查，包括“是否违反法令”之实质审查，与“是否不合法定程式”之形式审查。若主管机关审查结果，认为并无违反法令或不合法定程式之情事，或虽有违反法令或不合法定程式之情事，但已遵令改正时，即应准予登记。

五、各项登记及认许之申请期限及内容

“办法”第三至十五条规定各项登记及认许之申请期限如下：

（一）公司设立登记

“办法”第三条第一项规定：“无限、两合及有限公司应于章程订立后十五日内，向主管机关申请为设立之登记。”第二项规定：“股份有限公司发起设立者，代表公司之负责人应于就任后十五日内，向主管机关申请为设立之登记。”第三项规定：“股份有限公司募集设立者，代表公司之负责人应于创立会完结后十五日内，向主管机关申请为设立之登记。”

（二）解散登记

“办法”第四条规定：“公司之解散，除破产外，命令解散或裁定解散应于处分或裁定后十五日内，其他情形之解散应于开始后十五日内，叙明解散事由，向主管机关申请为解散之登记。”

（三）合并登记

“办法”第五条规定：“公司为合并时，应于实行后十五日内，向主管机关分别依下列各款申请登记：一、存续之公司为变更之登记。二、消灭之公司为解散之登记。三、另立之公司为设立之登记。”

（四）分割登记

“办法”第六条规定：“公司为分割时，应于实行后十五日内，向主管机关申请为变更、解散、设立之登记。”

（五）设立分公司登记

“办法”第七条规定：“公司设立分公司，应于设立后十五日内，将下列事项，向主管机关申请登记：一、分公司名称。二、分公司所在地。三、分公司经理人姓名、住所或居所、身份证统一编号或其他经‘政府’核发之身份证明文件字号。”

（六）分公司迁移或撤销登记

“办法”第八条规定：“分公司之迁移或撤销，应于迁移或撤销后十五日内，向主管机关申请登记。”

（七）经理人登记

“办法”第九条：“公司经理人之委任或解任，应于到职或离职后十五日内，将下列事项，向主管机关申请登记：一、经理人之姓名、住所或居所、身份证统一编号或其他经‘政府’核发之身份证明文件字号。二、经理人到职或离职年、月、日。”

（八）暂停营业、复业或延展开业登记

“办法”第十条第一项规定：“公司暂停营业一个月以上者，应于停业前申请为停业之登记，并于复业前为复业之登记。但已依营业税法规定申报核备者，不在此限。”第二项规定：“公司设立登记后如未于六个月内开始营业者，应于上开期限内向主管机关申请延展开业登记。”第三项规定：“前二项申请停业或延展开业期间，每次最长不得超过一年。”

（九）发行新股登记

“办法”第十一条规定：“股份有限公司应于每次发行新股结束后十五日内，向主管机关申请登记。”

（十）减资登记

“办法”第十二条规定：“股份有限公司应于每次减少资本结束后十五日内，向主管机关申请登记。”

（十一）外国公司申请认许

“办法”第十三条规定：“外国公司申请认许者，应向主管机关申请认许。”

（十二）外国公司设立分公司登记

“办法”第十四条规定：外国公司经认许后，在台湾地区境内设立分公司者，应于设立后十五日内向主管机关申请登记。

（十三）登记事项变更登记

“办法”第十五条规定：“公司及外国公司登记事项如有变更者，应于变更后十五日内，向主管机关申请为变更之登记。”

六、未遵期登记之效果

“公司法”第三八七条第六项规定：“代表公司之负责人违反依第四项所定办法规定之申请期限者，处新台币一万元以上五万元以下罚锾。”本项所定情形是虽申请登记但已逾期。第七项规定：“代表公司之负责人不依第四项所定办法规定之申请期限办理登记者，除由主管机关责令限期改正外，处新台币一万元以上五万元以下罚锾；期满未改正者，继续责令限期改正，并按次连续处新台币二万元以上十万元以下罚锾，至改正为止。”本项所定情形是已逾期而仍未申请登记。

另需注意者为“公司法”第三九七条就公司解散而不向主管机关申请解散登记之特别规定。即第一项：“公司之解散，不向主管机关申请解散登记者，主管机关得依职权或据利害关系人申请，废止其登记。”第二项：“主管机关对于前项之废止，除命令解散或裁定解散外，应定三十日之期间，催告公司负责人声明异议；逾期不为声明或声明理由不充分者，即废止其登记。”其中，第一项所称之“利害关系人”，包括公法人。例如乡镇及县辖市市公所与公司间有因土地纠纷所生之关系，为公法人，本案××市公所与××有限公司之间因土地纠纷所生之关系，可视为本项所称之利害关系人。[19]

七、公司登记之更正

“公司法”第三九一条规定：“公司登记，申请人于登记后，确知其登记事项有错误或遗漏时，得申请更正。”

八、证明书之核发

“公司法”第三九二条规定：“请求证明登记事项，主管机关得核给证明书。”

19 “经济部”1983年4月1日商字第12285号函。

九、公司登记文件之查阅或抄录

“公司法”第三九三条第一项规定：“公司登记文件，公司负责人或利害关系人，得声叙理由请求查阅或抄录。但主管机关认为必要时，得拒绝抄阅或限制其抄阅范围。”盖公司登记文件，因涉及公司内部业务秘密，不宜公示化，故需公司负责人或利害关系人始得声请查阅或抄录。[20]并赋予主管机关认为必要时，得拒绝抄阅或限制抄阅范围之裁量权。

为配合公司登记事项之公示化，“公司法”第三九三条第二项规定：“公司左列登记事项，主管机关应予公开，任何人得向主管机关申请查阅或抄录：一、公司名称。二、所营事业。三、公司所在地。四、执行业务或代表公司之股东。五、董事、监察人姓名及持股。六、经理人姓名。七、资本总额或实收资本额。八、公司章程。”第三项并规定：“前项第一款至第七款，任何人得至主管机关之资讯网站查阅。”

为执行本条规定，主管机关“经济部”并订有“公司负责人、利害关系人或任何人申请查阅及抄录公司登记资料须知”共十二点。

十、规费

“公司法”第四三八条规定：“依本法受理公司名称及所营事业预查、登记、查阅、抄录及各种证明书等，应收取审查费、登记费、查阅费、抄录费及证照费；其费额，由‘中央主管机关’定之。”在此授权下，“经济部”订颁“公司登记规费收费准则”共十五条。

第三节　附　则

“公司法”第九章附则，仅有二条文。

其中，第四四八条规定：“本法所定之罚锾，拒不缴纳者，依法移送强制执行。”

第四四九条第一项规定：“本法自公布日施行。”第二项规定：“本法修正条文，除第三百七十三条及第三百八十三条施行日期，由‘行政院’定之外，其余修正条文自公布日施行。”

20　参见 2001 年修正理由一。

第二编　票据法

第一章　总　则

第一节　票据之意义及种类

一、票据之意义

票据，乃发票人签名其上，并记载一定之日期、地点，并签名于票据上，无条件约定由自己或委托他人，以支付一定金额为目的之有价证券。依台湾地区“票据法”第一条之规定，所称票据，包括汇票、本票及支票。

二、票据之分类

（一）汇票

“票据法”第二条规定：“称汇票者，谓发票人签发一定之金额，委托付款人于指定之到期日，无条件支付与受款人或执票人之票据。”汇票之付款人并不限于金融业，亦得为金融业以外之法人或自然人。

（二）本票

“票据法”第三条规定：“称本票者，谓发票人签发一定之金额，于指定之到期日，由自己无条件支付与受款人或执票人之票据。”而本票之发票人，若为银行业，除银行同业间拆款（银47）及向“中央银行”办理融通（央行法19）时，仍得签发以“中央银行”业务局或台湾银行为担当付款人之本票，并且该类本票除应限于记名并禁止背书转让外，亦不得自为发票人签发本票。[1]

（三）支票

依“票据法”第四条第一项规定：“称支票者，谓发票人签发一定之金额，委托金融业者于见票时，无条件支付与受款人或执票人之票据。”台湾地区票据实务上所常见之公库支票或国库支票，依目前实务见解，认为公库支票之付款人为公库，并非“票据法”第四条第二项所规定之银行、农会、渔会或信用合作社等金融业，故非“票据法”上之支票，而仅为民法上之指示证券。[2]

三、电子票据

（一）电子票据之法源

票据之作成及保存得以电子文件为表示方法，而票据上之签名盖章亦得以电子签章为之。[3]台湾票据交换所依据“电子签章法”第四条第二项及第九条第一项之规定，并以票据法为法源依据，目前已订定“金融业者参加电子票据交换规约”与“电子票据往来约定书”，对于电子票据上各方关系人于法律上之权利义务，均有明确规定，较现有其他电子付款工具更有保障。申言之，依电子签章法之规定，票据当事人透过签约方式，规范与票据事务相关之发票人、收款人（受款人）、金融业者及票据交换所各项权利、义务。再者，金融业参加电子票据交换规约，亦订定参加电子票据交换之金融业者与交换所间之作业规范。至于，电子票据往来约定书，则订定参加电子票据交换之金融业者与其存户间之业务规范。又电子票据之（票信管理）与实体票据之规定亦相同。

（二）电子票据之定义与种类

所谓电子票据，系指以电子方式制成之票据，以电子签章取代实体之签名盖

---

1 参阅“财政部”1997年9月1日（86）台财融字第86642047号函；“中央银行”1997年4月24日（86）台央业字第0200508号函；台湾银行1997年4月2日（86）银营字第08403号函。

2 参阅“最高法院”2002年台上字第684号判决；“最高法院”1971年台上字第1548号判例；王志诚，票据法，收录于吴信华、程明修、刘建宏、詹森林、邓学仁、沈冠伶、王忠诚、林一山、汪信君、郑逸哲、杨云骅、刘志鹏、刘华美合著，2002年判解回顾，2003年8月初版，元照，179页。

3 参阅“财政部”2002年7月17日台财融（一）字第0910013593号函：“关于票据之作成、保存及票据上之签名盖章等事项，本部暂无将其公告排除适用‘电子签章法’之计划。”

章，包括：由金融业者付款之电子汇票、委托金融业担当付款之电子本票及指定受款人且划平行线之电子支票。

（三）电子票据之要件

电子票据应记载事项为：1. 电子票据应记载之事项与实体票据相同。2. 受款人之栏位不得空白，并以记载受款人身份识别码为之。3. 加注电子信箱号码。4. 以单一受款人为限。5. 该受款人之身份识别码得以指定受款人收款行账号代之。至于电子票据之签章，应以数位签章为之。

第二节 票据之功能

一、汇兑功能

进行商业贸易，付款人给付款项时，如须异地或远地送款，所负风险过大，并有运送费用之支出。若以汇票、本票、支票代替现金之运送，则可免除上述风险与减少运送费用。

二、信用功能

商业贸易以往均以现金交易之方式进行；但如交易金额庞大，则不具交易安全性，导致受限于交易金额之大小，进而阻碍交易标的之规模。故在交易繁复之情形，常利用票据之交付以代现金之支付。又企业间如所授受之票据为远期票据时，则无异以票据扩大商业信用。

三、支付功能

交易繁复，逐渐以票据代替大量现金支付之工具，具有节约现金运送时间、避免错误、降低给付风险与减少运送费用等功能，尤其于国际贸易时更可显现。

四、节约通货功能

就货币而言，因其面额一定，故金额越大，则通货之数目越多，而国家发行之货币如超过准备金，将造成通货膨胀或货币贬值之效果。[4]票据得记载任何金额，可充当货币之用，得补充货币发行不足之问题。

4 参阅曾世雄、曾陈明汝、曾宛如，票据法论，2003年3月2版，学林，23页。

五、保证功能

为商业交易时，执票人可要求发票人签发票据与执票人，保证一定法律关系之履行或作为保证金之代替，于一定关系履行后或该保证金所保证之事由完成后，执票人即退还该票据给发票人，亦即利用票据签发，代替人保与物保之保证地位。

六、资金流向证明功能

现金交付，并无法证明整个资金流程。而利用票据代替现金为支付工具，则因票据法之规定，可将整个资金流向保存，作为赋税或诉讼证据之用。

第三节　票据之法律关系

一、票据法之票据关系

（一）票据关系之意义

所谓票据关系，系基于票据行为所生之票据法上债权债务关系。换言之，即执票人行使票据上权利与票据债务人负担票据上债务之法律关系。从票据债权人观之，票据关系代表着为达到票据金额之支付为目的而赋予执票人之权利，而该权利之内容包括付款请求权与追索权。

（二）票据关系之当事人

1. 票据债权人

持有票据之执票人即票据债权人，于行使付款请求权时，乃向主债务人行使；于行使追索权时，则系向偿还义务人行使。故在背书连续之情形，背书在后者向背书在前者行使追索权时，该前手为债务人，后手则为债权人。

2. 票据债务人

票据债务人系指参与发票、背书、承兑、参加承兑或保证等行为之人，又可区分为第一债务人与第二债务人。

(1) 第一债务人

所谓第一债务人，又称主债务人，所负之票据责任为付款之绝对责任，亦即除付款请求权罹于时效外，纵使执票人未于法定期间内提示或作成拒绝证书，第一债务人对执票人仍不得免责（票 85、121、132）。第一债务人依票据种类之不同，其范围各有不同：①汇票：为经付款人承兑后之承兑人（票 52 Ⅰ）及其保证人（票 61 Ⅰ）。②本票：为本票之发票人（票 121）及其保证人（票 124）。

③支票：为发票人及保付支票之付款人（票138Ⅰ）。

(2) 第二债务人

第二债务人又称偿还义务人，其所负担者为担保承兑或担保付款之相对责任，亦即执票人未于法定期间内行使或保全票据上之权利者，对于第二债务人即丧失追索权（票104、124、131、132）。第二债务人依票据种类之不同，其范围亦有不同：①汇票：为发票人（票29Ⅰ）、背书人（票39）、参加承兑人（票57）及其保证人（票61）。②本票：为背书人（票124）及其保证人（票124）。③支票：为发票人（票126）、背书人（票144）。

(三) 票据关系之内容

1. 付款请求权

所谓付款请求权，系指执票人第一次且绝对地向第一债务人请求票面金额之权利。又因为系绝对之责任，纵令执票人不于提示期间内为付款之提示，或不于法定期间内作成拒绝证书时，该第一债务人仍不能免其责任。[5]付款请求权行使之主体，为票据之执票人。

2. 追索权

追索权亦称偿还请求权，为执票人得依票据关系向票据债务人请求票据款项之权利。详言之，乃执票人于票据到期不获付款或有不获付款之可能时（如汇票不获承兑或无从承兑），执票人于行使或保全汇票上之权利后，对于背书人及汇票上之其他债务人所可得行使之权利（票85Ⅰ、124、144）。

二、非票据关系

(一) 票据法上之非票据关系

票据法上之非票据关系，系指与票据行为相牵连，但非由票据行为本身所产生之法律关系，其主要类型如下：1. 真正权利人对因恶意或重大过失取得票据者之票据返还请求权（票14）。2. 执票人之利益偿还请求权（票22Ⅳ）：票据上之债权，依票据法因时效或手续之欠缺而消灭者，执票人对于发票人或承兑人于其所受利益之限度得请求偿还。3. 付款人付款后对执票人得行使缴回票据之请求权（票74、124、144）。4. 汇票受款人及受款人以外之执票人，有请求发行复本之权（票114）。5. 汇票之复本执票人，对于复本收受人之复本交还请求权（票117Ⅱ）。6. 汇票之誊本执票人，对于原本收受人之原本交还请求权（票119Ⅱ）。7. 支票执票人对于付款人之直接诉权（票143）。

---

5 参阅陈世荣，票据法实用，1988年3月修订版，自版，174～175页。

（二）一般法律之非票据关系

1. 原因关系

票据之原因关系，系指当事人为票据行为之原因。换言之，当事人为票据行为时，乃基于民法上之法律关系而来，基于对价关系所授与票据者，例如买卖、借贷等；非基于对价关系而授与票据者，例如赠与、寄托、委任取款等。票据原因关系于票据行为作成后，即与票据关系脱离，亦即票据行为之合法有效，原则上不受原因关系之瑕疵影响，票据债务人不得以原因之瑕疵对抗善意持票人（票13之反面解释）。

2. 资金关系

票据之资金关系，为汇票、支票之付款人与发票人间关于资金给付之民法上关系。本票乃由本票发票人担任付款，并无委托付款之规定。但本票上如有记载担当付款人者，该本票发票人应提供资金给予担当付款人，称为准资金关系。原则上，票据关系与资金关系分离，票据关系不受资金关系之影响。

3. 票据预约

所谓票据预约，系指当事人间授受票据前，对于票据之内容所为之一种约定，作为授受票据之依据。例如发票人与受款人就票据之种类、金额、付款地等约定，或背书人与被背书人间就背书之种类约定。

案例

甲签发本票一张，充当买卖之价金交付乙，乙背书转让赠与善意之丙，甲得否以乙迟延交货为理由，拒绝丙之付款提示？

解析

一、票据为无因性证券，票据之权利义务皆由票据行为所定，与作成票据之实质原因关系无涉。换言之，原因关系有效与否，均不影响票据行为之效力。原因关系仅为直接当事人之人的抗辩事由，不得对抗直接当事人以外之善意第三人，亦即善意第三人得主张票据上所载之权利。甲签发本票予乙后，如乙未将票据转让予丙，甲自得依“票据法”第十三条之反面解释，援引乙迟延交货之抗辩事由拒绝付款予乙。

二、乙将票据背书转让予丙后，因丙为善意第三执票人，依“票据法”第十三条之规定，甲不得以自己与执票人前手（乙）所存之抗辩事由对抗丙，故甲不得拒绝丙之付款提示。唯由于丙系无偿从乙处受赠该本票，依“票据法”第十四条第二项之规定，丙系以无相当对价取得票据，不得享有优于前手乙之权利，则丙应继受乙迟延交货之瑕疵，故甲得援引对价抗辩对抗丙。

第四节 票据行为

一、票据行为之意义

所谓票据行为，系票据法律行为之略称，乃指以发生或移转票据权利义务为目的，于票据上所为之法律行为。汇票之票据行为有发票、承兑、背书、保证与参加承兑五种。本票之票据行为有发票、背书与保证三种。支票之票据行为则为发票及背书。发票为票据之基本票据行为，系指创造票据关系之基本行为。承兑、参加承兑、背书及保证，则为附属票据行为，系以基本票据行为存在为前提所为之附加行为。

二、票据行为之性质

票据行为乃以发生票据关系之法律行为。票据行为虽为法律行为之一种，但因票据行为系证券上特殊之法律行为，具有独立性，与共同行为之性质不符合[6]，故仅就契约行为与单独行为之性质作讨论。

（一）契约说

按票据之作成，必须以当事人成立契约为前提。换言之，票据依据契约所生，票据行为系以双方当事人之合意，以书面为之（要式契约）并交付该票据（要物契约）而成立。票据权利义务之产生，必须有票据之交付，交付以前该票据之权利义务尚未发生。

（二）单独行为说

票据行为经票据债务人之一方行为即可成立，票据行为之完成亦不以作成票据者其负担票款之意思表示到达相对人为必要，故认为票据行为之性质应为单独行为。此说因票据行为是否仅由发票人单独书面完成即可成立为标准，又可分为创造说与发行说两种。

1. 创造说

所谓创造说，系指发票人仅须为一个作成票据之单独意思表示，而签名于该票据上者，即完成该票据。换言之，票据债务系依据票据行为人签名为要件之单

---

6 参阅郑洋一，票据法之理论与实务，2003年元月修订23版，自版，22页。

独行为，不须有交付之行为。纵使该签名之票据违反票据行为人之意思表示，而归于第三人时，仍无碍于该票据债务之发生。[7]

2. 发行说

所谓发行说，系指票据行为除须作成证券外，尚须有基于使他人占有该票据之意思表示而交付票据时，票据之权利义务始为发生。换言之，票据行为之完成必须符合作成票据与交付票据两要件。[8]

（三）权利外观理论

1. 权利外观理论之法理基础

基本上，如完全贯彻契约说或发行说之主张，票据行为人既未交付票据，票据行为并未完成，理论上即不负票据债务，唯为免有碍票据之流通，损及交易安全，学说上亦普遍例外承认票据行为人应负票据债务，以保护善意执票人。质言之，如就票据行为之性质采契约说或发行说，则对于欠缺交付要件之票据行为，学理上应兼采权利外观理论予以补充，以保护善意执票人，并促进票据之流通。[9]所谓权利外观理论，乃认为票据行为之成立，虽应以票据之交付为必要，但即使有所欠缺，如票据行为人因完成签名之作成，造成有效负担票据债务之外观，而引起第三人之信赖，则造成在外观上有效成立原因之票据行为人，应依票据之外观对善意执票人负责。[10]

2. 权利外观理论之适用要件

（1）可归责性：所谓可归责性，是指票据行为人对于自己所认识或可得认识之签名，应负其责任，故如系受绝对强制行为之控制而签名于票据，或属于无权代理、签名之伪造或欠缺票据能力之情形，因无归责之可能性，则不符合归责性原则。换言之，票据行为人只要基于作成票据之意思而签名，即具可归责性，至于有无使票据流通之意思，在所不问。

（2）善意：就执票人应具备善意之主观要件而言，因票据行为欠缺交付要件与善意取得之利害状况，似具有相当之类似性，故善意之认定标准，应与“票据

---

7 主张创造说者认为票据行为与票据是否交付无关，参阅曾世雄、曾陈明汝、曾宛如，同前揭注 4，46 页。

8 主张发行说之学者，参阅梁宇贤，票据法新论，2003 年 10 月四修初版，自版，36～38 页；郑洋一，同前揭注 6，44～47 页；陈世荣，票据法总则诠释，合作金库，1974 年，135～136 页。至于实务上则采发行说，参阅“最高法院”1978 年第 6 次民事庭庭推总会议决议（二），“最高法院”民刑事庭会议决议汇编（上册），95、771 页。

9 参阅前田庸，手形法・小切手法，1999 年，有斐阁，41～42 页；王志诚，权利外观理论之适用要件，月旦法学教室第 6 期，2003 年 4 月，26～27 页。

10 参阅川村正幸，手形・小切手法，新世社，2001 年 2 版，55～56 页。

法”第十四条有关善意取得人必须无恶意或重大过失为相同之解释。

三、票据行为之特性

（一）书面性

票据为完全有价证券，亦即票据权利之发生必须作成票据，票据权利之移转必须交付票据，票据权利之行使必须提示票据，而以票据表彰票据权利。亦即票据权利与书面具有不可分之关系，故票据行为具有书面性。而票据行为，有于票据之正面为之，亦有于票据之背面为之。前者例如发票、承兑与参加承兑；后者例如背书。另背书与保证得于票据之黏单或誊本上为之（票 59、118Ⅳ，票施 8）。

（二）要式性

票据行为之要式性，是基于票据行为之书面性而来，系指票据行为必须符合具备法定之要件，始能有效成立（票 24、31、43、54、59、120、124）。换言之，票据行为不符合法定要件者，不生票据法上之效力（票 11Ⅰ、民 73）。

（三）文义性

票据行为之文义性，系指票据行为之内容，一切依票据上所载文义为准，纵使该记载与原因关系不相符，亦不许当事人以票据外之证明方式变更或补充之。故签名于票据上者，须依票据上之文义负责（票 5Ⅰ）。票据行为之文义性衍生出下列二项原则：1. 票据外观解释原则：票据之权利义务，仅以票载文义为准，虽与事实或原因关系不符，亦不影响票载文义之效力。2. 票据客观解释原则：票据上所载文义，必须客观加以判断，不得以票据以外之证据或事实，任意加以变更或补充之。换言之，原则上不适用“民法”第九八条之规定。应注意者，票载文义之客观解释，并非限制不得以一般法理、习惯或诚信原则来补充票据所载文义。另就票据行为之解释原则而言，除前开二原则外，尚有票据有效解释原则。盖基于票据之流通性与交易安全之保护，解释票据行为时，应尽量使其有效。例如倒填到期日之本票，实务上认为该本票仍属有效，即将其解释为欠缺到期日之记载，而视为见票即付之本票。[11]

（四）无因性

票据行为之无因性，系票据行为成立后，纵然票据行为之实质关系有瑕疵，但该票据行为不受该瑕疵而影响其效力。换言之，票据所载之权利义务与实质关系并无关联性，亦称票据行为之抽象性。须注意者，票据行为之无因性在直接当

11 参阅“司法院”1981 年 9 月 4 日（1981）厅民一字第 0649 号，民事法律问题研究汇编第 1 辑，245 页。

事人间不适用，盖直接当事人仍得主张人的抗辩事由抗辩之（票 13）。

（五）独立性

所谓票据行为之独立性或独立原则，系指票据之承兑、背书及保证等票据行为，虽以发票行为为前提，而存在着前后关系，但各种票据行为是否实质上有效，并不因其他票据行为是否有效而受影响。换言之，具有前后相依关系之票据行为中，如先行票据行为无效或被撤销，不影响后行票据行为之效力。[12]"票据法"第五、八、十五条及第六一条第二项等规定，即为票据行为独立原则之最主要依据。基本上，票据行为独立原则仅于票据行为无效时，始有适用之余地。一般认为，如欲适用票据行为独立原则，应具备下列二项要件：

1. 先行票据行为形式上有效

由于先行票据行为是否具备实质要件，执票人无法从票据外观得知；而票据行为之形式要件是否具备，则得由票据外观获知，故一般认为适用票据行为独立原则之第一要件，必须先行票据行为具备基本之法定形式，而在形式上完全有效。[13]至于票据交付之欠缺是否无效，则因就票据行为之性质究采契约说、发行说或创造说之不同，而异其结论。又由于背书人之担保责任，应解为基于其背书行为而生之法定责任（票 39），故认为票据行为独立原则亦适用于背书行为。

2. 执票人应为善意

关于执票人为恶意，是否仍有票据行为独立原则之适用余地，学理上有争议。唯鉴于票据行为独立原则之规范目的，主要在保护信赖先行票据行为在外观上具备形式有效之执票人，故解释上应认为票据行为独立原则仅得适用于善意执票人。

四、票据行为之要件

票据行为既为要式行为，票据行为要有效成立，即须符合法律所规定之要件，该要件可分为形式要件、实质要件与交付行为。

（一）形式要件

票据行为有效成立，必须记载法定应记载事项及签名于票据上，始具备形式要件。所谓法定应记载事项，则又可分为绝对必要记载事项及相对必要记载事项二者。

1. 记载事项

(1) 绝对必要记载事项

票据法所规定之绝对必要记载事项，如有欠缺，则属欠缺"票据法"所规定

---

12 参阅王志诚，票据行为独立原则之适用要件，月旦法学教室第 8 期，2003 年 6 月，26～27 页。

13 参阅川村正幸，同前揭注 10，44 页；梁宇贤，同前揭注 8，41～42 页。

票据上应记载之事项，则票据无效（票 11Ⅰ）。票据法上属于绝对必要记载事项者：A. 表明票据种类之文字（票 24Ⅰ①、120Ⅰ①、125Ⅰ①）。B. 一定之金额（票 24Ⅰ②、120Ⅰ②、125Ⅰ②）。C. 无条件支付之委托（票 24Ⅰ⑤、120Ⅰ④、125Ⅰ⑤）。D. 发票之年月日（票 24Ⅰ⑦、120Ⅰ⑥、125Ⅰ⑦）。E. 付款人及付款地（票 125Ⅰ③、⑧）。

（2）相对必要记载事项

"票据法"上之相对必要记载事项，若欠缺记载时，法律另拟制其欠缺之效果，而不使票据无效（票 11Ⅰ但书）。票据法上属于相对必要记载事项者：A. 付款人（票 24Ⅰ③）。B. 受款人（票 24Ⅰ④、120Ⅰ③、125Ⅰ④）。C. 发票地（票 24Ⅰ⑥、120Ⅰ⑤、125Ⅰ⑥）。D. 付款地（票 24Ⅰ⑧、120Ⅰ⑦）。E. 到期日（票 24Ⅰ⑨、120Ⅰ⑧）。

2. 签名

签名者，乃将自己之姓名亲自书写于票据上，故签名于票据上者，应依票据所载文义负责；二人以上共同签名于票据者，应连带负责（票 5）。票据上之签名，可用盖章代替之（票 6），但若该印章系被盗刻或盗用，非出于行为人之意思而盖章于票据上者，自不发生签名之效力。[14]从签名之主体来区分，可分为以下二种情形：（1）自然人之签名：原则上自然人之签名不必以户籍上之姓名为必要，仅须足以表示签名者为本人之文字记载即可，例如所签名者为一般之通称或别名、艺名，如交易上得辨别该票据债务人之同一性时，即仍属有效[15]，亦不以签全名为必要。[16]但仅在票据上按捺指印，该票据为无效。[17]（2）法人之签名：原则上代表人应载明"法人名称"[18]，并载明"为法人代表之意旨"[19]，并由代表人签名盖章[20]，以完成法人之签名。

---

14 参阅"最高法院"1964 年第 4 次民、刑庭总会会议决议（三），"最高法院"民刑事庭会议决议汇编（上册），100、181、602 页；台湾士林地方法院 1997 年简上字第 84 号判决。

15 参阅"最高法院"1982 年台上字第 4416 号判决。

16 参阅"最高法院"1975 年第 5 次民庭庭推总会议决议（一），"最高法院"民刑事庭会议决议汇编（上册），180、719 页。

17 参阅"最高法院"1965 年台上字第 1198 号判决。

18 若代表人未载明法人名称而为票据行为，虽可依其他事实得知执票人知悉该代表人系为法人签名，基于票据之文义性，亦无法使法人负票据责任，仍应由代表人自负其责（票 9）。

19 为法人代表意旨之载明，因票据法并未就此设有特定方式，故纵未载有代理人字样，如由票据全体记载之趣旨观之，依社会观念，足认有为本人之代理关系存在者，则可认为已有为本人代理之旨之载明。参阅"最高法院"1952 年度民庭庭长会议决议，"最高法院"民刑事庭会议决议汇编（上册），182、545 页。

20 参阅"最高法院"1981 年第 13 次民事庭会议决议（二），"最高法院"民刑事庭会议决议汇编（上册），180、189、838 页。

（二）实质要件

1. 票据能力

（1）票据权利能力

自然人之票据权利能力，依“民法”第六条之规定，始于出生，终于死亡。故自然人具有生命，即有票据权利能力。法人之票据权利能力，依“民法”第二六条规定，其于法令限制内具有享受权利负担义务之能力，故法人于法令限制之范围内，亦有票据权利能力。

（2）票据行为能力

自然人之行为能力，依“民法”第十二条及第十三条第三项之规定，成年人与已结婚之未成年人具有行为能力，所为之票据行为有效。未满七岁之未成年人与禁治产人无行为能力（民13Ⅰ、15）；非无行为能力，但其意思表示系在无意识或精神错乱中所为者亦同（民75）。故无行为能力人为票据行为，该票据行为无效。至于满七岁以上之未成年人而未结婚者，为限制行为能力人（民13Ⅱ、Ⅲ）。

应注意者，票据行为效力之判断时点为何时，以及限制行为能力人所为之票据行为效力如何，学说上因对于票据行为性质之见解不同而有差异。[21] ①采创造说者认为，因于行为人在票据上签名即认为其意思表示已达相对人，故票据行为人于签名时即需具有票据行为能力。②采发行说与契约说者认为，票据行为乃由票据作成与票据交付二者合并构成，票据行为人于交付该票据予相对人时，意思表示始达相对人，故应以票据交付时为票据行为能力之判断时点。

另限制行为能力人在下列情形，例外得不经法定代理人允许，而单独为有效之票据行为[22]：①限制行为能力人依其年龄、身份、日常生活所必须而为票据行为者（民77但）。②限制行为能力人于法定代理人允许处理财产所为之范围内，所为之票据行为有效（民84）。③限制行为能力人于法定代理人允许独立营业之范围内，所为之票据行为有效（民85）。④限制行为能力人利用诈术使他人信其有行为能力或已得法定代理人允许者，该票据行为有效（民83）。

关于法人之行为能力，依法人实在说，应认为法人有意思能力，故有行为能力，法人之机关所为意思表示，即为法人之意思表示。[23]

2. 意思表示无瑕疵

21 参阅“最高法院”1963年台上字第2436号判决。

22 参阅梁宇贤，同前揭注8，46页。

23 参阅郑玉波，民法总则，1995年8月修订10版，三民书局，132～133页。

票据行为为法律行为，故票据行为之生效，应视其意思表示是否生效而定，因此票据行为须意思表示无瑕疵，始生效力。所谓意思表示无瑕疵之情形，系指行为人之意思表示无通谋虚伪意思表示、错误、胁迫或诈欺等情况。票据行为虽为法律行为之一类，唯民法关于意思表示瑕疵之规定（民 86～93），是否均得适用于票据行为，对此学说上见解不一。（1）采全部适用说者，认为民法上所有规定均得适用于票据行为；唯票据具有流通证券之特性，此说将有碍于票据之交易安全。（2）采一部修正适用说者[24]，认为民法所规定者乃个别当事人间之法律关系，故仅得适用于直接当事人之间。就票据而言，行为人之意思经由直接当事人而达于第三人时，行为人与第三人间随时皆可预测有发生法律关系之可能，故民法上之规定得否应予适用，不无疑问。易言之，民法所规定之意思表示瑕疵，系存在于直接票据当事人间，故民法之规定仅得适用于直接当事人间，不得以之对抗善意第三人。（3）采个别修正适用说者[25]，认为民法上之规定若全部适用于票据行为，将有碍于交易流通，故应采表示主义，保护善意第三人。准此，民法上之单独虚伪意思表示（民 86）、通谋意思表示（民 87 Ⅰ）均为表示主义之规定，故可以全部适用；而民法上诈欺行为之规定（民 92）原则上可适用，但若行为人因被胁迫而为票据行为时，亦应类推“民法”第九二条第二项之规定，其撤销亦不得对抗善意第三人。再者，票据行为人为“民法”第九二条第一项规定撤销时，依“民法”第一一六条之规定，应向最初取得人（意思表示之相对人）为之，唯为避免执票人不测损害，其撤销亦得向现时执票人为之。[26]至于错误意思表示（民 88），为意思主义之规定，并非表示主义，与票据行为之特性有违，故不应适用之[27]，而应类推“民法”第九二条第二项之规定，不得对抗善意第三人。

（三）票据之交付

票据之交付是否为票据行为之要件，因学说上对票据行为性质之见解不同而异其结论。采取创造说者，因认为票据行为完成于票据书面作成之时，票据之交付并非票据行为之要件，故票据行为人，于票据书面作成时具备行为能力，而于交付时丧失行为能力者，无碍于票据债务之成立。采发行说或契约说者则认为，

---

24 参阅郑洋一，同前揭注 6，59～61 页。

25 参阅陈世荣，同前揭注 8，206～207 页。

26 参阅梁宇贤，同前揭注 8，50 页。

27 一般而言，民法于心中保留、通谋虚伪表示、诈欺系采表示主义，故无妨完全适用该规定；至于错误、胁迫等虽采意思主义，但依据权利外观理论，应承认表示主义之优位地位，因错误、胁迫而交付票据之人，对于无恶意且无重大过失之票据取得人，仍应负票据上之责任。参阅李钦贤，票据法专题研究㈠，1996 年 5 版，自版，238～239 页。

票据行为之完成乃由票据书面之作成与交付票据两行为来完成，若未交付票据，则票据行为不成立。

五、票据行为之代理

票据行为系法律行为，自有民法上代理行为之适用；唯因票据法具有促进票据流通与保护交易安全之特性，另有特殊规定，亦须一并遵守之。

（一）有权代理

代理者，乃代理人于代理权限内，以本人（被代理人）名义所为之意思表示，而直接对本人发生效力之行为（民 103）。故票据行为之有权代理，系指代理人基于法律之规定或本人之授权，载明为本人代理之旨而为票据行为者（票 9）；其结果，该票据债务由本人而非代理人负责。依代理人为票据行为时，是否载明本人名义与为本人代理之意旨，可分为显名代理与隐名代理二种情形：

1. 显名代理

（1）形式要件

①载明本人名义：票据上之权利义务，均依票据上所载文义决定之，换言之，票据若未载明本人，该本人即无须负担票据责任。因此，票据行为之代理，须将本人之名称载明于票据上，始符合显名主义之意旨；但不以加盖本人或公司行号之名章为必要。[28]②载明为本人代理之意旨：票据行为之代理，必须载明为本人代理之意旨，否则代理人应自负票据上之责任（票 9）。换言之，代理意旨之记载乃表明签名于票据上之行为人仅为代理人，并不因票据外观解释原则而使代理人负担票据责任。关于为本人代理意旨之记载方式，“票据法”并无特别之规定，实务上认为仅须依一般社会通念，并从票据全体之记载形式观之，足以认为有为本人代理之关系存在即为已足，纵未记载代理字样，仍难谓非已有载明为本人代理之意旨。[29]另公司实务运作时，除盖用公司行号章外，其代表人或经理人通常只盖私人名章，但若其公司代表人或经理人之私章盖于紧邻公司行号章时，依社会观念已足认为其以代理人或代表人之名义而盖章，而符合所谓载明为本人代理之意旨。唯如代理人并未表明代理关系，而直接以本人名义签发票据者，不能令未有名义之代理人负票据上之责任。[30]③代理人之签名或盖章：票据

28 参阅“最高法院”1960 年第 2434 号判例。

29 参阅“最高法院”1952 年台上字第 764 号判例；“最高法院”1964 年台上字第 2716 号判例；“最高法院”1983 年台抗字第 330 号判决。

30 参阅“最高法院”1962 年第 3 次民、刑庭总会决议（二）；“最高法院”1962 年台上字第 1326 号判决。

上欠缺代理人之签章，而仅记载本人之名义者，如系出于本人之授权者，则属于票据代行之问题；如未经本人授权而为之者，则为票据之伪造。

（2）实质要件

欲将票据行为之代理效力归于本人，须以代理权之存在为前提。代理得分为法定代理与意定代理两类：①法定代理：基于法律之规定而发生之代理权，为法定代理。民法上法定代理之类型，包括父母对未成年子女之法定代理权（民1086）、监护人对未成年人或禁治产人之法定代理权（民1098、1113）。②意定代理：代理权系出于本人之授权行为而发生者，称为意定代理（民167）。但应注意者，“民法”第五三一条已于1999年4月21日修正为：“为委任事务之处理，须为法律行为，而该法律行为，依法应以文字为之者，其处理权之授与，亦应以文字为之。其授与代理权者，代理权之授与亦同。”故如代理人系基于本人之委任而为票据行为时，因票据行为须以文字为之，故此时代理权之授与即应以书面为之。

2. 隐名代理

隐名代理系指代理人虽依代理权而为票据行为，但并无于票据上载明本人名义，亦未载明为本人代理之意旨，而仅由代理人将自己之名字签于票据上者。[31]其结果，不论持票人是否知悉或可得而知有代理权，签名于该票据上之人应自负票据上之责任（票9）。

（二）无权代理

无权代理相对于有权代理，系指代理人欠缺代理权之实质要件所为之代理行为。狭义之无权代理，乃表见代理以外之无权代理，即无代理权人以代理人之名义为代理行为。详言之，代理人未得本人代理权之授与而以代理人之名义签名于票据上，其具备票据行为代理之形式要件，而欠缺实质要件之代理权之谓。无权代理人所为之票据行为，未经本人承认，不生效力（民170），本人无须负担票据债务，而无权代理人依“票据法”第十条第一项之规定，应自负该票据上之责任。

（三）表见代理

广义之无权代理，包括表见代理，系指虽无代理权，但有足够之相当理由使相对人信其有代理权之谓。欠缺实质要件之代理权时，依“票据法”第十条第一项规定，原则上应由无权代理人自负票据上之责任。但欠缺代理权时，若成立民法表见代理之要件，善意执票人得依“民法”第一六九条之规定向本人请求履行票据责

---

31 若代理人系将本人之名称记载于票据上，而未自行签名，亦未载明为本人代理之意旨，则涉及票据行为之代行问题。

任，亦可向无权代理人请求之（票10Ⅰ），此时善意执票人得择一行使请求票据之权利。表见代理未成立时，本人不须负担票据责任，而得以无权代理为物的抗辩对抗任何执票人（票10Ⅰ）。关于表见事实，一般可分为下列几种类型：1. 本人表示以代理权授与他人。2. 代理权之限制或撤回。3. 代理权之消灭。

（四）越权代理

所谓票据行为之越权代理，系指代理人逾越代理权限所为之票据行为。申言之，代理人虽有本人之授权，具备票据行为代理之形式要件及实质要件，但却逾越授权范围而为票据行为，例如代理人逾越本人所授权之金额而代理签发票据。至于如本人仅授权代理人为票据行为以外之法律行为，代理人竟逾越授权事务范围而代理本人为票据行为，究属票据行为之越权代理或无权代理，实有疑义。台湾地区实务见解曾认为，本人同意代理人以房契办理抵押借款，而代理人以本人名义开立本票，属于无权代理，亦即代理人逾越授权事务范围，应为无权代理。[32]唯学者有以为代理人逾越授权事务范围而代理本人为票据行为，应属于越权代理[33]，本文从之。

“票据法”第十条第二项虽规定：“代理人逾越权限时，就其权限外之部分，亦应自负票据上之责任。”但所谓代理人就其权限外之部分，亦应自负票据上之责任，究系仅负越权部分责任或应负全额责任，学理上有越权部分说及全额责任说等不同见解。[34]如认为“票据法”第十条第二项所规定者为越权代理人之法定担保责任，则应解为仅负越权部分责任；相对地，如认为“票据法”第十条第二项所规定者为加重越权代理人之行为责任，则应解为应负全额责任。依管窥之见，观诸“票据法”第十条第二项之法条文义及立法意旨，应认所规定者为加重越权代理人之行为责任，应就其所为之越权票据行为负全额责任，以维票据流通之立法政策。

其次，“票据法”第十条第二项既明定越权代理人之责任，则本人是否得免就越权部分负责，实务上有不同见解。按票据法具有民事特别法之性质，应优先适用于“民法”，故“票据法”第十条第二项为“民法”第一〇七条之特别规定，应排除“民法”该条之适用[35]，故本人原则上不必就越权部分负责。唯由于理论上

---

32 参阅台湾“高等法院”2000年度上更字第311号判决。

33 梁宇贤教授认为，如本人以印章委托代理人向航政机关办理出航手续，代理人却以其印章背书于支票，应属逾越代理权限，参阅梁宇贤，同前揭注8，87页。

34 参阅郑洋一，同前揭注6，77～78页。

35 参阅“最高法院”1961年台上字第1000号判例；1991年2月12日司法院（1991）厅民一字第182号函。

越权代理本为无权代理之一种类型，本人究应负何种责任，仍应依民法有关无权代理之规定认定之。亦即，原则上非经本人承认，对本人不生效力，如不构成表见代理，本人仅就其授权范围负其责任，唯如有构成表见代理之权利外观（民169），本人仍应负授权人之责任。申言之，如越权代理人所为之票据行为，有一定事实足使执票人信赖代理权存在，本人自负授权人之责任，此时越权代理人与表见代理之本人皆应负全额责任，执票人得自由择一行使票据权利。

（五）票据签章之代行

1. 自然人签章之代行

代理人如仅于票据上记载本人之姓名或盖其章，代理人并未将自己之名签盖于票据上，亦未记载为本人代理之意旨者，因与票据行为之代理要件不符，而另称为票据签章之代行。票据上之签章得否代行，虽有采否定说者认为，签章乃事实行为，并非法律行为，故不许代行。[36]然本文认为于票据上记名盖章本人之姓名，仅系机械式之行为，本质上行为人仅为本人之使者或机关，而可认为是本人自己之行为，法律效果自及于本人。[37]应注意者，行为人若未经本人授权或无代理权而为票据之代行，则属于票据之伪造。

2. 法人签章之代行

法人之票据行为得否代行，而令本人负票据上之责任，学说及实务上之见解不一。有采否定说者认为，法人事实上无法自己签名，故应由代表机关签名；且为防止票据伪造与代表权之欠缺，应有代表人之签章为妥。故若代表机关未签名，而仅有法人之签章者，则不能谓已有签名。唯实际上依代表人所代行之笔迹亦可辨别行为人，至于票据行为有无代理权，乃系举证问题，并不影响票据关系之成立，行为人如有代签之权限，实无否认法人应负责之必要，否则将不足保障交易安全，故似应承认法人票据行为代行之效力为宜。[38]

案例

甲授权代理人乙签发面额 2 万元之票据，乙却签发面额 10 万元之票据，其效力为何？又甲将印章交予代理人丙，仅供办理签证之用，丙却以印章签发面额 10 万元之票据，其效力为何？

---

36 参阅“最高法院”1964 年台上字第 2087 号判决。

37 参阅陈世荣，同前揭注 5，18 页；施文森，票据法新论，1992 年，自版，31 页；郑洋一，同前揭注 6，74 页；“最高法院”1964 年台上字第 2716 号判例；“最高法院”1965 年台上字第 944 号判决。

38 参阅“司法院”1986 年 7 月 10 日（75）厅民一字第 1405 号函，民事法律问题研究汇编第 5 辑，131 页；“最高法院”1987 年台上字第 68 号判决。

解析

一、代理人系逾越授权金额之范围，而代理本人以其名义为票据行为，属于“票据法”第十条第二项所规定之越权代理。因此越权代理人应对于其所为之越权票据行为负全额责任。至于本人对代理权所为之限制，不论系自始限制或事后限制，依“最高法院”1961 年度台上字第一〇〇〇号判例之见解，执票人皆不得依“民法”第一〇七条之规定，向本人主张应负越权部分之责任。唯甲究应负何责任，应依是否构成表见代理之权利外观而定，如未构成表见代理，甲仅就其授权金额二万元负责；如构成表见代理，因甲应负授权人之责任，故甲应负十万元之全额责任。本例乙应依“票据法”第十条第二项之规定负十万元票据责任，甲则依是否构成表见代理之要件而定。

二、本人仅授权代理人为票据行为以外之法律行为，代理人竟逾越授权事务范围而代理本人为票据行为，应属于越权代理，盖代理权之范围，由本人自由决定之，可分为特定代理权、种类代理权及概括代理权等三类，本人究为何种授权及其范围为何，本系解释之问题，应依诚信原则及交易习惯加以认定。至于本人如仅授权代理人得为特定事项为签章，而代理人逾越授权事务范围而在票据上为签章，仍应解为代理人系逾越特定代理权而为签章，而属于越权代理。故本例丙应依“票据法”第十条第二项之规定负十万元票据责任，甲亦依是否构成表见代理之要件而定。

第五节　票据权利

一、票据权利之意义

按票据权利，系指执票人得依票据上所载之文义，对票据债务人主张之权利。换言之，即执票人依票据法上之票据关系，对票据关系人所得主张而直接达到支付票款目的之付款请求权及追索权。至于票据法上之权利，系指权利人得依“票据法”上规定之非票据关系所得主张之权利，不以支付票款为其目的，亦非须持有票据始得为之。例如利益偿还请求权（票 23Ⅳ）、汇票执票人对发票人之复本交付请求权（票 114）、汇票执票人对接收人之复本或原本交还请求权（票 117Ⅱ、119Ⅱ）等。

二、票据权利之取得

（一）原始取得

1. 发票

票据为设权证券，发票人依“票据法”之规定，完成发票行为后，即创设票据权利。

2. 善意取得

票据之善意取得，系指票据受让人不知让与人无票据之处分权，而依票据规定之转让方式，自让与人受让票据，进而取得票据权利者。为保护交易安全，“民法”设有动产善意受让（善意取得）制度（民 801、886、948），但对于盗赃遗失物设有例外规定（民 949）。唯由于“票据法”第十四条第一项规定：“以恶意或重大过失取得票据者，不得享有票据上之权利。”其性质上为“票据法”就票据善意取得之特别规定[39]，而排除“民法”相关规定之适用。

（1）自无处分权人受让票据

票据善意取得之目的，系在处理票据让与人（原执票人）与受让人（即现在执票人）间票据权利归属之问题，故限于从无权处分人受让票据者，方有“票据法”第十四条第一项规定之适用。所谓无处分权人系指对于票据无实质上之票据权利或处分权而言。故如让与票据者有正当之处分权，虽受让人于受让票据时系出于恶意时，亦仅生“票据法”第十三条但书之效果，即票据债务人得以自己与发票人或执票人之前手间所存在之人的抗辩事由对抗执票人，尚不生执票人不得享有票据上权利之问题。[40]

（2）依票据法之规定方式转让票据

“票据法”所规定票据转让之方法，为背书或交付（票 30Ⅰ、32Ⅰ、124、144）。应注意者，票据经记载禁止背书转让者有无善意取得之适用，因记载之主体不同而异其效果：若由发票人记载者，因票据不得转让，故无善意取得之适用；若由背书人记载者，因该票据仍得背书转让，故有票据善意取得之适用（票 30Ⅱ、Ⅲ、124、144）。另如背书系属非以转让为目的之委任取款背书，因被背书人仅取得代理行使票据权利之资格，故无票据善意取得之适用（票 40Ⅰ、124、144）。如系期后背书[41]，则因其仅具通常债权转让之效力，受让之后手无

---

39 参阅“最高法院”1992 年台上字第 3100 号判决。

40 参阅“最高法院”1962 年台上字第 2587 号判例；“最高法院”1978 年台上字第 1862 号判例。

41 参阅 1973 年 12 月 21 日台湾“高等法院”暨所属法院 1973 年度法律座谈会（民事类第 18 号），台湾“高等法院”历年法律座谈会汇编（上册），548～549、573～574 页。

法取得大于前手之权利，故并无票据善意取得之适用（票41Ⅰ）。[42]

（3）无恶意或重大过失受让票据

所谓恶意或有重大过失取得票据者，系指执票人于受让票据时，明知或可得而知让与票据者无权处分。[43]详言之，恶意，系指明知让与人无处分票据之权利，例如诈欺[44]；而重大过失，系指对于应注意能注意且稍加注意即可知情之事项，竟未加注意而不知之情形而言。[45]因票据善意取得之制度，系为保护善意票据受让人，故受让人之恶意或重大过失，应由请求返还票据之人或票据债务人负举证责任。[46]

（4）受让人需支付相当之对价

“票据法”第十四条第二项规定：“无对价或以不相当之对价取得票据者，不得享有优于其前手之权利。”为“票据法”第十三条与第十四条第一项之补充规定。按票据权利之瑕疵，除恶意抗辩外（票13但），不应由后手承继；然为维持公平原则与诚实信用原则，如执票人系无对价或以不相当之对价取得票据者，则例外规定不论执票人是否为恶意，包括让与人（执票人之直接前手）有权处分及无权处分之情形，受让人（现执票人）均无法享有优于让与人（前手）之权利。所谓不得享有优于其前手之权利，系指前手取得票据有瑕疵时，受让人继受其瑕疵；前手无票据之权利时，受让人亦无法取得票据之权利。[47]

（二）继受取得

票据之继受取得，系指受让人自有处分权人受让该票据，而取得票据权利。票据法上关于票据权利之继受取得，有下列四种情形：1. 自有处分权人以背书或交付之转让方式让与者（票30Ⅰ、32Ⅰ、124、144）。2. 汇票或本票之保证人因履行保证债务而取得者（票64、124）。3. 参加付款人因付款而取得（票84）。4. 被追索人因清偿票据债务而取得（票96Ⅳ）。另如系因继承、法人合并、普通债权转让，或依转付命令而取得票据者，则属于非“票据法”上之继受取得，并非依“票据法”之规定方式转让票据，自无“票据法”第十四条第一项善意取得之适用。

---

42 参阅郑洋一，同前揭注6，105～106页；梁宇贤，同前揭注8，105页。

43 参阅台湾花莲“地方法院”1995年重诉字第9号判决。

44 参阅“司法院”1969年10月30日（58）台电参字第7818号函，民事法令释示汇编（1994年6月版），551页。

45 参阅“司法院”1955年2月12日（44）台公参字第783号函，民事法令释示汇编（1994年6月版），551、559页。

46 参阅“最高法院”1975年台上字第1540号判例。

47 参阅“最高法院”1979年台上字第3427号判例。

三、票据权利之行使

票据权利之行使，系指票据债权人向票据债务人提示票据，请求履行票据债务之票据行为；提示之方式，与民法之请求相同，并无方法之限制，以书面或口头为之均可。关于票据行使之处所，民法虽规定原则上以给付标的物之所在地或债权人之住所地为之（民 314）；但票据具流通性，票据经辗转让与后，执票人殊难得知债权人之住所，故"票据法"第二十条特别规定，而排除"民法"第三一四条之适用：（一）原则上应在票据上指定之处所为之。（二）无指定之处所者，在其营业所为之。（三）无营业所者，在其住所或居所为之。（四）票据关系人之营业所、住所或居所不明时，因作成拒绝证书得请求法院公证处、商会或其他公共会所调查其人之所在，若仍不明时，得在该法院公证处、商会或其他公共会所作成之。

至于票据行使之时间，依"票据法"第二一条规定：（一）原则上应于其营业日之营业时间内为之。但如应行为日之末日为星期日或纪念日或休息日时，则应适用"民法"第一二二条之规定，于其日之次日为之。[48]（二）无特定营业日或未订有营业时间者，应于通常营业日之营业时间内为之。若票据关系人非营业者，亦同。

四、票据权利之保全

票据权利之保全，系指票据权利人为确保其票据权利，而所为不使票据权利消灭之行为。例如票据权利人按期提示票据或作成拒绝证书，以保全追索权；或对于债务人中断时效，以保全付款请求权与追索权。通常票据权利之保全，大多为票据权利之行使，而票据权利保全之时间与处所，与票据行使之规定相同（票 20、21）。票据权利保全之方式有二种：（一）遵期提示：在汇票方面，为遵期提示承兑（票 44、45）与遵期提示付款（票 69 I）；在本票与支票方面，则为遵期提示付款（票 122、130）。（二）作成拒绝证书：拒绝证书乃为证明执票人已于法定期间或约定期间内行使或保全票据上权利之必要行为，以及其已被拒绝之要式公证书（票 86、124、144）。

案例

乙持有甲签发之银行支票，到期提示，经付款银行拒绝付款退票，并于票上盖上"拒绝往来户"印章，以及发给退票理由单粘附在卷，嗣乙又将该支票背书转让予丙，丙于法定时效期间内，向甲请求给付票款，甲得否对丙主张其构成"票据法"第十四条第一项之恶意，以资抗辩？

---

48 参阅"财政部"1958 年 1 月 1 日（1958）台财钱发字第 08630 号函。

解析

“票据法”第十四条第一项规定：“以恶意或有重大过失取得票据者，不得享有票据上之权利。”所谓以恶意或重大过失取得票据者，系指明知或可得而知转让票据之人就该票据无权处分，仍予取得而言。今丙于受让票据时，虽然明知该票之发票人为付款银行之拒绝往来户而曾遭退票，唯票据经提示遭退票后再转让与他人，应属“票据法”第四一条期后背书之问题，故丙仍不构成“票据法”第十四条第一项所谓之恶意，因此甲不得对丙主张“票据法”第十四条第一项之抗辩，丙仍享有票据上之权利，甲仅得以对抗乙之事由，转而对抗丙。

第六节　空白授权票据

一、空白授权票据之意义

所谓空白授权票据，系指票据行为人，以留由执票人日后补充之意思，于不记载票据法上必要记载事项之全部或一部之纸上签名，所发行之未完成票据而言[49]，其与一般俗称之空白票据不同。“票据法”第十一条第一项明定，票据欠缺法定应记载事项者，应属无效，称为票据之要式性，准此，空白票据之合法性，殊值存疑。实务上虽大多否定空白授权票据之合法性[50]，唯学者普遍认为，“票据法”第十一条第二项规定：“执票人善意取得已具备本法规定应记载事项之票据者，得依票据文义行使权利；票据债务人不得以票据原系欠缺应记载事项为理由，对于执票人，主张票据无效。”乃空白授权票据合法性之法律依据[51]；再者，虽然空白授权票据之票据权利发生与否具有不确定性，而对发票人不利，但若不承认其合法性，发票人即得依第十一条第一项对执票人主张票据无效，将导致日后执票人收受票据时均须逐一确认票据上签名之真正，势必影响交易安全与

49　参阅郑洋一，同前揭注6，92页。

50　参阅“最高法院”1960年台上字第555号民事判例；“最高法院”1979年第15次民事庭会议决议（三），“最高法院”民刑事庭会议决议汇编（上册），183、193、434、809页。

51　采肯定说之学者有：梁宇贤，同前揭注8，67页；郑洋一，同前揭注6，92页；施文森，同前揭注37，36页；高金松，空白票据新论，1986年9月初版，五南，11页；郑玉波，论远期支票、空白支票与空头支票，收录于郑玉波总主编，商事法论文选辑上册，1984年7月，五南，363页；杨与龄，空白授权票据之研究，法律月刊第24卷第7期，1973年7月，6页。

票据之流通，因此应令发票人负其票据上责任，以促其慎重。[52]

二、空白授权票据之要件

◎成立要件

空白授权票据之成立，须具备下列四要件：1. 须有发票人之签名。2. 须票据之必要记载事项有欠缺。3. 须有补充权之授与。4. 空白票据之交付。

1. 须有票据发票人之签名

空白票据之成立，须有空白票据发票人之签名。因发票人乃原始之票据债务人，在该票据上，须有发票人负担债务之意思表示，否则即属欠缺票据行为之要件，而无票据行为之成立，自不构成空白授权票据。[53]

2. 须票据之必要记载事项有欠缺

除发票人之签名不得欠缺外，其他必要记载事项有一部或全部欠缺者，不问欠缺之程度或态样，即构成空白授权票据。通常以金额、发票日或到期日之记载空白者居多。

3. 须有补充权之授与

空白授权票据之成立，须由发票人依明示或默示，将该必要记载事项之空白留由执票人日后补充之意思，授与执票人得日后补充完成记载之权限，谓空白授权票据补充权之授与。空白授权票据，因其票据权利之发生与否，乃处于一种不确定状态，为未完成票据，补充权一经行使，即能使未完成票据转变成完全票据，故此种补充权，性质上应属于形成权。[54]又关于票据权利既适用短期时效，则关于该补充权之除斥期间，似应依各种票据之时效规定。[55]

4. 空白票据之交付

就票据行为之性质采契约说及发行说者，须有票据之交付始符合票据行为之要件。至于采创造说者，则未必具备此要件。

---

52 参阅郑洋一，同前揭注 6，92～93 页。

53 参阅郑洋一，同前揭注 6，93 页。

54 参阅梁宇贤，同前揭注 8，76 页；郑洋一，同前揭注 6，94 页。

55 参阅郑洋一，同前揭注 6，94 页。

第七节　票据之瑕疵

一、票据之伪造与变造

（一）*票据之伪造*

1. 票据伪造之意义

票据之伪造，系指假冒他人之名义，以行使票据为目的所为之票据行为。依"票据法"第十五条之规定："票据之伪造或票据上签名之伪造，不影响于真正签名之效力。"可知票据之伪造包括假冒他人名义为发票人，而为票据创设之发票行为以及于已存在有效之票据上伪造签名之行为。唯不论何者，皆有伪造签名之行为。

2. 票据伪造之效果

（1）伪造人之责任

伪造票据之人，因未签名于票据上，故通说认为其不必负担票据责任（票5）。唯有认为应类推适用"票据法"第十条第一项，伪造人仍须负担票据责任，其理由为基于保护执票人与加重伪造者之责任，认为有权签名代行与有权代理之法律效果相同，则无权代理与签名代行之伪造行为，亦应与无权代理之法律效果相同。[56]此外，若系伪造发票人之签章，伪造人在刑事上除构成伪造印章、印文或署押罪（刑 217）外，尚构成伪造有价证券罪（刑 201）[57]；如系于票据之背面伪造他人之签章，以为背书，则伪造人除构成伪造印章、印文或署押罪（刑 217）外，同时该当伪造私文书罪（刑 210）[58]，应从一重处断。至于民事上，伪造人则须负担侵权行为之损害赔偿责任（民 184）。

（2）被伪造人之责任

被伪造人虽然出现于票据上，然并非基于其意思表示而签名或盖章于票据上，依"票据法"第五条之规定不须负担任何票据责任。[59]且此种抗辩属于物的

56　参阅李钦贤，论票据伪造人之责任，收录于郑玉波，民商法理论之研究：七秩华诞论文集，1988 年，三民书局，67 页以下。

57　参阅"最高法院"1964 年台上字第 1810 号判例；"最高法院"1983 年台上字第 7112 号判例。

58　参阅"最高法院"1970 年台上字第 2588 号判例；"最高法院"1981 年台上字第 2162 号判例。

59　参阅"最高法院"1967 年台上字第 2222 号判决。

抗辩，被伪造人得据此对抗一切执票人，唯须由被伪造者负举证责任。[60]又票据行为之伪造并无代理行为之外观，亦无经被伪造者承认之余地，故伪造之票据行为，并不因被伪造者之事后承认而有效。

(3) 真正签名人之责任

“票据法”第十五条之规定：“票据之伪造或票据上签名之伪造，不影响于真正签名之效力。”故真正签名人应依票载文义负责（票 5)。

(4) 付款人之责任

“票据法”第七一条第二项规定：“付款人对于背书签名之真伪，及执票人是否票据权利人，不负认定之责。但有恶意及重大过失时，不在此限。”因此付款人如已善尽其审查之注意义务，而无恶意及重大过失时，即不必对真正权利人负再次付款责任。

(二) 票据之变造

1. 票据变造之意义

票据之变造，乃无变更权限之人，以行使票据为目的，擅自为签名以外票据文义之变更。[61]如票据上所记载之内容，系由有变更权限之人所为者，则非为变造，而属票据改写之问题，应依“票据法”第十一条第三项定其效果。

2. 票据变造之效果

(1) 变造者之责任

“票据法”第十六条第二项规定：“其参与或同意变造者，不论签名在变造前后，均依变造文义负责。”由此可知，不论系参与或同意变造者，皆必须签名于票据上者，始负票据责任，若变造者未签名于上，虽不负票据责任，但仍须负担变造有价证券之刑事责任（刑 201）与民事侵权责任（民 184)。

(2) 签名于变造前者之责任

票据经变造时，签名在变造前者，依原有文义负责（票 16 Ⅰ)。

(3) 签名于变造后者之责任

签名在变造后者，因其系基于变造后之票据文义而为票据行为，自应依变造文义负责（票 16 Ⅰ)。

(4) 不能辨别签名于变造前后之责任

“票据法”第十六条第一项规定：“不能辨别前后时，推定签名在变造前。”而令其依票据之原有文义负责。

---

60 参阅“最高法院”1993 年台上字第 629 号判决。

61 参阅“最高法院”1964 年台上字第 1264 号判决。

（三）票据之改写

票据之改写系票据经原记载人记载后，于交付前就票据上所载事项变更。“票据法”第十一条第三项规定：“票据上之记载，除金额外，得由原记载人于交付前改写之。但应于改写处签名。”故票据改写之要件为：1. 原记载人改写。2. 金额以外之事项始得改写。3. 交付前始得改写。4. 须在改写处签名。

票据改写之效力，应视其改写之内容是否为票据金额而有异：1. 改写票面金额：经发票人同意而将票据金额改写者，如系于票据交付前改写，则因违反“票据法”第十一条第三项，该票据无效。如系于票据交付后，并经发票人之同意而改写者，应类推“票据法”第十六条规定处理；若其改写未经发票人同意，则属票据变造之问题，而应依“票据法”第十六条规定处理。2. 就金额以外之部分改写：交付前改写者，则应依“票据法”第十一条第三项规定之方式改写。若系于交付后并经原记载者之同意而改写者，应类推“票据法”第十六条规定处理；若未经同意改写，则属“票据法”第十六条规定之票据变造。

应注意者，从“票据法”第十六条第二项规定关于票据变造之文义可推知，所谓同意改写之人，不以于更改处签名盖章者为限。[62]此外，不论票据债务人是否于票据更改处签名盖章，如其系于更改后于票据上签名者，即应依更改后之文义负责。[63]

二、票据之涂销

所谓票据涂销，系指将票据上之签名或其他记载事项，予以涂抹或消除。“票据法”关于票据涂销之规定，有下列三类：（一）票据签名或记载之涂销（票17）。（二）背书之涂销（票37Ⅱ、Ⅲ、38、100Ⅲ）。（三）平行线撤销之规定（票139Ⅴ）。票据涂销之方式，原则上并无限制。又依“票据法”第十七条规定：“票据上之签名或记载被涂销时，非由票据权利人故意为之者，不影响于票据上之效力。”若票据非由票据权利人故意涂销者，因票据上之权利已有效发生，且无法定消灭或变更之原因，则不影响票据上之效力，亦无票据变造规定之适用。[64]若票据之涂销系由票据权利人故意为之者，依“票据法”第十七条之反面解释，该涂销之权利部分，应归于消灭。应注意者，若涂销系由非票据权利人所为者，无论是否故意，均不影响票据之权利，但在故意涂销之场合，有可能构成

62 参阅“最高法院”1981年台上字第30号判例。

63 参阅1983年5月2日“司法院”第三期司法业务研究会，民事法律专题研究（二），355～356页。

64 “最高法院”1967年台上字第1144号判决。

票据之伪造或变造。另外，若票据涂销过重而达到无法辨认为票据时，则可能会构成票据之毁损或票据之丧失。

三、票据之毁损

票据之毁损系指破坏票据之行为。[65]详言之，系针对票据之法定要件或记载之破坏而言。“票据法”并无票据毁损之规定，若系由票据权利人故意毁损者，其效力应与票据涂销相同，该毁损部分之票据权利归于消灭。若毁损乃非由票据权利人所为者，则构成“刑法”第三五二条之毁损文书罪。应注意者，若毁损严重，而已无法辨认为票据时，则为票据之丧失。

案例

甲签发付款人为“中国信托银行”之支票一只，并于票上记载“禁止转让”之字样，又于禁止转让四字上划“‖”之记号后，交付支票背书转让与乙，乙再背书转让与丙，丙得否向甲请求给付票款？

解析

一、支票上禁止转让之记载仍为有效：“票据法”固无涂销禁止转让之规定，然亦未明文禁止涂销。且发票人于记载禁止转让后，将之涂销，与其于签发支票时未记载禁止转让之情形相同，似无禁止其涂销之必要。唯基于票据为文义证券之特性，为使法律关系单纯化及助长票据之流通，应使第三人易于辨识涂销系何人所为，较为允当；换言之，发票人甲应依“票据法”第十一条第三项但书规定，于涂销处签名盖章，始生涂销之效力。今发票人甲仅系于禁止转让四字上划“‖”之记号，第三人无从辨别系发票人或他人所为，恐不敢接受票据，故该支票上禁止转让之记载应仍为有效。

二、由发票人于支票上记载禁止之效力：“票据法”第三十条第二项规定：“记名汇票发票人有禁止转让之记载者，不得转让。”支票于“票据法”第一四四条亦有准用该条规定。因此，发票人甲既已于支票上记载禁止转让之字样，则乙之背书转让与丙，应属无效，故甲得对丙拒绝给付票款。

---

65 参阅梁宇贤，同前揭注 8，102 页。

第八节　票据之丧失

一、票据丧失之意义

所谓票据丧失，系指执票人无抛弃之意思，而丧失对于票据之占有者。可分为绝对丧失与相对丧失二种情形，前者如票据被毁损而永久无法回复之灭失；后者乃失去占有之原因如遗失、被盗等而对执票人而言尚有回复可能之情形。而票据涂销，或毁损至一定程度，而使票据无法辨识为票据者，亦等同于票据之丧失。须注意者，若票据仅为他人所侵占时，并非票据之丧失。[66]

二、票据丧失之救济程序

（一）止付通知

1. 止付通知之意义

"票据法"第十八条规定："票据丧失时，票据权利人得为止付之通知。"所谓止付通知，乃为防止他人冒领，于公示催告程序前，票据权利人将票据丧失之情形通知付款人，使付款人暂停付款之暂时性补救措施。支票之发票人亦可能依"票据法"第一三五条之规定撤销付款之委托，以达到与止付通知相同之效力。

2. 止付程序

（1）止付之通知

①填具挂失止付通知书：依"票据法施行细则"第五条第一项之规定，票据权利人依本法第十八条规定为止付之通知时，应填具挂失止付通知书，并载明下列事项通知付款人：A. 票据丧失经过。B. 丧失票据之类别、账号、号码、金额及其他有关记载。C. 通知止付人之姓名、年龄、住所。其为机关、团体者，应于通知书上加盖正式印信。其为公司、行号者，应加盖正式印章，并由负责人签名。个人应记明国民身份证字号。票据权利人为发票人时，并应使用原留印鉴。②填具遗失票据申报书：依票据挂失止付处理规范第三条之规定，票据权利人为止付之通知时，应填具挂失止付通知书及遗失票据申报书，载明下列事项：A. 票据丧失经过。B. 丧失票据之类别、账号、号码、金额及其他挂失止付通知书规定应记载之有关事项。C. 通知止付人之姓名、年龄、住所。其为机关、团体

66　参阅"最高法院"1986 年台上字第 2540 号判决。

者，应于通知书上加盖正式印信；其为公司、行号者，应加盖正式印章；并均应由负责人签名，个人应记明国民身份证字号，票据权利人为发票人时，并应使用原留印鉴。票据权利人并应通知付款行库；付款行库应即将挂失止付通知书影本送交票据交换所，并于挂失止付票据经提示退票时，将该通知书及申报书一并送达票据交换所。

（2）假处分之声请

依"票据法施行细则"第四条之规定，票据为不得享有票据上权利或票据权利应受限制之人获得时，原票据权利人得依假处分程序，声请法院为禁止占有票据之人向付款人请求付款之处分。有疑义者，乃本条所称之票据权利人是否包含发票人？实务上见解纷歧，有认为因发票人为票据债务人，并非票据权利人，故无依"票据法施行细则"第四条声请假处分之权利。[67]亦有认为若该票据未转让他人前，此时发票人兼有票据债权人之身份，而属于"票据法施行细则"第四条所规定之票据权利人；反之若发票人已将票据让与他人，除非该票据经由回头背书由发票人持有外，发票人应仅为票据债务人之身份，而非"票据法施行细则"第四条所称票据权利人，此时发票人自不得依此声请假处分。[68]另有实务见解认为，从"票据法施行细则"第四条文义观之，该条既系规定"原票据权利人"，而非"票据权利人"，自包含对该票据曾具有权利之人，而发票人若为不得享有票据上权利或票据权利应受限制人之直接前手，系原属票据权利人，应可类推适用"票据法施行细则"第四条之规定为假处分之声请。[69]

3. 止付之效力

依"票据法施行细则"第五条第二项之规定，付款人对通知止付之票据，应即查明，对无存款又未经允许垫借票据之止付通知，应不予受理。对存款不足或超过付款人允许垫借金额之票据，应先于其存款或允许垫借之额度内，予以止付。其后如再有存款或续允垫借时，仍应就原止付票据金额限度内，继续予以止付。

依"票据法施行细则"第五条第三项之规定，票据权利人就到期日前之票据为止付通知时，付款人应先予登记，俟到期日后，再依前项规定办理。其以票载发票日前之支票为止付通知者，亦同。又依"票据法施行细则"第五条第四项之

67　参阅"最高法院"1981年台抗字第514号判决。

68　参阅"司法院"1983年2月24日（1983）厅民一字第0124号函，民事法律问题研究汇编第2辑，463页。

69　参阅"司法院"1994年9月16日（1994）厅民二字第17261号函，"司法院"公报第37卷1期，94～95页。

规定，通知止付之票据如为业经签名而未记载完成之空白票据，而于丧失后经补充记载完成者，准依前两项规定办理，付款人应就票载金额限度内予以止付。此外，依“票据法施行细则”第五条第五项之规定，经止付之金额，应由付款人留存，非依本法第十九条第二项之规定，或经占有票据之人及止付人之同意，不得支付或由发票人另行动用。

4. 止付之失效

票据丧失，票据权利人未于提出止付通知后五日内，向付款人提出已为声请公示催告之证明，止付通知失其效力（票 18Ⅱ）。票据权利人虽曾依“票据法”第十八条第一项规定，向付款人为公示催告声请之证明。但其声请被驳回或撤回者，或其除权判决之声请被驳回确定或撤回，或逾期未声请除权判决者，止付通知亦失其效力（票施 7Ⅰ）。应注意者，若依“票据法”第十八条第二项规定止付通知失其效力者，同一人不得对同一票据再为止付之通知（票施 7Ⅱ）。

（二）公示催告

依“票据法”第十九条之规定，票据丧失时，票据权利人得为公示催告之声请。公示催告声请之程序，首先公示催告声请人应提出证券缮本、影本，或开示证券要旨及足以辨认证券之事项，并释明证券被盗、遗失或灭失及有声请权之原因、事实（民诉 559）。而法院应就公示催告之声请为准否之裁定（民诉 540）。宣告证券无效之公示催告，应记载持有证券人应于期间内申报权利及提出证券，并晓示以如不申报及提出者，即宣告证券无效（民诉 560）。该申报期间自公示催告之公告最后登载公报、新闻纸或其他相类之传播工具之日起，应有三个月以上，九个月以下（民诉 562）。若该利害关系人未于期间内申报其权利提出票据者，法院自得宣告其票据无效；利害关系人若于期间内申报权利并提出票据者，法院应通知声请人阅览票据，声请人如认为与丧失票据具有同一性，公示催告程序即告终结（民诉 563）。

因此，票据之公示催告具有下列之效力：1. 保持止付通知效力。2. 防止善意取得。3. 已到期之票据，声请人得提供担保，请求给付票据金额，或不提供担保而提存该票据。4. 未到期之票据，声请人得提供担保请求给予新票据（票 19Ⅱ）。但是，“票据法施行细则”第六条规定，止付通知与公示催告（票 18、19）之规定，对业经付款人付款之票据不适用之，殊值注意。

应注意者，票据权利人丧失票据，得否不经止付通知，而径自向法院为公示催告？实务见解不一，采肯定说者[70]，认为依“票据法”第十八条第一项前段规

70 参阅 1983 年 5 月 2 日“司法院”第三期司法业务研究会，民事法律专题研究（二），343～344 页。

定，票据丧失时，票据权利人得为止付之通知，既系“得”为止付之通知，而非“应”为止付之通知，则止付通知与否即属票据权利人是否保全其票据权利之问题，如票据丧失不为止付通知，任由付款人付款，系票据权利人个人自甘损失，法律殊无强制其有止付通知之必要。故本件可不须止付之通知，应准公示催告。采否定说者[71]，认为按“民事诉讼法”第五五九条规定声请公示催告应提出证券缮本、影本，或开示证券要旨及足以辨认证券之事项，并释明证券被盗、遗失或灭失及有声请权之原因、事实。故并非以向付款银行办理止付通知为前提。唯声请人如仅提出该文书，似难认系释明之文书证据。故票据权利人丧失票据时，不得不经止付通知，而径自向法院为公示催告。

（三）除权判决

宣告证券无效之除权判决，应宣告证券无效（民诉 564 Ⅰ）。为使多数人易知其内容起见，除权判决之要旨，法院应依职权以相当之方法公告之（民诉 564 Ⅱ），公告之方法，依法院之意见定之，唯此乃训示规定，于除权判决之效力无碍。

就除权判决之效力而言，可分为下列二者：1. 消极效力：使未申报权利之票据无效（民诉 564 Ⅰ）。2. 积极效力：有除权判决后，声请人对于依证券负义务之人，得主张证券上之权利（民诉 565）。故声请人未请求支付、提存或给予新票据者，得请求票据债务人付款；声请人提供担保请求付款者或给予新票据者，得请求消灭该担保；声请人请求提存者，得向提存所请求提存。

案例

承揽人甲因承揽而收受定作人乙签发之支票一只为报酬，嗣甲因经济情况不佳，无法开始工作，乙即通知甲解除契约，并请求甲返还该纸支票，则在甲尚未返还该纸支票前，乙得否依“票据法施行细则”第四条之规定，依假处分程序，声请法院为禁止甲向付款人请求付款之处分？

解析

“票据法施行细则”第四条所谓不得享有票据上权利之人，系指无处分权之人（如窃取人或拾得人）及由该无处分权人以恶意或重大过失取得票据之第三人而言。又所谓票据权利应受限制之人，系指“票据法”第十四条第二项规定之无

71 参阅“司法院”1991 年 2 月 12 日（1991）厅民一字第 182 号函，民事法律问题研究汇编第 7 辑，579 页。

对价或以不相当之对价取得票据者而言。发票人于签发票据后，尚未交付与他人前，票据尚在发票人持有中，依“票据法”第二四条第四项、第二五条规定意旨，持有票据者即为票据权利人。倘因恶意或其他不法方法对其取得票据，致有不得享有票据权利或票据权利应受限制等情形，如未赋予发票人为假处分之声请权利，实不足以保障其权益。故发票人如对执票人有票据返还请求权，亦可类推适用“票据法施行细则”第四条所规定得为假处分声请之适用，以保障发票人之权益。因此，乙应得依假处分程序，声请法院为禁止甲向付款人请求付款之处分。

第九节　票据之抗辩

一、票据抗辩之意义

所谓票据抗辩，乃被请求清偿票款之人面对执票人之请求或主张时，得据以拒绝之事由者；此与民法上之抗辩权略有不同，民法上之抗辩权系对于相对人权利存在不予否认，而提出其他事由拒绝履行债务者。此外，票据抗辩尚包括主张相对人权利不存在之抗辩事由在内，例如票据应记载事项欠缺之抗辩、票据伪造之抗辩。

二、票据抗辩之种类

依票据抗辩事由所得对抗之人的范围，可分为物的抗辩及人的抗辩。前者系指因票据而受请求之人得以对抗所有执票人，不因执票人之变更而受影响之抗辩，又称绝对的抗辩或客观的抗辩；后者则仅得对抗特定执票人，因此执票人一有变更即受影响，又称为相对的抗辩或主观的抗辩。

（一）物的抗辩

所谓物的抗辩，系指因票据而受请求之人得据以对抗所有执票人，不因执票人之变更而受影响之抗辩，然事实上物的抗辩仍受有限制。兹依抗辩之事由，将物的抗辩分为三种类型：否定票据行为有效成立之抗辩、基于票上记载事项之抗辩，及票据债务消灭或票据已失效之抗辩。

1. 否定票据行为有效成立之抗辩

（1）票据行为形式要件之欠缺

①欠缺票据之法定绝对必要记载事项之抗辩：票据欠缺绝对必要记载事项者，该票据无效（票 11 Ⅰ）。发票行为因形式欠缺而无效，因此于该无效票据上

所为之附属票据行为，如背书、保证等，亦皆归为无效，任何被请求人对任何执票人，自均得以之为抗辩。[72]

②票据伪造及变造之抗辩：被伪造人并未在票据上签名，依法不负票据责任，得据以对抗任何执票人（票 15）。又签名于票据变造前者，仅对变造前之文义负责，故得主张不依变造后文义负责之抗辩（票 16Ⅰ）。

（2）欠缺票据行为能力之抗辩

就票据行为采契约说者，以交付票据时为判断时点，而限制行为能力人所为之票据行为，则须经法定代理人事前允许始生效力，唯若法定代理人事后承认或限制行为能力人于成年后予以承认者，亦同样生效；且执票人得依法对其法定代理人行使催告权及撤回权（民 79～82）。另对票据行为采创造说者，因其认票据行为一经记载签名完毕即已完成，故限制行为能力人未经法定代理人事前允许所为之票据行为，于票据行为成立时，即已确定无效，不论事后是否获得法定代理人之同意（民 78）。至于就票据行为采发行说者，因其认为票据债务之成立除须有签名于票据之单独行为外，尚须交付票据方构成之，故票据行为人之行为能力应以票据交付时为判断时点；而交付票据因属有相对人之意思表示，故除经法定代理人事前允许外，法定代理人事后承认或限制行为能力人于限制原因消灭后予以承认者，该票据行为皆生效（民 79～82）；若无此种情形，则票据行为无效，得以之对抗任何执票人。[73]唯应注意者，此种抗辩仅无票据行为能力者或限制票据行为能力者及其法定代理人得主张之，其他于票据上签名者，按票据行为独立性原则，不得据此为抗辩而仍应依其签名负责之（票 8）。

（3）票据行为交付要件之欠缺

欠缺交付要件之票据行为效力如何，因票据行为理论之不同而异。就票据行为采创造说者，因其认票据行为于票据行为人签名时即已完成，故即使票据欠缺交付却遭他人持有，签名者仍须负担票据上之责任，不得对抗执票人。唯台湾学界通说及实务见解则就票据行为采发行说，故如票据因遗失或被盗而为他人持有，因票据行为欠缺交付要件而尚未完成，票据行为人自得据此对抗所有执票人而无须负责。对票据行为之性质采契约说者亦同。然如此不免对于善意之第三执票人，造成无可预见之风险，而与票据为流通证券之特性背离。因此，为促进票据流通及保护交易

---

72 参阅“最高法院”1984 年台上字第 1633 号判决。

73 参阅梁宇贤，同前揭注 8，44～46 页。另“最高法院”认为依“民法”第 78 条关于单独行为之规定，限制行为能力人未得法定代理人所为之票据行为应属无效。参阅“最高法院”1963 年台上字第 2436 号判决；参阅“最高法院”1978 年台上字第 1666 号判例。

安全，对此种抗辩以权利外观理论加以限制，即如票据行为人具可归责性及第三执票人为善意时，票据行为人例外地不得以欠缺交付要件对抗之，而须对其负责。

(4) 其他

①代理权欠缺之票据行为：代理人如为无权代理或越权代理，而以本人名义所为之票据行为，该本人不负票据责任或越权部分之责任，得据以对抗任何执票人（票10)。但有构成表见代理者（民169)，不在此限。

②权利保全手续之欠缺：执票人不于法定期限或约定期限内为行使或保全票据上权利之行为者，票据主债务人（汇票承兑人、本票发票人或保付支票之付款人）以外之票据债务人得据以对抗执票人（票104、124、144)。

2. 基于票上记载事项之抗辩

(1) 票据上为一部付款之记载

付款人得仅就票据金额为一部付款，并要求执票人于票上记载所收之金额（票73、74Ⅱ、137)，就该一部付款之记载，任何被请求之票据债务人，均得据以对抗任何执票人。唯应注意者，若票上未为一部付款之记载，则属人的抗辩，仅得对抗受款之直接当事人或知情之执票人。应注意者，若付款人已为全部付款唯未收回票据者，因票据为缴回证券，故票据上之权利仍不消灭，付款人不得以其付款对抗善意之第三人。[74]

(2) 到期日尚未届至

若执票人于汇票或本票之票载到期日前为付款提示者，付款人均得据以抗辩之（票72Ⅱ、124)。另支票虽仅有发票日之记载而无到期日，唯对于执票人于发票日前所为之付款请求，付款人仍得据以抗辩之（票128Ⅱ)。

(3) 记载禁止背书转让之背书人

若背书人于票据上记载禁止背书转让者，仅对其直接后手负责，对于禁止背书后再由背书取得票据之人，皆得据以为票据内容之抗辩，而不负背书责任，该抗辩不因执票人变更而受影响（票30Ⅱ)。

(4) 提示处所不符

就载有担当付款人之汇票或本票，执票人若径向付款人为付款提示者，付款人得对执票人为票据内容之抗辩（票69Ⅱ、124)。

3. 票据债务消灭或票据已失效之抗辩

(1) 时效消灭

票据上之权利因罹于“票据法”所规定之权利行使期间而消灭，故被请求人

---

74 参阅郑洋一，同前揭注6，124～125页。

得据以对抗任何执票人。唯应注意，票据上之权利消灭期间，因被请求人为发票人或背书人而有所不同，故仅该特定被请求人得主张之（票 22）。

（2）票款经合法提存者

票据债务人将票款依法提存者，票据债务因此消灭，受请求人得据以对抗任何执票人（票 76、民 326）。

（3）经除权判决而宣告无效之票据

票据经法院为除权判决之宣告时起即失效，票据债务人得对抗任何执票人（票 19、民诉 564、565）。另应注意者，于除权判决宣告前已善意取得票据之人，若未于公示催告期间内申报权利，于除权判决宣告后，亦不得持该票据行使票据上之权利。

（二）人的抗辩

所谓人的抗辩，即因票据受请求之人仅得对抗特定执票人之抗辩，故执票人一有变更，此种抗辩即受影响，故人的抗辩又称相对抗辩或主观抗辩。

1. 人的抗辩之种类

（1）基于原因关系之抗辩

①原因关系不法之抗辩：签发票据之原因是否有效，基于票据无因性理论，虽不影响票据债权之存否，唯其授受票据如未具真实合法之原因，于直接当事人间，仍得以此为理由拒绝付款。例如给付赌博所应付之款项或清偿不法原因之给付而签发支票，债务人对其直接受让人之请求得以原因关系不法为抗辩而拒绝付款。

②原因关系欠缺或消灭之抗辩：票据上之权利义务，因票据行为而生，固不受原因关系之欠缺或消灭而受影响，然在授受票据之直接当事人间，则仍得以之为抗辩。例如为给付贷款而签发票据后买卖契约因给付不能而归于无效（民 246），或因解除（民 254、255、256），或终止（民 263）而归于消灭时，票据债务人均得对该买卖关系之直接当事人据此为抗辩，拒绝给付票款。

（2）基于票据关系之抗辩

①意思表示瑕疵之抗辩：票据行为之意思表示若有欠缺或瑕疵，民法上意思表示之一般原则应仍有其适用，唯鉴于票据流通之保护，应采个别修正说，即被请求人不得以意思表示之无效或撤销对抗善意第三人。因意思表示瑕疵之抗辩仅得对抗非善意之第三执票人，故此种抗辩应属人的抗辩。

②票据债务已一部清偿而未载于票上者：付款人得仅就票据金额为一部付款（票 73、137），唯若票上未为一部付款之记载，仅票据债务人得对抗受款之直接当事人或知情之执票人，而属人之抗辩。

③发票人为禁止背书转让之记载者：发票人为禁止背书转让之记载者，对于直接后手以外之执票人，仍须负担保付款（票 29、126）或付款（票 121 准用 52）之责任，只是人的抗辩不中断，亦即发票人仍得以其与直接后手间之人的抗辩事由，对抗其他执票人。

④背书不连续：按执票人应以背书之连续，证明其权利（票 37 Ⅰ）。所谓背书连续，系指自受款人至最后背书人之执票人，形式上均相连续无间断者[75]，且其认定上仅以各背书形式上有效为已足。[76]如背书不连续时，实务见解认为当背书不连续时，背书间断后之执票人，即不得主张如追索权等票据上之权利。[77]然背书间断前之背书行为仍具有效力，故票据债务人仅得以背书之不连续对抗背书间断后之执票人，而属人的抗辩。[78]

2. 人的抗辩之限制

票据行为具有无因性之特性，亦即票据行为于成立后，该项原因关系存在与否及其效力如何，不影响票据行为之效力，执票人于行使权利时，亦无须就原因关系提出证明。基于票据行为之无因性，“票据法”第十三条将因原因关系所产生之人的抗辩，明文限于直接当事人间方可引用，而排除继受取得之法理，以保障交易安全及促进票据之流通。

3. 恶意抗辩

避免执票人遭受无法预见之风险而影响票据之流通，基于票据行为无因性，“票据法”明文限制人的抗辩，仅于直接当事人间方得主张之。然若执票人明知前手与票据债务人存在有抗辩事由而仍收受票据，则该恶意之执票人即无再予以保护之必要，故“票据法”于第十三条但书特别规定：“但执票人取得票据出于恶意者，不在此限。”亦即此时票据债务人得以自己与发票人或执票人前手间所存之抗辩事由，对抗执票人。[79]所谓恶意，系指执票人于受让票据时，明知票据债务人对前手（票据让与人）存在有抗辩事由。因此种抗辩仅得对恶意之执票人主张，故属于人的抗辩之一种；且此种抗辩限于因抗辩限制而受影响之特定票据债务人方得主张，例如甲为给付货款而签发本票一纸予乙，嗣买卖契约因故解除，甲自得对买卖契约之直接当事人乙拒绝支付票款，唯乙将该本票背书转让予丙，若丙受让本票时明知甲乙间存有该抗辩事由，则甲得对丙主张恶意抗辩而拒

---

75 参阅“最高法院”1964 年台上字第 1207 号判决。

76 参阅“最高法院”1989 年台上字第 2238 号判决、“最高法院”1985 年台上字第 810 号判决。

77 参阅“最高法院”1974 年台上字第 1272 号判例。

78 参阅梁宇贤，同前揭注 8，122 页。

79 参阅“最高法院”1978 年台上字第 1862 号判例。

绝付款，然若此时丙向乙行使追索权，乙即不得对丙主张恶意抗辩。此外，票据债务人主张恶意抗辩时，对于执票人之恶意，应负举证责任。[80]

4. 对价抗辩

"票据法"第十四条第二项规定："无对价或以不相当之对价取得票据者，不得享有优于其前手之权利。"所谓前手，系指直接前手，即若执票人系无对价或以不相当之对价取得票据者，即无予以保护之必要，故执票人须承继其直接前手权利之瑕疵，亦即被请求人此时得以自己与执票人前手间所存之抗辩事由，对抗执票人。[81]因此种抗辩仅得对无对价或以不相当对价取得票据之特定执票人主张，故属于人的抗辩一种。

案例

甲签发本票一只与乙，充当买卖之价金，嗣后双方因故解除该买卖契约，唯乙仍将该本票背书转让与丙，丙再背书转让与丁，丁知悉甲乙间买卖契约已解除之情形，今丁持该本票向甲请求，甲得否抗辩其与乙之买卖契约已解除，票据债务已不存在云云，拒绝付款?

解析

"票据法"第十三条规定："票据债务人不得以自己与发票人或执票人之前手间所存抗辩之事由对抗执票人。但执票人取得票据出于恶意者，不在此限。"所谓恶意，系指执票人于受让票据时，明知其直接前手与票据债务人间存有抗辩事由。故甲得否对丁主张恶意抗辩，端视丁之前手丙是否亦为恶意。一、若丙为恶意，即丙于受让本票时，明知甲乙间之买卖契约业经解除，则甲得以"票据法"第十三条但书对抗丙，而丁又是恶意的，故甲亦得对丁主张恶意抗辩。二、若丙于受让票据时，不知甲乙间买卖契约已解除一事，纵丙于事后得知，丙仍无该当"票据法"第十三条但书所谓之"恶意"，故甲依"票据法"第十三条本文之规定，不得以其与乙之间票据原因关系已消灭为由对抗丙，而丁又继受丙之权利，因此甲亦不得对丁主张恶意抗辩。

80 参阅"最高法院"1959年台上字第101号判例。

81 参阅"最高法院"1979年台上字第3427号判例。

第十节　票据时效

"票据法"上之时效，为消灭时效。"民法"上关于消灭时效规定有十五、五或二年（民 125、126）；唯因票据为流通证券，有迅速确定当事人间法律关系之必要，故"票据法"特别设有短期消灭时效之规定。依"票据法"第二二条之规定，票据时效依票据权利之不同而有差异。

一、付款请求权之消灭时效

"票据法"第二二条第一项规定："票据上之权利，对汇票承兑人及本票发票人，自到期日起算；见票即付之本票，自发票日起算；三年间不行使，因时效而消灭。对支票发票人自发票日起算，一年间不行使，因时效而消灭。"

二、追索权之消灭时效

（一）汇票、本票之执票人对前手之追索权

"票据法"第二二条第二项规定："汇票、本票之执票人，对前手之追索权，自作成拒绝证书日起算，一年间不行使，因时效而消灭。支票之执票人，对前手之追索权，四个月间不行使，因时效而消灭。其免除作成拒绝证书者，汇票、本票自到期日起算；支票自提示日起算。"

（二）汇票、本票之背书人对前手之追索权

汇票、本票之背书人，对于前手之追索权，自为清偿之日或被诉之日起算，六个月间不行使，因时效而消灭。支票之背书人，对前手之追索权，二个月间不行使，因时效而消灭。

三、票据时效之中断

票据法对于时效中断并无特别之规定，原则上应适用民法之规定，并作期间之调整。有疑义者，乃"票据法"第二二条第二项所规定之支票执票人对于其前手之追索权，四个月间不行使，因时效而消灭。而"民法"第一三〇条却规定："时效，因请求而中断者，若于请求后六个月内不起诉者，视为不中断。"相较之下，票据法之时效规定为短，适用上应如何解决？实务上之见解认为，支票执票人对前手之追索权，四个月间不行使，因时效而消灭，为"票据法"第二二条第二项所明定，此项时效期间较"民法"第一三〇条规定六个月内起诉之期间为短，该执票人对前

手之追索权时效，纵因请求而中断，但自中断之事由终止重行起算时效之日起四个月内，若另无中断时效之事由发生，而未起诉者，其追索权仍因时效完成而消灭，不因“民法”第一三〇条定有起诉之期间为六个月，而谓追索权尚未消灭。故“民法”第一三〇条于适用票据法第二二条第二项时，应缩短至四个月。[82]

至于执票人向支票付款人为提示时，是否构成对发票人时效之中断？解释上支票之付款人对内为委任关系及消费寄托关系之受任人及受寄人，对外则为支票发票人之代理人，故执票人向付款人所为之提示，应视为执票人对支票发票人行使请求权之意思通知。例如支票执票人所为之提示，虽已逾票据法所规定之提示期限，但此项提示，仍应视为执票人行使请求权之意思通知，具有中断时效之效力。[83]

案例

甲持乙于2002年9月15日背书之支票一只，当日提示未获兑现，乃于同年11月2日催告乙付款，并于2003年5月1日对乙提起给付之诉，有无理由？

解析

支票之执票人对前手之追索权，四个月间不行使，因时效而消灭，为“票据法”第二二条第二项所明定，此项时效期间较“民法”第一三〇条规定六个月内起诉之期间为短，今甲虽曾于2002年11月2日催告乙付款，而中断“票据法”第二二条第二项之追索权时效；然而，甲自中断之事由终止重行起算时效之日起四个月后，方于2003年5月1日对乙起诉请求票款，虽尚未超过“民法”第一三〇条所规定之起诉期间，然甲对乙之追索权，仍因时效完成而消灭，故乙自得以“票据法”第二二条为由，主张时效消灭之抗辩，拒绝给付票款。

第十一节 票据之利益偿还请求权

一、利益偿还请求权之意义

票据上之债权，虽依票据法因时效或手续之欠缺而消灭，执票人对于发票人

82 参阅“最高法院”1976年第8次民庭庭推总会议决议（二），“最高法院”民刑事庭会议决议汇编（上册），24、741页。

83 参阅“最高法院”1967年台上字第2474号判例；台湾“高等法院”暨所属法院1983.11.21法律座谈会，台湾“高等法院”历年法律座谈会汇编（上册），560～564页。

或承兑人，于其所受利益之限度，仍得请求偿还，称为利益偿还请求权。原则上票据权利应于“票据法”第二二条规定之时效期间内行使，若票据权利人怠于在该法定期间内行使，执票人即丧失付款请求权与追索权，将使票据发票人享有对价[84]，乃至于使汇票之承兑人获得资金之意外利得。因此，为救济此种不公平之现象，谋求当事人间之衡平性，特于“票据法”第二二条第四项规定：“票据上之债权，虽依本法因时效或手续之欠缺而消灭，执票人对于发票人或承兑人，于其所受利益之限度，得请求偿还。”

二、利益偿还请求权之性质

利益偿还请求权，非基于票据关系之基础而来，亦非基于民法之规定所衍生者。关于利益偿还请求权之性质，有票据上权利说、损害赔偿请求权说、民法上不当得利说及票据法上特别请求权说之争议。[85]按利益偿还请求权，并非基于票据关系所生之权利，仅为票据法上，为平衡当事人双方之利益而特别规定一种票据法上之特种请求权。行使该权利时，执票人仅须证明票据消灭时其为真正权利人即可，不以持有票据或其代替之除权判决为必要。[86]

三、利益偿还请求权之要件

（一）主观要件

1. 请求权人

利益偿还之请求权人，须为票据上权利消灭时之执票人，不以最后之背书人为限。[87]此所谓之正当请求权人，诸如因继承、合并、一般债权让与、转付命令、拍卖，或背书而取得票据之执票人。履行票据债务而取得票据之人，例如背书人、保证人（票 64），或因参加付款之参加付款人（票 84）亦为票据正当请求权人。该权利系指实质上之权利，而非形式上之权利。换言之，若因票据背书不连续而取得该票据者，虽票据形式有欠缺，但执票人若能证明其实质取得票据之关系时，该执票人仍享有请求权。[88]相反地，若执票人取得形式上合法占有该票据

84 参阅“最高法院”1988 年台上字第 953 号判决。

85 参阅郑洋一，同前揭注 6，136 页。

86 参阅“最高法院”1959 年台上字第 389 号判例；“最高法院”1999 年台上字第 653 号、“最高法院”1968 年台上字第 1732 号判决。

87 参阅“最高法院”1968 年台上字第 1732 号判决。

88 参阅“最高法院”2001 年台上字第 846 号判决。

之权利，但实质上并无权利者，此时不具有该请求权。[89]

2. 偿还义务人

偿还义务人为汇票、本票、支票之发票人与汇票承兑人。至于背书人，因其于取得票据已付出对价，嗣将票据背书转让时，亦已自被背书人获得对价，故背书人无获得利益，自非本条所定之偿还义务人。另票据发票人或汇票承兑人之保证人，虽为追索权行使之对象，但亦无受有利益，而非属偿还义务人。

（二）客观要件

1. 票据上之权利有效成立

利益偿还请求权乃票据法之特别请求权，行使该权利时，执票人须证明票据消灭之时为真正实质权利人，因此该票据必须符合票据形式要件合法存在，执票人始能证明为该票据上之真实权利人。否则票据无效，自无票据上之权利。

2. 票据上之权利因时效完成或保全手续欠缺而消灭

执票人于票据上之权利因时效完成（票 22Ⅰ～Ⅲ）或保全手续之欠缺（票 87）而消灭。

3. 发票人或承兑人因此受有利益

发票人须因免除票据之责任而取得票据之对价，承兑人因免除票据付款责任而受有资金时，始能成立利益偿还请求权。而发票人或承兑人实际上受有利益若干，则应由执票人负举证责任。[90]

四、利益偿还请求权之时效

利益偿还请求权非票据上权利，而为“票据法”第二二条第四项所规定之特别权利，其消灭时效期间，因“票据法”未另设明文规定，自应适用“民法”第一二五条所定十五年之规定。[91]至于其时效期间之起算点，原则上应解为自票据权利消灭之日，即票据债权罹于时效或权利保全手续之欠缺，而无法对发票人或承兑人行使追索权之翌日开始计算。[92]

五、利益偿还请求权之效力

依“票据法”第二二条第四项之规定，此时执票人得向发票人或承兑人就其

---

89 参阅郑洋一，同前揭注 6，136～137 页。

90 参阅“最高法院”1967 年台上字第 2849 号判决；“最高法院”1998 年台上字第 430 号判决。

91 参阅“最高法院”1961 年台上字第 563 号判决；“最高法院”1948 年上字第 8154 号民事判例。

92 参阅 1983 年 5 月 2 日“司法院”第三期司法业务研究会，民事法律专题研究（二），347～348 页。

所受之利益，以意思表示请求返还。若未得实现，得向法院提起给付之诉请求之。利益偿还请求权乃因票据债权消灭，其性质亦非基于票据权利而有诉讼，故应由被告（票据债务人）之住所地（民诉1Ⅰ普通审判籍）法院管辖。

案例

甲于2000年8月1日签发本票一只予乙，并记载丙为其保证人，以清偿前欠乙之借款，唯该本票上并无到期日之记载，嗣乙将该支票背书转让予丁。若丁于2003年12月1日方持该本票向甲请求付款而遭拒绝。试问：一、甲之拒绝付款有无理由？二、丁对甲、乙、丙得否主张其他权利？

解析

一、本票未记载到期日者，视为见票即付（票120Ⅱ），且依“票据法”第二二条第一项规定，见票即付之本票，其执票人对本票发票人之票据上权利，自发票日起算，三年间不行使，因时效而消灭，故执票人丁对发票人甲之付款请求权已罹于时效，甲自得以此为抗辩而拒绝付款。

二、“票据法”第二二条第四项规定：“票据上之债权，虽依本法因时效或手续之欠缺而消灭，执票人对于发票人或承兑人，于其所受利益之限度，得请求偿还。”其目的在于俾利票据权利人行使票据权利，避免票据发票人或汇票之承兑人因时效消灭而受有意外利得，而谋求当事人间之衡平性，称为票据利益偿还请求权。而本条所规定偿还义务人限于汇票、本票、支票之发票人与汇票承兑人；至于背书人及发票人之保证人，因其皆无受有利益，故非本条所定之偿还义务人。因此，丁仅得对甲行使“票据法”第二二条第四项之利益偿还请求权，亦即请求甲返还其所受之利益。

第十二节　票据之黏单

“票据法”第二三条第一项之规定，票据余白不敷记载时，得黏单延长之。故黏单为票据余白不敷记载时，黏于票据上而供记载之空白纸片。发票行为，为基本票据行为，故不应在黏单上为之。[93]背书行为，依“票据法”第三一条第一

93　参阅“最高法院”1970年台抗字第286号判决。

项之规定，得由背书人在汇票之黏单上为之。至于承兑与参加承兑得否在黏单上为之，采取否定说者认为因票据之性质或因该记载容易被伪造变造而不适于于黏单上记载[94]，本文从之。

依“票据法”第二三条之规定，黏单之要件如下：一、票据余白处不敷记载。二、黏单后之第一记载人，须于骑缝上签名；其目的在于防止黏单与票据本身分离，并防止伪造与变造。

于黏单上所为之票据行为，与原票据上所为之票据行为，有同一之效力。有疑义者，实务上有支票改用横式后，对支票背面加黏白纸应加黏贴于该支票之何处？于支票之下抑或于支票右侧横连下去？依“票据法”第二三条、第三一条第一项及第一四四条等规定，支票背面不敷使用，背书人即得以黏贴方式在支票背面加贴后签章背书。如其背书合乎上开法条之规定，即于骑缝处已由任一背书人签名，则不论白纸系加贴于横式支票之下或右侧，均应认系票据本身之延长，其上之背书均应认系适法。但一般习惯系黏贴于中文横式支票之下方。

94 参阅陈世荣，同前揭注 8，62 页；梁宇贤，同前揭注 8，163 页。

第二章　汇　票

第一节　汇票之意义

依"票据法"第二条之规定："称汇票者，谓发票人签发一定之金额，委托付款人于指定之到期日，无条件支付与受款人或执票人之票据。"换言之，汇票之法律关系为发票人、受款人与付款人三者所构成。

第二节　汇票之种类

一、法律上之分类

(一) 依汇票关系人之方式而分类

1. 一般汇票

所谓一般汇票，系指发票人、付款人与受

款人，皆为不同人所组成票据关系之汇票。

2. 变则汇票

所谓变则汇票，系指为发票人、付款人与受款人之票据关系中之一人，兼有其他关系人身份所组成票据关系之汇票。依“票据法”第二五条之规定，变则汇票之类型为：

(1) 己受汇票：己受汇票又称指己汇票，依“票据法”第二五条第一项之规定，系指发票人以自己为受款人之汇票。

(2) 付受汇票：所谓付受汇票，系指付款人与受款人为同一人之汇票。

(3) 己付汇票：己付汇票又称对己汇票，依“票据法”第二五条第一项之规定，系指发票人以自己为付款人之汇票。[1]汇票未记载付款人时，依“票据法”第二四条第三项之规定，以发票人为付款人，其效果与己付汇票相同。

(4) 己受己付汇票：所谓己受己付汇票，为发票人以自己为付款人与受款人之汇票。

(二) 依是否记载权利人于汇票而分类

1. 记名汇票

记名汇票亦称为抬头汇票，系指发票人将受款人之姓名或商号名称记载于其上之汇票。

2. 无记名汇票

无记名汇票系指不记载受款人姓名或商号名称之汇票。依“票据法”第二四条第四项之规定，未记载受款人之汇票，以执票人为受款人。另依“票据法”第二五条第二项之规定，执票人得于无记名汇票之空白内，记载自己或他人为受款人，变更为记名汇票。

3. 指示汇票

所谓指示汇票，系指于汇票上除记载受款人或商号名称外，并记载“或其指定人”文句之汇票。

(三) 依到期日之记载不同分类

1. 即期汇票

依“票据法”第六五条第一项第三款，即期汇票为见票后立即付款之汇票，具有见票即付之性质。

2. 远期汇票

远期汇票依到期日记载之不同，可分为下列四种：

---

1 参阅最高法院 1930 年上字第 1166 号判例。

（1）定期汇票：依“票据法”第六五条第一项第一款之规定，系发票人于汇票上记载一定日期为到期日之汇票，又称为定日付款之汇票。

（2）计期汇票：依“票据法”第六五条第一项第二款之规定，发票人发票时未指定到期日，而以发票日后之一定期间为到期日者，又称为发票日后定期付款之汇票。

（3）注期汇票：依“票据法”第六五条第一项第四款之规定，发票人发票时未记载到期日，而以执票人提示承兑之日起，经过一定期间后付款之汇票，又称为见票后定期付款汇票。

（4）分期付款汇票：分期付款汇票系指汇票之票面金额，分为若干部分，分别指定到期日者。“票据法”第六五条第二项规定：“分期付款之汇票，其中任何一期，到期不获付款时，未到期部分，视为全部到期。”即拟制使未到期之部分视同已届到期日，而使执票人得行使全部权利。

第三节　汇票之款式及效力

一、汇票之款式

（一）法定应记载事项

1. 绝对必要记载事项

汇票之款式属于绝对必要记载事项者：（1）表明票据种类之文字（票24Ⅰ①）。（2）一定之金额（票24Ⅰ②）。（3）无条件支付之委托（票24Ⅰ⑤）（4）发票之年、月、日（票24Ⅰ⑦）。[2]

2. 相对必要记载事项

汇票之款式属于相对必要记载事项者：（1）付款人（票24Ⅰ③）。（2）受款人（票24Ⅰ④）。（3）发票地（票24Ⅰ⑥）。（4）付款地（票24Ⅰ⑧）。（5）到期日（票24Ⅰ⑨）。

（二）得记载事项

属于得记载事项者有：1. 担当付款人（票26Ⅰ、49、69Ⅱ）。2. 预备付款人（票26Ⅱ、35、53Ⅰ、79Ⅰ）。3. 付款处所（票据20、27、50）。4. 利息与利率（票28）。5. 免除担保承兑之责(票29Ⅰ但、85Ⅱ)。6. 禁止背书转让（票30Ⅱ）。

2　参阅“最高法院”1989年台上字第2089号判决。

7. 请求承兑期限或禁止请求承兑期限（票 44）。8. 见票后定期付款之汇票，其承兑提示延长或缩短之特约（票 45Ⅲ）。9. 分期付款之记载（票 65Ⅱ）。10. 见票后定期付款之汇票，其付款提示延长或缩短之记载（票 66 准用 45）。11. 付款货币种类之特约（票 75Ⅰ但）。12. 免除作成拒绝证书之约定（票 89Ⅱ、94Ⅰ）。13. 免除拒绝事实通知之记载（票 90）。14. 禁止发行回头汇票之记载（票 102Ⅰ但）。

（三）不得记载事项

例如汇票上有免除担保付款或附条件支付之记载者，该票据即无效（票 29Ⅲ、24Ⅰ⑤）。

二、汇票之效力

（一）对发票人之效力

发票人应按照汇票文义，负担保承兑及付款之责任（票 29Ⅰ）。发票人于汇票到期日前，付款人拒绝承兑时，执票人得依“票据法”第一〇六条规定作成拒绝证书，对发票人行使追索权，此时发票人负担保承兑之责任。唯发票人之担保承兑责任得依特约免除（票 29Ⅰ但），且该特约必须记载于汇票上，始生效力（票 29Ⅱ）。

（二）对付款人之效力

付款制度，其目的在消灭票据债务。汇票经发票人发票后，发票人负担保付款之责任（票 29）。付款人未承兑前，于票据法上并无付款之义务；唯付款人一经承兑，即成为票据之主债务人，应负付款之责。

（三）受款人之效力

受款人收受票据后，取得票据之付款请求权。唯该请求权须经由承兑提示或参加承兑提示，始能请求，故该请求权未经承兑或参加承兑前，仅属期待权之性质。

案例

甲制作一只具备法定应记载事项并已盖章之汇票，于交付受款人乙之前，因不小心而遗失，丙拾得后伪造乙之背书让与善意无重大过失之丁，试问：丁得否依“票据法”第十四条第一项之规定向甲行使票据权利？

解析

“票据法”第十四条第一项之善意取得规定，应以有效票据始有适用。依票据行为理论之发行说，本例甲之发票行为未完成，汇票无效，无善意取得之适用。票据既无效，为物的抗辩事由，发票人据此得对任何执票人主张。然如此不免对于善意之第三执票人，造成无可预见之风险，而与票据为流通证券之特性背离。因此，为促进票据流通及保护交易安全，对此种抗辩以权利外观理论加以限制，即若符合票据行为人具可归责性，及执票人为善意无重大过失等要件时，执票人得向发票人行使票据权利。本例甲交付汇票前因不小心而遗失，具可归责性，丁善意无过失信赖票据转让之外观而受让票据，自得向甲请求票据权利。

第四节　背　书

一、背书之意义与性质

背书系执票人以让与票据上权利之意思或其他之目的，而载于票据背面或黏单，并签名于其上，所为之附属票据行为。以让与票据上权利之意思为背书者，为正则背书，又称为通常背书，若背书具有其他之目的者，为变则背书。

二、正则背书

正则背书是一种执票人经签名具有使自己负背书人责任，而转让票据权利于他人之附属票据行为，其特点为：（一）执票人以让与票据权利之意思所为之票据行为。（二）执票人应在票据背面或黏单上签章。（三）为要式之法律行为。（四）为附属票据行为。（五）背书乃使背书人负担票据上之责任。（六）背书乃使受让人取得票据权利。

（一）正则背书之种类

1. 记名背书

记名背书又称正式背书，系指背书人在票据背面或黏单上背书之处所，记明背书意旨，并记载被背书人之姓名或商号，而由背书人签名交付被背书人之背书（票 31Ⅰ、32Ⅱ）。另记名背书之背书人，依“票据法”第三一条第四项，得一并记载背书之年月日。

2. 空白背书

空白背书又称略式背书，系指背书人仅签名于票据背面或黏单上之背书处所，而不记载被背书人之背书。且空白背书之背书人，依“票据法”第三一条第四项，亦得一并记载背书之年月日。

（二）正则背书之款式

1. 法定应记载事项

依“票据法”第三一条第二与三项之规定，记名背书之法定应记载事项，为被背书人之姓名或商号，以及背书人之签名；而于空白背书，仅须记载背书人之签名。

2. 得记载事项

正则背书之得记载事项为：（1）禁止转让记载（票30Ⅲ）。（2）背书之年月日（票31Ⅳ）。（3）预备付款人之记载（票35）。（4）免除担保承兑记载（票39准用29）。（5）应请求承兑记载，并得指定承兑期限（票44Ⅰ）。（6）住所之记载（票89Ⅳ）。（7）免除拒绝证书事由通知之记载（票90）。（8）免除作成拒绝证书之记载（票94）。

3. 不得记载事项

正则背书之不得记载事项为：（1）就票据金额之一部分所为之记载（票36前）。（2）将票据金额分别转让于数人之记载（票36前）。（3）附条件之记载（票36后）。（4）免除担保付款之记载（票39准用29Ⅲ）。

（三）正则背书之效力

1. 权利移转之效力

背书人因背书转让票据于被背书人，而丧失对于票据上之一切权利，被背书人取代背书人享有票据上之一切权利，故发生票据上之一切权利全部移转至被背书人之效果，且此种依背书所为之权利移转，有切断抗辩之效力，被背书人不受票据债务人与背书人间之所存抗辩事由限制（票13本文）。

2. 权利证明之效力

执票人取得票据后，欲行使票据上之权利，应以背书之连续证明其权利而提示于债务人（票37），即为权利证明之效力，又称为资格授与之效力。

3. 权利担保之效力

权利担保之效力，乃背书人将票据背书转让被背书人后，背书人对于被背书人或其后手，必须依照文义负担保承兑及付款之责任（票39准用29）。换言之，若付款人拒绝承兑、承兑后不愿付款或是有其他原因不能付款时，背书人必须负起代为清偿之责任，故称为背书之担保效力。且为促进票据之流通与信用，背书上不得记载免除担保付款，否则该记载无效（票39准用29）。

（四）正则背书之连续

1. 背书连续之意义及适用范围

所谓背书连续，系指自受款人至最后被背书人之执票人，形式上均相连续无间断者而言。[3]关于背书是否连续之认定，以依执票人提示请求付款时票据背面之记载，形式上得以判断其连续即为已足[4]，唯有论者以为背书连续之认定应从第一背书人开始。[5]

唯无记名票据如以背书转让，由于背书连续系指自受款人至最后被背书人之执票人，形式上均相连续无间断者而言，而无记名票据既无受款人之记载，实务上则有认为无记名票据自始未指定受款人，并不生票据背书不连续问题。[6]唯无记名票据在背书连续之判断上，应改自第一背书人至最后被背书人之执票人，形式上是否相连续无间断而认定之。[7]应注意者，无记名票据得由执票人于空白内，记载自己或他人为受款人，变更为记名票据（票 25Ⅱ、124、144）。倘由执票人于无记名本票之空白内记载受款人，并将本票背书转让与受款人时，则因受款人并非自发票人受让本票之人，将造成形式上之背书不连续，唯实务上认为，不能因该受款人未在本票背书，遽指为背书不连续，遂谓其不得向背书人行使票据上权利。[8]

2. 背书不连续之效力

实务上认为当背书不连续时，票据虽非无效，但背书间断后之执票人，即不得主张追索权或其他票据上之权利。相反地，学界通说则认为，背书之不连续，系对于该不连续之部分，不生权利证明之效力，即执票人仅不能以该外形之事实，行使权利而已，并无超越此部分之效力，而绝对否认执票人行使权利。职是之故，执票人如非因恶意或重大过失而取得票据，而能就不连续之处证明其实质权利关系者，则仍应准许其行使票据上之权利。[9]

例如执票人基于继承或公司合并而取得票据者，因其并非因背书而受让票据上之权利，将生形式上背书不连续之外观，而依上开实务见解推论，将导致无法行使票据权利之不合理结论。依管窥之见，背书连续仅具有推定执票人为权利人（权利证明）之效力，而非行使票据权利之绝对要件，背书不连续票据之执票人

---

3 参阅“最高法院”1964 年台上字第 1207 号判决；“最高法院”1974 年台上字第 1272 号判例。

4 参阅“最高法院”1991 年台上字第 150 号判决。

5 参阅黄三荣，论票据背书之连续及回头背书，万国法律第 61 期，1992 年 2 月，23 页。

6 参阅“最高法院”1981 年台上字第 3645 号判决；1983 年 5 月 2 日“司法院”第三期司法业务研究会“司法院”第一厅研究意见，民事法律专题研究（二），351～352 页。

7 参阅王志诚，背书连续之适用范围与背书不连续之效力，月旦法学教室第 15 期，2004 年 1 月，125～127 页。

8 参阅“最高法院”1979 年台上字第 1939 号判例；“最高法院”1980 年台上字第 1023 号判决。

9 参阅梁宇贤，票据法新论，2003 年 10 月四修初版，自版，225～226 页；郑玉波，票据法，2003 年 10 月重印 4 版，三民书局，100～101 页；郑洋一，票据法之理论与实务，2003 年 10 月四修初版，自版，186 页。

虽欠缺行使权利之形式资格，如能证明其取得票据权利之实质关系，则已修补背书间断之缺失，而得行使票据权利。[10]

3. 背书涂销与背书不连续

依“票据法”第三八条规定，背书涂销系指汇票执票人或背书人故意将背书抹去，使被涂销人免除背书责任者。涂销如非出于执票人故意或重大过失所为，或系由执票人以外之人所为者，票据上之效力不因此而受影响（票 17）。若系由执票人故意涂销者，其被涂销之背书人及其被涂销背书人名次之后，而于未涂销以前为背书者，均免其票据责任（票 38）。此外，若由背书人故意涂销者，背书人于清偿时涂销，背书人及其后手免除票据责任（票 100Ⅲ）。

至于背书涂销与背书连续之关系，依票据法第三七条第二项之规定，涂销之背书不影响背书之连续者，对于背书之连续视为无记载。若涂销之背书影响背书之连续者，依“票据法”第三七条第三项之规定，对于背书之连续视为未涂销。

三、变则背书

（一）变则背书之意义与范围

变则背书，除法律上无明确之定义外，于学理上也无一确定之分类。背书在若干情况，如其效力与前述正则背书迥异时，此即为变则背书。[11]变则背书应包含特种转让背书与非转让背书之两种型态。在非转让背书中，其与正则背书中转让票据之要件不符，效力亦有异。而在特种转让背书中，形式上与通常转让背书之款式并无不同，但是效力则有异于正则背书，例如期后背书及回头背书。

（二）变则背书之种类及效力

1. 转让背书

（1）回头背书

所谓回头背书，乃系以票据上之债务人为被背书人之背书，亦即将票据背书转让与发票人、承兑人、付款人或其他票据债务人（票 34、124、144）。回头背书为特种转让背书之一种，故其具有转让背书之权利移转、权利证明及权利担保之效力。以票据债务人为被背书人之回头背书，票据债务人因此取得票据上之权利，而依“民法”第三四四条规定：“债权与债务同归一人时，债之关系消灭。但其债权为他人之权利之标的或法律另有规定外，不在此限。”此时票据上之权利原应依混同而消灭，唯为促进票据之流通，“票据法”特别规定，回头票据之

10 参阅王志诚，论背书不连续之付款与期前付款，月旦法学教室第 14 期，2003 年 12 月，126～128 页。

11 参阅郑洋一，同前揭注 9，162 页。

受让人于票据到期日前得再为转让（票 34Ⅱ、124、144)，而排除“民法”第三四四条之适用。

回头背书之效力，因回头背书之执票人不同而有差异。若执票人为发票人时，其对于前手无追索权（票 99Ⅰ)[12]；若执票人为背书人，则对于该背书之后手无追索权（票 99Ⅱ)。然执票人为其他之票据债务人或票据关系人时其是否仍有追索权？执票人为承兑人时，承兑人因承兑后负付款之责（票 52Ⅰ)，避免循环追索，应不许享有追索权；执票人为保证人或参加承兑人时，除向被保证人或被参加人及其前手可行使追索权外，对于被保证人、被参加人之后手丧失追索权。[13]

(2) 期后背书

到期日后之背书，即为期后背书。所称到期日，在汇票与本票，依票据上记载得以确定为付款之日期，有记载确定日期、发票日期一定期间、见票后一定期间三种，皆有明确之到期日。然见票即付者，则以提示日为到期日（票 66、124)，提示期间原则为自发票日起六个月，如未载到期日，视为见票即付。[14]期后背书依“票据法”第四一条第一项之规定，仅具有通常债权转让之效力。亦即受让之后手继受前手之瑕疵，关于“票据法”第十三及十四条之切断人的抗辩与善意取得均不得适用。[15]唯因期后背书为转让背书之一种，故仍具有权利证明之效力。

2. 非转让背书

(1) 委任取款背书与隐存委任取款背书

委任取款背书系背书人于票据上记载委任被背书人以取款为目的之背书（票 40Ⅰ)。票据法并无规定应如何记载，票据法并未明定，一般在票据上明文记载委任被背书人取款，以表彰委任取款之意思者，均可认定具有委任取款之效力。[16]

委任取款背书之目的不在转让票据所有权，仅系授与代理权委托被背书人取款，故被背书人所取得之票据权利与委任人同（票 40Ⅱ)，此权利不但包括票据上之权利，亦包括票据法上之权利。例如付款人拒绝付款时请求作成拒绝证书、票据诉讼之提起等。而被背书人更可以委任取款之目的，而将代理权以背书之形式移转于他人行使（票 40Ⅱ)。唯有疑问者，得否于票上记载禁止再为委任背书？盖“票据法”第四十条规定得为委任取款背书之记载，虽“票据法”第三十

---

12 但发票人取得票据而转让于善意第三人时，此时背书人不可以“票据法”第 99 条第 1 项来对抗善意第三人，参阅“最高法院”1972 年度台上字第 34 号判例。

13 参阅郑洋一，同前揭注 9，166 页；梁宇贤，同前揭注 9，197 页。

14 所谓到期日应采论理解释，系以提示期间经过为准。梁宇贤，同前揭注 9，202 页。

15 参阅庄中原，票据之各种背书，台湾经济金融月刊第 34 卷第 3 期，1998 年 3 月，77 页。

16 参阅庄中原，同前揭注 15，77 页。

条亦有发票人得为禁止转让之记载，但却无得否记载禁止委任取款之规定，故禁止委任取款之记载应不生票据法上之效力。[17]

隐存委任取款背书系实际上以委任取款为目的，而形式上为一般转让背书之背书，亦即背书人以委任取款之意思为背书，但未将此意思表明记载于票据上，就性质观之，其实为一种信托行为，故称之信托背书。

（2）设质背书

所谓票据设质，系指执票人以设定权利质权为目的，移转票据之占有，使质权人取得权利质权而言。至于如未于票据上记载设定质权之文义，则属于隐存设质背书，为一种让与担保[18]，虽对设定质权之当事人仍生民法上设定权利质权之效力，但背书人对于善意取得票据之第三人，依“票据法”第五条票据行为文义性之规定，仍应负背书人之背书责任。[19]

如以无记名票据为设定权利质权之标的物，依“民法”第九〇八条前段之规定，则由执票人交付其票据于质权人即生设定质权之效力。如以记名票据为设定权利质权之标的物，依“民法”第九〇八条后段之规定，出质人不仅应交付票据，并应依背书方法为之。问题在于，记名票据设质背书之方法，是否包括记名背书及空白背书，民法并未明定。解释上应认为记名票据之设质背书，可比照“票据法”第三一条所规定之背书方法，而以记名背书或空白背书为之。[20]

设质背书仅能使被背书人取得质权，不生移转票据权利之效力。另被背书人既取得独立之经济利益，为促进票据流通之考量，应认亦具有责任担保之效力。[21]唯由于票据法对于设质背书并无规定，设质之记载不生票据法上之效力，而仅生“民法”第九〇八至九一〇条有关证券质权之规定，故设质背书对于票据上背书之连续等于未记载，不生权利证明之效力。

3. 保证背书与隐存保证背书

票据背书与民法保证之本质，两者并不相同。背书为以让与票据权利之意思表示，在其票据背面或黏单上签名之附属票据行为，具有权利移转、权利证明与权利担保之效力（票 30）。而保证者，乃相对人间因他方不履行债务时由其代负履行债务之契约关系（民 739）。

17　参阅台湾“银行商业公会全国联合会”于 2000 年 7 月 3 日全一字第 0547 号函。

18　参阅平出庆道、神崎克郎、村重庆一编，手形・小切手法，青林书院，1997 年，322 页。

19　参阅曾世雄、曾陈明汝、曾宛如，票据法论，2003 年 3 月修订 2 版，学林，147～148 页。

20　参阅王志诚，票据设质之方式，月旦法学教室第 12 期，2003 年 10 月，28～29 页；“最高法院”2002 年台抗字第 475 号裁定。

21　参阅郑玉波，“民事法律专题研究二——司法院司法业务研究会第三期研究专辑”，1984 年 4 月，197 页。

保证背书在实务上有两种类型。第一类是背书人于背书时，加记“为保证人或连带保证人”之字样。有以为该记载依“票据法”第十二条之规定，虽不生票据法上之效力，但仍生民法上保证之效力。[22]唯亦有认为依文义证券之性质，应负背书人责任[23]，本文从之。

另所谓隐存保证背书，系以不在票据上指明为保证之字样，而系由背书人之前手、背书人及其直接后手彼此间合意以背书方式达保证之目的[24]，亦即不于票据上载明保证之字样，而以背书方法，达成保证目的之背书。[25]尤其是在支票之情形，因系无本票或汇票之保证制度，故常以背书方式达保证之实质结果。其隐存保证之态样可分为：(1) 发票人于作成票据后，在交付前，先由第三人在支票背面签名后交还发票人，再交与受款人。(2) 发票人作成票据后，交由第三人背书转让给受款人（或背书转让于另一人，再由被背书人转让给受款人）。(3) 执票人以背书转让票据前，先由第三人于票据背面签名，再交由执票人，或径行交付受让人。隐存保证背书之效力为何，学理上有折衷说、生民法保证效力说及生“票据法”上背书效力说之争议。[26]

4. 担保背书与无担保背书

所谓担保背书系指金融业者在其存款户所存入之票据中，如认其票据之背书有疑义，而经存款户或付款银行请求担保该背书之有效性时，银行业者就该背书所为担保。至于担保背书之方式，若存款户为受款人之记名票据，而其所为之背书虽与抬头文义略有差异，如确定收入抬头人之账户时，得用“证明存户抬头人账户无误”之文义担保；另存款户为受款人之记名票据时，其所为之背书系用存款户之原留印鉴，虽与抬头之文义未能符合，而银行业者如认其背书确可代表抬头人背书时，得用“担保背书人背书无误”之文义担保。

至于无担保背书，台湾票据法并非完全承认，仅有限度之承认。盖依“票据法”第三九条准用第二九条的规定，背书人得依特约免除担保承兑之责任，但有免除担保付款之记载者，其记载无效。盖票据之目的为付款，首重流通性，预先免除付款，有违票据之本质。[27]

---

22 参阅“最高法院”1976年台上字第3315号判决；“最高法院”1976年台上字第341号判决。

23 参阅梁宇贤，票据法实例解说，1995年12月增订6版，自版，281页；“最高法院”1974年第6次民庭总会决议（七）；“最高法院”1963年台上字第2285号判例、“最高法院”1976年台上字第1559号判决。

24 参阅林咏荣，亦论票据上转让背书与保证背书，商事法论文选辑（上），1984年7月初版，五南，320页。

25 参阅梁宇贤，同前揭注9，198页。

26 参阅“最高法院”1974年第6次民庭庭推总会决议(六)；“最高法院”1988年第7次民事庭会议决议(二)。

27 参阅梁宇贤，同前揭注9，187页。

四、背书转让之禁止

所谓禁止背书转让，系发票人或背书人在票据上记载禁止转让票据权利者（票 30、124、144）。禁止背书转让之记载，虽无法律限制，但必须使禁止转让之意思明确，若仅将票据上受款人下之“或来人”三字涂销，并不生禁止转让之记载。[28]应注意者，依“票据法”第三十条第二项之规定观之，禁止背书转让仅得适用于记名汇票。

（一）发票人之禁止

发票人为不欲与受款人以外之人发生关系、受款人欲保留抗辩权或不欲于其他票据关系人不付款时负担额外费用时，得记载禁止转让，则该票据即不得背书转让。发票人为禁止转让之记载，得于票据背面或正面为之。有疑义者，汇票上记载禁止背书转让时，是否以有发票人之签章为必要？按“票据法”第三十条第二项并未记载应由发票人为签章，主要系认为发票人禁止转让属于发票时得记载之事项，若是记载于票据正面，与其他得记载事项相同，发票人于发票时整体为签章已具有文义证券之特性，不必在每个事项下再度签章；若是记载在票据背面，则为区别于背书人之禁止背书转让，应在该文义紧接处签章，以维护交易安全及保护善意第三人。

应注意者，依“票据法”第三十条第二项规定，记名汇票发票禁止转让之记载者，不得转让。若受款人将该汇票转让他人时，其背书转让不生票据法上之效力。但因汇票为民法上金钱债权之性质，仍得依民法规定一般债权让与方式而转让之，而仅能生民法上通常债权让与之效力。换言之，其受让人所取得者为民法上之金钱债权，而非票据上之权利，自不得依票据法之规定对于为禁止转让之发票人行使票据上之权利。[29]

（二）背书人禁止

背书人于汇票上记载禁止转让者，该汇票仍得依背书而转让之（票 30Ⅲ）。但禁止转让者，对于禁止后再由背书取得汇票之人，不负责任（票 30Ⅳ）。背书人之禁止背书记载，为背书内容之一部分，故应依票据法第三一条第一项之规定，于汇票之背面或黏单上为之。又背书人应于该汇票上签章始生禁止背书转让之效力。[30]

---

28 参阅“最高法院”1975 年台上字第 1593 号判决。

29 参阅“最高法院”1963 年台上字第 1865 号判决、“最高法院”1995 年台抗字第 300 号判决、“最高法院”1998 年台简上字第 30 号判决。

30 参阅“最高法院”1979 年台上字第 3779 号民事判例；1983 年 5 月 2 日“司法院”第三期司法业务研究会，民事法律专题研究（二），349～350 页。

案例

甲签发本票与支票各一张，交付予乙，均未记载受款人姓名。乙记载丙为票据受款人，并由其自己背书后转让于丙，丙不获付款，向乙追索。乙以背书不连续抗辩，法院应如何裁判？

解析

所谓背书之连续，实务上系指自受款人至最后被背书人之执票人，形式上均相连续无间断者而言，且关于背书是否连续之认定，乃以执票人提示请求付款时票据背面之记载，形式上得以判断其连续即为已足。记名票据，因发票人记载受款人于票据上，故应由受款人开始背书转让，背书始为连续。无记名票据无受款人之记载，并不生票据背书不连续问题，唯无记名票据如以背书转让，而非仅以交付而转让票据上之权利时，执票人亦应依"票据法"第三七条之规定，以背书之连续证明其权利，故实际上仍有判断背书是否连续之必要。故无记名票据之背书连续认定，应自第一背书人至最后被背书人之执票人，形式上是否相连续无间断而认定之。

本例甲所签发之本票与支票均未记载受款人姓名，依"票据法"第一二〇条第三项及第一二五条第二项之规定，未载受款人者以执票人为受款人。依"票据法"第一二四条及第一四四条准用第二五条第二项，本票与支票未载受款人者，执票人得于无记名本票或支票之空白内，记载自己或他人为受款人，变更为记名本票或支票。此时背书连续，应自第一背书人至最后被背书人之执票人，形式上是否相连续无间断而认定之。因此执票人乙得记载丙为受款人，依背书转让予丙，背书连续。乙不得以背书不连续抗辩，法院应判定丙胜诉。

第五节　承　兑

一、承兑之意义与性质

承兑为汇票付款人受发票人之委托，于到期日前接受承兑之提示，签名于汇票上，表示愿意负担支付汇票金额之票据行为。承兑为汇票特有之制度，唯并非所有之汇票均须承兑，如见票即付之汇票（票 44 Ⅰ）即不必提示请求承兑。执票人得于到期日前向付款人为承兑之提示，预先得知付款人是否有付款之意思（票 42)。

二、承兑之款式

（一）承兑人之签名

承兑之方式，应于汇票正面记载承兑之字样，并由付款人签名。且承兑人限于汇票之原本或发票人所制作之复本上为承兑（票 116）。

（二）法定应记载事项

1. 绝对必要记载事项

（1）正式承兑

依“票据法”第四三条第一项规定，正式承兑之绝对必要记载事项为：①在汇票正面记载承兑字样：承兑字样包括记载承兑二字，或足以表示承兑意旨之文字，例如“兑”、“照兑”、“照付”字样。②由付款人签名：依票据法第六条之规定，亦可以盖章代替之。

（2）略式承兑

付款人仅签名于汇票之正面，并未记载承兑或表明承兑之字样，即为略式承兑（票 43 后）。

2. 相对必要记载事项

依“票据法”第四六条第二项之规定，承兑未记载承兑日期，该承兑亦有效。但见票后定期付款之汇票，或指定请求承兑期限之汇票，应由付款人于承兑时记载其日期（票 46Ⅰ）。另执票人得请求作成拒绝承兑证书，以证明承兑日期，如未作成拒绝承兑证书者，则以发票人指定承兑期限之末日或发票日六个月承兑期限之末日为承兑日（票 45Ⅱ、46Ⅱ）。

三、承兑之种类

（一）一部承兑

依“票据法”第四七条第一项之规定，付款人承兑时，经执票人之同意，得就汇票金额之一部分为之，但执票人应将事由通知其前手。此外，依“票据法”第八六条第一项之规定，执票人就未获承兑之部分，应请求付款人作成拒绝证书证明之。

（二）附条件承兑

依“票据法”第四七条第二项前段之规定，承兑附条件者，为票据文义之变更，视为承兑之拒绝。执票人得向其前手行使追索权。但执票人如不行使追索权，而愿以付款人所附之条件向付款人行使付款请求权时，承兑人仍须依所附之条件负其责任（票 47Ⅱ但）。

四、承兑之提示

依“票据法”第四二条之规定，执票人于汇票到期日前，得向付款人为承兑之提示。所谓提示，乃执票人于到期日前，向付款人提示汇票，请求承兑。提示虽为执票人之权利，但票据法仍设有对提示之限制。

（一）发票人所为之限制

依“票据法”第四四条第一项之规定，除见票即付之汇票外，发票人得在汇票上为应请求承兑之记载，并得指定其期限，为承兑之积极限制。发票人如有指定承兑期限，而执票人不于该期限内为行使或保全汇票上权利之行为者，对于发票人丧失追索权（票104Ⅱ）。

此外，依“票据法”第四四条第二项之规定，发票人得为于一定日期前，禁止请求承兑之记载，为承兑之消极效力。执票人如于该限制期限内请求承兑被拒时，不得行使追索权。

（二）背书人所为之限制

依“票据法”第四四条第一项之规定，除见票即付之汇票外，背书人得在汇票上为应请求承兑之记载，并得指定其期限。且依“票据法”第四四条第三项之规定，该背书人指定之期限，不得在发票人所定禁止期限之内，以防止背书人之限制与发票人之限制产生冲突。执票人不于该期限内为行使或保全汇票上权利之行为者，对于该背书人丧失追索权（票104Ⅱ）。

（三）注期汇票承兑提示之限制

见票后定期付款之汇票，系指见票后始能计算到期日之汇票。依“票据法”第四五条第一项之规定，见票后定期付款之汇票，应自发票日起六个月内为承兑之提示，但此项期间非绝对不变期间，发票人得以特约缩短或延长之，但延长之期限不得逾六个月（票45Ⅱ）。执票人违反该期限规定者，对于该约定之发票人丧失追索权（票104Ⅱ）。见票后定期付款之汇票，或指定请求承兑期限之汇票，应由付款人在承兑时记载其日期（票46Ⅰ）。付款人未记载承兑日期者，执票人得请求作成拒绝证书证明承兑日期；若未作成拒绝证书者，则以发票日起六个月之末日或发票人指定之承兑期限之末日为承兑日（票46Ⅱ）。

五、承兑之延期

依“票据法”第四八条之规定，付款人于执票人请求承兑时，得请其延长为之，但以三日为限。执票人若未于该延长之三日请求承兑时，丧失追索权（票104Ⅱ）。

六、承兑之撤销

依“票据法”第五一条规定，付款人虽在汇票上签名承兑，未将汇票交还执票人以前，仍得撤销其承兑。但已向执票人或汇票签名人以书面通知承兑者，不在此限。应注意者，撤销之对象为已发生效力之法律行为或意思表示，但付款人仅签名于汇票上而未交还之情形，付款人尚未完成票据行为，承兑之意思表示尚未发生效力，故“票据法”第五一条规定之撤销，应为撤回或涂销之意思。

七、承兑之效力

（一）付款责任

依“票据法”第五二条第一项之规定，付款人于承兑后，即成为主债务人，应负付款之责。

（二）原发票人得行使付款请求权

承兑人到期不付款时，执票人虽系原发票人，亦得就票据法第九七条及第九八条所定之金额，向承兑人直接请求支付（票52Ⅱ），故汇票发票人得向承兑人行使付款请求权。

第六节　参加承兑

一、参加承兑之意义

参加承兑，系当汇票不获承兑或无法承兑时，为防止票据债权人行使追索权与保护票据债务人之利益，得由第三人加入票据关系而成为票据主债务人，为附属之票据行为。

二、参加承兑之款式

（一）法定应记载事项

1. 绝对必要记载事项

参加承兑，依“票据法”第五四条第一项第一款之规定，参加承兑人必须于汇票正面，记载参加承兑之意旨，此与承兑不同者，乃承兑人可仅签名于汇票上而为略式承兑（票43Ⅱ），参加承兑则否。关于参加承兑意旨之记载，如使用“参加承兑”或“加入承兑”字样即可。此外，依“票据法”第五四条第一项第三款之规定，参加承兑人必须于汇票正面记载年、月、日。

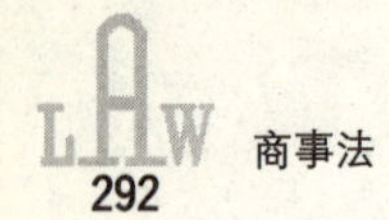

2. 相对必要记载事项

参加承兑系第三人为被参加人而加入票据关系，故依“票据法”第五四条第一项第二款规定，应于汇票正面载明被参加人之姓名，以确定参加承兑人系为何人而参加承兑。如未记载被参加人之姓名者，则视为其为发票人参加承兑（票54Ⅱ）。

（二）签名

依“票据法”第五四条第一项规定，参加承兑应在汇票正面上记载，并由参加承兑人签名。

三、参加承兑之要件

（一）参加承兑人之资格

1. 预备付款人

预备付款人之目的，乃系防止到期日前之期前追索，即其专为参加承兑或参加付款而设者。当汇票被拒绝承兑，或经承兑而不获付款时，预备付款人即成为第二承兑人或第二付款人。故汇票上有预备付款人之记载时，不经执票人之同意得自动参加承兑，称为当然参加承兑。“票据法”第五三条第一项规定：“执票人于到期日前得行使追索权时，汇票上指定有预备付款人者，得请求其为参加承兑。”如预备付款人不自动参加承兑时，依该条规定，无法阻止执票人期前追索，亦即无法发挥预备付款人之功能，因此有学者主张应将该规定之“得”改为“应”字，始符合指定预备付款人设置之宗旨。[31]

2. 票据债务人以外之人

票据债务人本应负担票据债务责任，故无参加承兑之实益，依“票据法”第五三条第二项前段之规定，不准其参加承兑。又除预备付款人与票据债务人以外之人，依“票据法”第五三条第二项后段之规定，经执票人同意，得以票据债务人中之一人，为被参加人，而为参加承兑，称为任意参加承兑。

（二）参加承兑人之通知义务

参加承兑人非受被参加承兑人之委托，而为参加者，应于参加后四日内，将参加事由，通知被参加承兑人（票55）。应注意者，参加承兑人怠于通知时，如因而发生损害时，参加承兑人应负赔偿责任（票55Ⅱ）。

（三）参加承兑人之资格

依“票据法”第五三条第二项规定，票据债务人均得为被参加人。但汇票上

31 参阅郑洋一，同前揭注9，204页；梁宇贤，同前揭注9，245页。

曾记载免除担保承兑责任者，因该票据债务人不负拒绝承兑被追索之义务，而不许以此种票据债务人为被参加承兑人。

四、参加承兑之效力

（一）对执票人之效力

参加承兑之目的，系防止期前追索，依“票据法”第五六条第一项之规定，执票人允许参加承兑后，不得于到期日前行使追索权。

（二）对被参加人及其前手之效力

依“票据法”第五六条第二项之规定，被参加人及其前手，仍得于参加承兑后，向执票人支付第九七条所定金额，请其交出汇票及拒绝证书。

（三）参加承兑人之责任

依“票据法”第五七条之规定，付款人或担当付款人，不于第六九条及第七十条所定期限内付款时，参加承兑人应负支付第九七条所定金额之责。故参加承兑人为第二债务人。

（四）参加承兑人之权利

依“票据法”第八四条第一项之规定，参加承兑人付款后，对于承兑人、被参加承兑人及其前手取得执票人之权利。

第七节 保 证

一、保证之意义

保证系指票据债务人以外之第三人，以担保票据债务人之票据债务为目的，所为之附属票据行为。依“票据法”第五九条第一项规定，汇票之债务，得由保证人保证之。保证原则上系为汇票之全部金额为全部保证，但亦可就汇票金额之一部分为保证（票 63），称为一部保证。又若由二人以上共同保证时，共同保证人均须负连带责任（票 62）。

二、保证之款式

（一）保证人之签名

依“票据法”第五九条之规定，保证应在汇票或其誊本上为之，并由保证人签名。

（二）绝对必要记载事项

依“票据法”第五九条第一项第一款，须载明保证之意旨。保证之意旨记载方式，例如使用“保证”、“担保”或“保付”字样，均无不可。若仅于汇票上盖章，未载明保证之意旨，自不得认其为保证。[32]

（三）相对必要记载事项

依“票据法”第五九条第一项第二款之规定，须记载被保证人之姓名。如未载明被保证人者，除得推知其为何人保证者外，原则上视为其为承兑人保证；如未经承兑者，则视为为发票人保证（票 60）。此外，依“票据法”第五九条第一项第三款之规定，尚应记载保证之年、月、日。若未记载年月日者，以发票日之年月日为年月日（票 59Ⅱ）。

三、保证之当事人

（一）保证人之资格

依“票据法”第五八条第二项之规定，保证人除票据债务人外，不问何人均得为之。唯公司得否于汇票上为保证人？“票据法”第五八条第二项规定：“前项保证人，除票据债务人外，不问何人均得为之。”故公司应得于汇票或本票上为保证人，但须符合“公司法”第十六条第一项之规定。[33]

（二）被保证人之资格

被保证人基本上为票据债务人。但付款人于承兑前并非票据债务人，故承兑前之付款人无被保证人之资格。

四、保证之效力

（一）保证人之义务

1. 被保证人之债务有效时

依“票据法”第六一条第一项之规定，保证人与被保证人负同一责任，称为保证债务之从属性。所谓同一责任，系指保证人与被保证人之责任种类相同、责任地位相同[34]、责任范围相同[35]、责任时效相同。[36]

2. 被保证人之债务无效时

---

32 参阅“最高法院”1981 年台上字第 1068 号判决。

33 参阅 1983 年 5 月 2 日“司法院”第三期司法业务研究会，民事法律专题研究（二），100～104 页。

34 参阅“最高法院”1964 年台上字第 2722 号判决、“最高法院”1959 年台上字第 1564 号判决。

35 参阅“司法院”1981 年 7 月 5 日（70）厅民一字第 0532 号，民事法律问题研究汇编第 1 辑，243 页。

36 参阅“最高法院”1964 年台上字第 1448 号判决。

依“票据法”第六一条第二项规定，被保证人之债务，除系因方式之欠缺而为无效者外，纵为无效，保证人仍负担其义务，此为保证行为之独立性使然。所谓因方式欠缺而无效，系指票据行为形式上之欠缺，亦即欠缺绝对必要记载事项，而依“票据法”第十一条之规定，票据因此无效之情形。例如发票行为因未记载金额或发票日期而无效时，则附属票据行为之保证亦无效。

（二）保证人之权利

依“票据法”第六四条之规定，保证人清偿债务后，得行使执票人对承兑人、被保证人及其前手之追索权。又基于票据保证之独立性，应认为票据之保证人不得援引被保证人所得主张之抗辩。

第八节　到期日

一、到期日之意义

所谓到期日，乃汇票所载应履行票据债务之日期。到期日为相对必要记载事项，未记载到期日者，视为见票即付（票 24Ⅰ⑨、24Ⅱ）。本票亦有到期日之记载（票 120Ⅰ⑧、Ⅱ），但支票限于见票即付，若支票载有到期日，该记载无效（票 128Ⅰ）。“票据法”第六五条第一项对于汇票到期日之决定，设有四种方式。

二、到期日之种类与计算

（一）定日付款

汇票上载明特定且确定之年、月、日为到期日者，又称定期汇票。若记载之到期日无法特定，则非定日付款。定日付款汇票之到期日，以票据所载之年、月、日届至之日为到期日，票上仅载月初、月中、月底者，谓月之一日、十五日、末日（票 68Ⅲ）。

（二）发票日后定期付款

汇票上载明以发票日经过后，一定之期间为到期日者，又称计期汇票。至于发票日后定期付款汇票之到期日计算，若发票日后或见票日后一个月或数个月付款之汇票，以在应付款之月与该日期相当之日为到期日，无相当日者，以该月末日为到期日（票 68Ⅰ）。若发票日后或见票日后一个月半或数个月半付款之汇票，应依前项规定计算全月后，加十五日，以其末日为到期日（票 68Ⅱ）。

（三）见票即付

依“票据法”第六六条第一项之规定，见票即付之汇票，以提示日为到期日。故汇票执票人提示时，票据债务人应即付款，又称即期汇票。若执票人不提示，依“票据法”第六六条第二项之规定，准用“票据法”第四五条第一项之结果，应自汇票发票日起六个月内为承兑之提示，若违背该期限不为行使或保全汇票权利者，执票人将承担对于前手丧失追索权之后果（票 104Ⅰ）。然该六个月虽非法定不变期间，发票人得以特约缩短或延长之，但延长之期限不得逾六个月（票 45Ⅱ）。执票人不于该期限内为行使或保全汇票权利，对于该约定之前手丧失追索权（票 104Ⅱ）。又依“票据法”第二四条第一项第九款之规定，到期日为相对必要记载事项，未记载到期日者，视为见票即付（票 24Ⅱ）。

（四）见票后定期付款

依“票据法”第六七条第一项之规定，见票后定期付款之汇票，依承兑日或拒绝承兑证书作成日，计算到期日，又称注期汇票。换言之，须在承兑时，注明承兑日期后，始能知悉到期日。应注意者，此种汇票，并非由承兑人于承兑时指定到期日，而系由发票人发票时已为记载，只不过是起算点由见票日起算而已。[37]若见票后定期付款之汇票经拒绝承兑而未作成拒绝证书者，依第四五条所规定承兑提示期限之末日，即以发票日起六个月之末日，或发票人特约约定自发票日起不逾所定之期限末日，计算到期日（票 67Ⅱ准用 45）。若发票日后或见票日后一个月或数个月付款之汇票，以在应付款之月与该日期相当之日为到期日，无相当日者，以该月末日为到期日（票 68Ⅰ）。若发票日后或见票日后一个月半或数个月半付款之汇票，应依前项规定计算全月后，加十五日，以其末日为到期日（票 68Ⅱ）。

（五）分期付款汇票

分期付款汇票系指汇票票面之金额，分为若干部分，分别指定到期日之谓。依“票据法”第六五条第二项之规定，分期付款之汇票，其中任何一期到期不获付款时，未到期部分，视为全部到期，乃票据法拟制使未到期之部分视同已届到期日之汇票得行使权利。并且，为避免执票人因而取得不当得利之利息，依“票据法”第六五条第三项之规定，分期付款汇票视为到期之汇票金额中，所含未到期之利息，于清偿时应扣减之。有约定者，依约定扣减；若无，依法定年利六厘计算（票 28Ⅱ排除民 203 之适用）扣减之。另外，依“票据法”第六五条第四项之规定，利息经约定于汇票到期日前分期付款者，任何一期利息到期不获付款时，全部汇票金额视为均已到期。又“票据法施行细则”第十条规定：“分期付款票据，受款人于逐次受领票款及利息时，

37 参阅梁宇贤，同前揭注 9，262 页。

应分别给予收据，并于票据上记明领取票款之期别、金额及日期。”

第九节 付 款

一、付款之意义

按付款乃付款人、担当付款人或承兑人支付汇票所载金额，以消灭票据关系之行为，若仅支付一部金额，则票据关系仅为一部消灭。

二、付款之当事人

（一）提示人

依“票据法”第六九条第一项规定：“执票人应于到期日或其后二日内，为付款之提示。”故付款提示之提示人为执票人。

（二）被提示人

1. 付款人

被提示人应为汇票之付款人、承兑人。

2. 担当付款人

依“票据法”第六九条第二项之规定，汇票上载有担当付款人者，其付款之提示，应向担当付款人为之。[38]

3. 票据交换所

依“票据法”第六九条第三项之规定，为交换票据，向票据交换所提示者，与付款之提示，有同一效力。

三、付款之提示

（一）付款提示之期限

1. 定日付款

所谓定日付款，系以汇票上载明确定之年、月、日为到期日者，又依“票据法”第六九条第一项之规定，执票人应于到期日或其后二日内，为付款之提示。

2. 发票后定期付款

所谓发票后定期付款，系以汇票上载明以发票日经过后，一定之期间为到期

---

38 参阅“司法院”1984年5月11日（1984）厅民一字第0368号函，民事法律问题研究汇编第3辑，282页。

日者，又依“票据法”第六九条第一项之规定，执票人应于到期日或其后二日内，为付款之提示。

3. 见票即付

依“票据法”第六六条第一项之规定，见票即付汇票以提示日为到期日。故汇票执票人提示时，票据债务人应即付款。若执票人不提示，依“票据法”第六六条第二项之规定，准用“票据法”第四五条第一项之结果，应自汇票发票日起六个月内为承兑之提示，若违背该期限不为行使或保全汇票权利者，执票人将承担对于前手丧失追索权之后果（票 104Ⅰ）。然该六个月虽非法定不变期间，发票人得以特约缩短或延长之，但延长之期限不得逾六个月（票 45Ⅱ）。执票人不于该期限内为行使或保全汇票权利，对于该约定之前手丧失追索权（票 104Ⅱ）。

4. 见票后定期付款

所谓见票后定期付款，系以承兑日或拒绝承兑证书作成日，计算到期日者（票 67），又依“票据法”第六九条第一项之规定，执票人于到期日或其后二日内，为付款之提示。

（二）付款提示之方式

不得以口头方式提出，须以提示证券之方式为之。

（三）付款提示之例外

执票人必须提示请求付款，但有下列例外：1. 执票人丧失票据，依除权判决对票据债务人主张票据上之权利时，无须为付款之提示（票 19、民诉 565）。2. 付款人或承兑人死亡、逃避或其他原因无从为承兑或付款提示时（票 85Ⅱ②）。3. 拒绝承兑证书作成后，无须再为付款提示，亦无须再请求作成付款拒绝证书（票 88）。唯有人参加承兑时，则无本条之适用。4. 执票人因不可抗力之事变，不能于所定期限内为承兑或付款之提示，应将其事由从速通知发票人、背书人及其他票据债务人（票 105Ⅰ）。如事变延至到期日后三十日以外时，执票人得径行使追索权，无须提示或作成拒绝证书（票 105Ⅳ）。

（四）付款提示之效力

执票人于到期日为付款提示，即行使其付款请求权，而面对执票人之遵期付款提示，付款人仍拒绝而不于期限内付款者，即应负担迟延责任。且付款提示亦有保全执票人偿还请求权之效力。

四、付款之方式

（一）以付款金额区分

1. 全部付款

支付汇票所载之金额者，为全部付款。

2. 一部付款

若付款，仅支付票载金额之一部者，为一部付款。依“票据法”第七三条之规定，付款人得一部付款，执票人不得拒绝。付款人仅为一部付款时，付款人得要求执票人在票上记载所收金额，并另给收据（票74Ⅱ）。

（二）以付款时期区分

1. 到期付款

按“票据法”上规定之到期付款，依“票据法”第六九条第一项之规定，执票人应于到期日或其后二日内，为付款之提示。并依“票据法”第七十条第一项之规定，付款经执票人之同意，得延期为之。但以提示后三日为限。[39]

2. 期外付款

（1）期前付款

依“票据法”第七二条第一项之规定，到期日前之付款，执票人得拒绝之。并依“票据法”第七二条第二项之规定，付款人于到期日前付款者，应自负其责。由于汇票及本票除见票即付者外，其到期日分别依其为定日付款、发票日后定期付款或见票后定期付款等情形而确定（票65、124），因而可发生期前付款之问题。相对地，支票因属于支付证券，限于见票即付（票128Ⅰ），并无到期日之记载，故支票并无期前付款之问题（票144排除72之准用）。至于如为远期支票，于票载发票日前，执票人并不得为付款之提示（票128Ⅱ），故执票人如于票载发票日前为付款之提示，因支票债务尚未成立[40]，故亦无所谓期前付款之问题。

票据法为确保票据之流通，使执票人于到期日前得充分利用而享有期限利益，并获取于到期日前所得主张之利息（票28、124），故规定付款人于到期日前之付款，执票人得拒绝之（票72Ⅰ、124），显不同于民法之清偿规定（民316）。唯如付款人于票据到期日前付款，应自负其责（票72Ⅱ），故如执票人非真正权利人，则付款人对于真正权利人仍负有支付票款之义务。[41]

（2）期后付款

汇票经承兑后，执票人不于到期日或其后二日为付款之提示时，票据债务人得将汇票金额依法提存，其提存费用，由执票人负担之（票76）。该汇票债务人，系指承兑人与承兑人之保证人而言。若汇票未经承兑，付款人尚未成为票据主债务

---

39 参阅“最高法院”1961年台上字第1505号判决。

40 参阅“最高法院”1978年第6次民庭总会决议（二）。

41 参阅王志诚，同前揭注10，126～128页。

人，执票人无法向付款人行使付款请求权，仅得向其他票据债务人行使追索权。

五、付款之效力

（一）付款人之责任

1. 付款人之审查义务

（1）背书连续之审查

付款人于执票人提示请求付款时，本应对于真正权利人为付款，始生付款之效力，如对于非真正权利人付款，原则上不生付款之效力。唯基于促进票据流通之政策考量，“票据法”特别规定付款人仅必须审查执票人之形式资格（票 71 Ⅰ、124、144），而无庸调查执票人之实质资格（票 71 Ⅱ、124、144），以期付款人得以尽速付款。

汇票是否具备款式，付款人应负形式审查责任，对于背书连续之执票人，应得推定为真正票据权利人。故“票据法”第七一条第一项规定，付款人对于背书不连续之汇票而付款者，应自负其责，目的在促使付款人加强审查执票人之形式资格。

至于付款人是否应对背书签名之真伪为审查而言，依“票据法”第七一条第二项规定，付款人对于签名之真伪不负认定之责。盖签名之真伪乃执票人之实体资格，审查较不易，不应课予付款人较重之审查负担。

此外，就付款人应否对执票人是否为权利人加以审查而论，依“票据法”第七一条第二项规定，付款人对于执票人是否为权利人不负认定之责。盖执票人是否为权利人乃执票人之实体资格，与背书签名之真伪同属审查不易，故不应课与付款人较重之审查负担。

（2）善意无过失之付款

虽然依“票据法”第七一条第二项之规定，付款人对于实质资格之审查不负其责任，但如有恶意及重大过失而付款，则例外负其认定之责。所谓恶意，系指明知执票人无受领权限而仍付款，例如诈欺[42]；所谓重大过失，系指欠缺通常人之注意，因稍加注意即可得知，竟怠于注意致使不知。[43]申言之，如付款人系对于背书连续之票据付款，且无故意及重大过失时，即构成善意付款之要件，而得免责。

2. 付款人之付款方式

（1）收回汇票

---

42 参阅“司法院”1969 年 10 月 30 日（1969）台电参字第 7818 号函，民事法令释示汇编，1994 年 6 月版，551 页。

43 参阅“司法院”1955 年 2 月 12 日（1955）台公参字第 783 号函，民事法令释示汇编，1994 年 6 月版，551、559 页。

付款人付款时，得要求执票人记载收讫字样，签名为证，并交出汇票，因票据具有缴回证券之性质（票 74Ⅰ）。

（2）付款标的

依"票据法"第七五条第一项之规定，表示汇票金额之货币，如为付款地不通用者，得依付款日行市，以付款地通用之货币支付之。但有特约者，不在此限。又依"票据法"第七五条第二项之规定，表示汇票金额之货币，如在发票地与付款地，名同价异者，推定其为付款地之货币。

（3）一部付款

依"票据法"第七四条第二项之规定，付款人仅为一部付款时，付款人得要求执票人在票上记载所收金额并另给收据，以资证明。

（4）提存票据金额

汇票经承兑后，执票人不于到期日或其后二日为付款之提示时，票据债务人得将汇票金额依法提存；其提存费用，由执票人负担之（票 76），该汇票债务人系指承兑人与承兑人之保证人。

（二）付款人之权利

付款人之权利为：1. 请求交出汇票之权利（票 74Ⅰ）。2. 就票据债务一部付款时，得要求执票人另给收据之权利（票 74Ⅱ）。3. 交付通用货币之权利（票 75）。4. 提存票据金额之权利（票 76）。

第十节 参加付款

一、参加付款之意义

所谓参加付款，系指付款人或担当付款人不付款时，为防止追索权之行使，由付款人与担当付款人以外之第三人代为付款之行为。其目的在保全票据债务人之信用，并防止执票人行使追索权。有疑问者，乃票据法第七七条仅规定，参加付款应于执票人得行使追索权时为之，然究应于到期日前或到期日后行使追索权？按参加付款主要为阻止到期追索之情形，盖为阻止期前追索之功能，已有参加承兑制度，故应认参加付款制度，主要为阻止到期追索而设。[44]

---

44 参阅郑玉波，票据法，同前揭注 9，146 页；梁宇贤，同前揭注 9，281 页；陈世荣，票据法实用，1988 年 3 月修订版，自版，122 页。

二、参加付款之当事人

（一）参加付款人

1. 任意参加人

依“票据法”第七八条第一项之规定，参加付款，不问何人，均得为之，故称为任意参加。参加付款之主要目的，为代替其他票据债务人付款，付款并非票据行为之一类，无须特定当事人始得为之。

2. 当然参加人

依“票据法”第七九条第一项之规定，付款人或担当付款人不于到期日或其后二日内（票69），或如执票人同意延期之而于所定之期限内（票70）付款者，有参加承兑人时，执票人应向参加承兑人为付款之提示；无参加承兑人而有预备付款人时，应向预备付款人为付款之提示。参加承兑人与预备付款人之参加，称为当然参加。依“票据法”第七九条第二项之规定，参加承兑人或预备付款人，不于付款提示时为清偿者，执票人应请作成拒绝付款证书之机关，于拒绝证书上载明之。若执票人违反前述二项规定时，对于被参加人与指定预备付款人之人及其后手，丧失追索权（票79Ⅲ）。

3. 优先参加人

依“票据法”第八十条第一项之规定，如为参加付款者，有数人时，其能免除最多数之债务者，有优先权，称为“优先参加”。若能免除最多数之债务者有数人时，应由受被参加人之委托者或预备付款人参加之（票80Ⅲ），故意违背优先参加之规定而参加付款者，对于因之未能免除债务之人，丧失追索权（票80Ⅱ）。

（二）被参加付款人

被参加付款人应为付款人或担当付款人。

三、参加付款之程序

（一）参加付款之时期

依“票据法”第七七条第一项之规定，参加付款，应于执票人得行使追索权时为之。但至迟不得逾拒绝证明书作成期限之末日。

（二）参加付款之金额

依“票据法”第八一条之规定，参加付款，应就被参加人应支付金额之全部为之。故参加付款不得为一部参加付款。

（三）参加付款之款式

依“票据法”第八二条第一项之规定，参加付款，应于拒绝付款证书内记载之。参加付款之记载事项，票据法并无明文规定，解释上应于汇票上载明：

1. 参加人付款人付款之意旨。2. 被参加付款人之姓名。3. 年月日。4. 参加付款人之签名。若有参加承兑人或预备付款人时，参加付款人应以参加承兑人或预备付款人为被参加付款人（票 82Ⅱ）；若无参加承兑人或预备付款人，而汇票上未记载被参加付款人者，以发票人为被参加付款人（票 82Ⅲ）。

（四）参加付款之通知

依“票据法”第八二条第四项之规定，准用“票据法”第五五条之规定之结果，参加付款人非受被参加付款人之委托，而为参加付款者，应于参加付款后四日内，将参加付款事由，通知被参加付款人。参加付款人怠于为前述通知，因而发生损害时，应负赔偿之责。

四、参加付款之效力

（一）对执票人之效力

原则上因参加付款人参加付款，执票人脱离票据关系，丧失票据权利。但执票人拒绝参加付款者，对于被参加人及其后手丧失追索权（票 78Ⅱ）。并且，汇票具有缴回证券之性质，参加付款后，执票人应将汇票及收款清单交付参加付款人，有拒绝证书者，应一并交付之（票 83Ⅰ）。

（二）对参加付款人之效力

参加付款人对于承兑人、被参加付款人及其前手取得执票人之权利。但不得以背书更为转让（票 84Ⅰ）。

（三）对被参加付款人后手之效力

被参加付款人之后手，因参加付款而免除债务（票 84Ⅱ）。

第十一节 追索权

一、追索权之意义

所谓追索权，亦称偿还请求权，为执票人得依票据关系向票据债务人请求票据款项之权利。详言之，乃执票人于汇票到期不获付款或该汇票有不获付款之可能（不获承兑、无从承兑）时，执票人于行使或保全汇票上之权利之行为后，对于背书人、发票人及汇票上之其他债务人得行使之权利（票 85）。因追索权之性质为第二次行使之权利，故须于执票人行使付款请求权被拒绝后，方能行使追索权。若执票人未于法定期间内为保全之手续时，其对于第二债务人即丧失追索权

（票 104、122Ⅴ、124、132、144），故第二债务人负担之责任为相对责任。

二、追索权之当事人

（一）追索权行使之主体

1. 执票人

最初之追索以执票人为追索权利人，以执票人之前手（背书人、发票人）与其他票据债务人（保证人、参加承兑人）为追索义务人追索之（票 85）。

2. 已清偿票款取回票据之债务人

被追索者于清偿票款后取得与执票人同一之权利（票 96Ⅳ），得再对其前手行使追索权，成为再追索权利人。

3. 其他履行偿还义务之人

（1）保证人

保证人清偿债务后，得行使执票人对承兑人、被保证人及其前手之追索权（票 64）。

（2）参加付款人

参加付款人对于承兑人、被参加付款人及其前手取得执票人之权利（票 84）。应注意者，若执票人为背书人时，对于该背书之后手无追索权（票 99Ⅱ）；禁止背书之背书人，对于直接背书人以外之后手，不负偿还之义务（票 30Ⅲ但）。又“票据法”虽规定执票人为发票人时，对其前手无追索权（票 99Ⅰ），但汇票经付款人承兑后，该承兑人与发票人及其他债务人对执票人负连带责任（票 96Ⅰ），而发票人对执票人为“票据法”第九七条之清偿者，得向承兑人追偿“票据法”第九七条或第九八条之金额（票 98Ⅱ）。其结果，该发票人为追索权利人，得向承兑人行使追索权。

（二）追索权行使之客体

追索权行使之客体，为第二债务人，亦称为追索义务人。追索义务人即有偿还票据金额或其利息、费用义务之人。得为追索义务人之人为汇票之承兑人、发票人、背书人、参加承兑人及保证人（票 52Ⅱ、29Ⅰ、39、57、61）。

三、追索权行使之要件

（一）追索原因

1. 到期追索

汇票到期不获付款时，执票人于行使或保全汇票上权利之行为后，对于背书人、发票人及汇票上其他债务人得行使追索权（票 85Ⅰ）。所谓不获付款，系指付款人于执票人遵期提示付款后，拒绝付款而言。为了阻止到期追索，尚有参加付款制度。

2. 期前追索

期前追索，系指于下列情形之一者，虽在到期日前，执票人亦得行使追索权（票85Ⅱ）：(1) 汇票不获承兑时。(2) 付款人或承兑人死亡、逃避或其他原因无从为承兑或付款提示时。(3) 付款人或承兑人受破产宣告时。

（二）追索权之保全手续

1. 遵期提示票据

执票人如欲行使追索权，必须于法定期限内，向承兑人或付款人提示汇票（票44、45、66、69、70）。即使汇票上有免除作成拒绝证书义务之记载，执票人仍应于所定期限内，为承兑或付款之提示，但对执票人主张未为提示者，应负举证责任（票95）。[45]

原则上执票人须遵期提示汇票，但下列之情形，则无须提示汇票：(1) 付款人或承兑人死亡、逃避或其他原因无从为承兑或付款提示时（票85Ⅱ②）。(2) 付款人或承兑人受破产宣告时（票85Ⅱ③）。(3) 拒绝承兑证书作成后，无须再为付款提示，亦无须再请求作成付款拒绝证书（票88）。(4) 执票人因不可抗力之事变，不能于所定期限内为承兑或付款之提示，应将其事由从速通知发票人、背书人及其他票据债务人。不可抗力之事变终止后，执票人应即对付款人提示。如事变延至到期日后三十日以外时，执票人得径行使追索权，无须提示或作成拒绝证书（票105Ⅰ、Ⅲ、Ⅳ）。[46]

2. 遵期作成拒绝证书

拒绝证书之目的，为确认执票人是否为合法之提示、付款人是否为承兑或付款，以保护偿还义务人之利益。汇票全部或一部不获承兑或付款，或无从为承兑或付款提示时，执票人应请求作成拒绝证书证明之（票86Ⅰ）。

(1) 拒绝承兑证书

拒绝承兑证书，应于提示承兑期限内作成之（票87Ⅰ）。拒绝承兑证书作成后，无须再为付款提示，亦无须再请求作成拒绝付款证书（票88）。

(2) 拒绝付款证书

拒绝付款证书，应以拒绝付款日或其后五日内作成之。但执票人允许延期付款时，应于延期之末日，或其后五日内作成之（票87Ⅱ）。

45　参阅“最高法院”1982年台上字第3671号判决。

46　参阅“最高法院”1981年台上字第3163号判决。

(3) 略式拒绝证书

付款人或承兑人在汇票上记载提示日期，及全部或一部承兑或付款之拒绝，经其签名后，与作成拒绝证书，有同一效力（票 86Ⅱ）。付款人或承兑人之破产，以宣告破产裁定之正本或节本证明之（票 86Ⅲ）。

(4) 免除作成拒绝证书

发票人或背书人，得为免除作成拒绝证书之记载（票 94Ⅰ）。发票人为免除作成拒绝证书之记载时，执票人得不请求作成拒绝证书而行使追索权。但执票人仍请求作成拒绝证书时，应自负担其费用（票 94Ⅱ）。背书人为免除作成拒绝证书之记载时，仅对于该背书人发生效力。执票人作成拒绝证书者，得向汇票上其他签名人，要求偿还其费用（票 94Ⅲ）。汇票上虽有免除作成拒绝证书之记载，执票人仍应于所定期限内，为承兑或付款之提示，但对于执票人主张未为提示者，应负举证之责（票 95）。[47]

3. 拒绝事由之通知

执票人于作成拒绝证书后，行使追索权之前，对于发票人、背书人或其他汇票债务人，通知拒绝事由内容，使偿还义务人得以知悉承兑或付款被拒，有被行使追索权之准备。

(1) 执票人之通知

执票人应于拒绝证书作成后四日内，对于背书人、发票人及其他汇票上债务人，将拒绝事由通知之（票 89Ⅰ），称为直接通知主义。如有特约免除作成拒绝证书时，执票人应于拒绝承兑或拒绝付款后四日内，为拒绝事由之通知（票 89Ⅱ）。

(2) 背书人之通知

背书人应于收到前项通知后四日内，通知其前手（票 89Ⅲ），称为递次通知主义。但背书人未于票据上记载住所或记载不明时，其通知对背书人之前手为之（票 89Ⅳ）。

(3) 通知方法

通知得用任何方法为之。但主张于第八九条所定期限内曾为通知者，应负举证之责（票 91Ⅰ）。付邮递送之通知，如封面所记被通知人之住所无误，视为已经通知（票 91Ⅱ），此与“民法”第九五条到达主义之规定不同。

(4) 不可抗力违误通知之补救

因不可抗力不能于“票据法”第八九条所定期限内，将通知发出者，应于障

---

47 参阅“最高法院”1983 年台上字第 598 号判决。

碍中止后，四日内行之（票 92Ⅰ）。证明于第八九条所定期间内，已将通知发出者，认为遵守通知期限（票 92Ⅱ）。

（5）怠于通知之效力

不于第八九条所定期限内为通知者，仍得行使追索权。但因其怠于通知发生损害时，应负赔偿之责，其赔偿金额，不得超过汇票金额（票 93）。[48]应注意者，所谓“不于第八九条所定期限内为通知者”，不问其在期限外为通知与否，皆包含之。[49]

（6）通知义务之免除

发票人背书人及汇票上其他债务人，得于第八九条所定通知期限前，免除执票人通知之义务（票 90）。

四、追索权之效力

（一）追索权之特性

1. 连带性

发票人、承兑人、背书人及其他票据债务人，对于执票人连带负责（票 96Ⅰ），此为追索权连带性之表现。[50]

2. 飞越性

执票人得不依负担债务之先后，对于前项债务人之一人或数人或全体行使追索权（票 96Ⅱ），又称为追索权之选择性。

3. 变更性

执票人对于债务人之一人或数人已为追索者，对于其他票据债务人，仍得行使追索权（票 96Ⅲ）。

4. 移转性

被追索者，已为清偿时，与执票人有同一权利（票 96Ⅳ）。故清偿之被追索人得向其前手行使追索权，亦为飞越性及变更性之展现。

（二）对执票人之效力

1. 追索权之选择

执票人得不依负担债务之先后，对于前项债务人之一人或数人或全体行使追索权（票 96Ⅱ）。

---

48 参阅“最高法院”1974 年台上字第 771 号判例。

49 参阅“司法院”1936 年 5 月 1 日院字第 1492 号，“司法院”解释汇编第 3 册，1274 页。

50 参阅“最高法院”1967 年台上字第 2840 号判决。

2. 追索权之变更

执票人对于债务人之一人或数人已为追索者，对于其他票据债务人，仍得行使追索权（票96Ⅲ）。

3. 追索之金额

（1）追索金额

执票人向汇票债务人行使追索权时，得要求左列金额（票97Ⅰ）：①被拒绝承兑或付款之汇票金额，如有约定利息者，其利息。②自到期日起如无约定利率者，依年利六厘计算之利息。③作成拒绝证书与通知及其他必要费用。于到期日前付款者，自付款日至到期日前之利息，应由汇票金额内扣除。无约定利率者，依年利六厘计算（票97Ⅱ）。

（2）再追索金额

为“票据法”第九七条之清偿者，得向承兑人或前手要求左列金额(票98Ⅰ)：①所支付之总金额。②前款金额之利息。③所支出之必要费用。发票人为第九七条之清偿者，向承兑人要求之金额同（票98Ⅱ）。

4. 回头汇票之发行

回头汇票，乃有追索权者，得以发票人或前背书人之一人或其他票据债务人为付款人，向其住所所在地发见票即付之汇票。但有相反约定时，不在此限（票102Ⅰ）。前项汇票之金额，于第九七条及第九八条所列者外，得加经纪费及印花税（票102Ⅱ）。执票人发行回头汇票时，其金额依原汇票付款地汇往前手所在地之见票即付汇票之市价定之（票103Ⅰ）。背书人发行回头汇票时，其金额依其所在地汇往前手所在地之见票即付汇票之市价定之（票103Ⅱ）。所谓市价，以发票日之市价为准（票103Ⅲ）。

（三）对票据债务人之效力

发票人、承兑人、背书人及其他票据债务人，对于执票人连带负责（票96Ⅰ）。[51]应注意者，所谓连带负责，就票据债务人与执票人间之关系而言，系指各票据债务人就执票人所得追索之金额，负全部清偿责任，此固与民法之连带债务相当，然就票据债务人相互间之内部关系而言，仅有追索权之问题，即票据债务人为清偿时，仅得对其前手行使追索权，直至发票人为止，但票据债务人相互间并无内部如何分担之问题，即并无民法上连带债务人间分担、求偿或代位之关系，此与民法上之连带债务有别。[52]

---

51 参阅“最高法院”1993年台上字第2446号判决。

52 参阅“最高法院”2001年台上字第153号判决。

（四）对被追索人之效力

1. 再追索权之行使

被追索者，已为清偿时，与执票人有同一权利（票 96Ⅳ）。故清偿之被追索人得向其前手行使追索权。须注意者，执票人为发票人时，对其前手无追索权（票 99Ⅰ）。执票人为背书人时，对该背书之后手无追索权（票 99Ⅱ）。

2. 再追索之金额

为“票据法”第九七条之清偿者，得向承兑人或前手要求左列金额（票 98Ⅰ）：（1）所支付之总金额。（2）前款金额之利息。（3）所支出之必要费用。发票人为第九七条之清偿者，向承兑人要求之金额同（票 98Ⅱ）。

3. 请求交出汇票之权利[53]

汇票债务人为清偿时，执票人应交出汇票，有拒绝证书时，应一并交出（票 100Ⅰ）。汇票债务人为清偿，如有利息及费用者，执票人应出具收据及偿还计算书（票 100Ⅱ）。[54]

4. 背书涂销之权利

背书人为清偿时，得涂销自己及其后手之背书（票 100Ⅲ）。

5. 请求记载部分清偿之权利

汇票金额一部分获承兑时，清偿未获承兑部分之人，得要求执票人在汇票上记载其事由，另行出具收据，并交出汇票之誊本及拒绝承兑证书（票 101）。

五、追索权之丧失

（一）绝对丧失

1. 不遵守法定期限

执票人不于本法所定期限内为行使或保全汇票上权利之行为者，对于前手丧失追索权（票 104Ⅰ）。目前实务上见解认为“票据法”第一〇四条所称前手并不包括汇票承兑人在内[55]，而本票之发票人与汇票之承兑人均同属票据之主债务人，依同一法理，该条所谓前手自不包括本票之发票人。故汇票执票人对汇票承兑人及本票执票人对于本票发票人均不丧失追索权。[56]

（1）汇票承兑期限

---

53 参阅“最高法院”1955 年台上字第 1216 号判例。

54 参阅“最高法院”1955 年台上字第 577 号判决。

55 参阅“最高法院”1977 年台上字第 670 号判决。

56 参阅“司法院”1984 年 7 月 3 日（73）厅民一字第 0500 号函，民事法律问题研究汇编第 4 辑，224 页。

见票后定期付款之汇票，应自发票日起六个月内为承兑之提示（票45Ⅰ）。付款人于执票人请求承兑时，得请其延期为之，但以三日为限（票48）。

（2）付款提示期限

如为见票即付之汇票，应自发票日起六个月内为承兑之提示（票66Ⅱ准用45Ⅰ）。又执票人应于到期日或其后二日内，为付款之提示（票69Ⅰ）。但付款经执票人之同意，得延期为之。但以提示后三日为限（票70）。此外，支票之执票人，应于下列期限内，为付款之提示（票130）：发票地与付款地在同一省（市）区内者，发票日后七日内。发票地与付款地不在同一省（市）区内者，发票日后十五日内。发票地在国外，付款地在台湾者，发票日后二个月内。

（3）汇票付款期限

付款人或担当付款人不于“票据法”第六九条及第七十条所定期限内付款者，有参加承兑人时，执票人应向参加承兑人为付款之提示；无参加承兑人而有预备付款人时，应向预备付款人为付款之提示（票79Ⅰ）。参加承兑人或预备付款人，不于付款提示时为清偿者，执票人应请作成拒绝付款证书之机关，于拒绝证书上载明之（票79Ⅱ）。执票人违反前二项规定时，对于被参加人与指定预备付款人之人及其后手，丧失追索权（票79Ⅲ）。

（4）拒绝证书作成期限

①拒绝承兑证书，应于提示承兑期限内作成之（票87Ⅰ）。拒绝承兑证书作成后，无须再为付款提示，亦无须再请求作成付拒绝证书（票88）。

②拒绝付款证书，应于拒绝付款日或其后五日内作成之。但执票人允许延期付款时，应于延期之末日，或其后五日内作成之（票87Ⅱ）。

③如为见票后定期付款之本票，而发票人于提示见票时，拒绝签名者，执票人应于“票据法”第四五条所定之提示见票期限内，请求作成拒绝证书（票122Ⅲ）。执票人依前项规定作成见票拒绝证书后，无须再为付款之提示，亦无须再请求作成付款拒绝证书（票122Ⅳ）。

④支票之执票人于“票据法”第一三〇条所定提示期限内，为付款之提示而被拒绝时，对于前手得行使追索权。但应于拒绝付款日或其后五日内，请求作成拒绝证书（票131）。

2. 参加付款之违反

执票人拒绝参加付款者，对于被参加人及其后手丧失追索权（票78Ⅱ）。请为参加付款者，有数人时，其能免除最多数之债务者，有优先权。故意违反前项规定为参加付款者，对于因之未能免除债务之人，丧失追索权。能免除最多数之债务者有数人时，应由受被参加人之委托者或预备付款人参加之（票80）。

3. 消灭时效完成

(1) 执票人之追索权：汇票之执票人，对前手之追索权，自作成拒绝证书日起算，一年间不行使，因时效而消灭。如为免除作成拒绝证书者，则系自到期日起算一年内（票22Ⅱ）。

(2) 背书人之追索权：汇票之背书人，对于前手之追索权，自为清偿之日或被诉之日起算，六个月间不行使，因时效而消灭。支票之背书人，对前手之追索权，二个月间不行使，因时效而消灭（票22Ⅲ）。

(二) 相对丧失

执票人不于约定期限内为行使或保全汇票上权利之行为者，对该约定之前手，丧失追索权（票104Ⅱ）。然对于其他前手仍不丧失追索权。"票据法"第一〇四条第一项所称之法定期限为：

1. 发票人或背书人指定之承兑期限

除见票即付之汇票外，发票人或背书人得在汇票上为应请求承兑之记载，并得指定其期限（票44Ⅰ）。

2. 发票人以特约延长或缩短之承兑提示期限

见票后定期付款之汇票，应自发票日起六个月内为承兑之提示（票45Ⅰ）。前项期限，发票人得以特约缩短或延长之。但延长之期限不得逾六个月（票45Ⅱ）。

3. 发票人以特约延长或缩短之付款提示期限

见票即付之汇票或本票，以提示日为到期日（票66Ⅰ、124）。并得依"票据法"第四五条第二项之规定，特约延长或缩短付款提示期限（票66Ⅱ准用45、124）。

案例

甲签发汇票予乙，于票据上加载"免除担保承兑"之字样，乙持向付款人请求承兑或付款而遭拒绝时，乙得否向甲行使追索权？

解析

一、依"票据法"第八五条第二项之规定，汇票到期不获承兑时，执票人于行使或保全票据上权利行为后，对于背书人、发票人与汇票上其他债务人得行使追索权，为期前追索之规定。本例甲签发汇票予乙时，依"票据法"第二九条第一、二项之规定，加载"免除担保承兑"之字样于汇票上，免除甲被期前追索之责任，故乙向付款人请求承兑遭拒绝时，不得向甲行使追索权。

二、依"票据法"第八五条第一项之规定，汇票到期不获付款时，执票人于行使或保全票据上权利行为后，对于背书人、发票人与汇票上其他债务人得行使追索权，为到期追索之规定。依"票据法"第二九条第三项之规定，汇票上有免除担保付款之记载者，其记载无效。本例仅记载免除担保承兑，无免除付款之效力，纵使该记载具有免除担保付款之意思，亦无效。故乙向付款人请求付款遭拒后，已行使及保全票据上之权利，自得依"票据法"第八五条第一项之规定，向甲行使追索权。

第十二节　拒绝证书

一、拒绝证书之意义

称拒绝证书者，系为证明执票人已于法定或约定期限内，行使或保全汇票上权利之行为，而于该行为被拒绝后，请求将该结果记载之要式公文书。拒绝付款证书，乃证明执票人已依法为票据权利之行使或保全之要式证书，其目的系在免除执票人举证之烦，及票据债务人受诈欺之弊而已。

二、拒绝证书之种类

拒绝证书之种类，依证书内容之不同，可分为：

（一）拒绝承兑证书

汇票全部或一部不获承兑，或无从为承兑提示时，执票人应请求作成拒绝证书证明之（票86Ⅰ）。

（二）拒绝付款证书

参加承兑人或预备付款人，不于付款提示时为清偿者，执票人应请作成拒绝付款证书之机关，于拒绝证书上载明之（票79Ⅱ）。汇票全部或一部不获付款，或无从为付款提示时，执票人应请求作成拒绝证书证明之（票86Ⅰ）。

（三）拒绝交还复本证书

接收人拒绝交还复本时，执票人非以拒绝证书证明左列各款事项，不得行使追索权（票117Ⅲ）：1. 曾向接收人请求交还此项复本而未经其交还。2. 以他复本为承兑或付款之提示，而不获承兑或付款。

（四）拒绝交还原本证书

接收人拒绝交还原本时，执票人非将曾向接收人请求交还原本而未经其交还之事由，以拒绝证书证明，不得行使追索权（票 119Ⅲ）。

（五）拒绝见票证书

本票之发票人于提示见票时，拒绝签名者，执票人应于提示见票期限内，请求作成拒绝证书（票 122Ⅲ）。至于汇票并无拒绝见票证书之问题。

三、拒绝证书之作成

（一）拒绝证书之作成义务人

拒绝证书，由执票人请求拒绝承兑地或拒绝付款地之法院公证处、商会或银行公会作成之（票 106），可知作成义务人为执票人。

（二）拒绝证书之作成机关

拒绝证书，由执票人请求拒绝承兑地或拒绝付款地之法院公证处、商会或银行公会作成之（票 106），可知作成义务机关为：1. 法院公证处；2 商会；3. 银行公会。

（三）拒绝证书之作成份数

对数人行使追索权时，只须作成拒绝证书一份（票 112）。

（四）拒绝证书之作成期限

拒绝承兑证书，应于提示承兑期限内作成之（票 42、45、48、87Ⅰ）。拒绝付款证书，应于拒绝付款日或其后五日内作成之（票 87Ⅱ），若执票人允许延期付款者，应于延期之末日，或其后五日内作成之（票 87Ⅱ但）。

（五）拒绝证书之作成款式

拒绝证书应记载左列各款，由作成人签名并盖作成机关之印章（票 107）：1. 拒绝者及被拒绝者之姓名或商号。2. 对于拒绝者，虽为请求，未得允许之意旨，或不能会晤拒绝者之事由或其营业所、住所或居所不明之情形。3. 为前款请求或不能为前款请求之地及其年月日。4. 于法定处所外作成拒绝证书时，当事人之合意。5. 有参加承兑时，或参加付款时，参加之种类及参加人，并被参加人之姓名或商号。6. 拒绝证书作成之处所及其年月日。

（六）拒绝证书之作成方式

1. 拒绝证书之制作

付款拒绝证书，应在汇票或其黏单上作成之（票 108）。汇票有复本或誊本者，于提示时仅须在复本之一份或原本或其黏单上作成之。但可能时，应在其他复本之各份或誊本上记载已作拒绝证书之事由（票 108Ⅱ）。付款拒绝证书以外之拒绝证书，应照汇票或其誊本作成抄本，在该抄本或其黏单上作成之（票 109）。执票人以汇票之原本请求承兑或付款，而被拒绝，并未经返还原本时，其拒绝证书，应在誊本或其黏单上作成之（票110）。

2. 拒绝证书之记载与签名

拒绝证书应接续汇票上、复本上或誊本上原有之最后记载作成之。在黏单上作成者，并应于骑缝处签名（票111）。

3. 原本与抄本

拒绝证书作成人，应将证书原本交付执票人，并就证书全文另作抄本，存于事务所，以备原本灭失时之用（票113Ⅰ）。

四、拒绝证书之效力

拒绝证书具有证明执票人已于法定或约定期限内，行使或保全汇票权利之行为，但未达到目的之效力。且其抄本与原本有同一效力（票113Ⅱ）。

案例

甲将货物一批出卖与A国商人，托丙海运公司，以B输运送至A国，由丙公司签发载货证券一只，载明“运费已以丁签发、戊背书之支票支付”之字样，并加注支票号码交付予甲，由甲将该载货证券背书转让与受货人乙。B输抵达A国后，乙向丙公司请求交货，丙公司以支票未获支付拒绝交货。问：上述支票，如有免除作成拒绝证书之记载，丙可否不为付款之提示，而径向背书人戊行使追索权？

解析

一、依“票据法”第一四四条准用第八五条第一项规定，支票到期不获付款时，执票人于行使或保全票据上权利行为后，对于背书人、发票人与汇票上其他债务人得行使追索权，为到期追索之规定。所谓行使或保全票据上之权利，系指“遵期提示”与“作成拒绝证书”而言。

二、“票据法”第一四四条准用第九四条第一项规定，发票人或背书人得为免除作成拒绝证书之记载，但依“票据法”第一四四条准用第九五条之规定，支票上虽有免除作成拒绝证书之记载，执票人仍应于所定期限内，为承兑或付款之提示。但对于执票人主张其未为提示者，应负举证责任。故免除作成拒绝证书，票据债务人若抗辩执票人未经提示付款，即应负举证责任，并未免除执票人遵期提示之义务。

三、本例丙未依“票据法”第一三〇条规定之提示期限提示付款，依“票据法”第一三二条之规定，对于发票人以外之前手，丧失追索权。故丙对发票人丁以外之前手背书人戊，丧失追索权。

第十三节 复本及誊本

一、复本、誊本之意义

（一）复本

所谓复本，系指发票人就单一汇票关系，所发行之数份证券，各份证券即称为复本，每份复本均为独立、完全之有价证券，且具有平等之地位，其所表彰之票据关系皆与原本相同，因此复本具有一体性。复本为汇票所独有之制度，目的在预防票据遗失，并助长票据之流通，本票及支票均不准用（票 124、144）。在国际贸易上常见二联式汇票，即为复本之使用。

（二）誊本

所谓誊本，乃执票人以背书或保证为目的，自行依票据原本所为之誊写本，亦即票据原本之影印本。汇票及本票均有誊本之制度，故有关汇票誊本之规定除第一一九条外，本票准用之（票 124）；唯支票并无准用（票 144）。

二、复本、誊本之制作与发行

（一）复本

“票据法”第一一四条第一项规定：“汇票之受款人，得自负担其费用，请求发票人发行复本。但受款人以外之执票人，请求发行复本时，须依次经由其前手请求之，并由其前手在各复本上，为同样之背书。”可知复本之发行人，限于发票人。而发行请求人，则包括受款人或受款人以外之执票人。复本之发行份数，以三份为限（票 114Ⅱ）。至于复本之款式，依“票据法”第一一五条之规定：“复本应记载同一文句，标明复本字样，并编列号数。未经标明复本字样，并编列号数者，视为独立之汇票。”

（二）誊本

“票据法”第一一八条第一项规定：“执票人有作成汇票誊本之权利。”故誊本之作成人为执票人，而此处之执票人，应包括受款人及其他执票人。依票据法第一一八条第二、三项之规定，誊本之款式应符合下列三点：1. 标明誊本字样。2. 誊写原本上之一切事项。3. 注明迄于何处为誊写部分。再者，执票人于作成誊本时，应将已作成誊本之旨，记载于原本上。至于誊本制作之份

数，并无限制。

三、复本、誊本之效力

（一）复本

1. 对于承兑之效力

虽有数份复本，唯因各份复本所表彰者，皆为同一票据关系，故承兑人于承兑时，就原本或其中之一份复本为承兑即为已足，其承兑之效力及于他份，执票人不得以他份复本未经承兑为由，期前行使追索权（票 85Ⅱ），此即复本之一体性。

2. 对于付款之效力

就复本之一份为付款时，基于复本之一体性，其他复本所表彰之票据关系即已消灭，故其他复本因而失效（票 116Ⅰ）。然而，复本为完全之有价证券，各份具有独立平等之地位，如他份复本上曾经承兑人承兑，而独立流通至善意第三人处，承兑人于付款时应将其收回，否则应自负其责（票 116Ⅰ但），此即复本之独立性。

3. 对于转让之效力

汇票有复本时，仅须在一份上背书，即生转让之效力，且背书人原则上系将复本及原本一并让与与同一人。唯如背书人将复本分别转让二人以上者，表示其就同一汇票取得二次以上之对价，故应令其就已被书但未回收之复本，负背书人之责任（票 116Ⅱ）。

4. 关于追索权之效力

(1) 将复本各份背书转让与同一人者

将复本各份背书转让与同一人者，该背书人为偿还时，得请求执票人交出所有之复本（票 116Ⅲ），以避免重复追索之情形发生，例如背书人虽已为清偿，然因其前手不知其已为清偿，而就他份未收回之复本再为清偿，则该背书人即因此丧失自己之追索权。但若执票人已立保证或提供担保者，则该背书人即无前开无法行使追索权之顾虑，故纵执票人不交出所有之复本，背书人仍不得拒绝执票人之追索（票 116Ⅲ但）。

(2) 为提示承兑而送出复本之一者

若汇票曾因提示承兑而将其中一份复本送出时，将造成执票人无法一并交付所有复本，故“票据法”第一一七条第一项及第二项规定：“为提示承兑送出复本之一者，应于其他各份上载明接收人姓名或商号及其住址。汇票上有前项记载者，执票人得请求接收人交还其所接收之复本。”

如接收人拒绝交还时，执票人应作成拒绝交还复本证书，并以他复本为承兑或付款之提示；若不获承兑或付款者，则得行使追索权。此时，执票人仅须提出其所持有之复本，及未持有复本之拒绝交还复本证书，即为已足，被请求人不得以执票人未交出所有之复本为由，拒绝付款（票117Ⅲ）。

（二）誊本

1. 关于背书及保证之效力

誊本之目的，即在原本送出请求承兑时，得以誊本代替之，以求便利。故自得于誊本上为背书及保证，且与在原本上所为者有同一之效力（票118Ⅳ）。

2. 关于追索权之效力

为提示承兑而送出原本者，应于誊本上载明原本接收人之姓名或商号及其住址，俾利执票人向接收人请求交还原本（票119Ⅱ）。唯如接收人拒绝交还原本时，执票人应于汇票之誊本或其黏单上作成拒绝交还原本证书，以证明其曾向接收人请求交还原本而未经交还之事由，方得行使其追索权（票119Ⅲ）。

第三章 本 票

第一节 总 说

一、本票之意义

本票为发票人签发一定之金额，于指定之到期日，由自己无条件支付与受款人或执票人之票据（票 3），与汇票同为信用证券。且本票系自付证券，无付款人及承兑之制度。“票据法”之立法体系系以汇票为中心，因此除就本票之特性另行规定外，其余与汇票性质相同之处，皆以准用汇票之方式规定。

二、本票之种类

依不同之区分标准，本票可分类如下：

（一）记名本票、无记名本票、指示本票

此种分类与汇票之分类相同，唯若无记名本票系见票即付者，则其金额须在五百元以上

（票 120Ⅵ），此为本票之特别规定。

（二）定期本票、计期本票、即期本票、注期本票

此种分类亦与汇票相同。但因本票无承兑制度，故针对注期本票（即见票后定期付款之本票），另设有见票制度（票 122）。

（三）甲存本票

所谓甲存本票系指发票人委托其往来之金融业者（银行）为担当付款人而签发之本票。

三、本票之应记载事项

本票应记载之事项，规定于“票据法”第一二〇条，其中绝对必要记载事项为：（一）表明为本票之文字。（二）一定之金额。（三）无条件担任支付。（四）发票年、月、日。（五）发票人之签名或盖章。若欠缺其一，本票即属无效。至于相对必要记载事项为：（一）到期日：未记载者，视为见票即付。（二）受款人之姓名或商号：未记载者，以执票人为受款人。（三）发票地：未记载者，以发票人之营业所、住所或居所所在地为发票地。（四）付款地：未记载者，以发票地为付款地。

四、本票发票人之责任

本票系由发票人自己付款之自付证券，“票据法”第一二一条规定：“本票发票人所负责任，与汇票承兑人同。”即本票发票人须负绝对付款责任，而为票据之主债务人。应注意者，若本票执票人不于到期日或其后二日内，为付款之提示，对于发票人是否丧失追索权？依实务上见解，认为“票据法”第一〇四条所称前手并不包括汇票承兑人在内[1]，而本票之发票人与汇票之承兑人均同属票据之主债务人，依同一法理，该条所谓前手，自亦不包括本票之发票人（票 124 准用 104）。换言之，若本票执票人怠于行使或保全票据上之权利，例如未于付款之提示期限内为付款之提示时，发票人之付款责任仍不因此而消灭。

第二节 本票之见票

本票之到期日有定日付款、发票后定期付款、见票即付及见票后定期付款等

1 参阅“最高法院”1977 年台上字第 670 号判决。

四种。前三种之到期日于发票时即已确定，而见票后定期付款者则须经执票人向发票人为见票之提示后，方得确定其到期日。因本票系由发票人自负付款之责，无如汇票有提示承兑之制度，而所谓见票，则系本票特有之制度，乃本票之发票人，因执票人为确定见票后定期付款本票之到期日所为之提示，于本票上记载见票字样、日期，并签名之行为。

依“票据法”第一二二条第一项之规定，执票人应于发票日起六个月内向发票人为见票之提示，此期限得由发票人以特约延长或缩短，唯延长之期限不得超过六个月（票 122Ⅰ准用 45）。并由发票人签名，并记载见票字样及日期；若发票人未记载见票日期者，则以所定提示见票期限之末日为见票日。若发票人于提示见票时，拒绝签名，则执票人应于提示见票期限内，请求作成拒绝见票证书（票 122Ⅲ），则该本票之到期日即以拒绝见票证书之作成日计算之；如本票尚有免除作成拒绝证书之记载者，则以提示见票期限之末日计算到期日（票 124 准用 67Ⅰ）。执票人逾期未为见票提示或作成拒绝证书者，对于发票人以外之前手，即丧失追索权。

第三节　本票之强制执行

一、立法意旨及声请程序

“票据法”第一二三条规定：“执票人向本票发票人行使追索权时，得声请法院裁定后强制执行。”本条为 1960 年修正“票据法”时所增订，系鉴于当时空头支票之泛滥，故借由立法加强本票之索偿性，即使本票执票人得利用便捷之非讼程序达到求偿之目的，以助长本票之流通。[2]

准此，执票人于本票到期后向发票人请求付款，若被拒绝时，执票人于请求作成拒绝证书后（除非本票上有免除作成拒绝证书）即可向票据付款地之地方法院声请裁定强制执行（非讼 100），而无须对法院提起诉讼；若本票上无付款地之记载者，依“票据法”第一二〇条第五及四项，则应以发票地或发票人之住所地之地方法院为管辖法院[3]，且因其性质为非讼事件，故法院仅就本票形式上之

2　参阅郑玉波，票据法，2003 年 10 月重印 4 版，三民书局，192～193 页；郑洋一，票据法之理论与实务，2003 年元月修订 23 版，自版，268～269 页。

3　参阅“最高法院”1996 年抗字第 699 号裁定。

要件是否具备予以审查即为已足，票据之实体关系非属其调查之范围。

二、声请强制执行之要件

（一）声请人限本票执票人行使追索权者

执票人须系行使付款请求权被拒绝后，方有行使追索权之余地。执票人如未经拒绝见票或付款，即贸然以行使付款请求权（第一次权利）而声请法院裁定强制执行，亦不合情理。职是，执票人依“票据法”第一二三条声请裁定行使强制执行，须系行使追索权，而不包括付款请求权，多数学者亦采此见解。[4]

另法院为准许强制执行之裁定后，执票人如将票据权利移转于第三人，则该受让本票之第三人得否据该执行名义对发票人强制执行？依1996年修订后之“强制执行法”第四条之二第二项准用第一项之规定，第三人仍得以该裁定为执行名义声请强制执行。又如执票人因故误交第三人，则因其现已非执票人，故原声请人自不得以该裁定为执行名义声请强制执行。[5]

（二）声请执行之对象限本票发票人

本条所规定声请强制执行之对象，限于本票发票人，因此不包括其他票据债务人。唯应注意者，本票保证人依“票据法”第一二四条准用同法第六一条规定，与被保证人负同一责任，故执票人是否得依“票据法”第一二三条，对本票发票人之保证人声请强制执行？按“票据法”第六一条所规定保证人与被保证人负同一责任，仅指行使权利之内容相同，非谓行使权利之程序亦相同；况“票据法”第一二三条既限定执票人向本票发票人行使追索权时，得声请法院裁定后强制执行，则对于本票发票人以外之保证人行使追索权时，即不得类推适用该条之规定，径请裁定执行。[6]

另应注意者，本票发票人若于法院裁定前死亡，则执票人对于本票发票人之继承人，得否适用“票据法”第一二三条取得执行名义而强制执行？按声请法院对执票人裁定许可强制执行，系属非讼程序，无须经过实体法律关系之审查，即可取得执行名义，因此“票据法”第一二三条既规定限于执票人对发票人始得为之，自应从严解释。再者，债务人是否为发票人之继承人，系属实体问题，于非讼事件无从审究，故“票据法”第一二三条之适用仅得对发票人主张，发票人若

---

4 参阅郑玉波，同前揭注2，192页；梁宇贤，票据法新论，2003年10月四修初版，自版，353页。

5 参阅“最高法院”2002年度台抗字第216号裁定。

6 参阅梁宇贤，同前揭注4，336～337页；郑洋一，同前揭注2，271页。另参阅“最高法院”1961年台抗字第188号判例；“最高法院”1961年第4次民庭总会决议，“最高法院”民刑事庭会议决议汇编（上册），580页。

已死亡，则仅得依诉讼程序对其继承人主张，不得声请裁定许可强制执行。[7]

（三）须发票人未受破产之宣告

按“破产法”第七五条规定，破产人因破产之宣告，对于应属破产财团之财产，丧失其管理及处分权。因此，若本票发票人受破产宣告，则应依破产程序为之，不得声请裁定而强制执行。

第四节 甲存本票

所谓甲存本票系指发票人委托其往来之金融业者（银行）为担当付款人而签发之本票。换言之，即发票人先于特定金融业者开立支票存款账户（即甲种活期存款户），由该金融业者发给甲存本票簿供该存款户使用，并以发票人账号中之存款余额偿付票款金额。受委托之金融机构，因系本票之担当付款人，而为发票人之代理人，其与发票人之间属准资金关系，除具有委任契约之性质外，尚有消费寄托及交互计算之混合契约之性质（票 26Ⅰ、69Ⅱ、124，民 400、528、603）。

就结果而论，甲存本票与支票虽皆系由银行等金融业者付款，然于甲存本票银行系担当付款人，即本票主债务人（发票人）之代理人，与支票之付款人相异，故二者仍有诸多法律上差异。另应注意者，甲存本票既系以金融业者为担当付款人，执票人自应向金融业者为付款提示（票 69Ⅱ、124）。

案例

甲公司为调度资金而签发一张票面金额新台币五千万元、利率载明为年利 2.5 厘之本票，并经中华信用评等公司评定信用等级为“twA”。一、甲公司如记载“中国信托商业银行”为担当付款人，其效力为何？二、执票人乙于本票到期日后，应向何人提示请求付款？三、又如执票人乙向“中国信托商业银行”提示请求付款后遭拒绝，乙得向何人主张票据上权利？

解析

一、所谓甲存本票系指发票人委托其往来之金融业者（银行）为担当付款人

---

7 参阅“最高法院”2003 年台抗字第 241 号裁定；“最高法院”1988 年台抗字第 345 号裁定。

而签发之本票，依“票据法”第一四四条准用第六九条及第二六条第一项规定，由“中国信托商业银行”为甲公司支付票款之代理人，自有效力。

二、甲存本票既系以金融业者为担当付款人，依“票据法”第一二四条准用第六九条第二项规定，执票人乙应向金融业者即“中国信托商业银行”为付款提示。

三、甲存本票中受委托之金融机构，因系本票之担当付款人，为发票人之代理人，其于法律上并无付款义务，如执票人乙向“中国信托商业银行”提示请求付款后遭拒绝，乙仅得于作成拒绝证书后，向发票人甲公司请求付款，对“中国信托商业银行”并无类似支票之直接诉权（票 143)。

第四章 支 票

第一节 总 说

一、支票之意义

所谓支票，系发票人签发一定之金额，委托金融业者于见票时，无条件支付与受款人或执票人之票据（票 4）。支票制度之设置系为代替现金之交付，属支付证券，且因系委托金融业者代为付款，故属委托证券。该委托代为付款之金融业者，依“票据法”第四条第二项之规定，系指经“财政部”核准办理支票存款业务之银行、信用合作社、农会及渔会。应注意者，公库支票之付款人为公库，并非一般之银行业者或信用合作社，故实务上认为公库支票显非票据法上之支票，而仅为民法上指示证券之一种。[1]

支票之设计目的为支付工具之一种，因此“票据法”规定支票限于见票即付，无到期日仅有发票日，亦无保证、承兑、参加承兑、参加付款、复本及誊本等制度。唯现行实务关于支票之实际运用，如远期支票之签发及隐存保证背书之形成，使支票亦具有一定程度之信用功能。台湾票据法之立法体系系以汇票为中心，因此除就支票之特性另行规定外，其余与汇票性质相同之处，皆以准用汇票之方式规定。

二、支票之法律关系

（一）支票之票据关系

支票系代替现金支付之工具，与汇票不尽相同，故支票有不准用汇票规定之处。有疑义者，除保付支票外，支票发票人是否为第一债务人？有认为由于“票据法”第二二条第一项亦将支票发票人与汇票承兑人及本票发票人同列为票据上权利之行使对象，应将“票据法”第二二条第一项所称票据上权利，解为付款请求权，亦即支票发票人所负责任为第一次之绝对责任[2]，故于提示期限经过后，对于执票人仍应负付款之责任。相对地，有认为支票发票人并非第一债务人，不负绝对付款责任，其责任仅在执票人向付款人提示而不获付款后，始负担保付款责任。[3]依管窥之见，支票发票人不仅应负偿还义务人之法定担保责任，且亦应负主债务人之责任，由执票人自由选择行使。如执票人向支票发票人行使付款请求权时，依“票据法”第一三四条及第二二条第一项之规定，则不以应先向付款人为付款之提示为前提要件。唯执票人如系向支票发票人行使追索权时，依“票据法”第一三一条及第一四四条准用第九五条及第八五条第一项之规定，本应以已向付款人为付款之提示为前提，但因“票据法”第一三二条特别规定执票人向发票人所得行使之追索权，不因执票人未遵期提示或请求作成付款证书而丧失，故执票人仅须向付款人为付款之提示即已足，而不以遵期提示及作成拒绝付款证书为必要。

另应注意者，对于付款人之提示，是否构成中断对于发票人追索权之时效，

1　参阅“最高法院”2002年台上字第684号判决；“最高法院”1971年台上字第1548号判例。

2　参阅陈世荣，票据法实用，1988年3月修订版，自版，175页；梁宇贤，票据法新论，2003年10月四修初版，自版，28、391页；台湾“高等法院”暨所属法院1998年11月法律座谈会，1998年法律座谈会汇编，68～69页。

3　参阅郑玉波，票据法，2003年10月重印4版，三民书局，30、211页；“最高法院”1982年5月4日(71)年第8次民事庭会议决议（二），“最高法院”民刑事庭会议决议汇编（上册），190、196、197、198、852页。

诚有疑义。基本上，执票人之提示应视为行使请求权之意思通知，具有中断时效之效力，故对于付款人提示构成对发票人权利时效之中断。[4]

（二）支票之非票据关系

票据法上所规定之非票据关系甚多，如“票据法”第二二条第四项所规定之利益偿还请求权即属之，而“票据法”第一四三条所规定支票执票人对于付款人之直接诉权，则为“票据法”对支票所特别规定之非票据关系。

案例

执票人甲持有发票人乙所签发之支票一只，面额为新台币五十万元，其票面所载发票日为2001年二月二十日，以台湾银行为付款人，试问：一、如甲未向台湾银行为付款之提示，却于2001年五月二十日，执票径向乙请求给付票款，乙得否拒绝付款？二、又如甲于2002年一月十日向台湾银行为付款之提示，不获兑现，甲遂于2002年四月十日向法院起诉，请求乙给付票款，乙抗辩甲之请求，已罹于消灭时效，是否有理？

解析

一、支票执票人未向付款人提示，得否径向发票人行使追索权，实有争议。如执票人向支票发票人行使付款请求权时，依“票据法”第一三四条及第二二条第一项之规定，则不以应先向付款人为付款之提示为前提要件。唯执票人如系向支票发票人行使追索权时，依“票据法”第一三一条及第一四四条准用第九五条及第八五条第一项之规定，本应以已向付款人为付款之提示为前提，但因“票据法”第一三二条特别规定执票人向发票人所得行使之追索权，不因执票人未遵期提示或请求作成付款证书而丧失，故执票人仅须向付款人为付款之提示即已足，而不以遵期提示及作成拒绝付款证书为必要。故执票人甲未向台湾银行为付款之提示，而径向乙请求给付票款，乙应不得拒绝付款。

二、支票执票人虽得以付款请求权向发票人请求票据上权利，但依“票据法”第二二条第一项规定，该时效期间为自发票日起算一年内。唯甲对台湾银行提示付款时，应视同对于乙行使追索权之意思通知，因此应认为甲对付款人台湾银行之付款提示，等同于甲对乙行使付款请求权，故乙抗辩甲之请求已罹于消灭时效，应无理由。

---

4 参阅“最高法院”1981年台上字第2119号判决；“司法院”1982年12月21日（71）厅民一字第0914号函，“司法院”公报第25卷第1期，61页。

第二节 支票之发票、付款与追索

一、支票之发票

关于支票发票之种类，因其区分之标准不同，而有不同之型态。以记载权利人之方式区分：可分为记名支票、指示支票及无记名支票。若以关系人之不同区分：则可分为一般支票、已受支票、已付支票及已受已付支票，实与其他票据之种类区分相同。然支票本身亦有特殊之种类，如远期支票、保付支票、平行线支票等，分别于后各节探讨之。

票据之发票行为须具备形式要件、实质要件及交付，而所谓之形式要件，即为票据上应记载法定事项，依“票据法”第一二五条规定：“支票应记载左列事项，由发票人签名：（一）表明其为支票之文字。（二）一定之金额。（三）付款人之商号。（四）受款人之姓名或商号。（五）无条件支付之委托。（六）发票地。（七）发票年、月、日。（八）付款地。未载受款人者，以执票人为受款人。未载发票地者，以发票人之营业所、住所或居所为发票地。”其中除支票之受款人及发票地若未记载时，因另设有补充之规定，故为相对必要记载事项，其他事项则为绝对必要记载事项。此外，如平行线之记载、禁止转让之记载、应给付货币种类之特约、免除拒绝事实通知、免除作成拒绝证书及禁止发行回头背书等，则为得记载事项。

支票发票之效力可从不同角度观之。就发票人而言，依“票据法”第一二六条规定：“发票人应照支票文义担保支票之支付。”故发票人须负担保付款之责。就受款人而言，因支票之发票而取得票据权利。对付款人而言，除“票据法”第一二七条规定：“支票之付款人，以第四条所定之金融业者为限。”而有其资格之限制外，依“票据法”第一四三条之规定：“付款人于发票人之存款或信用契约所约定之数足敷支付支票金额时，应负支付之责。但收到发票人受破产宣告之通知者，不在此限。”可知付款人于一定条件下，则应负直接诉权责任。

二、支票之付款

（一）付款之提示

支票须先经提示方得付款，提示之目的在保全追索权，依“票据法”第一三二条规定：“执票人不于第一三〇条所定期限内为付款之提示，或不于拒绝付款日或其后五日内，请求作成拒绝证书者，对于发票人以外之前手，丧失追索权。”支票之执票人若违反遵期提示，将丧失对发票人以外之其他票据债务人之追索权。此外，依“票据法”第一三五条规定，发票人于第一三〇条所定期限内，不得撤销付款之委托，故执票人须遵期提示，方得依“票据法”第一四三条规定，行使对付款人之直接诉权。

支票提示之提示人为执票人，被提示人为金融业者。至于提示期间，依“票据法”第一三〇条规定：“支票之执票人，应于左列期限内，为付款之提示：1. 发票地与付款地在同一省（市）区内者，发票日后七日内。2. 发票地与付款地不在同一省（市）区内者，发票日后十五日内。3. 发票地在国外，付款地在‘国内’者，发票日后两个月内。”此即支票提示付款之法定期间限制，执票人须于上开规定之期间内为付款之提示，方为遵期提示。

（二）付款之审查

支票功能系代替金钱之支付，并委由金融业者为之，而发票人与金融业者间常存有支票存款往来之约定，如“支票存款往来约定书”。而该约定，通常含有支票资金契约、支票契约及交互计算契约等不同类型契约之定型化契约，故学界通说认为其法律性质，应属消费寄托、委任及交互计算之混合契约。[5]而发票人与付款人间之法律关系，虽有谓其为消费寄托关系或委任关系，然因实务上支票存款往来之约定包含各种类型，因此发票人与付款人间之法律关系，应依其间所涉之个案契约约定性质而异，如保管金钱之部分属于消费寄托关系，委托付款则属委任关系。[6]又所谓支票存款，系依约定凭存款人签发支票，或利用自动化设备委托支付随时提取不计利息之存款（银行 6）。

应注意者，实务上金融业者与支票存款户之支票存款往来约定书通常定有下列条文减轻其审查义务之约定。早期有实务见解认为此约款有效，盖依“民法”第二二二条之反面解释，善良管理人之注意义务并非不得以特约解除；况且金融业者每天出入票据甚多，要求金融业者皆尽其善良管理人之注意义务，似有失苛刻，故早期实务均认为此约款有效，此风险应由存户承担。[7]嗣“最高法院”1984 年第十次民庭总会决议变更见解，认为该项约定显有纵容他人盗用印章鼓励犯罪之不法，有背于公共秩序，难谓有效。该决议主要阐明下列事项：1. 甲种活期存款户与金融机

---

5 参阅王志诚，票据法，收录于吴信华、程明修、刘建宏、詹森林、邓学仁、沈冠伶、王志诚、林一山、汪信君、郑逸哲、杨云骅、刘志鹏、刘华美合著，2002 年判解回顾，2003 年 8 月初版，元照，188 页；“最高法院”1984 年第 10 次民庭总会决议。

6 参阅“最高法院”1976 年台上字第 1253 号判例。

7 参阅“最高法院”1976 年台上字第 2778 号判决；“最高法院”1984 年台上字第 1631 号判决。

关间，为消费寄托与委任之混合契约。2. 若第三人盗盖存款户在金融机关留存印鉴之印章而伪造支票，向金融机关支领款项，除金融机关明知其为盗盖印章而仍予付款之情形外，其凭留存印鉴之印文而付款，与委任意旨并无违背，金融机关应不负损害赔偿责任。3. 若系伪造印章者，则金融机关对于该伪造之印章如已尽善良管理人注意义务，仍不能辨认盖于支票上之印章系为伪造时，即不能认其处理委任事物有过失，金融机关亦不负损害赔偿责任。4. 于金融机关如以定型化契约约定其不负善良管理人注意义务，免除其抽象轻过失责任，则应认此项特约违背公共秩序，应解为无效。应注意者，“最高法院”1984 年第十次民庭总会决议之内容，依“最高法院”2001 年 5 月 1 日所作成之 2001 年第五次民事庭会议决议，已不再供参考。因此未来应回归参考“最高法院”1976 年台上字第一二五三号判例，认为甲种存户签发支票，委托银行于见票时无条件付款予受款人或执票人者，则存户与银行间即发生委任关系，受任人即有遵照委任人之指示处理委任事务之义务，如因其过失或越权行为而生损害，应负赔偿之责。

再者，支票发票人委托金融业者于见票时无条件支付与受款人或执票人，其法律性质为“民法”第二六九条第一项之第三人利益契约，而支票之受款人或执票人系该委托付款契约之第三人，原得依该项契约为付款之请求；因此，如付款人无故拒绝付款，付款人对该第三人（即支票之受款人或执票人）自应负债务不履行责任。[8]金融业者之执业人员是否已尽善良管理人注意义务，当依客观情势，就个案认定变造或伪造之技术，是否已逾善良管理人注意能力所及而定。[9]

（三）付款之时期

“票据法”第一二八条规定：“支票原则上限于见票即付，有相反之记载者，其记载无效。支票在票载发票日前，执票人不得为付款之提示。”因此，当执票人于发票日后遵期提示时（票 130），付款人即须付款。纵已逾提示期限，付款人原则上仍得付款；唯发票人如撤销付款委托，或该支票经发行满一年时，则付款人不得付款（票 136）。

支票之执票人如遵期提示，除付款人应付款外，其效果尚有发票人不得撤销付款之委托（票 135）、保全追索权（票 132 之反面解释），另对于付款人行使直接诉权，亦以遵期提示为前提（票 143）。

---

8 参阅“最高法院”2002 年台上字第 1349 号判决；“最高法院”1976 年台上字第 2164 号判例；“最高法院”1977 年台上字第 1204 号判例。

9 参阅王志诚，“以电脑扫描器存录章签再列印，可否视为发票人签章?”收录于赖源河编，商事法实例问题解析，2000 年，五南，202 页。

（四）付款之方法

依“票据法”第一四四条准用第七一条规定，支票付款人于付款时，负有背书形式上是否连续之审查义务，对于支票上背书签名之真伪及执票人是否为票据权利人，则不负认定之责。付款人除就票面金额之全部付款外，若发票人之存款或信用契约所约定之数不敷支付支票金额时，亦得一部付款；支票付款人为一部付款时，执票人应于支票上记明实收之数目（票 137Ⅰ）。如支票付款人为全部付款时，付款人得要求执票人记载收讫字样，签名为证，并交出支票（票 144 准用 74Ⅰ）。付款人应以付款地通用货币支付票面金额，如以支票转账或抵销者，亦视为支票之支付（票 129）。

三、支票之追索权

因支票原则上限于见票即付，而无到期日之记载，且无承兑、参加承兑及誊本等制度，故“票据法”第一四四条仅部分准用汇票有关追索权之条文。支票追索权行使之原因为：（一）不获付款：执票人于第一三〇条所定之提示期限内，为付款提示而遭拒绝时，须于拒绝付款日或其后五日内，请求作成拒绝证书后，即得对前手行使追索权（票 131）；唯因支票发票人尚负有绝对付款责任，故即使执票人未遵期向付款人提示，或遭付款人拒绝付款后，未遵期作成拒绝证书者，其对于发票人仍得行使追索权（票 132）。（二）付款人受破产宣告：付款人受破产宣告时，执票人亦得行使追索权（票 144 准用 85Ⅱ③）。

行使追索权之时效，依“票据法”第二二条第二项，支票执票人对前手之追索权时效为四个月，此项时效期间较“民法”第一三〇条规定六个月起诉期间为短，该执票人对前手之追索权时效，纵因请求而中断，但自中断之事由终止重行起算时效之日起四个月内，若另无中断时效之事由发生，而未起诉者，其追索权仍因时效完成而消灭，不因“民法”第一三〇条定有起诉期间为六个月，而谓追索权尚未消灭。[10]

第三节　支票之保证

支票并无准用汇票有关于保证之规定（票 144），如支票上载有保证之字样，该记载应不生票据上之效力（票 12）。有疑问者，如背书人于支票背面签章背书外，尚记载连带保证字样，则背书人究应负票据上之背书责任或民法上之连带保

10　参阅“最高法院”1976 年第 8 次民庭总会决议（二），“最高法院”民刑事庭会议决议汇编（上册），24、741 页。

证责任，就此学界及实务见解分歧，本文以为，票据行为具有文义性，依客观解释原则及外观解释原则，原则上不得依其他事实或证据探求当事人之真意，亦不得任意变更或补充当事人之意思，此与“民法”第九八条规定解释意思表示，应探求当事人之真意者，性质上迥然不同。准此，解释票据行为时，基于票据行为之文义性，应无庸先确认票据行为人是否有负担票据债务之法效意思。故倘在票据上签章，即应依票据之文义负责（票 5），至于其所附记连带保证等票据法所未规定事项，则依“票据法”第十二条之规定，不生票据上之效力。[11]

案例

发票人甲向乙借钱，签发支票一只，票面上记载“凭票支付乙……”等字样后，由丙背书作保，再由发票人交付于乙而为借款，试问：丙应负背书或保证责任?

解析

一、若丙于支票背面签名并记载“保证”字样

因支票并无准用汇票保证制度之规定，故于支票上记载保证字样，应属“票据法”第十二条所定本法未规定之事项，而不生票据上之效力，故丙无须负票据保证之责。但其于票据背面签名，已符合背书之形式，基于票据外观解释原则与客观解释原则，自应令丙负票据背书之责。

二、若丙仅于支票背面签名背书

若于票据上未记载保证字样，却以背书来达保证之目的，此即为隐存保证背书，而此种背书之效力，基于维护票据流通性及文义性之观点，应认为隐存保证背书之背书人应依票据之文义负背书之责，而无须负票据保证之责。但乙于向付款人提示请求付款时，付款人得否以背书不连续而拒绝向执票人乙付款，则为另一问题。

第四节 支票之特殊规定

一、撤销付款委托

（一）撤销付款委托之要件

所谓撤销付款委托系指发票人就其所签发之某一特定支票，为禁止付款人执

11 参阅王志诚，公司于支票背面为连带保证行为之法律效力，收录于赖源河编，商事法实例问题解析，2000年，五南，22～24页。

行付款业务，撤回其付款授权之一种意思表示。其要件为：1. 须由发票人以意思表示为之。2. 须已逾法定提示期限。3. 须以书面为之。4. 须未另为止付通知。5. 非经付款人付款。6. 须非保付支票。

依“票据法”第一三五条规定：“发票人于第一三〇条所定期限内，不得撤销付款之委托。”有问题者，若支票发票人于付款提示期限内撤销付款委托，效力如何？有认为“票据法”第一三五条所设之限制，除可使付款银行免去于提示期间内查询是否撤销之情事外，亦可加强票据之流通性，保护支票交易安全，故支票发票人于法定提示期限内为付款委托之撤销，应属无效。[12]然撤销付款委托后，支票发票人仍负担保付款之责任，亦不影响执票人原有之票据权利；且基于契约自由原则，发票人应得自由撤销付款委托，唯鉴于限制支票发票人于法定提示期限内不得撤销付款委托之目的，主要系为加强票据之流通性，保护支票执票人之利益，则将于提示期限内所为之撤销委托，延至提示期限经过后始生效力，并不妨碍执票人于提示期限内为付款提示，亦无碍于票据之流通，故本文以为，于付款提示期限内为付款委托之撤销，暂不生效力，待提示期限经过后仍生撤销之效力，而有预示撤销付款委托之性质。[13]

（二）撤销付款委托之效果

支票发票人撤销付款委托后，发票人仍须照支票之文义担保支票之支付（票126、132）。对付款人而言，撤销付款后付款人不得再为付款，若付款人仍为付款，自不得将该付款效果归于发票人，而应由付款人自行负责；唯支票执票人对发票人之追索权不因之而归于消灭，故付款人误为付款时，若发票人因而得免除对执票人之利益偿还请求或实质关系上之义务时，付款人对支票发票人仍得主张民法上之不当得利请求权。[14]应注意者，撤销付款委托仅系针对该张特定支票禁止付款人付款，发票人与付款人间之付款委托契约仍继续存在。

二、执票人之直接诉权

支票付款人并非支票债务人，无须负票据上之责任，但为强化支票之功能与信用，支票特设有直接诉权之制度。依“票据法”第一四三条之规定：“付款人于发票人之存款或信用契约所约定之数足敷支付支票金额时，应负支付之责。但收到发票人受破产宣告之通知者，不在此限。”故执票人之直接诉权并非票据债

---

12 参阅施文森，票据法新论，1992年，自版，218页。

13 参阅陈世荣，同前揭注2，235页；梁宇贤，同前揭注2，366页。

14 参阅“最高法院”1980年台上字第3965号判决。

务，而系民法上债务不履行之迟延责任，目的在保障支票之付款。直接诉权行使之要件为：（一）发票人之存款或信用契约所约定之数额须足敷支付支票金额。（二）须未收到发票人受破产宣告之通知（票143但）。（三）须付款人于付款提示期限内，为付款之提示而被拒。（四）须付款人无正当理由而拒绝付款。所谓有法定正当理由，例如付款人对发票人拒绝往来、真正权利人之止付通知已经声请公示催告、发票人已经死亡、执票人未于法定期限内为付款之提示、发票人已撤销付款之委托等。

直接诉权之消灭时效，票据法并无明文规定，有谓应依“票据法”第二二条第一项之规定，即自付款人拒绝付款之翌日起算一年。[15]然支票付款人依“票据法”第一四三条所负之债务，并非票据债务，其因违反该项规定拒绝付款，成为给付迟延所负之损害赔偿债务，亦应适用“民法”第一二五条所定之十五年消灭时效。[16]

三、远期支票

所谓远期支票，即发票人于签发支票时，不记载实际签发日为发票日，而以尚未到来之日期为票载发票日。远期支票之信用性质，显与支票为支付证券之性质相违，唯观诸“票据法”第一二八条第二项之规定：“支票在票载发票日前，执票人不得为付款之提示。”似意指支票之发票日得记载将来之期日，且因明定执票人于该票载发票日届至前，不得为付款之提示，即已承认远期支票之合法性。[17]

四、保付支票

“票据法”第一三八条第一项规定：“付款人于支票上记载照付或保付或其他同义字样并签名后，其付款责任与汇票承兑人同。”故所谓保付支票，乃付款人因发票人或受款人之请求，于支票上记载“照付”或“保付”或其他同义字样，并由付款人签名之支票。

保付支票之效力，对付款人而言，支票付款人为该记载后，其付款责任即同于汇票承兑人，换言之，付款人因此成为票据之主债务人，而应负绝对付款之责任（票52Ⅰ、138Ⅰ）；且付款人不得为存款额外或信用契约所约定数目以外之保付，违反者应科以罚锾。但罚锾不得超过支票金额。对于发票人及背书人，则

---

15 参阅郑洋一，票据法之理论与实务，2003年元月修订23版，自版，293页。

16 参阅“最高法院”1978年度第二次民庭总会决议，“最高法院”民刑事庭会议决议汇编（上册），20、200、765页。

17 参阅“最高法院”1966年台上字第121号判决；“最高法院”1963年台上字第2365号判例。

均因此而免其责任，亦即纵保付人不为付款，执票人亦不得对发票人及背书人行使追索权（票138Ⅱ），故发票人亦不得撤销付款委托（票138Ⅳ不准用136）。对于执票人而言，支票经保付后，执票人即不受提示期限之限制，故纵执票人未遵期提示，仍得向付款人请求付款（票138Ⅳ不准用130）；且保付支票如有丧失，即不得为止付通知，但仍得声请公示催告及除权判决（票138Ⅳ不准用18）。

关于保付支票之执票人对付款人，请求票款权利之时效期间为何，票据法未为明文。有认为保付支票既为支票之一种，故应依“票据法”第二二条之规定，其时效为一年。[18]本文认为保付支票之付款人责任既与汇票承兑人同，则保付支票之执票人对付款人应与汇票执票人对于承兑人之时效期间相同，皆为三年。[19]

五、平行线支票

所谓平行线支票，系指支票经在正面划平行线二道者，付款人仅得对金融业者支付票据金额。其主要目的在于支票遗失或被窃时，方便挂失止付及防止冒领。而平行线支票之种类，可分为普通平行线支票及特别平行线支票，前者仅在支票之正面划有两道平行线；后者除划两道平行线之外，并在平行线内，记载特定之金融业者。

平行线支票之效力，因其种类不同而有异：（一）普通平行线支票：依票据法第一三九条第一项规定，付款人仅得对金融业者支付票据金额。且依同条第三项之规定，划平行线支票之执票人，如非金融业者，应将该项支票存入其在金融业者之账户，委托其代为取款。（二）特别平行线支票：依“票据法”第一三九条第二项规定，支票上平行线内记载特定金融业者，付款人仅得对特定金融业者，支付票据金额。但该特定金融业者为执票人时，得以其他金融业者为被背书人，背书后委托其取款。且依“票据法”第一三九条第四项规定，支票上平行线内，记载特定金融业者，应存入其在该特定金融业者之账户，委托其代为取款。

关于平行线支票之撤销，“票据法”第一三九条第五项特别规定，划平行线之支票，得由发票人于平行线内记载照付现款或同义字样，由发票人签名或盖章于其旁，支票上有此记载者，视为平行线之撤销。但支票经背书转让者，不在此限。此支票平行线之撤销系为便利执票人而设。故平行线支票之撤销，必须具备下列要件：（一）发票人签名或盖章于平行线旁。（二）于平行线内记载照付现款或同义字样。（三）支票须未经背书转让。

---

18 参阅“司法行政部”1963年9月23日（1963）台函民字5474号函。

19 参阅梁宇贤，同前揭注2，359页。

唯由于“票据法”第一三九条第五项关于平行线之撤销，仅规定划平行线之支票，故特别平行线可否依此条为撤销？鉴于票据法并未明文限制仅有普通平行线得撤销，故解释上，特别平行线应亦可为撤销；且此撤销制度既系为执票人之利益而设，实无必要限制特别平行线之撤销，故应认为特别平行线支票之发票人，亦可依“票据法”第一三九条第五项规定，撤销平行线。

另应注意者，执票人如于票载之付款银行有账户，可否径向该付款行库为付款提示？有认为此情形违反“票据法”第一三九条第一项之规定，故不生提示效力[20]；唯实务上认为，行库本身若为付款人时，则行库受托后，一方面居于提示银行之地位向本身为提示，另一方面又将该支票予以入账，如因户头无存款，无法进账时，即得居于付款银行之地位，而为拒绝付款之证明，俾利追索权之行使。[21]

案例

甲住台北市，于 1992 年 8 月 1 日，签发以台北之银行为付款人，票面所载之发票日为同年 9 月 1 日之支票一张，后经流通至执票人乙之手中，乙若于同年 8 月 20 日向银行为付款提示、或于同年 9 月 8 日向银行为付款提示、或于同年 9 月 15 日向银行为付款提示，各有何不同之效力？

解析

发票人票据债务之成立，应以发票人交付支票于受款人，完成发票行为时为准，而支票上所载之发票日，仅系行使票据权利之限制，非票据债务之成立时期，故依“票据法”第一二八条第二项之规定，支票在票载发票日前，执票人不得为付款之提示，乙若于同年 8 月 20 日向银行为付款提示，系在票载发票日前，付款银行得拒绝付款，执票人不能行使追索权；若于同年 9 月 8 日向银行为付款提示，依“票据法”第一三〇条第一款之规定，提示期间为发票日后七日内，故其提示期限应为该年 9 月 8 日，故其应为遵期提示，若银行拒绝付款，应于法定期间内作成拒绝证书后，即可对前手行使追索权；若于同年 9 月 15 日向银行为付款提示，已超过法定付款提示期限，依“票据法”第一三二条之规定，对发票人以外之前手丧失追索权，且因未遵期提示，对银行亦无直接诉权可行使。

---

20 参阅“最高法院”1961 年台上字第 1920 号判决、“最高法院”1960 年台上字第 1492 号判决。

21 参阅 1961 年台财发字第 06172 号令、“最高法院”1962 年台上字第 581 号判例；“最高法院”1961 年第四次民刑庭总会决议（二），“最高法院”民刑事庭会议决议汇编（上册），196、200、579 页。

第三编　海商法

第一章　导　论

一、海事法之体系

海事法基本上可大略区分为公法与私法两大领域。海事公法包括国际海洋法（属国际公法领域）与海事行政法（如船舶法、航业法）等；海事私法则包括海商法等。海商法有广义与狭义之分，广义指一切与海商事件相关之一切国内外法规范；狭义则指台湾地区“立法院”所通过之“海商法”（以下称“本法”）。既称海商，其须属在海上及与海相通水面（或水中），以船舶经营商业活动方可，包括运送（货物运送、旅客运送暨船舶拖带）、海难救助与海上保险等活动。因此，本编除导论外，将区分海商企业之组织、海商企业之活动、海商企业之危险及海上保险来作介绍。

二、海商法之法源

海商法之法源（即法律存在之形式），就

广义海商法而言，可区分“国内法源”与国外法源。“国内法源”包括狭义海商法、民法相关规定及船舶法等，由于狭义海商法是特别法，因此根据特别法优于普通法之原则，其优先于民法中有关运送等之规定而被适用。[1]国外法源则包括海事习惯法、国际公约（例如海牙规则、海牙威仕比规则及汉堡规则）等。

三、海商法之独特性

相较于台湾地区其他之法律，海商法之规范本身以及规范客体有明显之国际性与风险性，此即海商法之独特性所在。首先，就国际性而言，不仅海商法所规范之客体常涉及外国船、外国货与跨国运送，其规范本身亦受国际公约及英、美、日、德、法等国之法律影响甚巨。其次，就风险性而言，海上运送之高风险性，除造成海上保险之必要性外，亦造就了船舶所有人责任限制、运送人单位责任限制、共同海损、船舶共有等制度。[2]

四、海商法之发展趋势

海商法之上述独特性造成有些海商法之规范不甚适于解决海上运送以外之运送方式（例如陆运）所衍生之问题，因此现代运输方式之变革，例如货柜运送与多式联运，遂造成海商法在处理一些实务问题之困扰。又由于人类之科技进步与电子通讯之发达，大型船只普及且航速快捷，使得人类对海上风险之控制力增强，此造成船舶所有人责任限制由“物之有限责任”变成“人之有限责任”等改变（后详述）。此些发展的了解与掌握，是研习现代海商法所必须具备。

---

1 郑玉波、林群弼，海商法，1999年11月修订12版，三民书局，4页。

2 R. Herber，Seehandelsrecht—Systematische Darstellung，Berlin，1999，S. 5.

第二章　海商企业之组织

海商企业之组织可区分为物的组织与人的组织，而前者可再细分为船舶、船舶金融及强制执行三方面来加以介绍。

第一节　海商企业之物的组织

一、船舶

（一）定义

所谓船舶，其有广义与狭义之分。广义乃指“船舶法”第一条所称之在水面或水中，可供航行之船舶。狭义则指本法第一条所称之在海上或与海相通水面（或水中）航行之船舶。此时须注意，本法第三条另规定，小船、军舰、公务船及与海不相通水面（中）航行之船舶，除碰撞外，不适用本法之规定。公务船及军舰因其任务不具商事性质，所以被排除在外，小船则因无法载重至远，对客货运送并无多大关系，使其不受本法规范，以免对其造成不便。

船舶碰撞乃属侵权行为，其结果将生损害赔偿之问题，而此问题与该船之大小、任务之公私、属性是否具商事或军事性质以及航行地点为何，并未有所差异，因此只要碰撞，一律适用本法之规定。然而，所谓“本法之规定”，究何所指？有学者认为其乃指有关本法之船舶碰撞规定而已，因为其规范意旨乃在排除民法之与有过失规定之适用，所以，适用有关碰撞之规定即已达此规范目的，而且，若不作此解释，将失区分海商法上船舶与否之实益。[1]唯亦有学说认为其乃指海商法所有相关之规定，并不限于碰撞之规定，因此船舶所有人责任限制及海事优先权等皆有所适用，以免碰撞之一方适用海商法，而他方适用民法，徒生困扰。[2]

海商法上之船舶乃指以商行为为目的，以供海上及与海相通水面（或水中）航行而有航行力（不必自有动力）及装载力之构造物。其所以须以商行为为目的，乃因海商法之意在于斟酌海上之风险，而减轻航海企业者之风险，因此应以借航海而获利者为限（zum Erwerb durch die Seefahrt）。所以，渔船、引水船、拖船等皆属之[3]，但学术研究船舶及私人游艇则不属之，而仅能类推适用海商法之相关规定而已。

（二）船舶之特性

船舶为物，且本质上为动产之一，因此本法第六条才会有“本法未规定者适用民法有关于动产规定”之规定。然而，从海商法的发展历史过程可知，船舶曾被当作不动产（例如中世纪之日耳曼法）、法人、权利主体（19 世纪时），而此一轨迹在现代之法律中尚见其痕迹，而使船舶具有人格性及不动产性。

首先，就人格性而言，船舶有名称、国籍与船籍港，其与人之有姓名、国籍与户籍相当。其次，就不动产性而言，在国际公法上，船舶为国家领土之延伸；有关船舶之强制执行方面，“强制执行法”第一一四条规定，“海商法”所规定之船舶，其强制执行适用关于不动产执行之规定。最后，船舶有类似不动产之高价格性以及登记制度等，在在皆显示船舶之不动产性格。

（三）船舶所有权

1. 船舶所有权之范围

船舶乃一结合物，其组成部分已丧失其独立性，而不能单独为权利之客体，

---

1 梁宇贤，海商法精义，2001 年修订再版，18 页；施智谋，海商法，1986 年，18 页。

2 杨仁寿，最新海商法论，2000 年 3 版，21 页。

3 R. Herber，Seehandelsrecht—Systematische Darstellung，Berlin，1999，S. 86.

其内容包括船体、设备及属具（附属于船舶之各种用具，例如救生艇及起重机等）。设备及属具，若为航行上或营业上所必需，则被视为船舶之一部。其理由在于本法所规定之事项并不以法律行为加以处分者为限，而及于委弃、委付、海事优先权之发生等事项，将之视为船舶之一部分，以贯彻外观主义，而达保护交易安全之目的。因此，船舶之所有权移转、船体保险、海事优先权发生、抵押权设定、委弃及委付等之效力皆及于设备及属具。[4]

2. 船舶所有权之取得、丧失与变更

船舶所有权之取得可原始取得（建造、没收、捕获等），亦可经由继受而取得。船舶所有权之移转，须有让与合意，并须以书面经官署盖印证明，否则不生效力（生效要件），而且，非经登记不得对抗第三人（对抗要件）。与其他种类之物一样，船舶所有权因抛弃、灭失而消灭，但须注意，船舶即使沉没，若仍保有其实体，则所有权仍不消灭，只是因已丧失航行力而不再是船舶而已。

二、船舶金融

在船舶金融的融通上，对船舶（包括设备及属具）具有优先权之人称为船舶债权人，包括海事优先权人与船舶抵押权人。海事优先权最初乃用以在冒险借贷时提供担保，进而使船舶容易获得融资，其后乃被扩及船员因雇用契约所生之债权等。就船舶抵押权与海事优先权间之关系而言，由于海事优先权所担保之债权项目较多，且海事优先权无公示制度而效力却优先于船舶抵押权，因此最近国际趋势上有缩减海事优先权所担保之债权项目之倾向，以强化船舶抵押权之效力。[5]

（一）海事优先权

1. 概念

所谓海事优先权乃指关于船舶所发生之特定债权，就该船舶（含设备及属具）及于该航行期间内应得之运费、损害赔偿及报酬等（合称为海产），有优先受偿而不须登记亦不须占有船只之特殊担保物权而言。[6]

2. 承认海事优先权之理由

世界各国大体上皆有海事优先权之立法，但在立法政策及被担保的债权内容上则有差异。不过，主要系基于航海政策之需要而承认之，包括：（1）为使船员后顾无忧而愿意上船服务及确保航行之安全（公益考量）；（2）基于债权人之共

4　R. Herber，a. a. O.，S. 88.

5　重田晴生、中元启司、志津田一彦、伊藤敦司著，海商法，1994年，东京，青林，97页。

6　R. Herber，a. a. O.，S. 110.

同利益所发生之债权（共益考量）；（3）由于船舶所有人能主张责任限制而基于衡平考量，允许另一方之侵权行为损害赔偿请求权享有优先权。[7]为对此加以统一，国际上遂有多次统一海事优先权及抵押权国际公约（1926；1967；1993）之研拟与签署，唯有的是参加国家少，有的是尚未生效。

3. 海事优先权所担保之债权

海事优先权既为担保物权，其所担保之债权并不以针对船舶所有人者为限，只要是在下述范围内之债权，即使是船舶所有人以外之人（唯其须对船只有物权意义的占有支配，例如光船租赁之承租人）对之应负责，即可就该船只来加以主张。然而，须注意本法第二十六条有海事优先权之除外不适用规定，因为该些损害赔偿数额通常巨大，为免发生对其他债权产生排给之效果，所以特别予以排除。

（1）船长、海员及在船上服务之人员，本于雇佣契约所生之债权

英美法称此为神圣优先权（sacred lien），目的在保护经济上弱者，使船长及海员（以下合称“船员”）等无后顾之忧而愿意上船服务。

（2）因船舶操作直接所致人身伤亡，对船舶所有人之赔偿请求

由于船舶所有人对此等债权得主张船舶所有人责任限制（后述），基于衡平之考量而让权利人对该船舶及属具等具有优先权。[8]现行法更根据1967年公约及人身无价之理念，将其优先次序提前，而使之优于对货物之损害赔偿请求权。所谓人身伤亡不限于旅客及船员，而包括海上及陆上之人身伤亡。所谓船舶所有人，依1967年公约第四条第一项末段，包括船舶承租人或其他佣船人、船舶经理人及船舶营运人。而所谓操作乃指船舶之运航及营运等之利用行为。

（3）救助之报酬、清除沉船费用及船舶共同海损分担之赔偿请求

此项乃因其等请求权对于船舶之维护有所贡献，且用以鼓励救助，及清除沉船以免阻碍航道，而确保航行安全。此时须注意，即使是同一船舶所有人所拥有之另一船舶所为之救助，其亦可对被救之船只享有海事优先权。[9]

（4）因船舶操作直接所致陆上或水上财物毁损灭失，对船舶所有人基于侵权行为之赔偿请求

由于船舶所有人对此等赔偿请求权得主张船舶所有人责任限制，因此，基于衡平而有令此等请求权人对船舶享有优先权。所谓操作“直接”所致，乃指该损害限于直接损失而不及于间接损失（consequential loss），亦即不及于损害结果所

7 田中诚二，海商法详论，1985年增补3版，东京，劲草书房，568～571页。

8 志津田氏治，现代海商法の诸问题，1994年，东京，成文堂，150页。

9 R. Herber，a. a. O.，S. 112.

间接引起之损失或受害人之特殊情况所引起之损失。[10] 此项请求权限于基于侵权行为之赔偿请求，因此若属基于契约关系之请求权，即使有侵权行为之损害赔偿请求权与之竞合，亦不属之。[11]

(5) 港埠费、运河费、其他水道费及引水费

此规定乃用以维护港与河道等设施以确保航行安全。其优先次序之所以墅后，乃因即使无此一优先权，主管机关仍尚得以禁止发航等行政措施使船舶支付该等费用。由此可见，此些费用乃以公法上之请求权为限。[12]

4. 海事优先权之标的

根据台湾地区“海商法”（以下简称本法）第二七条之规定，海事优先权之标的物以下述范围内者为限，且从其中可归纳得知，其皆与船舶有密切之关系，且应限于海上财产而不及于陆上财产。

首先，船舶、设备及属具，或其残余物。所谓船舶乃指海事优先权所保障之债权所由发生之该船舶；属具依德国法之解释以属于船舶所有权人所有者为限[13]，但台湾地区法不必作此狭义解释；残余物乃指船舶于发生海事优先权后已失船舶之特性，例如沉没，唯仍留有残骸者。此时须注意，海事优先权不因船舶所有权之移转而受影响，因为其属担保物权而有追及性。因此，若船舶所有人依本法第一四二条之规定委付（后述）其船舶给保险人，海事优先权仍存于该船上，而非存在于保险金上。此外，亦须注意，追及效力仅及于船舶（含设备属具）及残余物，而不及于运费。

其次，在发生优先债权之航行期内之运费。所谓运费乃指总运费，而非净运费，且若非发生优先权之航行期内之运费，其已丧失海产之性质，所以不为优先权之效力所及。而且，该运费须属尚未收取之运费请求权，若已收取，则与陆上财产混同而丧失其海产性格。[14]

再者，船舶所有人因本次航行中船舶所受损害或运费损失应得之赔偿。船体受损时之侵权行为损害赔偿，就其实质内容观之，乃属船舶之变形物，因此根据担保物权之物上代位原则，为海事优先权之效力所及。[15] 又所谓赔偿是否包括船体保险

---

10 *McGregor on Damages*（16th ed.，1997，London：Sweet & Maxwell），para. 26.

11 R. Herber，a. a. O.，S. 112.

12 R. Herber，a. a. O.，S. 112.

13 Prüssmann/Rabe，Seehandelsrecht，4. neubearbeitete Aufl.，München，2000，S. 1089.

14 重田晴生、中元启司、志津田一彦、伊藤敦司著，海商法，同前揭注 5，100～101 页；志津田氏治，同前揭注 8，145 页。

15 田中诚二，同前揭注 7，574 页。

之赔偿？田中诚二教授认为，保险金实质上乃保险标的物之变体，因此根据物上代位之原则，应认为所谓赔偿包括保险金。[16]台湾地区有学者则认为不及于保险金，否则优先权人不但可就船舶执行，亦可就船舶所有人以陆产支付保费所得之对价（理赔金）执行，将造成无人愿意投保而妨碍航业之发展。[17]德国法采后说。[18]

最后，船舶所有人因共同海损应得之赔偿，及船舶所有人在航行完成前为施行救助所应得之报酬。田中诚二教授认为，此两者皆因利用船舶所生之请求权，所以与运费有同样之性质。运费，如上所述，既属优先权之标的物，此两者被纳入优先权之标的物亦属无妨。[19]当然，与运费一样，其亦以尚未收取者为限，此由条文使用“应得”一词亦可得知。

5. 海事优先权之优先次序

海事优先权相互间之优先次序依本法第二九及三十条之规定，原则上同航次者依第二四条第一项各款之顺序；不同航次者，后次航行之海事优先权优先于前次航行之海事优先权，盖前次航行之海事优先权因后次航行之海事优先权之发生而得以被保存其标的物。

就海事优先权与船舶抵押权之优先顺序而言，由于海事优先权乃因法律规定而生，而抵押权之发生则属意定，若抵押权之次序优于或同于海事优先权，则海事优先权之立法美意便不能达成。而且，供抵押之船舶，其交换价值每因海事优先权事由之发生而获得保存，因此优先权之位次理应在先。

6. 海事优先权之消灭

海事优先权之消灭原因可被区分为一般原因与特别原因。由于海事优先权之性质属特殊担保物权，所以担保物权消灭之一般原因亦会使海事优先权消灭，例如，被担保之债权消灭（因从属性而使其随债权消灭）及标的物灭失而无可得追及之代位物时（如被原始取得时）。此外，就特别原因而言，海事优先权亦因一年之除斥期间之经过（本法第三二条参照）而消灭。由于海事优先权此一未登记之担保物权具隐藏性格，法律为减低其所可能造成之交易风险[20]，故设此一短期除斥期间之规定。

三、船舶抵押权

船舶抵押权制度设计之目的，乃为使海商企业主体得融通资金，而又不失船舶之

---

16 田中诚二，同前揭注 7，574 页。

17 杨仁寿，同前揭注 2，135 页。

18 Prüssmann/Rabe，a. a. O.，S. 1089.

19 田中诚二，同前揭注 7，574～575 页。

20 R. Herber，a. a. O.，S. 114.

占有，进而得以继续营运收益而设。唯因为船舶具有前章所述之不动产性格，船舶抵押权之设定应经登记，否则不能对抗第三人，且本法所未规定之事项，应类推适用民法有关不动产之规定，而与本法第五及六条之适用规定无涉。船舶抵押权之标的物可为建造中之船舶，而所谓建造中乃指安放龙骨至完成时止之阶段。若为已完成之船舶，则抵押权之效力及于设备及属具，然以设定船舶抵押权时所存在者为限，且不及于运费，此点与海事优先权不同。[21]而且，依物上代位原则，其亦及于船舶灭失后所得之赔偿金（指已收取者）、损害赔偿请求权（尚未收取者）及船舶保险理赔金。

四、船舶之强制执行

船舶之强制执行涉及金融债权人利益与旅客货物所有人利益之冲突。英美法系，侧重金融债权人之保护，因为若不优先保护金融债权人之利益，船舶融资将不顺遂，国家航业发展将受影响。而大陆法系则侧重旅客与货物所有人及船舶所有人之利益保护，而限制金融债权人须于发航准备完成以前申请强制执行，若怠于行使权利，则法律无加以保护之必要。[22]

综观各国（地区）立法例及国际公约之规定，关于船舶之强制执行已渐偏向金融债权人之保护，台湾地区法亦同。就台湾地区之相关规定而言，大致可以归纳如下。首先，终局执行之扣押，须依“强制执行法”第一一四条之规定，而本法未特别加以限制。其次，就保全程序（假扣押、假处分）而言，原则上，发航准备完成起（因为若准备完成前不行使乃怠于行使其权利）不得为之，所谓发航准备完成乃指法律上及事实可开航之状态（海关放行及完成补给）。例外根据本法第四条第一项但书之规定，为使该航行变可能所生之债务（因为尚未怠于行使权利），及船舶碰撞之损害赔偿（因为怕等终局判决后不及行使权利），则不受上述原则之限制。

第二节　海商企业之人的组织

海商企业之人的组织首要介绍者为海商企业之主体，亦即以自己名义利用船舶（自己之船或他人之船）现实地航海以获利之主体。其乃以自己名义享受权利并负担义务，大体上包括运送者、海难救助者、捞救者、渔业从业者等。就运送

21　重田晴生、中元启司、志津田一彦、伊藤敦司著，同前揭注 5，105 页。

22　杨仁寿，同前揭注 2，161 页。

业者而言，其可被区分为自船运送人与他船运送人，自船运送人以自己所有之船舶从事运送业，包括船舶共有人与船舶所有人。他船运送人乃借他人船舶以自己名义从事运送之人，包括（光船租赁之）船舶承租人、定期佣船人及其他营运人（例如再运送契约之运送人）。根据光船租赁契约，对该船完全占有、装配、管理与航海者乃承租人，所以在租期内实际上等于是船舶所有人而为运送人。[23] 所谓定期佣船人（后详述），其是否为运送人有不同之见解，鉴于再运送契约之运送人皆已可为运送人，定期佣船人当亦为运送人。

一、船舶所有人

（一）船舶所有人之概念与责任

所谓船舶所有人（亦称为船主），其概念有狭义与广义之分，狭义船舶所有人指船舶所有权人兼营运送业者；广义船舶所有人之概念则扩及非属运送人之单纯船舶所有权人，因此本书所称之船舶所有人，若未特别说明，则属狭义。至于本法第二一条第二项之船舶所有人概念乃属最广义者，而扩及于船舶承租人及营运人。

船舶所有人就海商事业可能有契约责任（含船长及海员等关于债之履行有故意或过失时）及侵权行为责任（例如船长及海员等因执行职务不法侵害他人之权利），此些责任依民法之规定，船舶所有人本须负人的无限责任（理由为其借船员等而获利），然而法律为鼓励航海事业之发展，并着眼于海上之风险大，遂设有船舶所有人责任限制制度以减轻其责任负担。

（二）船舶所有人责任限制

有关于责任限制，海商法区分契约义务责任与契约外义务责任两套责任规范，前者乃有关运送人之责任限制与免责规定等，后者乃有关船舶所有人之契约外责任，例如侵权行为责任。[24] 然而台湾地区及日本法在此却未作明白区隔。

1. 责任限制之理论根据

有关船舶所有人责任限制之理论根据，有所谓船舶人格化理论，依此理论，船长及海员之行为，不论为契约行为或侵权行为，法律上均拟制其为船舶自己之行为，因此，应由具人格之船舶本身负其责任。亦有基于船长法定权限之广泛性，而认为若使船舶所有人负无限责任，则未免太苛者。亦有基于对船长、海员指挥之困难性，着眼于船长在一定情形下为船舶所有人之法定代理人，且对航行

---

23 J. Wilson, *Carriage of Goods by Sea* (2nd ed., 1993, London: Pitman), p. 8.

24 R. Herber, a. a. O., S. 182.

负指挥监督之责，而此皆非船舶所有人所易控制，因而限制船舶所有人之责任。然而鉴于现今通讯技术发达及海外代理人普及之事实，对船舶及船长之指挥监督已不如以前之困难，因此最可采之说法是，由于海上充满风险，若不减轻船舶所有人之责任，将无人乐于航海，进而将影响国家航海产业之发展。[25]

2. 责任限制国际公约与立法例

由于通讯技术进步，造船技术及保险制度等之发达（人类对海上风险控制能力增加），责任限制国际公约屡经变革，计有1924、1957年海船所有人责任限制国际公约，1976年海事债权责任限制公约（1996年修正议定书）等。

虽有此些国际公约，各国有关责任限制方法的立法例则仍有不同。大体上有（1）委付主义：委付前船舶所有人负人的无限责任，委付后，航海终了时之海产（船舶、运费及其他附属费）移转给债权人而免其责任。（2）执行主义（德国旧法）：海上企业活动所生之债务，原则上船舶所有人以与本次航行有关之海产负物的有限责任，而仅能就该海产（船舶及该航行所获运费）为强制执行。[26]（3）船价责任主义（美国主义，但美国法现已部分修正）：以航海终了时海产之价格负人的有限责任，唯船舶所有人亦得不提供海产价格而将海产委付与债权人而免其责任。（4）金额责任主义（英国主义）：因海上企业活动所生之债务，以每次海上事故时根据船只之大小（而与船只之实际价值无关）所订之金额，使其负人的有限责任。[27]（5）选择主义：就委付、船价责任主义或金额责任主义中择一。（6）并用主义（1924年公约所采）：原则上采船价责任主义，唯关于人命或身体损害则并用金额责任主义。

由此可见，国际公约与各国立法例之趋势为采取金额责任主义，而提高其责任限制金额，且缩小船舶所有人责任限制之客体范围。本法第二一条乃采船价责任主义，并用金额责任主义（最低标准）。而并用之立法目的乃为刺激船舶之汰旧换新。

3. 责任限制之主体

本法第二一条第二项规定，所称船舶所有人，包括船舶所有权人、船舶承租人、经理人及营运人。此乃为使海商企业相关人员可主张责任限制而扩张船舶所有人之概念。所谓船舶承租人乃指光船租赁契约之承租人（佣船人）。经理人系指就航行船舶受委任经营航运业务之人。营运人乃指船舶所有权人、船舶承租

25　田中诚二著，同前揭注7，77～78页；村田治美，平成8年（1996年）改订版，东京，126～127页。

26　R. Herber，a. a. O.，S. 209.

27　R. Herber，a. a. O.，S. 209.

人、经理人以外有权为船舶营运之人。

然而1976年公约规定，佣船人（charterer）亦可主张责任限制，而佣船人乃指利用他人船舶从事海商企业活动者，包括光船租赁契约之佣船人（bareboat charterer）、时间（含定期）佣船人（time charterer）及航程佣船人等。本法仅明文规定光船租赁契约之佣船人（本法称为船舶承租人）可责任限制，至于其他两种呢？又日本法亦是根据1976年公约而修法，而其所得主张责任限制之主体更扩及于船舶所有人及救助人两者之被使用人（被使用人之概念限于船舶所有人及救助人须为其行为负责者）。[28]台湾地区法虽未必能与日本法作相同之解释，但是鉴于佣船人（charterer）之概念及于时间（含定期）佣船人（time charterer）及航程佣船人，而此两者若再与他人订立运送契约而自任运送人，其亦有权就该身份主张责任限制[29]，因此，在本法上该两者应可被纳入营运人之概念范围内。

4. 责任限制之客体

有关责任限制之客体（债权），本法第二一条第一项大致仿1924年公约，但1999年修法时参酌1957年公约第一条第一项及1976年公约第二条第一项及台湾地区国情而修正成四款，试依该项各款之规定阐释如下。

（1）第一款：所谓“在船上”所生损害，包括旅客、货物装卸人员、货物、行李及装卸器械等所受之损害，而不论是否为基于契约关系之损害赔偿。[30]在船舶外之损害，包括被碰撞船舶上之人及货物与港口设备等所受之损害，唯必须是技术操作船舶直接所致。[31]救助工作直接所致人身伤亡或财物损失，而不论救助者是否使用船舶进行救助。所称直接所致之损害乃指物理损害[32]，而不及于间接损失。

（2）第二款：所称权益概念甚广，包括渔业权、对方船舶上商店营业权[33]，或营业利益等无体权益之侵害所生之请求权。之所以以他船上之商店营业权益之损害赔偿为限，乃因已方船舶上之商店营业权益一般乃基于契约关系，而契约上之损害赔偿请求权已被排除。[34]

（3）第三款：此类债务限于公法上义务（代履行打捞），若属契约上义务，

28 长谷川雄一，基本商法讲义（海商法），1988年2版，东京，成文堂，69页。

29 R. Herber，a. a. O.，S. 214～215.

30 户田修三，海商法，平成2年5版，东京，文真堂，39页。

31 R. Herber，a. a. O.，S. 212.

32 户田修三，同前揭注30，38页；长谷川雄一，同前揭注28，70页。

33 村田治美，同前揭注25，134页；中村真澄，海商法，东京，成文堂，1990年，104页。

34 长谷川雄一，同前揭注28，70页。

则不可对之责任限制，否则无人愿承揽该工作。

(4) 第四款：基于契约者亦应被排除，所以常为基于自卫而从事损害防止措施所负之债务，而且加害船舶所有人所为之损害防止措施所招致之费用（二度损害），亦可对之加以主张责任限制。[35]

5. 责任限制之不适用情形

本法第二二条列举六种责任限制之不适用情形，分述如下：

(1) 第一款：本于船舶所有人本人之故意或过失所生之债务，不可主张责任限制。所谓船舶所有人应配合本法第二一条第二项而采最广义之定义。且既称本人（自然人或法人经代表机关）之故意或过失，则不含其代理人或使用人之故意或过失。唯何谓过失？1924 年公约称"acts or faults of the owner of the vessel"，1957 年公约称"the actual fault or privity of the owner"，但 1976 年公约则限于"with intent to cause such loss，or recklessly and with knowledge that such loss would probably result"方不可主张责任限制。本法本次修正，仅增列"本人之故意"，而过失概念乃自旧法所延用，所以就文义解释及立法史而言，不能采与 1976 年公约相同之解释，鉴于责任限制范围宜缩小，而本法之规定使有过失之船舶所有人即不可主张责任限制，应比 1976 年公约之规定为佳。唯若采与 1976 年公约相同之解释，则过失概念将被限缩为轻率而对该损害之发生可能性有所认识而仍容任其发生者而言，Herber 教授称其为有认识之重大过失。[36]此一见解值得肯定，盖其虽与重大过失在概念上有所不同，但在实务操作上则差别不大。[37]

(2) 第二款：雇佣契约所生之债务依性质不宜纳入限制债权范畴中，否则将无人愿意上船服务。

(3) 第三款：救助报酬与共同海损分担额各国皆以被救物或曝露于共同危险之财物之价格为责任限制，而有其个别之责任限制制度。

(4) 第四、五、六款：因毒性化学物质、油污及核子污染等事件，其赔偿金额常甚巨且国际上乃采危险责任主义，而非过失责任主义，所以应以特别立法因应之。

二、船舶共有人

船舶价值高昂，常须共有以集资，且海上风险高，亦有必要共有以分散风

35　户田修三，同前揭注 30，39 页；长谷川雄一，同前揭注 28，71 页。

36　R. Herber，a. a. O.，S. 215－216.

37　中村真澄，同前揭注 33，109 页。

险。然近代公司制度及海上保险制度发达，所以船舶共有制度重要性已不如往常。所谓船舶共有人乃二人以上共有船舶之所有权，并以之从事海商企业活动者而言。除共有船舶外，尚须有共同从事海商企业活动之情形。其性质乃属海上特殊共有关系，而与民法上之共有及合伙各异其趣，可谓介于共有与合伙之间。亦即兼具物合与人合之色彩[38]，而为海商法所特别创设之物权共有关系。因此，本法所未规定者，依本法第五条，应适用民法上有关共有之规定。

三、船舶承租人

（一）意义

船舶承租人之概念有广义与狭义之分，前者乃指支付租金而使用他人船舶之人。而后者乃指支付租金而使用他人船舶且以之从事海商企业活动之人而言。海商法上之船舶承租人乃指狭义之船舶承租人。

（二）法律性质

根据船舶租赁契约（即光船租赁契约），对该船舶完全占有、装配、管理与航海者乃承租人，所以在租期内实际上等于是船舶所有人而为运送人。[39]因此，船舶租赁契约乃以船舶之使用及收益为目的而占有船舶之契约，而与本法第四一条之规定无涉。船舶承租人乃海商企业之主体，而就船舶之利用，与船舶所有人有相同之对第三人之权利与义务，唯依船舶登记法之规定，非经登记不得对抗第三人。

（三）船舶承租人与第三人间之关系

船舶承租人为海商企业活动主体，所以乃船长海员等之雇用人，而须依“民法”第二二四及一八八条为其等之行为负责任。船舶承租人亦为运送人，所以应适用本法上有关运送人之规定。其亦为占有使用船舶之人，为保护信赖此一外观之第三人起见，应认为就船舶利用有关之事项，对于该第三人，与船舶所有人有相同之权利与义务[40]，而适用有关船舶所有人之规定。所谓就船舶利用有关之事项，包括运费给付、载货证券上之义务、救助报酬及共同海损之分担等有关航海事务事项。[41]

（四）船舶所有人与第三人间之关系

此时船舶所有人虽非运送人，但在承租人运用船舶而发生海事优先权事项

---

38 田中诚二，同前揭注 7，99 页。

39 J. Wilson，*Carriage of Goods by Sea*（2nded.，1993，London：Pitman），p. 8.

40 田中诚二，同前揭注 7，107 页。

41 杨仁寿，同前揭注 2，91 页。

时，依本法第二七条之规定，其船舶仍属海事优先权之标的，其情形有如担保物权标的物之物上责任一般。

四、定期佣船人

（一）意义

所谓定期佣船契约，乃指佣船人在一定期间内向船舶所有人包租船与人（船员），而以自己之名义与他人缔结运送契约，并就商事有关事项对船长及海员加以指挥监督之契约。在该期间内，佣船人控制船只之商业功能，并为因此所生之费用负责，例如燃料、淡水、货物装卸费用、船钞、港埠建设费、码头使用费等。[42]

（二）实务优点

此类契约是海商企业活动常见之方式之一，因对定期佣船人而言，可视市场状况而机动增减所佣之船舶，并且不必为选择海员及船海技术事项而忧心，而可专业处理商业事项。

（三）契约大体之内容

除船舶租借约款外，通常其会有船长及海员就商业事项（例如货物运送与交付等）应受佣船人指挥之条款（有关航海安全及危险对策之指挥权则仍属船舶所有人），而且会约定船舶保险及修缮费用及船员之薪资等船费由船舶所有人负担，而航海费用，例如燃料、淡水、货物装卸费用、船钞、港埠建设费、码头使用费等运航费由佣船人负担之条款。[43]

（四）法律性质

在介绍定期佣船契约之法律性质前，宜先厘清所谓 charterparty（最广义佣船契约）等之相关概念。英美法上之 charterparty（最广义佣船契约）包括光船租赁契约（bareboat charterparty）、时间佣船契约（time charterparty）及航程佣船契约（voyage charterparty），然而由于光船租赁契约乃属船舶用益契约（船舶租赁契约），所以一般所谓佣船契约，乃指时间佣船契约（time charterparty）及航程佣船契约（voyage charterparty）两种运送契约，而且时间佣船不再被细分成定期佣船与期间佣船，皆被认定为运送契约。[44]与此相对地，在德国、日本及台湾地区法律上，虽然并无立法之明定，但鉴于定期佣船之特殊性（是否为运

42　J. Wilson，*Carriage of Goods by Sea*（2nd ed.，1993，London：Pitman），p. 5.

43　村田治美，同前揭注 25，162～163 页。

44　J. Wilson，*ibid*，p. 4.

送契约有所争议)，而将时间佣船契约（time charterparty）再细分成定期佣船与期间佣船，后者被认定为运送契约而与航程佣船契约（voyage charterparty）合并规定为“以船舶之全部或一部供运送之契约”（乃纯运送契约，台湾地区有学者称之为狭义佣船契约，其内容后述)。[45]

有关定期佣船契约之法律性质，英国法如上所述，认为时间佣船契约乃一运送契约。在大陆法系，学说上则有纯运送契约说[46]、船舶租赁契约（物）与船员劳务供给契约（人）之混合契约（此说着眼于保护信赖船舶利用之外观者)[47]与船舶租赁契约与运送契约之混合说[48]之争。台湾地区、日本及德国海商法对定期佣船契约未作规范，而是实务上所发展出来的。[49]鉴于再运送契约之运送人皆可为海商企业之主体，定期佣船人当亦为海商企业之主体（含运送人)，而与期间佣船契约之佣船人属于托运人者不同。而且，不论其法律性质为何，重要的是定期佣船人之权利义务如何。本书以为，就定期佣船之内部关系而言，船舶所有人须对佣船人负担堪航义务等义务[50]；就定期佣船之外部关系而言，佣船人既为运送人，即应对托运人（对定期佣船契约而言乃第三人）负担起运送人之堪航能力等义务[51]，至于运送事项以外之事务所生之责任，例如侵权行为，由于商业运送事项以外之指挥权仍属船舶所有人，应由船舶所有人负其责任[52]，如此解释权责方能相符。

五、再运送契约之运送人

（一）概念

由于海运习惯之允许（在契约无明文禁止时)，狭义佣船契约之佣船人得将其所佣得之船舱再与第三人签订再运送契约（此时其同时具有运送人之地位)，而此再运送契约可以亦是狭义佣船运送契约，亦可以是件货运送契约。唯就佣船人与船舶所有人间之主运送契约，其乃居于托运人之地位。

（二）再运送契约之法律性质及效力

再运送契约乃一独立之第二运送契约，其乃于主运送契约无反对之特约存在

---

45 村田治美，同前揭注 25，160 页；R. Herber，a. a. O.，S. 251.

46 村田治美，同前揭注 25，162～163 页。

47 田中诚二，同前揭注 7，138～139 页。

48 R. Herber，a. a. O.，S. 240.

49 R. Herber，a. a. O.，S. 235，239，240.

50 *Scrutton on Charterparties*（20th ed.，1996，London：Sweet & Maxwell)，p. 363.

51 J. Wilson，*ibid*，p. 91.

52 户田修三，同前揭注 30，122 页。

时，根据海运习惯所允许者。[53]因此，再运送契约之托运人与船舶所有人间并不生直接之法律关系，而且不仅主契约与再运送契约何者先被缔结皆属无妨，而且即使主契约与再运送契约在内容上不同，亦可。[54]然而须注意到，主运送人可对再运送契约之货物行使留置权。

六、海商企业辅助人

海商企业之辅助人包括船长与海员及引水人等。船长具复合之地位，其乃航海之指挥者，而在海商企业活动方面，其乃船舶所有人之代理人，包括意定“代理权”与法定“代理权”（有很多情况具受任人之性质）。其次，引水人与船舶所有人间具有雇佣关系而有台湾地区“民法”第一八八条之适用，因此本法第九八条规定，“前二条之责任，不因碰撞系由引水人之过失所致而免除”。

---

53 田中诚二，同前揭注 7，252 页。

54 村田治美，同前揭注 25，166 页。

第三章　海商企业之活动

第一节　海上运送契约概述

一、海上运送契约之意义

海商企业活动如前所述，包括运送、疏浚、渔捞与救助等以商业为目的之活动，唯以运送为主要内容。所谓海上运送契约乃以船舶为运送工具之有偿双务契约，且由于须运送完成方可请求报酬，因此具有承揽契约之性质[1]，然由于其尚有（货物）寄托之成分，故应认为其乃一独立类型之有名契约。

1　户田修三，海商法，平成2年（1990年）5版，东京，文真堂，89页。

二、运送契约之体系

由于现代之运送型态多为复合运送方式，因此宜对运送作一体系式分类。现代之运送，可为陆（铁、公路）运、空运及海运。而海运依所运送之客体，可分为船舶拖带、客运及货运。船舶拖带与客运虽然皆属运送之一种，本书限于篇幅，未能详述。货物运送，依其契约之形式，可再被区分为件货运送契约及以船舶之全部或一部供运送之契约（或称狭义佣船契约）；若运送涉复数运送人，则为单式联运（或称通运）或多式联运（或称复合运送）。

三、海上运送契约之适用范围

（一）人之范围

委托进行海上运送之人，在海运实务上，件货运送契约之托运人称为托运人；而狭义佣船契约之托运人则称为佣船人。台湾地区海商法不作此区分，一概以托运人称之。例如本法第四三、四四条乃针对狭义佣船所为之规定，唯仍使用托运人一词。

海上运送之运送人可被区分成自船运送人（船舶所有人、船舶共有人）及他船运送人（船舶承租人、定期佣船人、再运送契约之运送人）。然而，台湾地区法条规定之体例，有针对船舶所有人规定者，例如第二一条第二项（但其概念扩及运送人及船舶所有权人）；有针对运送人而作规定者，例如第四二条；亦有将运送人与船舶所有人并列者规定者，例如第六一条等，读者宜小心区别之。

（二）物之范围

海商法除规定违禁品、不实申报物及危险物，运送人应拒绝载运外，就运送契约之标的物并无限制，唯因商业习惯而允许将该类货物以甲板运送时（本法第七三条但书），不适用第六一条之禁止免责约款之规定。

（三）时与地之范围

虽然在船舶之定义上，本法乃以“海面或与海相通之水面（中）”为界定之范围，但就海上运送之时、地范围而言，本法则不采弦至弦原则或钩至钩原则，而采“港至港原则”，亦即货物进入港区之后在未出港区之前皆有海商法之适用。例如，货物在装载前或卸载后，若已在港区中，即有本法第六一条之适用。[2] 又如本法第五八、五九条有关运送人交付货物之义务，以及本法第五一条有关寄存、拍卖货物之规定，均为卸载以后之行为规范。

2　杨仁寿，最新海商法论，2000 年 3 版，189 页。

四、适用海牙规则之运送契约

有关适用海牙规则之运送契约究何所指，乃海商法上之一大争议。此问题之发生在于件货运送契约与狭义佣船契约在当事人平等性上有所不同，以及实务上船舶所有人与佣船人间亦可能使用载货证券（除其两者间之佣船契约外）所产生。有关海牙规则第一条第二款所称之“运送契约”（contract of carriage），有见解认为，件货运送所签订之运送契约，不论证明该运送契约之载货证券或类似证券是否转入第三人手中，皆属该规则之运送契约；而佣船契约所签发之载货证券或类似证券，唯有于转入第三人手中时方属该规则上之运送契约。另有见解认为，不论是何者，皆以载货证券或类似证券已转入第三人手中为限，方属该规则中之运送契约。

实务上，船舶所有人与佣船人间亦可能使用载货证券，以证明货物之收受及装载情况。船舶所有人若签发此种载货证券给佣船人，由于其间之运送契约关系仍依佣船契约为准，所以该载货证券（功能后述）仅为货物之收据而已，唯若该载货证券转入第三人手中，则英国法认为其乃包含了运送契约之内容，而决定了持有人与运送人间之契约关系，而非仅为一收据而已[3]，所以是海牙规则上之运送契约。有关前述争议，鉴于海牙规则之规范客体乃载货证券（上之运送契约），非对一般运送契约，而且其目的乃在于对载货证券上之免责约款滥用情形，作一最低责任限制[4]，所以只要有使用载货证券而可能因当事人间地位不平等而可能有免责约款滥用可能者，即有适用。依此而言，应以第一种见解为可采。

第二节　海上货物运送契约

一、海上货物运送契约之概念

本法第三八条区分两种运送契约，即件货运送契约（不要式性，且通常以载货证券为证据证明与托运人间之运送契约内容）及狭义佣船契约（具要式性且须以书面为之）。狭义佣船契约：（一）常被用于临时之不特定航线；（二）货物以散装货为主；（三）契约内容常因双方协商而得，具个别性；（四）原则上允许再

---

3 *Scrutton on Charterparties*（20th ed.，1996，London：Sweet & Maxwell），p. 74；J. Wilson，*Carriage of Goods by Sea*（2nd ed.，1993，London：Pitman），p. 7.

4 R. Herber，Seehandelsrecht—Systematische Darstellung，Berlin，1999，S. 308.

运送契约；（五）原则上不能转船，因为货物种类会影响船舶种类；（六）航程佣船有延滞费之问题。与此相对地，件货运送契约：（一）常被用于定期之特定航线；（二）货物种类各色各样；（三）契约常为定型化（甚至附从）契约；（四）不允许再运送契约；（五）可以转船；（六）无延滞费之问题。此两者之区别，正如所谓之“狭义佣船，乃货物叫船来；件货运送，乃货物跑到船边去。”

二、海上货物运送契约之类型

（一）狭义佣船契约（以船舶之全部或一部供运送之契约）

1. 定义

所谓狭义佣船契约乃当事人约定，运送人以船舶之全部或一部供货物运送，而由佣船人给付报酬之契约，所以又称为以船舶之全部或一部供运送之契约。

2. 类别

狭义佣船契约除可被区分成全部佣船与一部佣船外，亦可被区分如下：

(1) 主佣船运送契约与再运送契约：由于海运习惯之允许，狭义佣船契约之佣船人（托运人）可将其所佣得之船舱再与第三人签订再运送契约（此时其同具运送人之地位），而此再运送契约可以是件货运送契约，亦可以是狭义佣船运送契约[5]，此时前者便称为主佣船契约，而后者则称为再运送契约。

(2) 期间佣船（simple time charter）、航程佣船（voyage charter），及混合佣船（mixed charter）：所谓期间狭佣，乃在一定期间内，以船舶（全部或一部）运送货物之契约，换言之，其期间依地球之运行而计算；航程佣船，乃指就一次或数次之航海，以船舶运送货物之契约，换言之，其期间依船舶之运行而计算；混合佣船则为前两者之混合契约。[6]此时须注意，期间佣船又称为论时佣船契约，乃属运送契约之一种，亦是本法第四五、四六条所称之“于一定期间内供运送者”，而与前述之定期佣船契约不同。

（二）件货运送契约

所谓件货运送契约乃以固定航线、船舶、船期、固定码头对公众提供货运服务。件货运送以大型定期班轮（liner）运送货物为现代海运之主流。

（三）单式联营运送契约

1. 意义

所谓单式联运（through carriage），又译为联营运送契约、一贯运送或通运，

5　村田治美，体系海商法，东京，平成八年（1996 年）改订版，165 页。

6　户田修三，同前揭注 1，105 页。

乃指多数同式（海运方式）运送人就同一标的物所为之运送契约。若涉及多种运送方式者（例如陆、海运），性质上虽亦为联运，但因涉及不同之运送人责任制度，本书特别将之独立出来，称为多式联运。

2. 种类

单式联运常涉及转船行为，而狭义佣船契约原则上不能转船，所以单式联运所涉者常为上述之件货运送类型。其尚可细分为：

（1）单独运送（转托运送、下受运送）：乃指一海上运送人与托运人签订一运送契约而承担全部航程之运送，并转而将部分或全部航程，再以自己名义与其他海上运送人订立另一海上运送契约。[7]

（2）共同运送（同一运送）：数海上运送人就同一运送物共同对外与托运人签订（可能透过某一运送人之代理）一运送契约，对内则划分航程连续运送。[8]

（3）相继运送：数海上运送人共同以单一载货证券或类似之运送单据，依序在相接之航程连续运送同一标的物，而该载货证券乃由第一运送人所签发，其他运送人继续依此张载货证券相继运送。[9]此时须注意，在英国法上，签发人若负担全程责任，则其他连续运送人仅为其下包运送人，而非载货证券之当事人，但若该等运送人间有某一种安排以合作提供运送服务，则签发人将有可能被认为亦是其他运送人之代理人[10]，即使未显其他运送人之名亦然。

3. 效力

在单独运送，第一运送人对托运人负全责，而第二位以下之运送人乃第一运送人之履行辅助人而已。[11]在共同运送，所有运送人应连带负责。[12]在相继运送，实务上载货证券之签发人常有仅为自己运送之部分负责之记载，此举对受货人等不甚公平，因此本法第七四条规定，载货证券发给人，对于依载货证券所载应为之行为均应负责（第一项），并对于各连续运送人之行为，应负保证之责（第二项）。所谓“应负保证之责”乃指应为其等之行为负责，因此发给人对外应就整个运送过程所生之毁损、灭失及迟到负责[13]，学者有称之为单方面之连带责任

---

7 田中诚二，海商法详论，1985年增补3版，东京，劲草书房，256页。

8 田中诚二，同前揭注7，257页。

9 户田修三，同前揭注1，134页。

10 *Scrutton on Charterparties*（20th ed.，1996，London：Sweet & Maxwell），p. 370.

11 田中诚二，同前揭注7，258页。

12 户田修三，同前揭注1，133～134页。

13 杨仁寿，同前揭注2，199页。

者。[14]而各连续运送人，依本法第七四条第二项之规定，仅就自己航程所生之毁损及迟到对托运人、受货人或签发载货证券之第一运送人负责。

（四）多式联运契约（复合运送）

1. 意义

多式联运契约，指以两种以上不同之运输方式（海、陆、空运等方式）加以运输之运送契约，所以又称为复合运送。二次大战后，由于国际贸易之兴盛，以及海上运送技术进步之成果，以货柜运送方式所为之海、陆、空等多式联运更为普遍。

2. 责任制度

多式联运，不仅运送方式不同，规范各式运送人责任之法律制度亦不同，而货物之灭失、毁损发生在何一阶段，却不容易确定，因此有多种责任制被用以决定各运送人之责任归属。

（1）分割责任制：由于海上运送、铁公路运送及航空运送之归责基础，有采过失责任主义者，有采通常事变责任者，有采危险责任主义者。因此，在早期，多式联运受到单式联运之影响，采取分割责任制，而由各运送人依其所负责之运送方式之归责基础，对其负责阶段内之毁损、灭失负责。然而，不仅货物之毁损、灭失发生在何一运送阶段不易被确定，即使能被确定，托运人与各连续运送人间未必有运送契约可作请求权基础，而不得不以侵权行为之损害赔偿作请求，因而对托运人等之保护，实属欠周。

（2）网状责任制：此制为 1975 年国际商会联合单据统一规则所采。依此制多式联运营运人对货物之毁损灭失，就运送全程全部负责，唯依货物之毁损灭失发生阶段是否可以被确定而区分：①隐藏性损害（无法确定）：由于无从归责某一阶段之运送人，所以视为海上运送阶段所生。②非隐藏性损害：由于可得确定，所以依规范该式之运送公约或国内法律定其责任。

（3）统一责任制：联合国国际贸易多式联运公约原则上采之，不论损害发生于何阶段，皆由多式联运营运人负责，并规定责任要件及其限制，例外则兼采该式运送之公约或国内法。除此些责任制度外尚有修正统一责任制及综合网状责任制等。[15]

3. 台湾地区规定

根据本法第七五条第一项之规定，若为非隐藏性损害，海上损害部分适用海

14 林群弼，海商法论，2003 年，三民书局，358 页。

15 林群弼，同前揭注 14，363 页。

商法，而非海上损害部分，解释上应适用各该运送方式之法律规范。且根据该条第二项之规定，隐藏性损害被推定其乃发生于海上运送阶段，而适用海商法。

三、海上货物运送人之义务

（一）有关船舶之义务——提供适当船舶之义务

运送契约中有关船舶之约定，有具体指定特定船舶者，亦有以种类之方式指定一定范围内之船舶者，端视托运人（佣船人）之需要而定，尤其是有关船舶个性内容（例如船籍、船龄、体积、载重量、吃水量及装卸设备等），常攸关托运人、佣船人之利益甚巨，因此运送契约常以之为重要内容。此等事项，当事人如有特约，应依其特约，如无特约，运送人应以适当船舶运送之。若有违反，例如船舶非约定范围内之船舶，则此时应根据本法第五条而适用民法有关债务不履行之规定。即使船舶属于约定范围内，若有瑕疵而不能达到运送契约之目的，则根据本法第四二条，托运人得解除契约。由此可见本法第四二条之规定仅是提供适当船舶义务之一部分而已。换言之，运送人须依约或依航运种类等，提供“特定”或“一定范围内”之船舶，且该船舶并无结构上瑕疵而足以达运送契约之目的，方可视为已尽提供适当船舶之义务。[16]

（二）有关货物之义务

1. 堪航能力之注意义务

（1）意义

所谓堪航能力（seaworthiness），乃指船舶须具船体能力（指船舶具有能应付特定的航海上之通常之危险之安全航行能力，又称狭义堪航能力）、运航能力（指船舶应配置从事约定之航海所必要之船员、设备及物料供应而言）及堪载能力（指船舱、冷藏室等供载运之部分适合于载运与保存货物而言）。[17]此能力为一相对概念，只要具有相对应于该季节、该货物、该航线之风险之能力即足。[18]

（2）义务性质

有关堪航能力义务，1929 年所制定之旧海商法采堪航担保主义（即使运送人就船舶之瑕疵并无所过失，仍应对其所引起之损害负责），就现代构造先进又复杂之船舶而言，此对运送人而言未免过苛[19]，因此于 1962 年修正“海商法”时，乃

---

16 杨仁寿，同前揭注 2，204～206 页。

17 户田修三，同前揭注 1，142～144 页。

18 R. Herber，a. a. O.，S. 254；田中诚二，同前揭注 7，266～267 页。

19 户田修三，同前揭注 1，146 页。

参考海牙规则及美国之1936年海上货物运送法（COGSA），改采（推定）过失责任主义，而由运送人对其无过失负举证之责。此一义务乃自本法第六三条所规定之运送人对货物之（一般）注意义务分化而出之个别基本的注意义务[20]，因而两者俱采推定过失责任主义。因此，由于其基本性（因涉航行安全），即使运送人已尽到本法第六三条之对货物之一般注意义务，若未能尽到堪航能力义务，其仍不能免责。而且，若运送人未尽堪航能力注意义务致货物发生毁损灭失时，其亦不得依本法第六九条以下各条而主张法定免责事由而主张不负赔偿责任。[21]

(3) 负堪航义务之时点

有关运送人之堪航能力义务，就负担时点而言，根据本法第六二条第一项所用之"发航前及发航时"之用语可知本法乃采始航责任主义。质言之，运送人自货物装船时起以迄发航时止之期间内，应负堪航能力之义务。因此，对发航后船舶顿失（包括其原因非在发航前可得查知其存在）航行能力所致之损害，运送人不必负责。之所以自装船时起即须负此义务，乃因为货物装船后即随时有发生海上风险之可能，且堪航能力之内容包括堪载能力在内。[22]

有关运送人之堪航义务，就负担之地点而言，有所谓航段主义（doctrine of stage）以及预定航程主义（doctrine of contemplated stage），以及折衷主义。航段主义要求运送人在预定行中之每一停泊港发航时皆须使其具有堪航能力（因此日本有称之为停泊地发航主义者）；预定航程主义则仅要求运送人在货物之装载港，于船舶发航前及发航时，提供足以抗拒预定航程上所可能遭遇危险之船舶，即认其已尽堪航能力之义务（日本有称之为装载港发航主义者）。海牙规则采预定航程主义，本法第六二条继受自海牙规则，自应做相同之解释。

(4) 堪航能力义务之内容

堪航能力义务之内容，如前所述，包括船体能力、运航能力及堪载能力。分述如下：

①船体能力（狭义堪航能力）：所谓船体能力，除船舶须具有健全之结构足以抵抗海上可预见之风险外，货物之装载及堆存方式以及是否超载以致危害航行安全，亦属安全航行能力之范围。然本法仅要求船舶具有安全航行之相对能力为已足，不必具有绝对能力，换言之，仅须具有抗拒预定航程所可预见之危险即

---

20 Prüssmann/Rabe, Seehandelsrecht, 4. neubearbeitete Aufl., München, 2000, S. 413; R. Herber, a. a. O., S. 313；村田治美，同前揭注5，175页。

21 杨仁寿，同前揭注2，222页。

22 户田修三，同前揭注1，148页。

可，不必要求其具有足以抗拒海上任何风险之绝对能力。因此，此项能力之有无，应就航线、气候、航程距离、货载之轻重等等具体事实加以认定。

②运航能力：依本法第六二条第一项第二款，船舶须配置相当之船员、设备及供应。所谓相当，须依相关法令而言，其乃完整而且品质状况佳。

③堪载能力：此乃有关货舱设备之具体规定，因此仅适用于货轮，而且是否有堪载能力，取决于所承运货物之种类与性质。

（5）举证责任

由于本法第六二条第三项仅规定“运送人或船舶所有人为免除前项责任之主张，应负举证之责”，而不及于第一项，因此，运送人主张其对船舶堪航能力义务已尽相当之注意是否需负举证责任，不甚明确。然而鉴于海牙规则第四条第一项后段要求运送人或其他主张免责之人须负举证责任，台湾地区之规定既受海牙规则之影响，自宜作相同之解释以符立法原意，且堪航能力义务与本法第六三条有关货物之一般义务（狭义商业上注意义务），被并列为广义商业上注意义务之一种[23]，宜同解释为属推定过失责任。因此，若受货人等指出（证明）船只有何瑕疵而造成货物受损，则运送人须证明该瑕疵乃发航后所发生，或该瑕疵原因虽存在于发航前，唯即使行使相当之注意仍未能发现该瑕疵。[24]其次，有关举证范围方面，运送人只须证明与损失有关方面之堪航能力，其已尽相当之注意即可。

（6）免责约款

件货运送契约或载货证券（件货运送或佣船契约下所签发者）若有条款免除或减轻运送人之堪航能力义务，该条款依本法第六一条之规定，不生效力。

（7）违反堪航能力义务之效果

运送人除须对因此所生之损害负责外，依本法第一三一条，若船舶欠缺堪航能力乃因运送人（或其代理人）之故意或重大过失所致，则船舶保险及运费保险之保险人对之不负填补责任。

（8）堪航能力义务与本法第六三、六九条之关系

堪航能力义务与本法第六九条法定免责（后述）之关系大体上可整理如下。当运送人根据本法第六九条主张免责时，若其事由与堪航能力有关时，其前提须已尽堪航能力之义务，因为其涉及航行安全而具基本性。田中教授亦认为堪航能力义务是应被最优先适用之义务。[25]因此①当运送人主张本法第六九条第一款之

23 杨仁寿，同前揭注 2，215～216 页。

24 R. Herber，a. a. O.，S. 314.

25 田中诚二，同前揭注 7，298 页。

航管过失时，因航管过失与堪航能力关系密切，因此在绝大多数之情形下，运送人皆须先证明其已尽堪航能力之注意义务，再证明该损害乃航管过失所造成。②当运送人声称火灾乃非因其本人之故意或过失所引起而主张免责时，当区分火灾原因是否明白。若原因明白且与不具堪航能力无关，则不须先证明已尽堪航能力义务；若原因明白且与不具堪航能力有关，则须先证明其已尽堪航能力义务。若火灾原因不明，则其有可能乃因欠缺堪航能力而引起，所以运送人须先证明其已尽堪航能力之义务，方可主张免责。然而须注意，在发航当时之不具堪航能力所引起之火灾，即使非运送人本身过失所引起，运送人仍不能免责。[26]因为此时尚未启航，运送人尚须为其受雇人或使用人之航行管理方面之疏失负责。

其次，就堪航能力义务与本法第六三条（后述）之关系而言，虽然发航后顿失堪航能力运送人可免责，然而此并非意味着运送人有以此一有瑕疵之状态继续航行之权利。因此，若因运送人不能主张免责之过失，以致不能使之恢复正常状态而继续航行，其因此所受之损害，运送人仍须对之负责。[27]

2. 针对货物之注意义务

有关运送人之疏失，海商法区分两种主要类型而分别处理，即商业上过失及航海过失（又称航管过失）。所谓航管过失，乃指有关船舶之航行及管理之船长、海员、引水人及其他运送人之船上使用人之过失。航管过失之行为，须以船舶自体为主要目标，而非以货物为直接目标，且须该过失行为仅偶然地、间接地及附随地影响到所载货物。[28]运送人不必为此种行为负责。所谓商业过失，就广义而言，包括堪航能力义务（基本的注意义务）与对货物之注意义务（本法第六三条），而皆采推定过失责任主义，然而一般皆采狭义，而指本法第六三条之对货物之注意义务。此类行为，根据本法第六九条第十七款规定（其他非因运送人或船舶所有人之故意或过失，及非因其代理人、受雇人之过失所致之毁损灭失，运送人或船舶所有人不必负责）之反面解释，运送人必须为其履行辅助人之故意或过失负责，当然亦须对运送人本身之故意或过失负责。而且其乃采推定过失责任主义[29]，前已述及。

（1）义务范围

此一义务之负担，始于货物收受而终于货物之交付。[30]然而当事人能以特约

---

26 田中诚二，同前揭注7，298页。

27 户田修三，同前揭注1，148页。

28 田中诚二，同前揭注7，286～287页。

29 户田修三，同前揭注1，166页。

30 R. Herber，a. a. O.，S. 314；户田修三，同前揭注1，166页。

约定其事项范围（例如双方得约定装载由托运人为之而非运送人），此时唯于该约定范围内，运送人才负注意义务。[31]若当事人无特约，则根据本法第六三条之规定，运送人须对承运货物之装载、卸载、搬移、堆存、保管、运送及看守为必要之注意及处置。

有关保管，运送人须保持其货物使其不变质，因此运送人须以一切合理之方法探究货物之性质与特性，以决定适当之方法保存之，唯以未逾越运送人之商业知识者为限，又其为防止货物之损害扩大，有权限亦有义务出售货物，此亦为保管义务之一。[32]

（2）举证责任

海牙规则第四条第一项规定，运送人对船舶之堪航能力须尽适当地勤勉（due diligence）之义务，而该规则第三条第二项规定，对货物之装载、看守等应妥适地且谨慎地（properly and carefully）为之。台湾地区海商法未作此区分，而皆要求“应为必要之注意及处置”。所谓必要之注意及处置乃指对此些事项应尽到一般正派（ordentlich）运送人所会行使之注意。亦即其程度须以诚实勤勉且有经验之人为准。欠缺此善良管理人之注意，便有抽象轻过失。因为运送人是以运送货物为营业，所以须负此一程度之注意义务。唯如前所述，在适用本法第六三条时，若运送人未能证明其亦已尽第六二条之堪航能力义务，其仍难谓已尽（广义）商业上之注意。且由于运送人较易提供此方面之证据，所以举证责任由其负担。[33]换言之，当索赔人证明货物在其运送中发生毁损灭失后，即推定运送人有商业上过失[34]，所以运送人须证明其已尽堪航能力义务，且其已尽本法第六三条之对货物之注意义务。

（3）甲板运送

依本法第六三条之规定，运送人有堆存之义务，因此不论实际从事者为其受雇人或独立之履行辅助人，运送人依本法第六九条第十七款之反面解释，皆须为其过失负责。

若货物堆存于甲板上，由于甲板运送风险较大，且遇海难时不计入共同海损，所以保费较高、运费较低。因此，若运送人或其履行辅助人未经托运人同意（亦不符本法第七三条但书之其他规定）而擅自甲板运送，运送人对货物之损害

---

31 R. Herber，a. a. O.，S. 316；田中诚二，同前揭注7，292页。

32 杨仁寿，同前揭注2，227～228页。

33 杨仁寿，同前揭注2，231页。

34 田中诚二，同前揭注7，291、293页。

自应负全部责任，而不可主张本法第七十条第二项之单位责任限制。

甲板运送，如依本法第七三条（经同意并载明于运送契约、航运种类、商业习惯）而得为之，运送人仍须负相当之注意（此即该条文所称"不在此限"之意）。换言之，本法第七三条仅排除甲板运送之违法性，而未排除运送人之注意义务。所以若未尽此注意义务而致生损害，运送人仍须负赔偿之责。又经双方所同意之甲板运送，既符本法第七三条但书之规定，即非本法第六一条之效力所及，所以该特约（纵有减轻运送人责任之效果）仍然有效。[35]

最后，由于货柜运送方式之盛行，而此一运送方式原本即设计可将货柜置于甲板上，因此，运送人将货柜置于甲板上，应认为是当事人所默视同意[36]，因而就法律之适用、共同海损之认列及保险费率之处理等，应与非甲板运送无所差别待遇。

（三）有关航行与装货通知之义务

1. 驶往装载港及通知装货之义务

运送人为载运货物有驶往装载港之义务，而装载港之决定，在件货运送乃依定期班轮表，在狭义佣船契约，装载港须依事先之约定，若未约定，则佣船人有选择权。[37]

有关装货通知，其作用在于确定装载期间之起算点[38]，所以，装载货物所必要之准备完成时，应即对佣船人为装货之通知（本法第五二条第一项），运送人若未尽此一通知之义务，应负债务不履行之责任。而以定期船所为之件货运送，因有船期表，依惯例不必为装货指示及通知。

2. 发航与直航义务

船舶之发航时间，依契约约定或船期表之约定，若无约定，应在合理时间内发航，而合理与否，应斟酌该履约时之实际状况而作认定。[39]

所谓直航义务乃指须依预定航程、最近航程或习惯航程而航行。而所谓偏航，指不变更发航港及到达港，而故意且不合理地变更约定或习惯航程而言。[40]除有正当理由外，运送人有直航之义务，因为偏航将使货物迟到或增加海上危险，而对货物所有人殊为不利。若违反直航义务，英国法上认为，此时他方可主

---

35 R. Herber，a. a. O.，S. 277.

36 R. Herber，a. a. O.，S. 277.

37 田中诚二，同前揭注 7，271 页。

38 户田修三，同前揭注 1，136 页。

39 J. Wilson，*Carriage of Goods by Sea*（2nd ed.，1993，London：Pitman），p. 16.

40 J. Wilson，*ibid*，p. 17.

张该运送契约已被解消（treat the contract as repudiated），而使运送人不得主张责任限制[41]，因为偏航增加海上危险，而使海上保险人得以免责或提高保费，因此运送人须负全责。唯若因航管过失（航海过失）而偏航时，固不能认为其为合理偏航，但既系因航海过失而引起，其损害亦应被认为是因航海过失所造成，运送人得以免责。

四、海上货物运送人之权利

海上货物运送人除有要求运费及延滞费等之权利外，有关货物处置方面，除交付给受货人外，其依情形有留置、拍卖及寄存等权利。

五、海上货物运送人之责任

（一）代负责任

1. 推定过失责任

如前所述，运送人对堪航能力义务与对货物之注意义务（两者合称广义商业注意义务）乃采推定过失责任。而本法第六九条第十七款规定“其他非因运送人或船舶所有人之故意或过失，及非因其代理人、受雇人之过失所致”之毁损灭失，运送人或船舶所有人不必负责。可见，运送人不仅须对其自己之行为负推定过失责任，原则上亦必须为其履行辅助人之故意或过失负责。

2. 运送人之履行辅助人之侵权行为责任

(1) 海牙规则：海牙规则之履行辅助人区分为从属的履行辅助人（运送人对之有指挥、监督关系，如受雇人）及独立的履行辅助人（运送人对之无指挥监督关系，而只有选任之关系，例如承揽人）。运送人利用履行辅助人履行其运送契约义务，不论引起契约责任或侵权责任，皆能享受海牙规则所规定之“免责”、“责任限制”及“除斥期间”等利益，而履行辅助人（不论独立与否）与托运人、受货人或载货证券持有人间并无契约关系存在，若因侵权行为而引起责任，并未能援用运送人所能主张之抗辩或责任限制规定，显失均衡。

(2) 喜马拉雅条款：由于履行辅助人在海牙规则上不能援引运送人所得主张之抗辩或责任限制，实务上乃在载货证券上插入所谓之“喜马拉雅条款”（Himalaya Clause），规定履行辅助人亦得主张之。然而，由于履行辅助人并非运送契约当事人，所以此一条款受到契约相对性原则之拘束。

所谓喜马拉雅条款，其源自于英国 1954 年之喜马拉雅一案，在该案英国

---

41 J. Wilson, *ibid*, p. 24.

Dennig法官及最高法院认为，免责约款若经当事人明示或默示同意，则履行辅助人得主张之。自本案后，英国多数判决允许履行辅助人（不论独立与否）依喜马拉雅条款而援引运送人之免责利益，但亦有法院本于契约相对性而持反对见解者。在大陆法系，此条款之效力应可依利益第三人契约而肯定之。[42]

（3）海牙威士比规则：由于部分国家已承认喜马拉雅条款之效力，且为矫正运送人可享受免责利益而同属海商企业人之组织之履行辅助人却不得享受之失衡现象，1968年海牙（威士比）规则第四条之一规定，从属的履行辅助人亦可主张运送人所可主张之抗辩及责任限制规定。

（4）台湾地区海商法之规定：根据本法第七六条第一项，从属的履行辅助人，除故意或重大过失者外，可主张运送人对托运人及第三人所得主张之抗辩及责任限制规定。而独立的履行辅助人（如承揽人），根据本法第七六条第二项，亦可。可见，本法之此一规定，不同于海牙威士比规则，而接近于汉堡规则之规定，而不分从属性或独立性之履行辅助人。

（二）免责约款

由于运送人之上述责任不轻，实务上运送人常以免责约款排除或限制其所应负之责任，而且曾滥用到“运送人除收取运费外，不负任何其他责任”之程度。为均衡运送人与托运人之利益，并矫正滥用免责约款之实务作法，海牙规则受哈特法案之影响而规定禁止免责约款，并规定运送人应负推定过失责任（此对运送人严），然而亦同时规定了单位责任限制并列举法定免责事由（此对运送人宽）。[43]

1. 免责约款之内容

免责约款是否有效，与免责约款（exception clause，亦有译成除外条款者）之种类有密切关系，然而免责约款之内容林林总总，而常以印刷条款出现于载货证券之背面，只要是免除或限制运送人之责任者均属之。其种类包括过失条款、特定损害原因除外条款、赔偿额限制条款、不知条款等。[44]至于所谓保险条款（即约定载货证券持有人若已自保险人处获得理赔，则运送人不负赔偿责任之条款）虽不属免责条款，但海牙规则第三条第八项以之与免责条款同视。[45]

2. 禁止免责约款之对象

原则上，被禁止免责约款者包括件货运送之运送契约及载货证券；至于狭义

---

42 R. Herber，a. a. O.，S. 207.

43 R. Herber，a. a. O.，S. 309.

44 田中诚二，同前揭注7，311～312页。

45 田中诚二，同前揭注7，312页。

佣船契约，载货证券在当事人间仅为货物收据，双方之运送契约内容依佣船契约定之，由于双方实力均等，不必法律特别保护，所以其上之免责条款不受限制。[46]然而，当该佣船契约下之载货证券已转入第三人手中时，其上包含有持有人与运送人间之运送契约（后述），为保护受让人计，其上之免责条款，依本法第六一条之规定属无效。然而，此一原则有一例外，即甲板运送，不论是商业习惯所允许或经当事人同意者，免责约款仍有效，因为甲板运送风险较大，若不许免责约款，运费必高涨，或甚至造成运送人不愿意运送之后果。[47]

3. 不可约定免责之责任

根据本法第六一条之规定，过失责任及“本章规定应履行之义务而不履行”之责任，不得有免责约定。前者乃指运送人依本法第六二、六三条所负之广义商业上注意义务，不可加以特约限制或免除。后者包括本法第六四、七一、七三、五〇、五一、五三、六二第三项、五四第一项第三款、七十第二项、五六条第二项等。[48]

（三）法定免责

1. 理由与概述

各国（地区）海商法一方面规定运送人之责任及限制免责约款，另一方面则鉴于海上之风险性高，为保护及鼓励海商企业而设有法定免责之规定，而在某种条件下免除运送人之责任。

2. 本法第六九条

本法第六九条参考海牙威士比规则而列举十七种法定免责事由，内容可谓繁杂，然而重点在于航管过失及火灾。为帮助读者理解，本书大体上依归责主体为标准将之区分成三大类。第一类属天灾人祸而不能归责于双方当事人者，包括海上危险、意外事故、天灾、战争、暴动、罢工、敌人行为、检疫、罢工及救助海上人命等。此类损害大体上皆不能归责于运送契约之双方当事人。

第二类涉货物本身或货主，包括包装不固、标志不足或不符（所谓标志不足，包括标志不清及不足以辨识货物之同一性等而言，其乃属量之不足；所谓标志不符指标识不妥当，其乃属质之不当）、货物之固有瑕疵及品质或特性所致之耗损或其他毁损灭失、货物所有人及托运人或其代理人代表人之行为（作为与不作为）所造成之货损。此类损害皆未能归责于运送人或其履行辅助人。

---

46 林群弼，同前揭注 14，456 页；户田修三，同前揭注 1，169 页。

47 户田修三，同前揭注 1，170 页。

48 杨仁寿，同前揭注 2，293～294 页。

第三大类乃不可归责于运送人本人者（此一分类不考虑其是否可归责于其履行辅助人），包括航管过失、火灾、船舶之隐有瑕疵、其他非因运送人或船舶所有人之故意及非因其代理人、受雇人之过失所致者。分述如下。

（1）航管过失

有关运送人之责任，海商法区分两种主要类型而分别处理，即商业过失及航管过失（又称航海过失）。所谓航管过失，乃指有关船舶之航行及管理之船长、海员、引水人及其他运送人之船上使用人之过失。航管过失之行为，须以船舶自体为主要目标，而非以货物为直接目标，且须该过失行为仅偶然地、间接地及附随地影响到所载货物[49]，例如操舵、引擎维护、船体之修缮等。运送人不必为此种（履行辅助人之）行为负责。与此相对地，专为或主要地为货物之利益为目的所为之行为乃有关商业过失之行为，例如货物堆存、保管、通风、保温等。[50]在此方面，本法采（推定）过失责任主义，而且运送人须为其本人及其履行辅助人之故意或过失负责。

航管过失，运送人之所以不必为该过失负责，乃因①航海有关之事项乃运送人通常不直接参与之有关船舶操作之技术事项；②此种事项可能因轻微之疏失即造成莫大之损害；③此种事项委由现场之专门技术人员从事，运送人从陆地上欲加以控制，有实际上之困难。[51]所以，须船只起航后运送人才可主张航管过失而免责。

最后，货物受损乃因欠缺堪航能力及因航海过失竞合引起时，运送人须先证明其已尽堪航能力义务，方可主张并证明其乃航管过失所引起。[52]

（2）火灾

非由于运送人本人之故意或过失所生之火灾，运上人可免责，而不论其乃船舶着火或货物着火，亦不论火苗乃来自船内或船外，而且损害包括火所烧灭之损失以及灭火措施所造成之损失。[53]又，运送人本人之故意或过失所生之火灾其不可免责，其乃指运送人在陆地上所为之船舶管理行为为直接原因所造成之火灾，运送人不能免责，此外，解释上，在陆地上替运送人管理船舶者之故意或过失所造成之损害，运送人亦不得免责。[54]

49　田中诚二，同前揭注 7，286～287 页。

50　R. Herber，a. a. O.，S. 318；村田治美，同前揭注 5，208 页。

51　户田修三，同前揭注 1，171 页；村田治美，同前揭注 5，207 页。

52　村田治美，同前揭注 5，209 页。

53　村田治美，同前揭注 5，210 页。

54　村田治美，同前揭注 5，210 页。

此种火灾，运送人可对之免责，其理由在于：①船上之火灾乃海上危险之典型；②其可能因轻微之疏失即造成莫大之损害；③其过失之判断困难；④即使运送人免责，尚可透过货物保险分散该损失；⑤英美实务长久以来即有免责惯例。[55]

（3）船舶之隐有瑕疵

所谓船舶虽经注意仍不能发现之隐有瑕疵乃指潜在而不明显之瑕疵。换言之，乃指该瑕疵为一般具有该熟练技术之人以通常合理之注意仍不能发现者而言。

（4）其他非因运送人或船舶所有人之故意或过失及非因其代理人、受雇人之过失所致者

如前所述，有关运送人之责任，本法采（推定）过失责任主义，本款规定仅是反映该主义而已。然而须注意，本法第六九条乃采列举式规定，而将海商传统上之一些免责约款加以明文列举肯定之，因此第十七款并非其前各款之概括规定，而是当运送人不能举证主张前十六款之任何一款时，若能举证证明其本身及其履行辅助人并无故意或过失时，不论其事故为何，仍可免责。[56]采此见解与否有重大之差别，例如在有关火灾所造成之货物毁损灭失之情形，若火灾原因虽非由于运送人本人之故意或过失，但却是由于其履行辅助人之故意或过失所造成时，若采列举说，则运送人依本条第三款可免责，若采概括说，则由于该款火灾依此说尚须非属运送人之履行辅助人之故意或过失所造成方可免责，因此运送人此时须负责，除非其能证明航管过失引起该火灾而免责。

3. 本法第七十条第一项（故意虚报货物之性质或价值）

运送人于托运时故意虚报货物之性质或价值，运送人对该货物之毁损灭失不负赔偿责任。所谓故意虚报是否包括以高报低？学说上有采肯定说，亦有采否定说。否定说之理由概为：（1）根据海牙规则之相当规定之立法史，其乃限于以低报高之情形，而不及于以高报低之情形；（2）海牙规则之立法意旨乃在于杜防托运人诈欺较高之损害赔偿金；（3）以高报低，固使运送人收取较低之运费，但其赔偿责任亦相对减低。[57]

4. 本法第七一条（合理偏航）

偏航若有救助海上人命等正当理由，不得被认为违反运送契约，因此，偏航所生之损害，运送人不负赔偿责任。偏航，若属不合理，则得被认为违反运送契约而使运送契约被解除，此时原运送契约已不存在，所以本法上之免责规定及单

---

55 户田修三，同前揭注 1，171～172 页；村田治美，同前揭注 5，210 页。

56 杨仁寿，同前揭注 2，231 页。

57 杨仁寿，同前揭注 2，318～319 页。

位责任限制规定已无被适用之余地。

5. 本法第七二条（未经同意而装载者）

货物未经船长或运送人之同意而装载者，运送人对该货物之毁损或灭失不负赔偿责任。

（四）海上运送人之单位责任限制

运送物如有丧失、毁损或迟到者，其损害赔偿额根据“民法”第六三八条之规定，应依其应交付时目的地之价值计算之，唯因目的地之价值，通常已含运费等，因此若此等费用因货物之丧失、毁损而无须支付，则应自赔偿额中扣除之。然而，由于海上风险较大，有必要减轻运送人之责任，而且实务上常有为了降低运费而限制损害赔偿数额之做法[58]，因此本法第七十条第二项遂有单位责任限制之规定。然而，此项责任限制金额近年来有提高之趋势，因为汽车等大型器械价值高，所以允许以重量计算，而且人类因科技发展而对海上风险之控制力提升，亦减低了责任限制之迫切性。

单位责任限制有两项阻却事由，即 1. 货物之性质及价值于装载前已经托运人声明并注明于载货证券（本法第七十条第一项）；2. 运送人之故意或重大过失所生毁损灭失。所谓运送人之故意或重大过失，在日本之内国海上物品运送法，乃指运送人本人之故意（恶意）或重大过失[59]，盖此时之运送人不值得被特别加以保护。

最后，有关货柜运送之单位或件数计算问题，学说上有货柜件数说、货物件数说、货柜所有人区别说、载货证券记载说等，本法第七十条第三项为免争执遂规定，若载货证券上有明载，则依其记载之包装数；若载货证券上未明载，则依并装单位为件数，以保护载货证券之受让人。

六、海上货物运送契约之恒定

根据本法第四一条之规定，以船舶之全部或一部供运送之契约（狭义佣船契约），不因船舶所有权之移转而受影响。此乃因为狭义佣船契约属纯运送契约，因此，船舶让与人乃一运送人，而此一运送人地位不应因船舶所有权之移转而受影响。此时，让与人仍须依运送契约或载货证券之文义负责。而且，船舶受让人仍非运送契约之当事人，而只是运送人之履行辅助人。又，以全部或一部供运送之契约，并非租赁契约，所以并无“民法”第四二五条（所谓买卖

58　户田修三，同前揭注 1，174 页。

59　村田治美，同前揭注 5，205 页。

不破租赁原则）之适用。

七、载货证券

（一）概述与功能

载货证券（Bill of Lading）乃指证明货物收受及运送契约内容，并表彰货物交付请求权之有价证券。传统上，由于怕遗失，并为了使受货人能由各种途径早日收到载货证券，故习惯上会发行二、三份，此时依本法第五八条之规定，在货物之目的港仅需一份即可请求交货；在目的港以外之港口，为防诈欺，必须全数交还始可请求交付货物。

载货证券乃货物收受、装船、装船日期、货物外部状况等其上所载事实之证据。它亦是运送契约之证明[60]，并提供了移转运送契约权利之机制，而使得在运送人与持有人间，载货证券即为运送契约之本身。在符合一定条件下，它亦是英美普通法上之货物权利证券。

（二）载货证券之种类

1. 单式联运载货证券（through B/L）与中间载货证券（local B/L）：前者乃指在单式联运之场合，就整个航程所签发之载货证券，而后者乃指各单式联运之连续运送人就本身之航程向联营运送人所签发之载货证券。

2. 复合运送载货证券：乃因应货柜运送所设之载货证券，根据信用状统一惯例第二六条之规定，其应记载货物已收受（received）即可，不必记载已装船，且因船名及装卸港在签发时尚未确定，因此可以记载“预定”，而不必载明。

3. 运送人载货证券与船舶所有人载货证券：根据船主载货证券制，船长有为船舶所有人（含准船舶所有人）签发载货证券之法定职权，因此就船长所签发之载货证券，船舶所有人必须负责。海牙规则第三条第七项改采运送人载货证券制度，即船长签发载货证券乃为运送人所为，而非为船舶所有人（此在再运送契约时有关键重要性）。台湾地区现行“海商法”已改采运送人载货证券制度。

（三）载货证券之法律性质

1. 不完全有价证券性

所谓有价证券有完全有价证券（指其上所表彰之权利之发生、移转及行使与证券不可分，例如票据）与不完全有价证券（指其上所表彰之权利之发生、移转及行使有一项以上与证券可分）。载货证券系表彰货物交付请求权之有价证券。[61]其上之

---

60 *Scrutton on Charterparties*（20th ed.，1996，London：Sweet & Maxwell），p. 67.

61 R. Herber，a. a. O.，S. 283.

权利之移转及行使与证券不可分，但权利之发生则否，所以其为不完全有价证券。换言之，载货证券所表征之货物交付请求权乃托运人基于运送契约将货物交付给运送人所发生，而非因证券之作成所发生（此点与票据不同），所以其不具设权性。

2. 要式性

本法第五四条第一项规定了载货证券之要式性，然载货证券之要式性并未如票据之严格。因此，即使载货证券之记载遗漏了本法第五四条第一项之某些事项，只要不妨碍运送物之同一性、托运人及目的港之确定，并经运送人（或其代理人）签名，即可认其已备必要之要式性。载货证券之所以不采严格之要式性，乃因载货证券之提出与缴回乃为换取货物之交付，因此只要依载货证券之记载可知在何港谁须交付且交付者何物，则已达设计之目的，不必要求严格之要式性。[62]

3. 文义性

本法第六十条第一项准用“民法”第六二七条之结果，件货运送载货证券持有人与运送人间，关于运送事项，依其载货证券之记载。此即载货证券之文义性。狭义佣船契约，另行签发载货证券者，运送人与佣船人以外之载货证券持有人间之关系，依本法第六十条第二项之规定，亦依载货证券之记载决定之。

载货证券设计之本旨即在于能转让流通，而为达流通之目的，遂有文义性之设计以保护善意持有人。所以，载货证券之持有人须为善意始受保护。而且载货证券持有人须属适法之持有人，换言之，其须非窃得，且背书（指记名式证券时）连续。又，文义性效力仅在保护善意持有人，因此非但运送人不可主张文义性（在英美普通法上，运送人将被禁反言），而且持有人是否要主张文义性乃其自由，运送人不得强迫之。

有见解严格要求载货证券之文义性而认为，运送人须依其记载负责（对持有人而言），因此，纵使载货证券为空券或记载货物与实际运送之货物不符，运送人仍应依其文义记载而负责。有关于此，后详述于载货证券之债权效力一节。

4. 载货证券之转让性

有价证券之转让，若为无记名证券，以交付转让之，而不必背书；若为记名式证券，则以背书加交付转让之。载货证券须背书（完全或略式皆可）者，若其背书连续则生货物受领权移转之效果，但不具担保效力，因此最终持有者若未能领得货物，并不得向其前手追索。此一权利移转效力，在不记名载货证券，则因交付载货证券而发生。此时须知，由于载货证券之善意受让人并未能

62　杨仁寿，同前揭注2，368、370页。

如票据之善意受让人般取得大于其前手之权利，所以尚非英美法上所称之流通（negotiable）证券。[63]

5. 载货证券之缴回性及处分证券性

装船载货证券为货物之表征，因此于装船载货证券签发后，证券持有人若欲处分货物，须以载货证券为之。可见，装船载货证券具有处分证券性。又本法第六十条第一项准用“民法”第六三〇条之结果，载货证券持有人请求交付货物，必须向运送人提示并缴回载货证券。此即载货证券之提示性与缴回性。又运送人苟向载货证券合法持有人以外之人交付货物，除运送人须对持有人负违约责任外，该受领人亦不能取得该货物之所有权。因此，除有善意受让之情事外，载货证券持有人本于其根据国际货物买卖关系所获得之所有权，可向该受领人请求返还该货物。

6. 载货证券之要因性

根据“海商法”第五三条之规定（运送人或船长于货物装载后，因托运人之请求，应发给载货证券）可知，装船（或接收）载货证券之签发系在运送契约签订后，而且货物已装船（或接收）后方为之。因此若运送契约未成立或生效，或货物未经收受即签发载货证券，例如在空券及实际所运送之物与记载物品不符时，该载货证券是否会受其影响，有数种见解如下：

（1）要因说：此说着重于载货证券系表彰基于运送契约所收受运送物之交付请求权，因此，若运送契约无效，或运送人未收受货物却签发载货证券，由于交付请求权无由发生，所以表彰该请求权之载货证券亦无效。至于信赖载货证券之善意持有人，则仅能依禁反言之原则加以救济。[64]

（2）文义说（纸上权利说、证券权利说）：此说着重于载货证券之文义性、善意持有人之保护及证券之流通需要，因此不论是空券或物品不符，运送人均应依其记载而负责。[65]

（3）折衷说：Herber 教授认为载货证券乃半要因证券，亦即该被证券化之请求权之内容固独立于其基础运送契约，然而却一直须受到规范该基础关系之法律所界定。因此，运送人甚至可以对载货证券之善意持有人主张说，他的交付请求权须受到海商法的界定，因而其须依规定缴交运费方有交付请求权。[66] 此外德

63 *Scrutton on Charterparties*（20th ed.，1996，London：Sweet & Maxwell），p. 185.

64 林群弼，同前揭注 14，459 页。

65 田中诚二，同前揭注 7，415 页。

66 R. Herber，a. a. O.，S. 283－284.

国海商法大师 Wüstendörfer 则就空券之情形采要因说，亦即认为载货证券乃以装船事实为原因。[67]

（四）载货证券之债权效力

1. 债权效力之意义

所谓载货证券之债权效力乃指载货证券所具有决定运送人与载货证券善意持有人间之债的关系之效力。[68] 在台湾地区法上，此即前述之载货证券之文义性效力。至于在运送人与托运人之间，载货证券仅是证明规范其间关系之运送契约之内容之证据方法而已。

2. 航运利益与贸易利益之冲突

创设载货证券之本旨在于国际贸易上之转让流通，而为达流通之目的，遂有文义性之设计以保护善意持有人。然而，载货证券却又同时证明或表征运送契约之内容，因此亦涉及运送人责任之问题。有关载货证券之债权效力，立法例上有采表面证据（类似台湾地区法上之推定）主义者（英美法系），亦有采文义责任主义（大陆法系）者。[69] 前者强调航运利益，因此载货证券仅为运送契约内容之表面证据；后者则着重贸易利益，而保护载货证券受让人对其上文义之信赖，因此载货证券上所载即为运送契约之内容本身，而非仅为一证据方法而已。现行德国海商法已改采推定责任主义（唯学说上有争执）[70]，日本国际海运法亦改采推定责任主义而与日本商法乃采文义性规定者不同。[71]

台湾地区"海商法"第六十条，就运送人与（善意）载货证券持有人间，不论是狭义佣船契约或件货运送皆规定依载货证券之记载负责。此为有关载货证券之文义性规定。然而，"海商法"第五四条第三项则采推定责任主义。其间显有冲突，而须加以厘清。

3. 载货证券债权效力之范围

虽然运送人与托运人间之关系依运送契约而定，而与载货证券之债权效力无关，但由于其对债权效力之理解有帮助，且为求体系完整，所以一并介绍之。

（1）运送人与托运人间

运送人与托运人间，依运送契约之内容定其权利义务关系。载货证券就本法第五四条第一项第三款所规定之事项仅为具推定效力之证明运送契约内容之证据

---

67 R. Hefber，a. a. O.，S. 284.

68 田中诚二，同前揭注 7，394～395 页。

69 田中诚二，同前揭注 7，395～398 页。

70 Prüssmann/Rabe，a. a. O.，S. 751.

71 田中诚二，同前揭注 7，410 页。

方法（本法第五四条第三项）。既为推定，即允许当事人以反证推翻其推定。唯须注意此与英美普通法上之原则尚有不同。根据后者，载货证券为其上所载事实（装船日期、签发日期、装船与否、装船港、货物外部情况等）之表面证据，并不以台湾法第五四条第一项第三款所规定之事项为限。而且所谓容许以反证推翻该推定，仅限于运送人与托运人间方有其适用，因为在英美普通法上运送人将被禁止（estopped）对载货证券之受让人，作与其上所载事实相反之言行。

①本法第五四条第三项之推定效力

载货证券上所载之托运人书面通知事项（货物名称、件数、重量，或其包装之种类、个数及标志）依本法第五四条第三项之规定，其仅具推定之效力，所以双方皆可以以反证（例如理货单、大副收据）推翻该推定。此是否及于载货证券已转入善意第三人手中时？

由于台湾地区规定不甚健全，以致学者见解分歧，以下试参考德国法体系（大体上采海牙威士比规则），整理如下。有关载货证券上之记载，可分装卸载事实（Abladetatsache）与非装卸载事项。前者，原则上须依托运人之书面通知（货物之尺寸、数量、重量、标志及外部可资辨识之情状）而记载，例外于有理由疑其不正确或无充分机会检查时，始可不须依其书面通知而记载（德商法第六四五条）。后者（非装卸载事项，即非须依托运人书面通知而记载者，例如装船日期），台湾地区法无规定，在德国法上则认为此些记载具有事实上推定运送契约之内容之作用。[72]在运送人果依托运人之书面通知记载之情况，德国商法第六五六条第二项规定，此时推定运送人依载货证券上之记载（反应托运人书面通知之部分）而接收货物。在上述例外不须依托运人之书面通知记载之情况，亦即由于实务上常由托运人自填载货证券（此举符合法条所定书面通知之要求[73]），若有理由疑其不符或无法检查等情形，运送人可要求更正，亦可仍然接受之，而根据第六四六条而作一相对应之批注（entsprechenden Zusats），包括所谓边际条款（Marginal-Klauseln，例如“包装受损”，此时载货证券将变成不洁）[74]及附理由的批注（德文为 Begründete Zusätze，其包括附理由的不知条款及附理由之据称条款等）。之所以不知须附理由，本书以为其乃因德国法上应依托运人书面通知记载之事项皆属有关货物之外观可判断事项，如下所述，运送人本有检查之义务，今运送人主张不知，自当附理由。附理由的批注（包括附理由的不知条款）以及

72 R. Herber，a. a. O.，S. 295.

73 Prüssmann/Rabe，a. a. O.，S. 708.

74 Prüssmann/Rabe，a. a. O.，S. 724.

德国商法第六五六条第三项所规定之内容不知条款（其须依载货证券之记载可知，货物乃以有包装或装于密闭之容器之方式交付给运送人者）（据称条款与内容不知条款同视），依德国商法第六五六条第三项之解释，不具推定效力，即使载货证券已转入善意第三人手中时亦然。

根据台湾地区"海商法"第五四条第三项之规定，若载货证券上之货物名称、件数或重量等乃依照托运人之书面通知而记载，则推定运送人依其记载而运送，因此允许运送人以反证推翻该推定（从本项规定看不出当载货证券已转入第三人手中时是否仍可被推翻）；若载货证券上之货物名称、件数或重量等乃非依照托运人之书面通知而记载，则由于台湾地区"海商法"就此方面之债权效力未作特别规定，因此根据"海商法"第六十条第一项准用"民法"第六二七条之结果，运送人应依载货证券之文义对持有人负责。此一结果不论载货证券是否已转入善意第三持有人手中，影响载货证券之商业流通功能。因此，本书以为应限缩解释"海商法"第五四条第三项之规定，使之不及载货证券已转入善意第三人手中时。而且，载货证券中非依托运人书面通知而记载之事项，在托运人与运送人间而言，应亦仅有事实上推知双方运送契约之内容之证据效力。

②何谓本法第五四条第二项之"载明其事由或不予载明"

有关运送人对货物之检查及陈述，货物之外部状况，运送人负检查之义务，并载明于载货证券上[75]，若怠于记载，则视为其已在载货证券上证明其外部状况良好且托运人不保证其通知正确，只有货物之非外部状况，运送人方可为不知或据称条款。例如，在英国法上，船长就货物之品质并无权去作陈述以限制船舶所有人（运送人），因此船长即使在载货证券上陈述货物之品质，此仍不能拘束船舶所有人。[76]然而这原则，在现代货柜运送方式下受到改变，货柜若由托运人自行装填，则货物内容、名称、数量等，运送人均可合法为不知或据称条款。

本法第五四条第二项规定，通知事项如与所收货物之实际情况有显著迹象疑其不相符合，或无法核对时，运送人得在载货证券上，载明其事由或不予载明。何谓"载明其事由或不予载明"？"载明其事由或不予载明"之效果如何？

旧"海商法"第九八条第二项仅规定"得不予载明"，致产生所谓据称条款被认为已予载明，因而不适用该项规定之争议，所以新法才作此一修正，显见第五四条第二项之"载明其事由或不予载明"，乃为规范不知或据称条款等。

就英美普通法而言，当信用状要求受益人提出载货证券时，在通常情况下其

75　R. Herber, a. a. O・, S. 287；张新平，海商法论，2001年，五南，207页。

76　*Scrutton on Charterparties* (20th ed., 1996, London: Sweet & Maxwell), p. 121.

乃指清洁载货证券。[77]而何谓清洁载货证券，则未曾被完整地加以界定。Salmon法官认为其乃指对货物及其包装的外观良好状况（the apparent good or der or condition）未作任何保留之载货证券。[78]其判断之时点为装船时之货物外观与包装。[79]信用状统一惯例第三二条第（a）项亦有类似的规定。又载货证券不因含有“重量、数量、内容与价值不知”的记载（简称不知条款）而变成不洁。[80]因为就现代之货柜运送方式而言，运送人很少有机会知悉货柜内之货物数量与内容。信用状统一惯例第三一条遂规定，除信用状另有规定外，银行将接受外观上载有诸如“托运人自行装货与点数”或“据托运人声称含有”等类似文字之运输单据。有了这些据称条款，运送人即可不必为托运人所声称之数量或重量等负责。既然载货证券不因有不知条款而不洁，根据举重以明轻之法理，载货证券亦不因有据称条款而不洁。

由上述德国法之规定可知，货物若（由载货证券之记载可知）是以经包装或装于密闭容器之方式交付给运送人（例如托运人自行装填之货柜运送）运送，则由于运送人并无知悉或检查其内容之机会，运送人可于载货证券上不必附理由地为内容不知条款或据称条款，此即台湾地区法所称之“不予载明”。若货物（由载货证券可知）是以非经包装或非装于密闭容器之方式交付给运送人，且运送人不依托运人之书面通知事项于载货证券上记载时，其须附理由（即有迹象疑其不符或无法核对之理由）方可为合法之不知条款或据称条款，此即台湾地区法所称之“载明其事由”。

最后，“载明其事由或不予载明”之效果，亦即合法之据称条款或经载明其理由之不知条款等，依本法第五四条第三项之反面解释，其与德国法一样，不具推定运送契约内容之效力。

（2）运送人与载货证券善意持有人间

在英美普通法上，载货证券既仅为其上所载事实之表面证据（类似台湾地区法上之推定），即容许以反证推翻之，然而仅限于运送人与托运人间方可推翻，因为在英美普通法上运送人将被禁止（estopped）对载货证券之受让人，作与其上所载事实相反之言行。此一普通法上之原则，已被海牙威士比规则第三条第四项所沿用。

---

77 *British Imex Industries Ltd. v. Midland Bank Ltd.* [1958] 1Q. B. 542.

78 *Ibid*, at 551.

79 *M. Golodetz & Co. Inc. v. Czarnikow Rionda Inc.* [1980] 1 W. L. R. 495 at 518.

80 *Ibid*, at 512.

①无合法据称或不知等条款时：依据本法第五四条第三项之修正理由八可知，该项乃参照海牙威士比规则第三条第四项而修正，所以依此一立法理由及该规则第三条第四项但书（但载货证券已转入善意第三人之手者，不得再以反证推翻之）之规定，当载货证券已转入善意第三人之手中时，运送人即不得以反证推翻该推定，此时，由于台湾地区又有载货证券之文义性规定，因此应视情形区分成件货运送（本法第六十条第一项准用“民法”第六二七条）及狭义佣船契约（本法第六十条第二项）而要求运送人依载货证券之文义记载负责，前已述及。

②有合法据称条款或合法不知条款等时：当载货证券上有适法之不知或据称条款之记载时，对载货证券之善意持有人而言，运送人仅依其记载之文义负责，而其记载乃“不知”或“据称”。在英国法上，重量或数量不知条款，连表面证据都称不上，而须由货主证明实际上所装载之重量或数量。[81]相同地，根据德国商法第六五六条第三项之规定，此类条款将排除载货证券所具之可推翻（widerlegbare）之推定力与不可推翻（unwiderlegbare）之推定力（指载货证券已转入善意第三人手中时）。[82]台湾地区法亦应作相同之解释。唯此类载货证券仍可被信用状开状银行所接受，已于前述及。

（五）装船载货证券之物权效力

1. 意义

所谓（装船）载货证券之物权效力，乃指就货物物权因法律行为而变动而言，装船载货证券之交付与货物之交付有同一之效力。所以，日本有学者称之为，载货证券所具有决定运送物品上之物权之效力。[83]

台湾地区“海商法”第六十条第一项所准用之“民法”第六二九条称，“交付提单于有受领物品权利之人时，其交付就物品所有权移转之关系，与物品之交付有同一之效力。”仅就“所有权移转之关系”而作规范，不及其他物权因法律行为而变动之情形，实有疏漏。相对地，日本商法第五七五条则规定“就运送物所得行使之权利”，显较台湾地区规定为广。

由载货证券之交付与货物之交付有同一之效力可知，载货证券之交付乃货物占有之拟制交付。[84]因此，当载货证券持有人对货物有所处分时，须以载货证券为之，此即载货证券之处分证券性，前已述及。

---

81 *Scrutton on Charterparties*（20th ed.，1996，London：Sweet & Maxwell），p. 119.

82 Prüssmann/Rabe，a. a. O.，S. 756；R. Herber，a. a. O.，S. 287.

83 田中诚二，同前揭注 7，389、394 页。

84 谢在全，民法物权论上册，台北，1989 年 12 月，60 页。

2. 物权效力之学说争执

有关载货证券之物权效力是否须以运送人占有货物为前提之问题，由于事涉国际贸易上载货证券善意持有人之保护问题，因此大体上有以下之学说。

(1) 绝对说

此说为保障载货证券之圆满流通性，摒弃民法上之占有理论，而认为载货证券之交付与运送物之交付有同一之效力，而与运送人是否占有运送物无关，除运送物已灭失、遗失不能回复或已被善意受让等情形外，载货证券受让人皆可不论运送人之占有情形而受让载货证券。换言之，载货证券之转让为民法占有取得原则以外之绝对的占有移转原因，而属基于商法规定之特殊占有移转原因。

然而商法仅为民法之特别法，而非与之完全独立，因此本书认为，除非不得已，不宜脱离民法占有理论来加以论述。

(2) 严正相对说

此说认为载货证券之交付要构成拟制交付，除载货证券之交付外，尚须有“民法”第七六一条第三项之让与对运送人之返还请求权之让与合意。

此说无视载货证券等已证券化权利之拟制交付作用，有碍交易之顺畅。

(3) 修正代表说

此说现在在德国渐受欢迎，其认为载货证券为货物之表征，因此只要货物在运送人之占有中（间接占有，例如在码头仓库中，亦可），则载货证券之交付为货物间接占有之移转。[85]

日本田中诚二教授受修正前之代表说之影响，认为代表说乃要求货物须在运送人之直接占有中方有拟制交付之效力[86]，而基于载货证券之流通性及善意持有人之保护，以及关于载货证券之法律性质宜采权利证券说而非要因说，因而认为绝对说较可采。[87]而此一见解亦影响台湾地区一些学者之见解。

3. 载货证券只有让渡效力而无移转所有权之效力

德国法上亦称物权效力为让渡效力〔让渡之概念尚不及英国法上所称之流通(negotiable)程度〕，因为它是所谓让渡证券（Traditionspapier），包括指示仓单(Orderlagerschein)、提单（Ladeschein）及载货证券，所共具之效力。[88]台湾地区“民法”第六二九条之规定，易使人误认为货物所有权之移转因载货证券之移转

85 R. Herber，a. a. O.，S. 300－301.

86 田中诚二，同前揭注 7，391 页。

87 田中诚二，同前揭注 7，392、393 页。

88 Karsten Schmidt，Handelsrecht，5.，völlig neu bearbeitete Aufl.，Carl Heymanns Verlag KG Köln，1999，S. 695－696.

而移转。

然而，台湾地区“民法”第六二九条规定“交付提单于有受领物品权利之人时，其交付就物品所有权移转之关系，与物品之交付有同一之效力”，虽非如德国商法第六五〇条之广泛规定为“就对货物之权利之取得而言”（für den Erwerb von Rechten an den Gütern），但经仔细斟酌仍可看出台湾地区“民法”第六二九条仅在规定载货证券及提单之拟制交付效力，而非所有权移转之效力。

国际货物买卖之货物所有权之移转取决于当事人之意思（intention）（让与合意）[89]，当事人合意非但决定所有权移转之时点，亦决定何种物权移转（例如信用状开状银行自 C. I. F. 买卖等之出卖人受让载货证券时，其所取得者为质权等担保权而非所有权）。因此，国际货物买卖之当事人意思决定了货物所有权移转给买受人之时点，当当事人意思明确时（例如保留所有权之买卖），所有权于该时点移转。当当事人意思不明，由于交付载货证券而获取价金时，因已不须再保有所有权以担保其价金，因此英美普通法推定所有权于此时移转。可见，货物所有权之变动，并非由于载货证券之交付，而是由于国际货物买卖当事人之合意，载货证券之交付仅为拟制交付而已。再者，由国际货物买卖之风险移转时点观察，由于国际货物买卖之风险通常自装船时移转给买受人承担，因此，不必采上述之绝对说，运送物若在装船后灭失或不能复得等时，风险须由买受人承担，即使其取得载货证券之交付，亦不能取得货物之所有权，因此，解释上亦不得向运送人请求交付货物。

最后，有关装船载货证券之设质。根据载货证券之处分证券性，即使“海商法”第六十条第一项所准用之“民法”第六二九条仅就货物所有权之移转而作规定，就货物之其他物权因法律行为而变动而言，亦应以载货证券之交付代货物之交付，例如动产质权之设定。唯此时须知，就载货证券所另外设定之质权则为权利质权而非动产质权，因为载货证券既为有价证券，依“民法”第九〇八条之规定，即可依交付或背书而生设定质权之效力。

---

89 *Scrutton on Charterparties* (20th ed., 1996, London: Sweet & Maxwell), p. 186; C. Pejovic, “Documents of Title in Carriage of Goods By Sea: Present Status and Possible Future Directions” [2001] J. B. L. 461 at 471, 472.

第四章　海商企业之风险

第一节　概　述

海商企业之风险，乃指经营海商企业活动所未预期之非常事故所会对来之危险，因此并不以海上运送为限，而包括海难救助活动及渔捞活动所可能面对之危险事故。海上非常事故，大体上可区分为海难救助与海损两大领域。海损虽可采广义而涵盖通常海损（又称小海损，内容包括折旧、燃料费、引水费、拖船费、港税等）与非常海损，但在探讨海上非常事故时，其通常乃采狭义而指非常海损。而非常海损可再被细分为单独海损与共同海损(general average)。在单独海损，海上危险事故所生之损害仅由受波及之人单独承担，例如船舶碰撞、失火及搁浅等。与此相对地，在共同海损，海上危险事故所生之损害乃由船舶、货载及运费等共同分配承担。

第二节　船舶碰撞（相撞）

一、要件

所谓船舶碰撞，精确而言，应称为相撞，因为其须船与船相撞，而不及于撞到冰山或港边之情形，而且须基于故意或过失而造成他方之损害，所以若为天然力所造成，则非属碰撞，然而相撞之船舶不分大小，即使小船为大船所涌起之大浪所吞，纵为间接接触，仍属此处之相撞。

二、船舶碰撞之后果

船舶一经碰撞，即生实体法上之后果与程序法上之后果（如本法第一〇〇条之扣押与第一〇一条之管辖法院）。实体法上之后果，包括公法上之后果（如船员法及刑法上之责任）与私法上之后果。以下仅就私法上之后果加以介绍。船舶碰撞会产生双方船舶本身、货物及船员旅客之损害，此时应区分对己方货物及人员之损害赔偿责任（依本书前述之货物运送及旅客运送之相关规定定其责任，例如航管过失之有无）及对他方船舶、货物及人员之损害赔偿责任，试依仅有一方有过失及双方皆有过失两种情形，分述如下：

（一）一方过失时

本法第九六条规定，碰撞系因于一船舶之过失所致者，由该船舶负损害赔偿责任。所谓“于一船舶之过失”乃指该有过失一方之船舶所有人之过失或该船上船（长）（海）员或引水员之过失所致者。就对他方之责任而言，此时有过失一方之船舶所有人及有过失之船员对他方之船舶损害及货物损害等，皆须负责。[1]就对己方之责任而言，若符航管过失之规定，船舶所有人对己方之货主依本法第六九条第一项之规定，不必负责；但对己方旅客所受损害则须负责债务不履行责任。[2]

（二）双方共同过失所致船舶碰撞

因碰撞所生物之损害，由于双方船舶与货载通常皆有保险，若过失相抵，等于减轻双方保险人之责任，所以海商法不采单一责任制而采交叉责任制（cross

---

1　田中诚二，海商法详论，1985年增补3版，东京，劲草书房，515页。

2　杨仁寿，最新海商法论，2000年3版，430页。

liability，亦称相互责任说），因而不适用过失相抵之原则。根据本法第九七条之规定，其责任归属可整理如下。就对人的损害（死、伤）而言，双方船舶负连带赔偿之责，但其内部则依彼此过失之比例负责。就对物的损害而言，本船对他船所造成之损害，依已船过失之比例对他船负责。而有关货载所受之损害，本船对己方货载所受之损害，若符航管过失之要件，可向己方货主主张本法第六九条第一项之航管过失而免责。本船对他方船舶上之货载所受之损害，应仅须依本船之过失比例负责，因为他方船舶所有人对他方船舶上之货载所受损害，若符航管过失之规定，可对该货主依本法第六九条第一项之航管过失规定，主张免责，而此一免责之效果亦应可为本船船主之利益而存在[3]，更何况本法就货损乃采分割责任制。

（三）碰撞债权之时效

依本法第九九条之规定，船舶碰撞所生之请求权虽与"民法"第一九七条之侵权行为损害赔偿请求权同有二年之短期时效期间，但须注意本条之起算点为自碰撞日起算，而与"民法"第一九七条之以知有损害赔偿义务人之时起算者不同。

第三节　共同海损

一、意义

所谓共同海损乃指船舶在航行期间面对危害共同航海团体之全体财产之危险所为之故意且合理之处分时，其所直接造成之非常牺牲及费用。此等损失及费用（例如被投弃之财物及驶入避难港之费用）须由所保存之船舶及货物等利害关系人平均分摊之。

二、立法理由

各国对共同海损之立法理由或法律基础，大体上虽有衡平说、共同危险团体说、不当得利说及代理说，但以前两说较具说服力。质言之，航海中由船舶及货载等所组成之共同危险团体，面对威胁其全体之共同危险而将其一部分加以特别牺牲时，该损害应由所留存之其他部分来分担，方属衡平。[4]

3　田中诚二，同前揭注 1，524 页。

4　田中诚二，同前揭注 1，478 页。

三、成立要件

（一）须在船舶航行期间（during the voyage）

共同海损之原因必须发生在海上，亦即始自货物装载上船（此时才会有海上危险）以迄航行终了卸载（已离海上危险）的期间。[5]

（二）须为共同危险

首先，就“共同”而言，须有复数利益（船、货及运费等）形成共同危险团体。其次，所谓“危险”，须有使全体财产灭失或不能安全完成航海之立即（虽无须急迫性）及客观现实危险（即有必然性，而非仅具可能性），但不问其原因何在。

（三）须有共同海损行为

全体财产面对共同危险时，须先求物理上之安全，方有可能安全完成航海。有关共同海损行为，有采共同安全主义者，亦有采共同利益主义者。前者认为纳入共同海损之行为仅限于为确保共同安全所采取之措施；后者则认为共同安全行为外，为安全完成航程所采取之措施亦属共同海损之行为。本法于第一一〇条谓“为求共同危险中全体财产之安全”似仅采共同安全主义，唯在第一一四条第一项第二款则又采共同利益主义，而允许发生共同海损行为后，为继续共同航程所须之额外费用纳入共同海损费用中。

（四）须属故意且合理之非常处分

共同海损行为之处分须为人为故意行为，且须具合理性（即以最小费用及损害为之），而且须为非常（extraordinary）之处分，因为共同海损具非常事故之性格。

（五）须直接所造成之牺牲及直接所发生之费用

何谓直接间接？1994 年约安规则 C 第三项规定，延滞费、市场损失及因迟延所致一切灭失、损害，或因此所生费用，及一切间接损失，不得认为是共同海损。

（六）须有所保存

共同海损须有所保存，唯所保存财产之种类则不问。然而所谓保存，只须一时之保存，而不必要求须能保存到行航终了。各国（地区）几乎一致采用一时保存主义，而非终局保存主义，台湾地区亦当作相同之解释。[6]

---

5 田中诚二，同前揭注 1，482 页。

6 田中诚二，同前揭注 1，487 页。

四、共同海损之计算、分摊与费用

根据本法第一一一条之规定，共同海损比例乃以各被保存之财产之价值加上所被牺牲而获补偿之财产（牺牲损害）为分母，而以共同海损总额（牺牲损害及支出费用）为分子，所得之比例。而各被保存财产之分摊额，乃以该财产之价值乘以该共同海损比例而得。[7]而有关共同海损之费用，须注意本法第一一四条第一项第一款采共同安全主义，而第二款则采共同利益主义。另外，本法第一一六至一一八条有不纳入共同海损计算之财产之规定。

五、共同海损之效力

共同海损精算后，由各利害关系人分担之。运送人或船长对未清偿分担额之货物所有人得留置其货物。而虽然分担额之赔偿有海事优先权之保障，分担义务人得委弃其存留物而免分摊海损。共同海损之立法旨趣在于同属于共同危险团体内者间分担损失乃属衡平，因此分担的限度以属于共同危险团体之财产者为限，此即分担者之有限责任。[8]

最后，共同海损若因某一利害关系人之过失所致者，各关系人仍应分担共同海损，而不得主张应先向有过失之利害关系人求偿，而是于分担后，再个别向有过失之利害关系人求偿。此时，若是该过失者之财产被处分而有分摊请求权，则此一分摊请求权与其他利害关系人之求偿权可在抵销范围内加以抵销。[9]换言之，该利害关系人之过失先由其他共同危险团体关系人一起承担。然而有过失之利害关系人则不得要求请求人先向其他利害关系人先求偿，盖其乃最终之赔偿义务人。

---

7 杨仁寿，同前揭注 2，462～463 页。

8 田中诚二，同前揭注 1，499 页。

9 田中诚二，同前揭注 1，481～482 页。

第五章　海上保险

一、概述

海上保险契约乃保险人于一定期间内承担与航海有关之风险并就其所生损害加以赔偿，而向要保人收取报酬之契约。

海上风险比陆上风险大，因此本法第一二六条虽规定，本章所未规定者适用“保险法”之规定，但严格而言，应称为“类推适用”较妥。由此亦可知，海上保险为一独特领域，本书限于篇幅，未能对海上保险加以详述，而只能介绍其概略。

二、海上保险之有效要件

海上保险契约之有效要件，除须有财产上保险利益（积极损害及消极损害）外，保险事故须与航海有关之危险（其发生具有主观上之不确定性），且须缴交保费（此为保险人承担风险之代价)，而且不得助长违法行为。至于保险期间（乃用以决定保险人责任之时的范围)，其长短依当事人之约定，当事人未约定时依本法第一二八条之规定定之。其内容分述如后。

三、海上保险之保险利益

(一) 保险标的物

所谓保险标的物乃指保险利益所依附之客体。举凡与海上航行有关而可能发生危险之财产，不论是物或权益皆可为保险标的物，包括船舶、货物、运费、应有利得甚至责任等。[1]可见，只要与海上航行有关即可，不限于航行中的财产。

(二) 保险利益

保险利益（insurable interest)，又称保险标的，乃指被保险人因保险事故之发生所具有之财产上利害关系，亦即因保险事故之发生或不发生所蒙受之损害或享受之利益。具有海上保险利益之人，大体上可分成三大类，即保险标的物之所有人、保险标的物之担保权人、保险人，然而亦包括其他对海上冒险可得获利之人。[2]

四、海上保险之范围

海上保险，其保险事故之范围，若有特约，可延至内陆及内水，若无特约，则限于与海上航行有关（唯不限于航行中）之风险。所谓与海上航行有关之风险，指海上航行中可能发生之风险，而不以航行中为必要，例如停泊岸边时为岸上火灾所波及，亦属之。[3]

其次，保险价额（即保险利益之价值，与保险金额乃保险人在保险期间内所负责任之约定最高额者不同）乃保险人责任之法定最高限制，且由于保险标的物于保险期间内价格会有所变动，所以为权宜起见，本法采保险价额不变更主义，例如船舶保险，根据本法第一三四条之规定，乃以保险人责任开始时之船价及保险费为准。

最后，海上保险之期间，依其为期间保险或航程保险而有别。所谓航程保险，其保险存续期间乃根据船舶之运行而决定；而所谓期间保险，其保险存续期间乃根据地球之运行而决定。[4]保险存续期间有约定者称为期间保险，若未约定，

---

1 杨仁寿，海上保险法论，2000年8月2版，33页。

2 S. Hodges，*Law of Marine Insurance*（London：Cavendish，1996)，p. 16.

3 杨仁寿，同前揭注1，242～243页。

4 H. Bennett，*The Law of Marine Insurance*（Oxford：Clarendon，1996)，p. 247.

根据本法第一二八条之规定，应区分船舶保险与货物保险而定其期间。船舶保险，实务上几乎皆约定使用期间保险，但理论上亦可为航程保险。[5]若为后者，保险期间始于起锚而终于投锚。货物保险，实务上几乎皆为航程保险，且常约定扩及陆上之进出仓库时点。[6]若未特别约定，则其保险期间始自离岸届于起岸。

五、海上保险契约之效力

（一）保险人义务

海上保险人在保险契约签订后有交付保险单或暂保单之义务（根据本法第一二六条适用“保险法”第一四三条之规定）。其次，在保险事故发生时，有填补损害之义务，至于其填补范围，若无特约，则根据本法第一二九条之规定，因海上一切事变或灾害所生之毁损、灭失及费用皆须赔偿。若有特约时，依特约就保险人应负填补责任之范围加以限制。

（二）被保险人义务

保险契约为最大善意契约，海上保险亦不例外，因此要保人（甚至被保险人）就重要事实对保险人有告知义务。[7]其次，要保人及被保险人有以必要行为避免及减轻损害之义务，因为被保险人比保险人更处于防止之地位，而且，若坐令损害扩大而仍得获得保险给付，对社会整体资源毕竟有害。要保人及被保险人若违反此一义务，则保险人对所扩大之损害不负赔偿责任。

（三）保险人之免责事由

根据本法第一三一条之规定，要保人或被保险人或其代理人之故意或重大过失所致之损失，保险人不负赔偿之责。此乃基于保险之偶发事故本质、公共利益考量及保险技术（合理分散风险）等原因而作之规定。

（四）保险委付（被保险人之权利）

所谓委付乃指保险标的物因保险事故之发生而几近无价或是否全损不明时，将之视同全损，而使保险标的物之一切权利移转给保险人以便请求保险人给付保险金之制度。

委付须有本法第一四三至一四五条之委付之原因，而在委付除斥期间内，就标的物之全部为之（委付之完整性），而且委付之意思，不得附条件或有所保留（委付之单纯性）。

---

5 S. Hodges，*ibid*，p. 51.

6 S. Hodges，*ibid*，pp. 51、64.

7 杨仁寿，同前揭注 1，58～59 页。

符合前段要件之委付有如下之效力：1. 委付经保险人承诺或经法院判决有效后，该委付通知不得再被撤回；2. 溯及发生委付原因之日起，保险标的物之一切权利法定移转给保险人；3. 可请求支付全部保险金。

六、预定保险

所谓预定保险乃指保险契约订立时，契约内容之一部分，包括保险标的物、保险金额、装运货物之船舶等尚未确定而概括地约定其范围，而使保险契约先行成立者而言。因此，其概念包括船名未定保险及概括预定保险（open policy）等。后者乃于一定期间内，就应处理之货物，概括订立预定之保险。[8]在现代之某些国际贸易作法上，例如因为保险契约签定时货物尚未装船所以不知船名，此些保险有其方便性。

---

8 杨仁寿，同前揭注 1，514～515 页。

第四编　保险法

第一章　导　论

保险法虽属商事法四门科目之一，与其他商事法较为不同者乃保险制度非仅为一般商业行为，实际上更影响一般消费者与保险业者间之权利义务关系。近年来国人对于风险管理概念日渐着重，各种保险商品与金融商品整合之风潮下，保险契约与规范此类契约行为之保险法实已影响一般消费大众。故透过对于保险法基础理论与相关重要争议之认识，不仅对于保险法有进一步了解，亦有助于面对日常生活中可能之保险纠纷与所应注意之权益。唯如以保险法之法条与体系而言，台湾地区“保险法”不仅规范保险契约之私法契约关系，更涵盖保险监理之范畴。限于篇幅，本编所述之保险法乃以保险契约法为主，不就保险监理部分加以论述，先予说明。

就保险契约而言，所适用之法条不仅限于“保险法”各条文，亦常涉及“民法”、“消费者保护法”等。不仅应学习保险法之适用与相关争议外，更应由民法之基础上分析其间差异。再者，由于保险契约争议常生于保险承保范围与危险对价之估计（即费率）。因此除应熟悉保险契约于保险法之适用外，更应进一步了解保险制度之原理与相关原则（如对价平衡原则与利得禁止原则）。就本编所述以言，除务使修习学生对于保险法体系有基本认识外，亦对于重要争议问题，论述实务判解与相关学说，务使其了解保险契约相关权益与自身保障。

本编内容非采法条顺序作为论述次序，而先由保险契约之基本法理开始，探讨保险契约法相关之原理原则，如对价平衡原则、最大善意契约、诚实信用原则、利得禁止原则以及损失填补原则等。再就保险契约之分类，论述台湾地区“保险法”目前之分类，与学理上以给付基础而分之损害保险（又称损失填补保险）与定额保险（又可称定额给付保险）等之分类。就给付基础为分类基本体系，论述损害保险与定额给付保险于台湾地区“保险法”之适用及其所生之问题与争议。

次而以保险契约为主要内容，以契约之成立生效为教学体系，由契约当事人与契约关系人论起，再就其保险契约之内容以及相关之契约效力变动，如解除权之行使、请求权之消灭时效等分别讨论。再以损害保险与定额保险为分类，先论述损害保险中，其契约内容与契约性质，包含保险代位、复保险、超额保险与损害防阻义务等重要基本概念。并于各论中，除就主要险种火灾保险、责任保险，再保险契约财产保险中概述外，并涉及强制汽车责任保险法。继而以定额给付保险为范围，先就人寿保险契约内，各主要权利义务关系，如告知义务、受益人之指定变更，契约效力中之复效与停效等问题。最后以中间性险种——伤害保险与健康保险等为本编内容，以其契约性质与特性，讲述其于契约内容，保险代位、道德危险之对策等问题。

由于保险法仍属债权契约之一类，是故于研习此部分时建议应辅以先前民法基本概念，诸如民法总则关于当事人、意思表示、契约标的、或如债总所规范之债权契约效力等。如能结合先前对于民法之基本概念，则于修习保险法有助于面临与了解实务问题。本编编写方式，会先以实例为介绍，并阐述其所涉及之基本概念，以及所应适用之法条与相关见解。

第二章　保险法之基本概念

本章所论述之保险法基本概念，乃由保险制度介绍为始，继而就保险法与民法之关系与相关基本概念予以简述，次而再论述保险法中特有之基本原则与所应认识之相关理论。

第一节　保险制度与保险法

案例

阿花以自己为被保险人，与泰山保险公司订立人寿保险契约，并约定于其死亡时，由保险人给付死亡保险金500万元予其所约定之受益人阿美。又阿花以其所有之汽车与国富保险公司订立窃盗险，约定于汽车失窃后，由保险人给付保险金。

解析

保险制度[1]简言之乃基于经济上之需求，针对可能发生之偶发事件，由数人共醵资金（即保险费），于事故发生时（即保险事故），提供给付（即保险金）以满足其经济上之需求或填补其实际所生之损害。如以风险角度观之，乃将个别风险移转至参与保险制度之群体，再将个别所发生之危险由群体共同平均分担。为求资金收取之公平性，乃须借过去经验与统计资料（如大数法则）参以个别风险之特殊性（如被保险人之特殊疾病）而加以估算。以人寿保险为例，以被保险人死亡此一偶发事件，所可能产生对于经济上之需求，透过保险制度，满足被保险人所指定者经济上之需求。又以财产保险为例，如汽车之失窃为保险事故，即于失窃后对于被保险人所产生经济上之损失，由保险制度加以填补。

保险契约即由要保人与保险人间所订立之债权契约，并借此契约以达成其透过保险制度转嫁风险之目的。如上述例题中，阿花以自己为被保险人，所投保之人寿保险契约，即透过保险人与多数人订立契约，并将所收取之保险费作为将来保险事故发生时保险金给付之资金来源。保险人即针对阿花本身可能影响死亡发生之情形如年龄、身体健康状况、职业类别等，厘定保险费。此时所收取之保险费即为保险人承担风险之对价，于保险事故发生时，给付保险金予所指定之受益人或被保险人。如保险事故未发生，则保险人亦因其已承担保险期间内之风险，而于保险契约终了后，无须返还保险费。至于阿花为其汽车所投保之窃盗保险，保险人亦针对该辆汽车所可能发生之失窃几率如汽车之厂牌种类、汽车经常使用之地区等情形计算保险费，并于保险事故发生时，补偿阿花因汽车失窃所造成之损失。

由对于保险制度之认识，即得了解保险契约法所可能涉及之各项问题如保险人评估风险（如告知义务之履行）与保险费（保险费交付与契约效力）、保险契约所约定之承保范围（如死亡）、要保人之义务（如危险增加与危险发生之通知义务）、保险人之免责事由（如被保险人故意行为）、保险金给付基础（如定额保险与损害保险）等等。这些问题皆依序于本编之各章一一论述。

---

1 关于保险之定义与风险（Risk）建议另行参阅陈云中，保险学要义——理论与实务，1991 年。

第二节　保险契约之分类

案例

阿仁以自己为被保险人向信诚人寿保险公司投保保险契约，契约约定于阿仁死亡时，给付保险金予受益人阿如。同时另行附加投保疾病医疗保险，于罹患疾病时由保险人给付其实际所支付之医疗费用。

依"保险法"第十三条第一项规定："保险分为财产保险及人身保险。"其将保险种类分为财产保险与人身保险，并分别于同条第二项与第三项规定其所包含之各种保险。此项分类主要以保险契约所承保标的物而加以区分，若以财产上或经济上之利益或不利益为保障对象则属财产保险（如火灾保险、海上保险、陆空运输保险、保证保险等）；唯如保险事故之发生取决于人之生命身体健康疾病等情形时，则属人身保险（如人寿保险、健康保险、伤害保险及年金保险等）。

以财产保险为例，主要保障内容为人之财产或可能发生经济上之损失为目的。进言之，其不仅包含被保险人之财产或经济上之利益所受之损害（如汽车窃盗险以及营业中断保险等），亦包含被保险人对于第三人之赔偿义务（如汽车责任保险等）。反之，人身保险则取决于人之生命身体健康或疾病（如人寿保险、伤害保险、疾病保险等），并于保险事故发生时，由保险人给付保险金予被保险人或受益人。于此类保险中，所应注意者乃部分险种系以定额方式约定保险金额如人寿保险，而与前述财产保险迥异。保险人此时所给付之保险金系基于保险契约之约定，而非由基于被保险人死亡所产生之经济上损失加以填补。如上例中阿仁以自己为被保险人，于死亡时，由保险人给付所约定之保险金予受益人。至于受益人是否因阿仁之死而受有经济上之损害，皆不影响其得请求保险金给付之权利。但于保险契约法之学说上，则非以保障内容为区分之标准，乃由保险契约之给付基础是否为经济上可得估计之损失而区分为损害保险与定额保险两类。[2]如保险契约之给付基础系基于可得估计之经济上损失，则此保险即属损害保险之范畴。

2　见台湾地区学说如江朝国，保险法基础理论，105页以下；林勋发著，商事法精论，539～540页。林教授则另以损失填补保险与定额给付保险称之。

此时保险人所给付之保险金则必须以被保险人实际所受财产或经济上之损失为限。凡财产保险者皆属损害保险之范围内，如汽车窃盗保险，如发生失窃，所有人或使用之人必因汽车失窃而发生经济上可得估计之损失。此时保险人给付保险金填补被保险人所受之损失。又如汽车责任保险，被保险人于驾驶车辆时致他人受有体伤，则此时即对于第三人负有经济上可得估计之损害赔偿责任，因此于事故发生时，保险人则就此赔偿责任负给付保险金义务。与前述财产保险与人身保险分类上主要不同者，乃为中间性险种如医疗费用保险、丧葬费用保险此类属于台湾保险法上人身保险之范围，应属于损害保险或者为定额保险？以医疗保险为例，如以被保险人实际所须支付之医疗费用为保障目的时，此时医疗费用本身即为经济上可得估计之损失，因此医疗费用保险即属损害保险之一类。

相对于损害保险，如保险契约之给付基础非为经济上可得估计之损失而系以约定方式，于保险事故发生时，由保险人给付所约定之保险金时，即属“定额保险”。此种保险非以填补被保险人经济上可得估计之损失为目的，乃基于其与保险人间约定而于保险事故发生时由保险人给付保险金，以满足其经济上需求或提供生活上保障。如于被保险人死亡或期满生存时，由保险人给付一定金额保险金于受益人之人寿保险；或如约定于被保险人存活于约定年龄时，即给付保险金之年金保险等皆属定额保险之一类。

解析

例示情形中，阿仁所先订立之人寿保险契约，乃于死亡时由保险人依约定给付一定金额予受益人，此种保险依“保险法”第十三条规定为人身保险之一类，亦为学说上所称之定额保险。又如阿仁所订立之医疗费用保险，虽依保险法规定系属人身保险，但由于医疗费用支出为经济上可得估计之损失，因此与财产保险同属于损害保险之一类。

第三节　保险契约法之性质

保险契约之成立是否须交付保险费？另保险契约如经双方当事人以电话对话，且意思表示合致时，是否尚待保险单交付方成立？

保险契约为债权契约之一类，因此论述保险契约所具有之法律性质时，得由“民法”基本概念加以分析。保险契约具有下列所述之性质：

一、诺成契约

保险契约乃经由当事人双方意思表示合致即告成立。于契约成立时，不以交付一定物为其要件。虽然"保险法"第二一条规定："保险费分一次交付，及分期交付两种。保险契约规定一次交付，或分期交付之第一期保险费，应于契约生效前交付之。"虽然本条规定保险费"应"于契约生效前交付之，但此项规定仅系训示规定，而非强制规定。衡诸目前保险实务运作、学说以及国外立法例（如德国保险契约法与日本商法等）多未以保险费之交付视为契约之成立要件。保险契约仅须双方当事人意思表示合致即为成立，至于保险费之交付仅得作为保险人应负契约上给付义务之要件，但不影响契约本身之成立。

二、不要式契约

保险契约之成立不以一定方式之作成为要件。虽然于保险实务上，于契约订立过程中，多涉及书面方式。如要保书之填载、契约书之交付等等。但其书面仅为证明契约业已成立，非得将之视为保险契约以作成书面为成立要件之一。"保险法"第四三条虽规定："保险契约，应以保险单或暂保单为之。"但此规定同样仅为训示规定，保险契约以保险单或暂保单作成仅得以之证明契约是否业已成立。再者，今日电子商务日渐频繁，书面之作成亦越渐不合时宜，如就保险契约之交易成本而论，被保险人实际上可透过网站下载契约条款内容，借以降低购买保险契约之所需支付之保险费。

三、射幸契约性

射幸契约者，相对于实定契约（如买卖契约）之概念，当事人之给付乃系于偶发事件而影响其契约关系。以保险契约为例，保险人之保险金给付义务乃取决于保险事故（此一偶发事件）之发生与否。由保险契约双方当事人之给付义务观之，要保人之保险费给付义务系属确定，但保险人之保险金给付义务乃受偶发事件所左右。更因其保险契约所具有之特殊射幸性，保险契约法乃为避免当事人恶用保险制度与契约当事人地位平等为考量，而有告知义务、通知义务、损害防阻义务、故意行为免责约定等规范。

四、有偿契约性

保险契约为有偿契约，要保人给付保险费后，其对价关系乃为保险人对于保险事故发生与否之危险承担。唯于学说上仍存有争议。早期认为保险人乃以保险金给付为其对价关系（保险金给付说），但无法解释保险事故未发生而保险人无须返还保险费。但实际上保险人于契约成立后，即允诺承担保险期间内所可能发生之危险，是故以危险负担作为保险人之给付内容较为适当。[3]

五、双务契约性

保险契约为双务契约，要保人于契约订立后有给付保险费之义务，他方当事人——保险人于契约成立后，亦承担一义务。唯此义务亦有如上有偿契约性之争议。如谓保险人以保险金给付为其义务内容，但如保险事故未发生，因保险人无须给付保险金时，则难以说明何以保险人得未为履行给付义务，而有违保险契约所具双务契约之性质。因此保险人之给付义务似以危险承担为宜。保险事故未发生，因保险人于保险期间内以承担此期间之危险，故仍无违其双务契约之性质。于保险事故发生时，则此危险承担则转为保险金之给付。[4]

第四节　保险契约法之原则与解释

一、保险契约法之原则

保险契约法因其涉及保险制度之特性而有如下原则应有所认识：

（一）对价平衡原则

基于危险共同体之公平，个别被保险人如欲加入危险团体时，所收取之对价应与其危险相当。如于人寿保险中，被保险人之年龄、病历、健康状况，依其危险之高低而收取相当之对价。因此其适用范围除订立契约时之告知义务，于订立契约后危险增加而影响对价之相当时，皆属对价平衡原则之适用范围。透过告知义务与通知义务得确保危险共同体之公平性并避免逆选择之发生。[5]

---

3 应注意者，于一般债权契约所称之“给付”，似无以危险负担为内容。故学说上亦有另以附条件保险金给付视为保险人之给付内容，其给付端视条件之成就与否。另晚近学说则以类似有偿契约说值吾人重视，因其保险人所给付之内容与一般债权契约有异，故似宜将之视为类似一般债权契约之给付，而非等同于民法概念上之给付。坂口光男，保险法，42页。

4 同样于此学说内，仍无法说明保险人之给付义务何以因保险事故发生与否而影响其所给付之内容，况于一般债权契约亦无所谓“危险承担”作为得“给付”之内容。

5 此项原则于日本学说上系非基于契约法之原理原则并另称为“给付反对给付均等”原则，乃根源于保险学理论。除此之外，日本学界亦认为保险经营上亦有所谓收支相等原则——即保险费与保险金给付相当之原则。

（二）诚信原则

源于契约法之基本概念，回归"民法"第一四八条第二项。民法学者认为诚实信用原则虽仅为原则性规定，但其除透过原则之规定，而由法院于实体裁判上为爰引适用外，于民法其他条文，亦有其他功能。而诚信原则于"保险法"上即以第六十四条将此原则实体化。更由于保险契约所具有之特殊射幸性，因此诚信原则于保险契约之影响较之一般契约更为显著。

（三）最大善意原则

uberrimma fides（the utmost good faith）系多为英美学者于契约法上适用之概念。与诚信原则其内涵与适用，因法系之不同而不尽相同。于英美法系上保险契约尤为常见，在此原则下，被保险人于订立契约时，负有先契约义务（preliminary duty），将重要事实告知于保险人。如违反时，契约将归于无效（voidable）。而于诠释"保险法"第六四条之告知义务时，亦多认为本条系最大善意原则之具体条文化。

（四）利得禁止原则

又称为不当得利禁止原则。乃在防止被保险人于保险事故发生时，所受领之保险给付超过被保险人之实际损失。是故此项原则适用之前提，自必该保险系以填补被保险人之实际损失之保险种类为前提，而被保险人之损失得以估计。因此凡保险契约其保障目的以填补被保险人经济上可得估计之损失——损害保险，皆有利得禁止原则之适用。即便属于人身保险之医疗费用保险或丧葬费用保险，亦受此原则之限制。

（五）损失填补原则

与利得禁止原则并无二致，乃英文翻译而来。基于本原则下而衍生超额保险、复保险、保险代位等实体规定。至于复保险之适用范围是否及于人身保险，于本编将另予论述。

二、保险契约之解释与契约条款之效力

于解释保险契约条款时，应注意民法与保险法间适用关系，亦由于保险契约中涉及一般消费，亦应注意消费者保护法等相关条文。于契约条款之约定中，契约约定不明而解释上有所争议时，应如何解决？契约条款如约定于保险契约内，并不当然即认为被保险人受此契约条款之约束，尚须视此条款是否有违保险法与消费者保护法相关规定。由于保险契约订立之对象涉及一般消费者，就对于保险与法律相关专业知识而论，当事人缔结契约之地位本即不平等，而且定型化契约之条款约定使一般消费者得议约之自由大受限制，因此有赖保险法或消费者保护

法抑减当事人间契约地位之不平等，并以诚信原则为理论而维护其应有权益。

（一）契约条款之解释疑义

“保险法”第五四条第二项规定：“保险契约之解释，应探求契约当事人之真意，不得拘泥于所用之文字；如有疑义时，以作有利于被保险人之解释为原则。”保险契约条款之各项约定实难以简短文字将所有可能发生之各种权利义务关系加以详细规范，因此如产生解释上之争议，自必使此契约解释疑义对抗原先所拟定契约之保险人。况且保险契约条款多属定型化契约，契约当事人地位本属不平等（换言之，保险人与被保险人对于保险专业知识与契约条款之了解本即属资讯不对称之情形），因此有赖此规定将契约条款疑义作有利于被保险人之解释。

（二）内容控制原则

“保险法”第五四条之一规定：“保险契约中有左列情事之一，依订约当时情形显失公平者，该部分之约定无效：

1. 免除或减轻保险人依本法应负之义务者。

2. 使要保人、受益人或被保险人抛弃或限制其依本法所享之权利者。

3. 加重要保人或被保险人之义务者。

4. 其他于要保人、受益人或被保险人有重大不利益者。”

虽然保险契约条款另有约定，但此时因其缔约过程当事人间地位不平等，因此契约自由原则在此类涉及消费者契约中受有限制。如保险契约条款有上述显失公平之情形时，该契约条款之约定无效。应注意者，“民法”第二四七条之一亦有为防止契约自由之滥用，而针对附合契约为相同规范。

（三）强制规定之效力

“保险法”第五四条第一项规定：“本法之强制规定，不得以契约变更之。但有利于被保险人者，不在此限。”保险法中如属强制规定者，本即应遵守其强制规定而不得任意以契约变更之。但如其约定有利于被保险人时，则得另以契约约定。但如此项约定违反保险制度之基本精神与原理原则或违反公序良俗时，则此项约定即使有利于被保险人，仍应视为违反强制规定而无效。

台湾法学研究精要丛书
商事法

第三章　保险契约法总论

第一节　保险契约之当事人、关系人与辅助人

案例

阿仁以其妻子阿如为被保险人，向信诚保险公司订立人寿保险契约，并约定于阿如死亡时，指定其所生之子阿义为受益人。

阿仁就其所有之汽车向富国产物保险公司订立汽车保险，包含车体损失险、窃盗险以及对于第三人之责任保险等。

试问：阿仁、阿如以及阿义于保险契约法之地位为何？其所应负之义务与得主张之权利义务为何？

一、契约当事人

（一）保险人

乃与要保人订立契约，并于所约定之保险事故发生时，负有给付保险金义务之人。由保险监理法令观之，“保险法”第一三六条第一项规定保险业之组织原则上以股份有限公司或合作社为限。但亦得依其他法律规定或经主管机关核准设立，另以他种型态经营保险。

（二）要保人

与保险人订立契约，并负有给付保险费义务之人。除保险费此项主给付义务外，其他不真正义务如契约订立时之据实告知义务，契约订立后危险增加与危险发生之通知义务，亦为其所应负之义务。“保险法”第三条规定：“本法所称要保人，指对保险标的具有保险利益，向保险人申请订立保险契约，并负有交付保险费义务之人。”至于要保人之资格是否为自然人或法人在所不问，至于所订立契约之效力，仍与一般债权契约同，受其是否具有完全行为能力之影响。

二、契约关系人

（一）被保险人

被保险人之地位以及所应负之义务与得具有之权利，于学说上与立法例上未臻一致，亦多所争议。为如就现行保险实务运作以观，被保险人应就财产保险与人身保险而分别论述。

1. 财产保险之被保险人

被保险人于财产保险中，为具有保险利益之主体，如保险事故发生时，因其受有损失，故为得向保险人请求保险金给付之人。订立契约时，如要保人与被保险人非同一人时，则称之为为他人利益所订立之保险契约。但虽为保险利益之主体，但究非契约当事人，因此保险人仍不得向其主张契约解除权，亦无保险费支付之义务。唯被保险人对于保险标的具有保险利益，因此其亦负有据实说明义务、危险增加或危险发生之通知义务，以及损害防阻义务等。

2. 人身保险之被保险人

此时之被保险人，乃以其生死作为保险事故发生与否之人。与财产保险之被保险人相异者，乃于保险事故发生时，并无当然取得保险金给付请求权。得向保险人请求保险给付者，乃为受益人。但其仍负有告知义务与通知义务等。

（二）受益人

受益人之约定多发生在人身保险，财产保险较为少见。乃由要保人指定并经被保险人同意，于保险事故发生时享有保险金给付请求权之人。

解析

题示情形中，于人寿保险时，阿仁为要保人，其妻阿如为被保险人，而阿义为受益人。于汽车保险时，阿仁同时为要保人与被保险人（为自己利益保险），并为具有保险利益之主体，于保险事故发生时，得请求给付保险金。

（三）辅助人

契约订立过程中，除契约当事人——要保人与保险人之外，亦常须借他人以利契约之缔结。于保险契约之交易过程中，较为常见之辅助人为代理人、经纪人以及业务员等三者，以下分别简述之：

1. 代理人

为代理保险人向要保人订立契约之人。通常代理人得代理保险人为契约缔结之法律行为，其所为法律行为效力及于保险人本人（保 8）。

2. 经纪人

为要保人利益向保险人订立契约之人。所代理之本人为要保人，唯应注意者乃其所收取之佣金，于本法规定向所承保之保险业收取（保 9）。

3. 业务员

保险业务员于保险法之规范上，乃为保险业、保险代理人以及保险经纪人，从事业务招揽行为之人（保 8－1）。但由于其与一般消费者接触最为频繁，举凡保险费之交付、告知义务之履行等皆常透过业务员为之，因此其所为行为与权限应有所注意。如契约缔结之代理权而论，仍须视其险种不同，而有所差异。一般而言并无代理保险人与要保人订立契约之权限。但应注意者为告知义务履行时之告知受领权，如本于消费者保护之观点而论，如业务员对于重要事实为明知或可得而知，则应视为其已代保险人受领要保人或被保险人告知义务之履行，保险人不得主张告知义务之违反（告知义务之违反详见后述）。

第二节　保险契约之成立

保险契约之成立乃由契约当事人意思表示合致，即告成立。一般保险契约之成立，自必由要保人填载要保书，并提出订立契约之意思表示。保险人于知悉要保人之申请后，针对要保人与所承保之标的等加以评估危险，于双方就保险费、承保内容、保险金给付等契约必要之点合致时，即告成立。于保险费之交付中，多约定为保险人应负保险金给付义务或实际承担危险之条件，但实际上契约业已成立，仅影响保险人给付义务之履行，故非即以保险费之交付为成立要件，合先说明。

一、告知义务

案例

阿仁于以自己为被保险人，于订立契约前明知其患有B型肝炎，但为免保险人拒绝承保或加费承保，故意不为告知，而向泰山人寿保险公司投保人寿保险。于契约订立一年后，阿仁因车祸意外不幸身亡。试问：保险人是否得依“保险法”第六四条解除契约，免除保险金给付义务?

保险契约订立时，保险人为求准确估计危险并进而估定保险费，因此常有赖被保险人或要保人对于影响危险发生之相关事实据实告知。但往往要保人或被保险人因故意隐匿或过失遗漏，或为不实告知，借以欺瞒保险人。故如要保人或被保险人违反此项义务，于“保险法”第六四条即规定要保人或被保险人之告知义务与法律效果。

（一）理论基础

告知义务为不真正义务，其与一般债权契约之违反仅使当事人得主张之权利受到减损仍有差异（如“民法”第二一七条与有过失），何以保险人于义务违反时，得解除契约并不返还原先收取之保险费，有如下理论基础加以解释：

1. 危险测定说或技术说

保险人契约订立时，有必要判断保险事故发生之可能性，并据以作为决定保费之基础，因此有必要要求要保人以及保险契约关系人提供资料。故独特于一般契约法理，而于保险契约法上为一独特制度。故于危险测定说下，保险人得要求被保险人有协助之必要。但并未说明其协助是否属契约上义务而产生何种法律效果。

2. 契约法理说

由契约法上内容解释为告知义务之理论基础。

(1) 射幸契约说：保险契约为射幸契约，其保险给付系于偶发事实之发生与否，故有必要透过告知义务，由要保人提供相关资讯以供保险人决定保险费。故要保人负有协助义务。

（2）缔约上过失法理：缔约上过失之法理，契约一方当事人，致无过失之他方当事人受有损害，负有赔偿其信赖利益责任。告知义务之违反，乃缔约上过失之类型之一，违反时，保险人不返还保险费以代其要保人之损害赔偿。

（3）衡平说：保险契约为射幸契约，保险人若基于要保人不履行告知义务影响其对于危险之估计，其所生之不公正或不利益，应得由保险人行使解除权予以排除。

解释上不论采以何者，都在于说明告知义务之法理与法律效果。于危险测定说时，可说明何以须被保险人协助以为危险之估计。而于契约法理说中，射幸契约说明要保人有协助义务，缔约上过失则使保险人得因此取得保险费，衡平说则在于说明保险人得行使解除权。

（二）告知义务法之性质

如为真正义务如主给付义务，一方当事人未履行时，他方当事人得依其债务不履行型态（给付不能、不完全给付与给付迟延），请求损害赔偿等法律效果。但于学说上多将告知义务认系非契约之真正义务，亦非附随义务，仅为不真正义务。但如由告知义务本身而论，告知义务之违反尚属缔约上过失之一种类型，此时义务之违反本身非仅使应履行义务之一方受有损害，对于他方亦造成信赖利益之损害而得请求赔偿。故应不宜仅认为系为不真正义务。

（三）告知义务人与告知受领权

1. 告知义务人

“保险法”第六四条第一项仅明定要保人为告知义务人，但被保险人是否为告知义务人？

目前法院见解多采被保险人亦为告知义务人，如1978年台上字第九一九号、1989年台上字第五七九号、1992年台上字第一〇六号等判决。学说上亦多同此见解，何况被保险人本身于财产保险为具有保险利益之人，而于人寿保险乃为承保之对象，自有必要履行告知义务。

2. 业务员之告知受领权

早期以是否有缔结契约之代理权而分类。但违反保险实务上多以业务员与被保险人接触。有认为应视该保险契约是否有无门诊健检为主，如有体检，则无告知受领权；若无，则有告知受领权。但得否将业务员地位与体检特约医师同视，不无疑问。基于保险业务员系由保险人所选任监督管理，其为最能控制或承担业务员所生危险之人，故应由保险人承担其所生之危险。因此业务员具有告知受领权。“最高法院”亦有认为业务员为保险人招揽保险之使用人，似间接肯定业务员有告知受领权。（2002台上字第一三五七号判决）

（四）告知时期契约订立时

要保人为要保之要约意思表示后，保险人为同意承保前。学说上有以为当事人调和利益考量，应解为要保时。但如注意书面询问主义之要件，则无须注重此一时点，仍宜解为契约订立时。

（五）告知事项——重要事实与影响保险人对于危险之估计

影响保险人对于危险估计之事实，此项事实可分为保险危险事实与契约危险事实两类：

1. 保险危险事实

于保险制度考量下，影响保险人对于保险费之估计或其他核保意愿之事实。如被保险人身体健康、年龄或其他影响保险费率之事实。

2. 契约危险事实

于保险契约订立后，保险人遭受要保人不正请求而难以举证免除保险给付义务之事实。如以故意发生保险事故领取保险金为意图而订立保险契约——重复投保之道德危险。

而于“保险法”第六四条第二项所称足以变更或减少——即为变更同意承保之意愿（达拒绝承保之程度）与减少对于危险之估计（即应加费承保或减少给付范围等程度）。

如要保书内已载明询问事项，由要保人或被保险人填载时，此书面询问事项即得推定为重要事实，而由要保人举反证推翻之。但如所询问之事项仅为概括性之询问如有无重大疾病，则不应即推定为重要事实。

（六）义务违反之要件

1. 主观要件

为要保人之故意或过失。就故意违反之态样可分为故意隐匿以及故意为不实告知。至于过失遗漏部分，此处之过失系为因其重大过失而遗漏。

2. 客观要件

对于重要事实或重要事项不为告知，变更或减少保险人对于危险之估计。

（七）告知义务违反之效果

即得依“保险法”第六十四条第二项解除契约，解除契约后虽契约效力自始无效，但依“保险法”第二十五条规定保险人仍无须返还所收取之保险费。

但应注意虽保险人得解除契约，但如要保人举证证明保险事故之发生未基于其未为告知之事项时，保险人仍不得解除契约。

解析

题示情形，阿仁故意隐匿B型肝炎之事实，其足以变更保险人对于危险之估计而为重要事实。但由于阿仁之死亡系因车祸意外所导致而与B型肝炎无因果关系，故得由阿仁之继承人举证证明事故之发生与未说明事项无因果关系，而限制保险人解除权之行使。保险人仍应依保险契约约定给付保险金。[1]

二、保险契约之内容

保险契约之内容主要包含保险事故、保险期间、保险标的、保险费与保险金额等。

（一）保险事故

乃保险契约内所约定之偶发事件，并于此事件发生时，保险人即负有保险金给付义务。

（二）保险期间

为保险人实际承担危险之期间，如于此期间内发生保险事故，保险人即负保险金给付义务。

（三）保险标的

保险所欲保障的对象，如于损害保险时，则此保险标的即为保险利益。[2]如为定额保险时，保险标的则为被保险人之生存死亡或身体健康完整性。

（四）保险费

为要保人之主给付义务，并为保险人承担危险之对价给付。保险费之交付与否，不影响契约是否成立，但得作为保险人应负保险金给付义务之条件。

（五）保险金额

为保险人依保险契约约定最高之给付金额。于损害保险中尚须注意此保险金额是否超过所承保客体之价值（即保险价额）或被保险人实际所受之损失（如费用之支付）。至于人身保险，则依契约所约定之金额（除另有约定外，多以保险金额为给付额度）给付之。

---

1 另须注意者，在此可能涉及保险人主张“民法”第92条要保人之诈欺行为而撤销其原先之意思表示。

2 江朝国，保险法基础理论，95～99页。但与保险契约之标的仍属有间。

第三节　保险契约之效力

保险契约成立后，对于契约当事人——保险人、要保人、被保险人与受益人间则产生契约上之种种效力。以下即分就保险人与要保人、被保险人、受益人间之权利义务关系予以分析。

一、保险人之义务

（一）保险金给付义务

保险人于保险期间内，发生保险事故时，以损害填补方式（损害保险）或以约定保险金额给付（定额保险），负保险金给付义务。[3]

此项保险金给付义务因两年时效期间不履行而消灭（保 65）。此项消灭时效之起算点，应以被保险人自知有请求权之存在以及得请求给付时方足为当。如仅为保险事故发生，而并不知悉保险金请求权存在时，仍不得谓请求权时效期间业已起算。[4]

如保险人于受要保人、被保险人或受益人之请求时，则应于一定期间内确定给付范围以及履行保险金给付义务。如超过此项期间，"保险法"第三四条规定："保险人应于要保人或被保险人交齐证明文件后，于约定期限内给付赔偿金额。无约定期限者，应于接到通知后十五日内给付之。（Ⅰ）保险人因可归责于自己之事由致未在前项规定期限内为给付者，应给付迟延利息年利一分。（Ⅱ）"此时如给付迟延并可归责于保险人时，则应另行给付迟延利息。

（二）保险费返还义务

保险人于保险契约亦因数种情形，而须返还已收取之保险费。

1. 危险之已发生或已消灭而契约无效

保险契约订立时，如其危险业已发生或已消灭[5]，则保险契约依"保险法"第五一条第一项规定无效。如订立契约当时，仅保险人知悉有此情形时，保险人依"保险法"第二四条第二项负返还保险费之义务。

---

3 坂口光男，保险法，92 页。

4 又有其他得参考之学说，认为保险金请求权以保险事故发生后，其时效开始起算。但被保险人如能证明其未知保险事故业已发生时，则自其知悉保险事故业已发生时起算。坂口光男，保险法，94 页。

5 以运输为例，被保险货物于投保前已灭失，则为危险已发生。而被保险货物于投保前已抵达目的地，自无于运送过程中灭失之可能，此时即为危险已消灭。

2. 保险契约解除

保险契约如契约订立当时，如发生解除之情形时，契约当事人双方即应负回复原状之义务，除另有规定外，保险人即须将所收取之保险费返还于要保人。但如为告知义务违反而经保险人解除契约时，依“保险法”第二五条，保险人无返还保险费之义务。

3. 保险契约经终止

保险契约如因“保险法”第六十或八一条终止时，除保险费非以时间为计算基础外，仍应返还保险费（保 24Ⅲ）。另保险人不同意要保人因危险情形之减少而减少保险费时，要保人得终止契约，得请求返还终止后之保险费（保 26Ⅱ）。此外如保险人或要保人破产后，经终止契约时，亦应负保险费之返还义务（保 27、28）。

4. 善意复保险

因保险金额超过保险标的价值，并于保险事故发生前，通知保险人时，要保人得请求返还所超过之保险费，此时保险人即有按比例返还此部分保险费之义务（保 25）。

5. 增加危险情形之消灭

如保险费因增加危险而加费计算后，而其情形消灭后，得按订约时保险费率，自其情形消灭时起算，请求比例减少保险费（保 26Ⅰ）。

二、要保人、被保险人与受益人之义务

（一）保险费给付义务

保险费之给付义务依本法规定，为要保人所应负之主给付义务（保 22）。至于被保险人与受益人并无交付保险费之义务，保险人对其亦无请求权。保险契约因当事人意思表示合致后，即为成立。此时保险人即负有危险承担义务，而就其对价即为要保人给付保险费之义务。故如要保人未为交付保险费时，保险人自得依民法上债务不履行请求其履行或请求因不履行所生之损害赔偿。但于人寿保险上，因其契约特性具有储蓄性质且为继续性契约，而保险期间之长短端视要保人是否继续交付保险费而异，故保险人仅得于契约订立后，以诉讼方式请求第一期保险费，至于续期保险费仍不得请求（保 117Ⅰ）。[6]另须注意为保险费未为交付时所生之法律效果，则因人身保险与财产保险其性质不同而适用上有所差异。

财产保险多为短期保险契约，是故如于契约成立后，纵保险费迟未交付，于

---

6 “保险法”第 117 条第 1 项所称保险人不得以诉讼方式请求，仅指对于第二期以后之续期保险费不得以诉讼方式请求。第一期保险费，因保险人与要保人意思表示合致，且保险人已为实际危险承担，故仍得以诉讼方式为之。

事故发生时，除保险契约另有约定外，保险人仍负保险金给付义务。唯于契约法理上，保险人与要保人间亦得于契约中约定如保险费未为交付时，保险人即不负给付义务之条款约定。

至于人身保险尤其人寿保险，多属长期且继续性契约，故要保人得自行决定是否使契约效力继续存在，故“保险法”第一一七条即谓不得以诉讼请求之。如续期保险费未为交付时，则产生“保险法”第一一六条之法律效果。“保险法”第一一六条第一项规定：“人寿保险之保险费到期未交付者，除契约另有订定外，经催告到达后逾三十日仍不交付时，保险契约之效力停止。”故于保险费未交付后，经保险人催告逾三十日仍不交付时，契约效力即行停止。[7]

（二）危险增加之通知义务

案例

阿美为其所有之房屋与富国产物保险公司订立住宅火灾保险契约。嗣后阿美变更其使用目的将所有之住宅另行经营瓦斯行，但并未将此情形通知保险人，试问：保险人得主张之权利？又本案情形中，如阿美之邻人阿龙所居住之房屋本为自用住宅，嗣后阿龙变更用途而自行开设瓦斯行时，保险人得主张之权利是否所有不同？

1. 危险增加通知义务之性质、种类与要件

论就危险增加通知义务之性质与一般法义务并不相同。就其违反所生之法律效果而论，一般法义务之违反使违反义务受有损害之他方当事人得请求强制履行（如透过强制执行）或请求因债务不履行而生之损害赔偿，但危险增加通知义务违反时仅使其所得请求之保险金请求权受限制或减损，故学说上多将此类通知义务以不真正义务（Obliegenheit）[8]称之。危险增加之种类，于本法第五九条第二与三项之规范，因其促成危险状态改变是否为要保人或被保险人行为所致者而异其种类，学说上则依序称为客观危险增加与主观危险增加等两类。[9]

---

7 此项停效期间之计算，实际上亦涉及“保险法施行细则”与“人寿保险契约示范条款”之规范，详见林勋发，商事法精论，649 页以下。

8 坂口光男，保险者免责 基础理论，1993 年，36 页。

9 唯应注意者，有学者认此分类仍不尽周全，而如行为为他人所致，但“要保人或被保险人于知悉且于法律上或事实上可消除此状况而仍消极不作为者”，亦为主观危险增加。见江朝国，保险法基础理论，2002 年，300～301 页。另于日本学说之分类上，不以发生原因是否由要保人或被保险人之行为所致而分，而以危险增加之原因是否可归责于被保险人或要保人而分为主观危险增加与客观危险增加，似较“保险法”第 59 条规范较为周延。见坂口光男，保险法，1991 年，36 页。

构成违反危险增加通知义务之要件，首应注意要保人或被保险人仅对保险契约中所载明之事项方有通知义务（保 59）。且于契约上书面约定之事项仅具推定其重要性之效力，如要保人或被保险人得举证证明未为通知之事项，并未实际影响保险人对于危险之估计（达终止契约或增加保费之程度时），则保险人仍不得以违反通知义务为由，主张解除契约或损害赔偿。再者，危险增加应负通知义务之事项，于学说上认应具有下列三项性质——重要性（保 59 Ⅱ——“达于应增加保险费或终止契约者”）、持续性（或称继续性，危险状态之改变持续一段期间，借以与致保险事故发生之原因区别）以及不可预见性（危险必须于契约订立当时所不可预料者）。[10]因此，要保人或被保险人对于构成上述危险增加应通知之事项未为履行时则保险人即得分就主观危险增加与客观危险增加，依本法第五七条与第六三条主张解除契约或请求损害赔偿。

除上述要件外，亦应注意该项未为通知之事项是否属本法第六一条所列危险增加无须通知之情形，以及本法第六二条为他方当事人知悉、应知或可得而知以及经声明不必通知等情形。如为上述两种情形，要保人或被保险人亦不负此通知义务。

2. 违反危险增加通知义务之法律效果

违反通知义务所生之法律效果，本法第五七条即规范应通知之事项未为通知，除不可抗力外，不问是否故意，保险人皆得解除契约。据以文义解释，如构成本法所示应行通知之事项未为通知时，如危险增加或危险发生等，保险人皆得解除契约。故似亦未就危险增加之种类加以区分，即使于非由要保人或被保险人行为所致之客观危险增加，如其不履行通知义务，保险人亦得依本法第五七条解除契约。唯见本法第六三条规范所示如为客观危险增加时，通知义务之违反，保险人得据以请求损害赔偿。如亦得由保险人依第五七条解除契约，此所生之法律效果反较主观危险增加通知义务之违反影响对于要保人或被保险人更形不利。故于学说上即基于客观危险增加之可罚性较低[11]以及本法第六三条为第五七条特别规定[12]等为由，而认此时保险人仅得依第六三条请求损害赔偿，但不得径依第五七条解除契约。

如另就主观危险增加而论，以目前本法规范观之，亦无对主观危险增加通知义务之违反时另行特别规范其法律效果。仅于主观危险增加时，要保人或被保险

10　江朝国，前揭书，294～299 页。另见坂口光男，保险契约法 基本问题，1996 年，26 页。

11　江朝国，前揭书，313 页。

12　林勋发，商事法精论，2001 年，670 页。

人于履行通知义务后，由保险人得依第六十条第一项但书请求损害赔偿。而目前学说见解亦多认保险人得径依第五七条解除契约。[13]唯如就对价平衡之观点而论，以及未为通知事项影响保险契约之程度而论，其所生之法律效果仅为解除契约，似值再为深究。盖以危险增加之程度实际上由第五九与六十条可知，其所影响保险契约之程度，不外应增加保险费或终止契约两者。如危险增加之情形仅为应增加保险费之程度时，是否仍允由保险人径依第五七条解除契约不无疑问。况此之主观危险增加，仅为危险增加之状态系可归责于要保人或被保险人，保险人如解除契约后，如危险已发生，则得主张不负保险给付义务。此所产生之效果即与保险事故之发生系由要保人或被保险人之故意行为所致，而保险人得据以免责无异。两相权衡，前者仅为通知义务之违反，而后者为故意行为所致，两者间皆使保险人得据以免除保险金给付义务，实不无疑问。因此如审慎考量要保人或被保险人之利益，实应就危险增加程度之不同，而异其所生之法律效果。[14]如仅达增加保险费之程度时，虽保险事故之发生，保险人仅得依应收而未收保险费按比例减少其保险金给付。如已达终止契约之程度时，则保险人即得依第五七条解除契约。

解析

例示情形，如阿美自行变更用途而使危险增加（即为主观危险增加），并为保险契约上所载之应负通知义务事项，而要保人或被保险人亦不能举证证明此事项非具重要性时，依现行法之规范，如其不履行，保险人得依第五七条主张解除契约。再者，如为邻人阿龙将其自用住宅改变用途而使危险增加，且该状态之改变亦不可归责于阿美时（无作为义务之前提），保险人仅得依第六三条主张损害赔偿。

（三）保险事故发生之通知义务

案例

阿美为其汽车投保车体损失保险后，于保险期间内，因不慎撞及桥墩，车头全损，阿美亦因此受有重伤。唯于事故发生十日后，方向保险人通知并申请保险金给付。试问：保险人得否依“保险法”第五八条主张违反危险增加通知义务，并适用“保险法”第五七条解除契约？

---

13 江朝国，前揭书，314页；林勋发，前揭书，670页。

14 坂口光男，保险法，106～107页。

解析

保险事故发生后，保险人有赖要保人或被保险人迅速通知保险事故之发生，借以评估损害程度、事故发生原因以及查勘是否得对第三人代位请求之可能。如要保人或被保险人迟延通知时，将使保险人于损害估计产生困难，亦可能因而无法对应负损害赔偿义务之第三人为请求，故“保险法”第五八条即规定除契约另有约定外，应于五日内通知保险人。但应注意者，此条规定仅规定义务之存在，但未规范其违反之法律效果。唯得否即主张“保险法”第五七条解除契约？违反通知义务仅使保险人危险勘估或代位请求产生困难，不应即得解除契约而不负保险金给付义务。其效果上，仅得依“保险法”第六三条请求损害赔偿（如所增加之危险勘估费用或未能向第三人代位请求之损失等）。

第四节　保险契约终止、解除与无效

保险契约订立后，因其契约存续过程中，可能因保险期间到期后即行终止，亦可能因要保人或被保险人违反义务而保险人解除契约，亦可能有其无效之原因，虽契约已成立，但实际上无效的情形。

一、保险契约终止

一般而言，保险期间届满后，保险契约效力即行终止。但于保险期间内，如有情事变更，亦得允许双方当事人于特定情形下，先予终止契约。至于人寿保险契约如续期保险费未为交付时，亦产生契约效力停止后，保险人得主张终止契约。除此之外，于保险契约法总则篇中亦有如下情形得终止契约（其他各险种终止情形，自行参照“保险法”其他各节规定）：

（一）增加危险之消灭

因增加危险之情形消灭而请求保险费按比例减少时，如保险人不同意时，要保人得终止契约（保26Ⅱ）。

（二）保险人或要保人破产

保险人或要保人破产时，保险契约即得终止（保27、28）。

（三）危险增加

保险契约存续中，如发生危险增加时，保险人得终止契约（保60）。

二、保险契约解除

保险契约中，如要保人或被保险人未履行义务时，保险人得主张契约。较常见之争议如告知义务之违反（保 64）、危险增加之通知义务（保 57）等情形。一经解除，契约效力即自始无效。如有损害，亦得请求损害赔偿。

三、保险契约无效

保险契约如保险人所承担之危险已发生或已消灭时，保险契约即已无效。但为双方当事人不知者，不在此限（保 51Ⅰ）。为损害保险时，无保险利益之存在，保险契约即失其效力。如为人身保险，未经被保险人书面同意，其契约亦无效（保 105Ⅰ）。以未满十四岁之未成年人为被保险人，除丧葬费用之给付外，其余死亡给付部分无效（保 107Ⅰ）。

第四章　损害保险契约法总论

损害保险乃以填补被保险人为其承保目的，而于保险事故发生时，由保险人给付保险金填补其实际上所受之损失。因此，此类保险于适用上应遵守利得禁止原则与损失填补原则。换言之，被保险人于保险事故发生时所受领之保险金不得大于实际所受之损失。[1] 如以台湾“保险法”所分类之人身保险与财产保险观之，财产保险皆属损害保险之一类。至于人身保险中，如其给付基础系基于被保险人之实际损失时，则亦属损害保险之一类。如医疗费用保险、丧葬费用保险或以债务人之生命身体为投保对象借以担保契约履行之信用寿险等，此类虽以人之生命身体为保险事故取决之对象，

1　限于篇幅关系，本章仅就损害保险契约关于一般适用之问题加以论述，至于各险种之特色与特殊问题，不另予详述。

但仍属损害保险，而同受利得禁止原则之限制。

关于损害保险之内容与相关之问题，主要以利得禁止原则为基础，于保险契约法上则分就保险利益、复保险、保险代位与超额保险等四方面论之。另外由于保险标的物于契约订立后，多为要保人或被保险人所使用或管理，故仍应尽其应有之注意。如有违反而致保险事故发生，或使损失范围扩大时，即违反其损害防阻义务。此项义务为损害保险所特有，亦于本章述明之。[2]

第一节　保险利益

保险利益乃于保险事故发生时，被保险人所受损害之利益，即为保险利益。如所有权人于所有物毁损灭失时，其所有权保险利益受有损害。又如驾驶人因其过失致他人受有体伤，则其依法应负之赔偿义务亦为责任保险利益。于分类上，因其保险利益是否为积极财产或消极之利益等而分为积极保险利益与消极保险利益。前者如住宅火灾保险、窃盗保险、货物所有人之运送保险等，而后者于保险事故发生时，即产生消极之不利益，费用之发生或法律应负之赔偿责任等，例如责任保险、医疗费用保险、丧葬费用保险等。[3]

由于损害保险契约亦同属射幸契约，因此有必要透过其他方式限制他人利用保险借以获得不当利得。故于保险事故发生时，被保险人具有保险利益时方得请求保险金给付。而于请求保险金给付时，保险人所得给付之额度亦应不超过被保险人其保险利益受有损害之额度。故保险利益之要求，即为体现利得禁止原则，亦为其与赌博最大差异所在。简言之，保险利益有：一、保险赌博化防止机能——如无保险利益之存在时，保险契约即与赌博无异；二、判断保险契约是否同一性——保险契约如其保障之保险利益系属同一人时，则有复保险之适用；三、不当利得禁止原则之适用——得估计被保险人于保险事故发生时，所受损害之程度，借以防止受领大于实际损失之保险金。

“保险法”关于财产保险之保险利益则分别规定于第十五、十六条。

---

2 至于损害保险契约之专有名词与技术用语，如自负额、起赔额或保险契约计算损失之方式，请自行参阅保险学相关书籍。

3 保险利益非仅限于法律上之权利，亦包含经济上之利益。保险利益学说之演进，参见江朝国，保险法基础理论，55～81页。

第二节　复保险

案例

阿仁以自己所有市价两百万元之N牌350Z跑车，分别向富国产物保险公司投保窃盗险，保险金额为一百五十万元，另外亦分别向明镜产物保险公司投保汽车窃盗险，保险金额为一百万。如阿仁所有跑车遭窃后，得否分别向富国产险与明镜产险请求保险金给付？

解析

复保险之规范于“保险法”第三五至三八条间。虽有实务见解（1987年台上字第一一六六号判例）认为人身保险亦有复保险之适用，实际上复保险之适用应以利得禁止原则为基础，如其保险契约乃在填补被保险人经济上可得估计之损失时，则皆有复保险适用之可能。换言之，人身保险中如属损害保险一类如医疗费用保险、丧葬费用保险或信用寿险等，亦有复保险适用之可能。但如为定额给付之人寿保险或年金保险，则无复保险适用。

一、构成要件

复保险之构成要件为同一被保险人、以同一保险利益、分别订立数保险契约，而此数保险契约其保险期间有所重叠，即构成复保险。适用上，如该保险种类具有保险价额得供估计时，则应判断其保险金额是否超过保险价额，以防止被保险人透过订立数保险契约获致超过实际损害之保险金给付（如汽车窃盗与车体损失保险）。如该险种于契约订立时无保险价额可得估计时，则于保险事故发生时，亦应避免被保险人实际所受损害小于各保险契约保险金额之总额。

二、法律效果

学说上将复保险分为恶意复保险与善意复保险两者。如为前者，恶意复保险，本法规定于第三七条，如要保人故意不为告知或意图不当得利时，保险契约当然无效。如为后者，“保险法”第三八条规定此时各保险人就被保险人实际所受之损害，依保险金额比例分担之。

（一）恶意复保险

如论要保人以不当得利为意图而订立保险契约，其订立契约之目的本身即属违反善良风俗，故将之效力规范为无效无所争议。但如仅故意不为告知时，则得否将之即视为无效，似尚嫌过苛。观诸保险法其他义务故意违反时，亦仅为保险人得行使解除权之效果，故本法于规范上之法律效果，实有所疑义。

（二）善意复保险

“保险法”第三八条规定于善意复保险（即已履行通知义务或因过失不知之情形）时，被保险人仅得分别向个别保险人就其应负给付义务之范围（亦即依照保险金额比例）请求保险给付。但于其他立法例上，则使被保险人得自行选择向保险人请求给付，而各保险人间对此请求于依其所订立契约约定之给付范围内负连带责任。[4]

第三节　请求权代位

案例

阿树为自己所有之汽车，向明镜产物保险公司投保车体碰撞保险。嗣后与另一人阿海相撞，经厘清肇事责任，阿海应对于阿树汽车之损害负50％之赔偿责任。试问：保险人于将保险金给付予阿树后，是否得向阿海再为请求？

保险事故发生时，如被保险人受有损害，保险人得于给付保险金后取得被保险人因该损失而对于第三人所生之请求权（保53）。按保险事故之发生时，如因而使被保险人对于第三人产生请求权存在时，则如使被保险人一方面得向保险人请求给付保险金，另一方面又得向第三人请求损害赔偿或依契约所得请求之给付时，则被保险人极可能获致大于实际损害之利得。故以利得禁止原则之角度观之，被保险人实际所得请求之给付应受到限制。同时一损害事故之发生，不论是否有保险契约之缔结，应负损害赔偿义务之人本即依其赔偿额度负其义务。除另

4　实际上关于复保险，各保险人间对于保险给付之分担关系相当复杂，除有本法依保险金额比例外，亦有依照个别保险人所应负之给付范围而分担，亦即学说上称为独立责任制。另详见汪信君，损失分摊原则之理论基础与运用——兼论消费者保护与保险竞合条款之冲突，保险专刊第49辑，188～196页。

有约定外，自不得因请求权人另外订立保险契约，而使其应负之赔偿义务降低或免除。故保险契约法中请求权代位制度即在一方面遵守利得禁止原则，另一方面避免赔偿义务人得借以减轻其赔偿义务或给付义务。[5]

一、构成要件

保险事故发生时，被保险人因此损害而对于第三人取得请求权时，如经保险人给付保险金补偿被保险人时，则此时保险人即取得被保险人对于第三人之请求权。应注意者，为“保险法”第五三条所规定之“损失赔偿请求权”，并非仅限于侵权行为请求权，实际上泛指因该保险事故发生，使被保险人对于第三人直接取得之请求权。

二、法律效果

于保险人给付保险金后，于保险金给付之范围内取得被保险人对于第三人之请求权。此之请求权系承继被保险人对于第三人之权利而来，故除有妨碍代位[6]之情形下，第三人得以之对抗被保险人事由，亦得对抗保险人（如赔偿范围、时效抗辩等）。同时其得对于第三人请求之范围亦仅限于依保险契约所给付之额度，仍不影响被保险人对于第三人之请求权。另外如保险人为保险给付后仍不足以补偿被保险人之损害，而同时与被保险人向第三人为请求时，则应以填补被保险人实际损害为优先，如有余额，保险人方得请求。

解析

上述例题，阿树于受领保险给付后，其对于阿海之侵权行为损害赔偿请求权由明镜产物保险公司依“保险法”第五三条法定当然移转而取得。故明镜产物保险公司得于已为给付之范围内向阿海请求。

5　关于请求权代位之法律性质，得另行详参江朝国，保险法基础理论，467页以下。

6　如被保险人于事故发生后，未经保险人同意即对第三人抛弃或任意为和解，致影响保险人代位请求之困难。

第四节 超额保险

案例

阿太以其所有之P牌911Carrera跑车（泡水车，市价仅余一百万元）投保汽车损失保险（包含窃盗保险与车体损失保险）。唯其保险金额约定为三百万元。试问：于汽车遭窃时，被保险人得请求之保险给付为何？

为防止被保险人借保险制度获致不当利得，因此于保险契约法上以超额保险、复保险以及保险代位限制其所得保险给付大于实际损害。此之所谓超额保险即保险契约所约定之保险金额超过保险价额（亦得称为保险标的之价值）。

就财产保险而言，保险价额即为被保险人因保险事故发生时，所可能遭受之最大损失。此保险价额之估定，往往须透过被保险人与保险人间商议并依据客观标准而得。于决定保险价额之估定后，再行决定保险金额（保险人依契约所负之最高给付限额）与保险费（危险承担之对价）。唯如发生保险标的之价值较难以市价估计或于保险事故发生时损失程度下易勘定时，则保险人与要保人间即得就保险标的之价值于契约缔结时即先行约定，待保险事故发生时，即以此约定之保险价额据以为被保险人实际所受损害之额度。此种保险即称为定值保险（保73Ⅱ）。但应注意者，此种保险与定额保险全然不同。定值保险亦属损害保险一类，仅其保险价额由保险人与被保险人订约时即已商议而确定，并避免损害发生时再行勘估损失范围之困难，亦须遵守利得禁止原则之适用。而后者之定额保险者，乃非以填补被保险人实际所受经济上可得估计之损害为承保目的，无利得禁止原则适用之可能，应予辨明。[7]

如未就保险标的之价值于契约订立当时约定，待保险事故发生时，方就保险标的价值予以勘估时，则称为不定值保险（保73Ⅲ）。如发生保险事故，保险人以保险金额为最高赔偿限额，再计算事故发生时保险标的之价值，此时保险人再就损失范围给付保险金。

于保险金额与保险标的之价值常产生不一致之情形，故如保险金额超过保险

---

7 参见江朝国，保险法基础理论，386页。于定值保险中，亦可能因被保险人与保险人约定保险价额时，夸大保险价额使其远超过实际价值。此种情形学理上称为“超额定值”。同前注，390页。

标的之价值时即称为超额保险；保险金额与保险标的价值相等则为全额保险；如保险金额低于保险标的之价值时，则又称为不足额保险（亦称为一部保险，保77）。另外如保险标的物发生保险事故时，亦须评估其损失程度，而端视其是否全损或分损（部分损失）（保 74）。

如保险金额超过保险价额时，由于利得禁止原则之限制，被保险人此时所得请求之保险给付，于事故发生时不得超过保险价额。于不定值保险中，即使保险价额乃于保险事故发生时，方加以估定，但其契约订立时保险金额之约定亦应参酌订约当时保险价额，故“保险法”第七二条亦规定保险人应于承保前，查明保险标的物之市价，不得超额承保。如发生要保人故意使保险人约定保险金额超过订约当时市价时，则于保险事故发生时，极可能因无法确定保险标的之实际价值，而获致大于其所受之实际损失，故“保险法”第七六条第一项即规范此时契约当事人如有诈欺情事，则他方当事人得解除契约。唯此处之诈欺，不限于要保人之诈欺行为，亦可能因保险人为求超收保险费而为超额保险。故如于保险事故未发生时，而保险人以诈欺行为订立超额保险，则此时要保人即得主张“保险法”第七六条第一项解除契约。

如无诈欺情事，于契约订立后，保险标额即可能因市场或其他因素而产生变动。故于保险事故未发生前，即可能有时为不足额保险（保险价额高于保险金额）或超额保险（保险价额低于保险金额）之情形。如发生超额保险时，此时契约当事人即得依“保险法”第七六条第二项，经通知他方当事人时，降低保险费以及保险金额。若于保险事故发生时始发现超额保险，则以当时保险价额为限。另须注意者，由于定值保险于契约订立时，即以约定保险价额，故无要保人借超额保险获致超过实际损失保险给付之可能。但仅可能于约定保险价额时，因其行为故意使所约定之保险价额超过实际价值，但此为超额定值保险之问题，本法并未实际规范。[8]

解析

于上述例题中，阿仁故意隐瞒其所有 P 牌跑车为泡水车，实已构成“保险法”第七六条第一项故意以诈欺行为而为超额保险。故于保险事故发生时，保险人如发现其于契约订立时阿仁诈欺致保险人超额承保，此时即得主张解除契约，免除保险金给付义务。

---

8 同前揭注，390 页。

第五节 损害防阻义务

案例

阿仁以其厂房向中山产物保险公司投保火灾保险，契约中约定应加装防灾洒水系统并自行维护其正常功能。但于契约订立后，阿仁即疏于检查其洒水系统之正常动作，嗣后火灾发生，因洒水系统未能即时反应，致其厂房全部遭火焚毁。试问：保险人得否主张不负保险给付义务？

于保险事故订立后，由于保险标的物多可能由要保人或被保险人自行照管，因此即可能因被保险人订立契约后而轻忽其日常应有之注意，致保险事故更容易发生，此种情形学理上即称为“心理危险”（与之相关者为道德危险[9]）。故于“保险法”第九八条即规范契约当事人得约定应尽之保护义务，以及事故发生时之损害防止扩大义务。如要保人或被保险人于事故发生前，未履行契约所约定之保护行为，则保险人即得免除其给付义务（保98Ⅰ）。同样于保险事故发生时，如要保人或被保险人并未立即采取防阻行为恣意任损害继续扩大，则保险人即得对此增加之损失不负给付义务（保98Ⅱ）。

解析

例题中，阿仁未尽其依契约对于洒水系统应尽之保管义务，致使损害发生时无法防止损害之扩大，因此保险人即得依“保险法”第九八条第二项就所增加之损害免除其赔偿责任。但仍应举证证明，洒水系统之正常运作得有效防止损害之范围以及其正常运作得减少损害之程度，并就此部分免除给付义务。唯此种情形，并非洒水系统之缺乏而致保险事故之发生，故不应适用同条第一项免除全部赔偿责任（98Ⅰ）。

---

9 保险契约上之道德危险乃指其订立契约之主要目的或契约订立后，在于获致保险给付。故可能借由故意行为使保险事故发生，而请求保险金。

第五章　定额保险契约法总论

定额保险者，乃以人之生命、身体、健康状态，由要保人给付保险费而与保险人约定于保险事故发生时，一次或定期给付所约定一定金额之保险金。而此所约定之金额与所给付之保险金与实际损害无关，而相对于损害保险契约。例如被保险人身亡后，虽对于他人的确有其损害发生（如扶养义务之履行），但实际上却难以估计所造成之实际损害。且于定额保险中，尤其于死亡保险契约多另有受益人之指定，此时受益人之指定并无一定限制，被保险人之死亡亦不一定造成受益人经济上可得估计之损害甚或情感上之伤害。因此于定额保险契约中，于保险事故发生时并无经济上可得估计之损害发生，即无利得禁止原则适用之可能。故源于利得禁止原则之复保险、保险代位、超额保险等规范，于定额保险皆不适用。

由于定额保险之基本概念多以人寿保险为

基础，故本章论述之定额保险契约乃以人寿保险为主。

第一节 人寿保险契约之当事人与关系人

案例

阿海以其女友夏树为被保险人订立人寿保险契约，并指定阿海自己为受益人，则其保险契约效力为何？

于人寿保险契约中，乃以要保人与保险人为契约当事人，但所承保之保险事故是否发生则取决于被保险人本身。故如要保人与被保险人为不同人时，是否应有所限制？而其限制之立法例上有哪些种类？台湾地区目前保险法所规范者为何者？实为人寿保险契约中极为重要课题。另外如被保险人为未满十四岁之未成年人，其父母或其法定代理人是否即得以之为被保险人订立死亡保险契约？本法鉴于保护未成年人，避免道德危险之发生，故对此设有规范，其规范内容亦于此论述。

一、以他人为被保险人之人寿保险契约

如任意使要保人得以他人为被保险人订立保险契约时，而亦未于要保人与被保险人间之关系或得请求保险给付之受益人加以限制时，则其道德危险之高以及罔顾人性尊严，实已违背公序良俗而丧失保险制度之本质。故于立法例上，有以将要保人与被保险人或受益人之关系加以限制，如保险利益主义或亲族主义，亦有透过被保险人之同意权限制，而借以避免上述情形发生。

（一）保险利益主义

以英美法系为主。其规范要保人与被保险人之间，必须具有一利益关系，如被扶养者与扶养人间之关系，或债权人以债务人之生命承保（此应属损害保险之信用寿险），而于被保险人死亡时，要保人则可能因此丧失其被扶养之利益或得请求债权之数额。另外如为要保人与被保险人间为配偶或同居者，亦得推定为具有保险利益之存在。

（二）亲族主义

日本于明治四十四年（1891 年）商法修正前之规定，即为亲族主义。其乃规范受益人所得请求保险之身份限制。但由于保险契约如以亲属间之身份关系为形式标准，将限制得请求保险给付受益人之资格，而使人寿保险契约无法扩张其使

用。而且以亲属间身份关系之限制亦不见得得防止道德危险之产生。[1]

（三）同意主义

要保人与被保险人间不一定须以身份上或经济上利益关系为要件，但如要保人以他人为被保险人时，则必须经被保险人之同意，并以此同意为保险契约之特别生效要件。但若于契约订立后，要保人与被保险人间如有其他情事产生而有发生道德危险之虞时，则亦使被保险人得随时撤回其同意权。

台湾地区于要保人与被保险人间之资格上，规范于“保险法”第十六条而以本人、生活费或教育费仰给之人，债务人以及为本人管理财产或利益之人为限。本法于此所规定身份之限制上则以保险利益称之。唯应注意者，此之保险利益，除债务人以及为本人管理财产或利益之人外，其他如本人、生活费或教育费仰给之人，则为非得以经济上可得估计之损失，而与损害保险之保险利益有所差异。虽于第十六条之规定上与英美法系之保险利益主义较为接近，但于人寿保险部分，“保险法”第一〇五条亦规定如以他人为被保险人时，须经被保险人之书面同意（保 105Ⅰ），否则其契约无效。同时于契约订立后，被保险人亦得随时撤销之，而于撤销其同意时，契约效力即行终止（保 105ⅡⅢ）。

另应注意者，人寿保险此项同意权之规定，亦泛指所有人身保险。凡人身保险中，以死亡为保险事故而要保人与被保险人非同一人时，皆应经被保险人之书面同意，否则无效（即便于信用寿险、伤害保险或医疗费用保险亦同）。

解析

于此例题中，由于夏树仅为阿海之女友，如无“保险法”第十七条所列之身份关系时，即便已依“保险法”第一〇五条得夏树书面同意，因其欠缺一定身份上之关系（即本法所称之保险利益），故保险契约仍无效。

二、未成年人为被保险人

案例

阿太以其十二岁之子阿海为被保险人订立人寿保险契约，并约定于阿海死亡时由保险人给付五百万元，试问：其保险契约效力为何？

按“保险法”第一〇七条第一项规定：“订立人寿保险契约时，以未满十四

1　如即便受益人为其亲属，亦可能因亲属间反目成仇，而故意致被保险人死亡之情形。故如以亲属间关系作为限制，实际上并无意义。见坂口光男，保险法，1991 年，294 页。

岁之未成年人，或心神丧失或精神耗弱之人为被保险人，除丧葬费用之给付外，其余死亡给付部分无效。”第二项复又规定：“前项丧葬费用之保险金额，不得超过主管机关所规定之保险金额。”就其文义解释而言，凡以未满十四岁之未成年人，或心神丧失或精神耗弱之人为被保险人，其死亡给付部分为无效，但如于主管机关对于丧葬费用部分所规定之保险金额范围内则为有效。唯此丧葬费用部分系指因保险事故发生时，对于实际支付丧葬费用之人所为之实际填补，抑或因未成年子女死亡之保险事故而将保险金额以定额约定方式给付予受益人，不免有所疑义。再者如于父母为要保人，以其子女为被保险人所订之人寿保险契约，亦属“保险法”第一〇五条订立第三人死亡之保险契约须经被保险人书面同意之规范范围内。故如以未满十四岁之未成年人、或心神丧失或精神耗弱之人为被保险人时，其同意权之行使，则又产生其法定代理人或监护人同为要保人之矛盾。以下即由立法理由以及学者间相关学说辅以国外立法例对此条规定作一简明阐释。

（一）立法理由与学说见解

本条规定系于2001年9月7日修正而来，其修正理由可归纳于下：道德危险发生之可能性：于修正前系因原条文之前次修正（1997年5月28日）基于以对十四岁以下之未成年人、心神丧失或精神耗弱之人为被保险人而订立之死亡保险契约，发生道德危险之实际案例并不多见为由，遂将之删除。但实务上，主管机关仍以最高保险金额之方式，限制保险人承保十四岁以下未成年人死亡保险之保险金额，足见此类死亡保险之道德危险发生之可能性，仍无法完全袪除，爰恢复原条文中有关死亡给付部分保险契约无效之规定。

（二）丧葬费用支付之必要性

以十四岁以下之未成年人、心神丧失或精神耗弱之被保险人而订立之保险契约，虽有道德危险之可能，但有关其死亡时所应支出之丧葬费用，乃人性尊严上所应给予之保障，并无禁止之必要，故于此费用之保险金额限度内，仍为有效。

学者间对于本条之死亡给付无效之规定大多持肯定见解。[2]唯关于丧葬费用部分之保险，则有认为此所称之丧葬费用系属损害保险，并受不当得利禁止原则之规范。[3]关于同意权之行使则有认应仿德国保险契约法第一五九条第二项于丧葬费用范围内，免除被保险人同意权之行使而解决上述关于父或母同时为要保人又为法定代理人之情形。[4]

2 如林勋发著，保险契约效力论；江朝国，“论保险法第一百零七条”，保险法论文集（二）。

3 详参江朝国，“论保险法第一百零七条”，保险法论文集（二）。

4 详参林勋发，保险契约效力论，152页。

解析

就本案例而言，如阿海为未满十四岁之人则关于该项保险契约中，其死亡给付部分无效，但于现行主管机关规定之二百万元丧葬费用上限仍为有效。

“保险法”第一〇七条对于以未成年子女，或心神丧失或精神耗弱之人为被保险人时限制其订立死亡保险契约，立法意旨甚佳。唯对于丧葬费用部分之给付，似应审慎思考其妥适性。概此费用之支付，与其他人寿保险之给付系以契约当事人约定其保险金额实有性质上之差异。此项对于被保险人死亡，其所支付之丧葬费用系属客观上与经济上可得估计之数额，应为损害保险中消极保险之一类。故此类费用由保险人支付时，应避免产生保险金之给付超过丧葬费用实际已支付之金额。故对于此项争点，本条宜将死亡给付保险无效之强制规定与以实际支付之丧葬费用为承保客体之保险予以分别规定，以杜争议。

另就被保险人同意权行使而言，此项同意权之行使，系属单独行为。但此单独行为，如为无行为能力人自须由法定代理人代为，而如为未满十四岁之限制行为能力人亦须由法定代理人事先允许，否则无效。就父母以未成年人为被保险人投保人寿保险时，则产生法定代理人与要保人为同一人之情形。此种情形将使被保险人之同意权空洞化，失去其实际防止道德危险发生，尊重当事人意思自主之功能。虽然“保险法”第一〇七条禁止死亡保险之给付，而降低道德危险之发生，但保险契约于丧葬费用之限度内为有效。且台湾地区并未如德国保险契约法第一五九条第二项关于丧葬费用部分免除同意权之行使。因此似宜就此丧葬费用部分免除其同意权之行使，以减少争议。同时亦须将丧葬费用回复其损害保险本质，而适用损害填补原则（唯于未成年人、心神丧失或精神耗弱之人死亡时，此类保险所应实际填补者应为支付丧葬费用之人，限于篇幅不在此多作论述）。如仍为现行定额给付方式，尤其当要保人就同一被保险人投保数保险契约，且目前主管机关欲将保险金额上限提升至新台币二百万元时，难谓无道德危险发生之可能。除此之外，亦应加强业者间保险金额之通报制度（保险契约订立时与保险事故发生时），以避免重复投保时所产生之争议与保护此类未成年人、心神丧失或精神耗弱之人。

第二节 人寿保险契约之法定免责事由与当事人或关系人之故意行为

案例

阿义以其配偶阿慧为被保险人，并指定其子小明为受益人。如阿义故意杀害阿慧，或阿慧故意自杀，或小明杀害阿慧时等三种情形时，试问保险人是否皆得免除保险金给付义务？

保险契约乃于偶发事件发生时，由保险人给付保险金。但此之偶发事件，亦即保险契约之射幸性，则即可能因契约当事人或关系人而故意致保险事故之发生而意图领取保险金。故于保险契约法上针对此故意行为加以规范，一方面避免当事人或关系人恶用保险制度，另一方面亦防止道德危险之发生。但由于契约当事人或关系人于保险契约上之地位有所差异，故其故意行为所影响保险契约之程度于本法规范上亦有所不同。

一、要保人之故意行为

要保人为契约当事人，如其故意致保险事故发生，则其订立契约之目的或其故意行为实已违反诚信原则并有违公序良俗。故如保险事故之发生而系由要保人故意行为所致，则保险人即得免除给付义务。因此如阿义故意致阿慧死亡时，则保险人即得免除保险金给付义务。

二、被保险人之自杀或自伤行为

被保险人如自杀（死亡）或自伤行为（致身体伤残）时，保险人本得依“保险法”第二九条规定不负保险责任，但实际上人寿保险之被保险人与损害保险之被保险人仍有所差异。于损害保险中之被保险人，如意图诈欺而故意致保险事故发生（如所有之汽车或房屋）时，于故意行为未被发现时，即得受领保险金。但如为人寿保险之被保险人时，如为故意自杀行为，则因其死亡，亦无得直接受领保险金之可能。故于规范上，人寿保险被保险人之故意行为，如于契约订立后两

年而被保险人方萌生自杀意图而故意致保险事故发生时，保险人仍负保险金给付义务（保 109Ⅱ）。[5]因此如阿慧故意自杀而于契约订立两年内，则保险人仍免除保险金给付义务。

三、受益人之故意行为

就受益人之权利而言，其取得权利无须另为意思表示为之，即因要保人经被保险人同意而取得。此项权利乃属原始取得非继受取得，学理上有以“保险金请求权取得之固有权性”称之。[6]唯此所取得者，非一确定得行使之权利，而为一附条件保险金请求权。此时，其请求权仍受契约当事人受益权变更之影响以及受益权人于得请求之时是否仍生存等因素而未能确定。承上述，受益人所取得者乃系一附条件之请求权，唯仍与契约当事人——要保人仍有所差异。是故，如受益人故意致被保险人死亡时，其所对于保险人之给付义务较之要保人或被保险人之故意行为，仍有所不同。

依现行“保险法”第一二一条第一项与第二项规定可知，受益人于故意致保险事故发生时，所生之法律效果仅为该受益人其受益权之丧失。并且如于无受益人指定时，将保险金作为被保险人之遗产。如修法理由所示其认为受益人非保险契约之当事人，其故意致被保险人死亡，对于被保险人而言，亦系不可预料之偶发事件，所应受惩罚者乃不法之受益人而非被保险人，故仅剥夺其受益权，而非使保险人得据以免责。[7]因此于台湾保险法之适用上，保险人仍不得据以免责，仅该故意致被保险人死亡之受益人丧失其受益权。

解析

如为小明杀害阿慧时，则所免除者乃小明自身之受益权，但保险人之给付义务不因此而免除。此时即以此保险金作为被保险人阿慧之遗产。

5　但如被保险人于订立保险契约之时，即有自杀意图而为保险人得举证证明，此时虽订立契约经过两年而自杀，仍应由于其订立契约时已违反公序良俗，而保险人得主张契约无效。但仍与保险人免除保险契约给付义务有所差异。因前者乃使契约无效，而后者契约仍为有效，仅免除给付义务。

6　坂口光男，保险法，1991 年，305 页。

7　江朝国，保险法规汇编，1～169 页。

第六章　伤害保险、意外保险之特殊问题与道德危险

实务上，伤害保险所衍生之保险诈欺与不正当请求之情形相当多见。可能系由受益人故意致被保险人死亡而受领给付，亦可能因被保险人自伤行为而请求保险给付。亦有假装保险事故之发生而请求保险给付之情形。就自伤行为而言，其故意致保险事故之发生，当然属保险人免责事由之一。而捏造保险事故之发生，则非属保险事故发生之范围，自不待言。

第一节　保险给付之内容

伤害保险以及意外保险契约之给付类型，大抵可分为两者：一为以定额方式给付之定额保险；另一者为实支实付意外伤害医疗保险金给付。就前者而言，保险契约非在于填补被保

险人或他人经济上可得估计之损害（虽然受益人所得之保险给付得因此用以作为日常生活之所需或教育费用等，但非针对此费用而酌定其保险给付额度。在此先予说明），是故其无损失填补原则之适用，亦无所谓复保险、保险代位、超额保险等适用之可能。但如于约定其保险金额时，不论是否为人寿保险抑或伤害保险，其保险金额额度高低之酌定，往往亦考量被保险人本身之年龄、职业、身份地位等等因素，借以预防道德危险之发生，并进一步防止保险人受不正请求而无法举证之契约危险事实。

如为后者，乃属实支实付医疗费用保险，其应受损失填补原则之影响。就其给付基础与填补被保险人之保险利益而论，实际上与被保险人之责任保险相同。皆在于填补被保险人因保险事故发生时，所应负担之费用或损害赔偿责任，因此即有利得禁止原则以及保险代位、复保险等之适用。

第二节 定额给付保险重复投保与契约危险事实

复保险之适用范围——台湾地区复保险适用范围究何所指？实务判解亦多所分歧。如1987年台上第一一六六号判例采肯定说，理由为：一、人身保险契约具射幸性，道德危险高于财产保险，故应适用；二、复保险规定于总则，应适用于所有险种；三、先订立之保险契约非复保险，仅后订立之保险契约无效。但于1995年台上字第七二三号、1998年台上字第一六六六号等判决则基于人身保险无法以经济上利益估定其价值而采否定见解。

学者间之通说乃采否定说，而就比较法而言，亦无复保险得直接适用者。其理由如：一、人身无价，并无保险价额可估计，自无复保险适用之可能；二、人身保险之射幸性，于财产保险亦有之。道德危险之高低，似不能以之作为复保险得否适用之理由；三、复保险之目的乃在防止变相之超额保险，生命价值不能依市价判断估计，故于事故发生时，应无超额保险之可能，而无适用复保险；四、虽复保险于总则，但于总则上仍有其他规定仅适用于财产保险，故不可直接就体系解释而认为人身保险应有适用之余地。[1]

但实际上有下述几点须注意：

---

1 林勋发，商事法精论，623页以下。

一、保险价额与复保险

保险价额是否为复保险之构成要件不无疑问。关之德国保险契约法第五九条关于复保险之损失分担上，“在无其他或基于其他理由，每一独立的保险人在无其他保险存在时所应为给付之补偿超过损害总额时”，显见其损失分担上，不以保险金额高过保险价额为唯一构成要件，故如为消极保险一类，于事故发生前，并无一确切保险价额得以估计者，于事故发生后仍有其损失金额可得估计。被保险人仍可透过重复投保而获致大于实际损失之保险给付。英国海上保险法第三二条第一项亦无所谓以保险价额为其要件，故实务之讼争上，亦常有责任保险在适用本条时之争议。

二、复保险要件与故意不为通知

复保险之要件中，有故意不为通知或意图不当得利两者，有认为故意不为通知即为意图不当得利，亦有认为故意不为通知与意图不当得利为两种态样。就后者而言，意图不当得利者，必有一得以经济上估计之价值得以衡量方可谓意图不当得利，如于定额保险中，人之生命实无法加以估量。就故意不为告知者，所谓故意不为告知，系属被保险人或要保人知悉已有订立其他保险契约之事实而不为告知，唯民法上仅区分善意与恶意，而故意究何所指，似难以定义。如被保险人故意不为告知，其所订立之保险契约即属无效，则一被保险人仅订立两保险契约，其保险金额总和仅为两百万元时，不为告知，是否即当然无效？而判决所谓订立数保险契约，此数保险契约与其保险金额其额度究应多高而不为告知，方属无效，不无疑问。

三、重复投保与道德危险

被保险人透过重复投保而有道德危险之虞者，其类型上乃以被保险人自伤行为、自杀行为，或受益人故意致被保险人死亡等行为所致成。是故于防止恶用保险制度，当着重于保险事故之发生是否出于故意行为或是否有假造保险事故之发生等情事，不应以其未为通知即构成复保险之规定而无效。

四、重复投保与告知义务

道德危险于人身保险尤其于伤害保险尤其严重，但得否以之为理由，而径认以损失填补保险为适用对象之复保险制度加以防范，实不无疑问。就保险人危险估计与道德危险之预防而言，透过其他告知义务或通知义务亦可达成此目的。唯“保险法”第六四条危险之估计，是否仅属保险危险事实，或亦包括契约危险事

实，前已论及。唯目前之因果关系限制仍未修正，故如直接适用告知义务部分，亦有其问题。日本伤害保险改正试案第六八三条之六第一项即另行规定，而排除因果关系之适用。或可作为参考。如因告知义务部分受因果关系之影响，或可考量回归民法关于诈欺之规定，由保险人主张撤销其原意思表示。

究其实，通报制度如何有效建立，应为防范此类道德危险与减低讼争之最佳方式。[2]

第三节　伤害保险与保险代位

案例

阿仁投保意外医疗费用保险，并约定于意外事故发生时，由保险人就其所实际支付之医疗费用加以填补。某日阿仁外出时，因阿树驾车不慎致阿仁受有重伤，并支付医疗费用。此时阿仁得依民法侵权行为（民 191－2）规定向阿树请求财产上与非财产上之损害赔偿，试问：如保险人依保险契约给付医疗费用后，得否代位向阿树请求医疗费用费用之损害赔偿请求权？

损失填补性质之伤害保险给付部分，由于“保险法”于适用上概以第一三五条准用第一〇三条禁止代位，其是否妥当不无疑问。如由禁止利得原则以论，损害保险乃在填补被保险人之实际损害，故由其因第三人之行为而发生对其具有损害赔偿请求权时，而使其一方面由保险契约得以填补，一方面又得就此部分（如医疗费用）再为请求，则应允许保险人于给付之范围内，代位向第三人为请求。

损失填补保险之伤害保险是否当然不得适用保险代位，其疑义前已论及。损失填补保险乃在于填补被保险人实际之损害而受利得禁止原则之限制。因此为避免被保险人所得之补偿超过其实际经济上得以估计之损失时，应有相关制度之防制。故损失填补保险中保险代位、复保险即有适用之必要。

就比较法而言，日本伤害保险改正试案关于损害填补之伤害保险契约部分，乃于第六八三条之十三第一项即针对此类保险规范其损失分担为独立责任制（有别于过去之保险金额比例分担制）、第二项乃为各保险人间之损失分担，而第三项则为准用一般损害保险关于意图不当得利之复保险规定。于第六八三条则又规定就医疗

2　相关论述可详见拙著，定额给付保险重复投保与契约危险事实，保险专刊，第 54 辑，1998 年 12 月。

费用而言，保险人得于保险给付范围内，代位行使被保险人对于第三人之请求权。

本法第一三五条概略之准用规定，于解释上，应仅限于定额保险时，保险人不得代位被保险人对于第三人之请求权。但如为损害保险（医疗费用保险或丧葬费用保险），则此部分，于保险人给付之范围内仍得代位被保险人向第三人请求。

商事法，王文宇、林国全、王志诚、许忠信、汪信君台著，2006 年 2 月二版，
ISBN：986727945x
简体中文版由元照出版有限公司（Taiwan）授权中国人民大学出版社出版发行

图书在版编目（CIP）数据

商事法／王文宇等著．2版．
北京：中国人民大学出版社，2007
（台湾法学研究精要丛书）
ISBN 978-7-300-08689-7

Ⅰ．商…
Ⅱ．王…
Ⅲ．商法—研究—台湾省
Ⅳ．D927.580.399.4

中国版本图书馆 CIP 数据核字（2007）第 167804 号

台湾法学研究精要丛书
商事法
第二版
王文宇　林国全　王志诚　许忠信　汪信君　合著

出版发行	中国人民大学出版社		
社　　址	北京中关村大街 31 号	**邮政编码**	100080
电　　话	010－62511242（总编室）		010－62511398（质管部）
	010－82501766（邮购部）		010－62514148（门市部）
	010－62515195（发行公司）		010－62515275（盗版举报）
网　　址	http://www.crup.com.cn		
	http://www.ttrnet.com(人大教研网)		
经　　销	新华书店		
印　　刷	河北涿州星河印刷有限公司		
规　　格	170 mm×228 mm　16 开本	**版　　次**	2008 年 1 月第 1 版
印　　张	28.25 插页 2	**印　　次**	2008 年 1 月第 1 次印刷
字　　数	508 000	**定　　价**	48.00 元